Michael Utsch

Religionspsychologie

Voraussetzungen, Grundlagen, Forschungsüberblick

Verlag W. Kohlhammer
Stuttgart Berlin Köln

Die Deutsche Bibliothek – CIP-Einheitsaufnahme

Utsch, Michael:
Religionspsychologie : Voraussetzungen, Grundlagen,
Forschungsüberblick / Michael Utsch. –
Stuttgart ; Berlin ; Köln : Kohlhammer, 1998
ISBN 3-17-014788-9

Stuttgart Berlin Köln
Verlagsort: Stuttgart
Umschlag: Data Images,
audiovisuelle Kommunikation GmbH
Gesamtherstellung:
W. Kohlhammer Druckerei GmbH + Co. Stuttgart
Printed in Germany

„Jahwe hat erklärt, er wolle im Verborgenen wohnen.“
(Salomo nach 1. Könige 8,12)

„Der Mensch weiß viel mehr, als er versteht.“
(Adler 1973, 22)

„Gott hat nicht Objekt der Spekulation zu sein, sondern der Anbetung.“
(Dávila 1994, 31)

Inhaltsverzeichnis

Vorwort

Religionspsychologie – ein weites Feld! Um den umfassenden Fragehorizont nach den psychologischen Ursachen und Wirkungen von religiösem Erleben und Handeln nicht zu verkürzen, war es mein Anliegen, diesbezügliche Einsichten der sich auch mit Religion befassenden Disziplinen nach bestem Wissen mit einzubeziehen. Mir ist bewußt, daß manche Aspekte zu kurz gekommen sind – z.B. das psychoanalytisch-symbolische Verständnis der Religiosität. Wenn die Lektüre dieses Versuchs einer wissenschaftstheoretischen Einordnung der Religionspsychologie zwischen Wissenschaft und Weltanschauung aber zum selbständigen Weiterdenken anregt – sei es im Widerspruch oder mit Zustimmung – ist eines ihrer Ziele erreicht. Darüber hinaus ist das Anliegen einer integralen Religionstheorie im allgemeinen und einer Synopse der Religionspsychologie im speziellen so umfassend, in der deutschsprachigen sozialwissenschaftlichen Forschung so randständig und dennoch angesichts drängender gesellschaftspolitischer Herausforderungen so nötig, daß auch ein Entwurf wie der vorliegende sinnvoll erscheint.

Die ersten Anstöße für diese Arbeit erhielt ich bei zahlreichen Besuchen der päpstlichen Tantur-Bibliothek in Jerusalem. Nach meinem Diplom im Jahr 1987 lebte und arbeitete ich mehr als ein Jahr lang in dieser einzigartigen Stadt und lernte dort den weiten Horizont unterschiedlicher Frömmigkeitsstile und Spiritualitätsformen kennen und schätzen. In der Tantur-Bibliothek machte ich mich mit dem aktuellen Forschungsstand der internationalen Religionspsychologie vertraut – einem Wissensgebiet, nach dem ich damals in deutschen Bibliotheken vergeblich gesucht hatte. Die vorliegende Arbeit möchte einen Beitrag dazu leisten, dieser psychologischen Teildisziplin mehr Profil zu verleihen.

Für Rückmeldungen auf meine dieser Arbeit zugrundeliegende Dissertation bedanke ich mich herzlich bei Helmut Reich (Fribourg), Sebastian Murken (Mainz), Christian Zwingmann (Bad Säckingen), Bernhard Grom (München) und David Wulff (Rhode Island). Besonderen Dank schulde ich Rüdiger Porep (Wildeshausen), der diese Arbeit als Lehranalytiker des Alfred-Adler-Instituts ermutigend begleitet hat und mir eine große Hilfe war, meine intellektuelle und spirituelle Entwicklung zu verbinden.

Vielfältige Unterstützung habe ich auch durch meine Familie erfahren, seien es die Gebete meiner Mutter, der großzügige Druckkostenzuschuß meines Vaters oder der menschliche und computertechnische Beistand durch meine Schwiegereltern. Meine beiden Kinder haben es immer wieder geschafft, mir den Blick für das Wesentliche lebendig zu erhalten. Vor allem meiner Lebensgefährtin, der Diplom-Designerin Christina Utsch, danke ich, daß sie in den vergangenen Monaten mehr als die partnerschaftliche Hälfte an Erziehungs- und Hausarbeiten übernommen und dafür eigene Projekte zurückgestellt hat. Deshalb widme ich ihr dieses Buch.

Hannover, im Mai 1997 Michael Utsch

Abbildungsverzeichnis

Einleitung

Die Religionspsychologie wird in Fachkreisen bis heute als ein „dorniges Gebiet“ und als vernachlässigte Disziplin innerhalb der Psychologie angesehen (Zinser 1988, 103; Bucher & Oser 1988, 483; Moosbrugger 1997). Die Außenseiterposition der Religionspsychologie hat ihre Gründe, denn jede psychologische Untersuchung religiösen Erlebens und Verhaltens läuft Gefahr, an zwei Grundproblemen zu scheitern: einerseits droht ein religionspsychologisches Erklärungsmodell durch die Vielfalt der religiösen Phänomene „förmlich in Theorielosigkeit zu zerfließen ... oder aber andererseits unter dem Diktat bestimmter Theorien eine reduktionistische und damit einseitige Verstehenslehre“ zu entwickeln (Scharfenberg 1985, 209). Wie muß eine Psychologie aufgebaut werden, um dem facettenreichen, schwer zu erfassenden Forschungsgegenstand „Religiosität“ gerecht zu werden? Was bedeutet Religiosität aus psychologischer Perspektive? Kann überhaupt ein derart subjektives Erleben wie das der Religiosität wissenschaftlich erfaßt, beschrieben und erklärt werden?

Die vorliegende Untersuchung beabsichtigt, einen *Forschungsüberblick* über dieses aufstrebende und in der deutschsprachigen Psychologie wiederentdeckte Wissensgebiet zu schaffen. Um aber die wichtigsten der sehr unterschiedlich aufgebauten religionspsychologischen Forschungsansätze einander gegenüberstellen zu können, müssen zunächst Grundmerkmale einer psychologischen Theorie der Religiosität bestimmt werden. Diese Merkmale bilden den Rahmen des Theorievergleichs. Deshalb werden in einem ersten Teil die anthropologischen *Voraussetzungen* und danach die wissenschaftstheoretischen *Grundlagen* einer Psychologie erarbeitet, die sich der subjektbezogenen, qualitativen Forschungstradition verpflichtet weiß und von einem grundlagenwissenschaftlichen Psychologieverständnis getragen ist (Jüttemann 1992).

Damit soll gleich zu Beginn auf die Blickrichtung dieser Arbeit hingewiesen werden – *die* Religionspsychologie gibt es nicht. Im Unterschied zu einer streng *empirisch*, quantifizierenden Religionspsychologie (Grom 1992; Moosbrugger, Zwingmann, Frank 1996), einer *theologisch* verstandenen (Fraas 1990), einer *religionswissenschaftlich* eingebetteten (Zinser 1988, Stolz 1988), einer *phänomenologisch* orientierten (Wyss 1991, Wit 1993), einer *kulturwissenschaftlich* abgeleiteten (Popp-Baier 1990, Belzen 1997) oder einer *psychoanalytisch* begründeten (Henseler 1995) Psychologie der Religiosität wird hier ein *grundlagenwissenschaftlicher* Beitrag zum Verständnis der psychologischen Aspekte von Religion, Religiosität und Spiritualität geleistet. Die dafür eingeschlagene dialogische Vorgehensweise zwischen Empirie und Anthropologie versucht, ein Gleichgewicht von methodisch festgelegter Naturwissenschaft und inhaltlich bestimmter Geisteswissenschaft herzustellen und wird deswegen bevorzugt, weil der komplexe Gegenstand religionspsychologischer Forschung eine interdisziplinäre Vorgehensweise gebietet. Dadurch soll die perspektivische Einseitigkeit einer Wissenstradition vermieden werden, ohne den psychologischen Standpunkt aufzugeben.

Anders als Beiträge mit anwendungsbezogenem Interesse bemüht sich die vorliegende Arbeit um die Klärung der im Vorfeld empirischer Studien nötigen Voraussetzungen. Dieser wissenschaftstheoretische Schwerpunkt ergab sich aus dem Mangel an konzeptueller Klarheit und theoriebezogener Begründung der Religionspsychologie, wenngleich dafür der größere, philosophische Horizont mit einbezogen werden mußte.

Für ein wissenschaftliches Vorgehen ist eine vorläufige Begriffsbestimmung von „Religiosität" nötig. In vorliegender Arbeit wird *Religiosität* verstanden als „religiöses Erleben und Verhalten". Durch diese Definition wird eine direkte Verbindung zur Psychologie hergestellt, weil gemäß Forscherkonsens die Psychologie die Wissenschaft vom menschlichen Erleben und Verhalten ist (vgl. Thomae & Feger 1969, 1). In diesem Sinne beschreibt der Begriff „Religiosität" die psychologischen Aspekte der Religion. Allerdings enthält diese Definition einen ähnlich unklaren Begriff wie den der Religiosität, nämlich Religion. Hier werden unter *Religion* die durch kulturelle Überlieferung geprägten Riten und Symbole hinsichtlich einer den Menschen übersteigenden, „göttlichen" Macht verstanden. Ob Religion oder Religiosität die angemessenen Begriffe für den religionspsychologischen Forschungsgegenstand bilden, wird nach der Behandlung wissenschaftstheoretischer Grundfragen neu zu untersuchen sein.

Wie sind Religion und Religiosität psychologisch zu beschreiben, zu erklären und zu verstehen? Wenn die vorläufige Begriffsbestimmung von einer den Menschen übersteigenden, „göttlichen" Macht ausgeht, entzieht sich diese der psychologischen Analyse. Als subjektrelevanter Aspekt der Religiosität wird der Begriff „Spiritualität" vorgeschlagen und begründet. Während der Begriff Religiosität das religiöse Erleben und Verhalten umfaßt, wird hier mit *Spiritualität* ein Bewußtseinsbereich des Menschen beschrieben, der sensibel auf irrationale und paradox erscheinende Ereignisse reagiert, und versucht, kreativ mit dem Unbedingten, Unverfügbaren und absolut Gegebenen umzugehen und Erklärungen dafür zu finden. Die Spiritualität stellt damit den existentiellen, nur subjektiv wahrnehmbaren Pol der Religiosität dar, während die Religion als kulturell vorgegebene Größe den soziologisch erfaßbaren, objektiven Pol ausmacht (zu den Beziehungen von Religion, Religiosität und Spiritualität vgl. Kapitel 3.1.9).

Durch ihren wesentlich irrationalen Charakter stellt die menschliche Spiritualität eines der letzten psychologischen Tabus und eine der wenigen unbekannten Größen des ansonsten gründlich durchanalysierten und strukturell erfaßten Seelenlebens dar. Der Theologe Hans Küng hat die Religion als das letzte Tabu der Psychologie bezeichnet, dessen Bedeutung verdrängt und ähnlich behandelt werde wie die Sexualität im Viktorianischen Zeitalter (Küng 1987, 111ff). Erst durch die Forschungsrichtung der Transpersonalen Psychologie und eine Renaissance der deutschsprachigen Religionspsychologie hat sich die Situation in den letzten Jahren geändert, und auch in der deutschsprachigen psychologischen Forschung wächst die Beachtung und Untersuchung der spirituell-religiösen Dimension des Menschen (vgl. Schmitz 1992; Popp-Baier 1993; Dunde 1993; Flammer 1994; Zundel & Loomans 1994; Oser & Bucher 1995; Oerter 1996; Moosbrugger,

Zwingmann & Frank 1996; Oser & Reich 1996; Schlagheck 1996; Henning & Nestler 1997).

Grundsätzlich wurde aber dem in allen Kulturen existierenden Phänomen der Religiosität oder Spiritualität von psychologischer Seite bisher wenig Aufmerksamkeit gewidmet. Auch in der deutschsprachigen sozialwissenschaftlichen Forschung wurden die problematischen und interdisziplinär miteinander verknüpften Grundlagenfragen über Möglichkeiten und Grenzen einer psychologischen Zugangsweise zur spirituellen Dimension des Menschen in den letzten Jahrzehnten wenig thematisiert. Eine Vernachlässigung der Religiosität nicht nur in unserem Kulturkreis, sondern auch in der englischsprachigen Forschung wurde bei der Überprüfung der Themenauswahl von gebräuchlichen amerikanischen Einführungen zur Psychologie festgestellt: Die religiöse Dimension des Menschen ist in den meisten Lehrbüchern ausgeklammert (Lehr & Spilka 1989).

Diese psychologische Ignoranz gegenüber der spirituellen Dimension steht im Widerspruch zur faktischen Relevanz der mit Religiosität bzw. Spiritualität verbundenen Inhalte. Gesellschaftliche und politische Veränderungen weisen eindringlich auf den Bedarf (und den Mangel) an religionspsychologischen Erkenntnissen hin. Ob es die aktuelle *Sektenproblematik* (Deutscher Bundestag 1997; Singer & Lalich 1997; Klosinski 1996; Hellmeister, Straube & Wolfradt 1996; Rollett & Kaminger 1996; Hemminger 1995; Schmitz & Friebe 1992; Nelson 1991), die Popularität des *Okkultismus* (Streib 1996; Helsper & Streib 1994; Bucher 1994a; Zinser 1993; Mischo 1991;) und des *Exorzismus* (Gascard 1994; Wiesendanger 1992) oder die bedrohlichen Auswirkungen eines weltweit erwachten *Fundamentalismus* (Küenzlen 1996; Huth 1995; Keupp 1993) sind – es besteht ein akuter religionspsychologischer Wissensnotstand.

Psychologisch relevant ist die Spiritualität deshalb, weil sich jeder Mensch – mehr oder weniger bewußt – eine Weltanschauung bildet, um hinsichtlich der Erklärungsbedürftigkeit des Alltags ein Gefühl der Sicherheit, Kontrolle und Geborgenheit zu erwerben. Dabei scheint das Bedürfnis nach Erklärung des Zufalls und der Wunsch nach Einflußname auf das Unverfügbare und Unbedingte bei vielen Menschen so drängend zu sein, daß der Esoterikmarkt weiterhin boomt. Die spirituelle Dimension entzieht sich allerdings einer direkten psychologischen Untersuchung. Aufgrund ihrer zentralen, grundlegenden Stellung wird ihr in vorliegender Arbeit später weitere Aufmerksamkeit gewidmet.

Die Religiosität bzw. die ihr zugrunde liegende Spiritualität einer Person äußert sich als ein multidimensionales, äußerst weitreichendes Phänomen in zahlreichen Erlebens- und Verhaltensaspekten, das jeden in dem Bemühen um persönliche, soziale und sinnstiftende Identität berührt und deshalb von verschiedenen Blickrichtungen aus betrachtet werden kann und muß. Neben höchst privaten Themen wie die persönliche Auseinandersetzung mit Tod und Sterben, Fragen nach dem Sinn des Lebens oder Bereichen wie Gewissen, Schuld oder Verantwortung übernimmt die Religiosität auch zahlreiche soziale und gesellschaftliche Funktionen. Die facettenreiche Vielfalt der Religiosität, der ihr zugrunde liegende unscharfe und vieldeutige Religions-Begriff und ihr schwer zu differenzierender Einflußbereich auf die persönlichen, gesellschaftlichen und kulturellen Lebensbezüge erschweren verständlicherweise eine psychologische Erforschung. Neben allgemeinen seelischen Auswirkungen eines religiösen Glaubensvollzuges, der religionspsychologisch untersucht werden kann, nimmt die Religiosität – neben anderen Faktoren – Einfluß auf viele weitere Erlebens- und Verhaltensbereiche wie Krisenbewältigung, Lebenszufriedenheit, Sozialverhalten, Kulturgestaltung, Sinnfindung und anderes mehr.

In den USA hat man in der Klinischen Psychologie anwendungsbezogene Konsequenzen aus religionspsychologischen Einsichten gezogen, indem beispielsweise in dem 1994 erschienenen Diagnoseschlüssel DSM-IV religionspsychologische und spirituelle Fragen berücksichtigt werden. Diese Bereiche werden „nicht mehr per se als seelische Störungen angesehen, sondern als wichtige persönliche Faktoren respektiert" (Tan 1994, 389). Die von der amerikanischen Psychologenvereinigung APA überarbeiteten „Ethischen Prinzipien von Psychologen" weisen auf die Religion als eine bedeutsame Dimension der persönlichkeitsbedingten Variabilität hin, die für Psychologen „ein spezielles Training, Erfahrung, Beratung oder Supervision erfordert, um kompetent und angemessen damit umgehen zu können" (APA 1992, 1601).

Die auffällige psychologische Tabuisierung der spirituellen Dimension des Menschen hat ihre Gründe. Zu dem komplexen und begrifflich unscharfen Konstrukt der Religiosität kommen die unterschiedlichen wissenschaftstheoretischen Anknüpfungen psychologischer Erklärungsmodelle erschwerend hinzu: Versteht sich die Psychologie als empirische Wissenschaft, und ist sie damit prinzipiell in Naturwissenschaft überführbar, oder setzt sie die Tradition der Diltheyschen Geistes- und Geschichtswissenschaft fort? Die Vielfalt der psychologischen Erklärungsansätze und Forschungsmethoden hat eine mittlerweile unüberschaubare Komplexität erreicht, bei der (nicht nur) die religionspsychologische Forschung Gefahr läuft, bei immer mehr Spezialisierung den Gesamtzusammenhang – die Einheit des Seelischen – aus dem Blick zu verlieren, was besonders bei komplexen Fragestellungen wie der Religiosität ins Gewicht fällt.

Die enorme Unterschiedlichkeit der psychologischen Erklärungsansätze von Religiosität verwirrt Von *biologisch-neurophysiologischen* Modellen (vgl. zur Übersicht Wulff 1991, 41–110) über *psychoanalytische* (Jones 1991; Henseler 1995) und *verhaltenstherapeutische* Deutungen (Miller & Martin 1988), vom Ausgangspunkt *systemischen* Denkens (Stadlmeier 1989; Etzold 1992) oder der *strukturgenetischen* Theorie (Oser & Reich 1992) bis hin zu *transpersonalen* Bewußtseinsmodellen (Zundel & Loomans 1994) und *parapsychologischen* Erklärungen (Mischo 1991) reicht das weite Spektrum. Zutreffend bemerkt Stolz (1988, 175), daß „die Religionspsychologie … in sich völlig disparat ist".

Die konzeptuelle Komplexität des Themas und die methodologische Vielfalt des wissenschaftlichen Zugangs zur Religionspsychologie machen die Erarbeitung einer Systematik dieser Teildisziplin sinnvoll – und schwierig. Ein systematischer Rahmen zur Strukturierung des disparaten Forschungsfeldes wird hier in Form einer vergleichenden Zusammenschau – im folgenden „Synopse" genannt – geschaffen. Dazu werden zunächst übergeordnete, modelltheoretisch gewonnene Kategorien erarbeitet, die eine vergleichende Übersicht der divergenten Ansätze ermöglichen und als Systematisierungshilfe einen Beitrag zur Weiterentwicklung dieser Disziplin leisten wollen.

Was ist in diesem Zusammenhang mit „modelltheoretisch" gemeint? Um ein besseres Verständnis für die seelischen Prozesse und Auswirkungen des religiösen Erlebens zu gewinnen, bedarf es einer möglichst klaren Eingrenzung der psychologisch relevanten Aspekte von Religiosität. Leider existieren nur wenige Forschungsansätze, denen es gelungen ist, ausgehend von einem religionspsychologischen Persönlichkeits- oder Entwicklungsmodell theoriebezogene Verstehenshilfen zur psychologischen Deutung der Religiosität überzeugend und in sich stimmig zu schaffen. Als gutes Beispiel für die entwicklungspsychologische Erforschung der Religiosität sei auf die strukturgenetischen Untersuchungen von Oser (vgl. Bucher & Reich 1989) und Fowler (vgl. Nipkow, Schweitzer & Fowler 1989) verwiesen.

Vorliegende Arbeit basiert nicht auf einer bestimmten psychologischen Schule, sondern versucht, mit Hilfe einer theoretischen Gegenstandsbestimmung den psychologisch relevanten Rahmen zur Erforschung von Religiosität und Spiritualität zu bestimmen. Deshalb beginnt der hier eingeschlagene Erkenntnisweg im *ersten Teil* mit der Untersuchung der anthropologischen Voraussetzungen von religiösem Erleben und Verhalten.

Dem Mangel einer modelltheoretischen Generierung religionspsychologischer Forschungsansätze wirkt diese Untersuchung entgegen, indem sie im *zweiten Teil* grundlagenwissenschaftliche Zusammenhänge einer Psychologie der Religiosität benennt und behandelt. Eine psychologische Erforschung der Religiosität erfordert die Klärung ihrer erkenntnis- und wissenschaftstheoretischen Grundlagen, will sie nicht den Gefahren subjektiver Beeinflussung, einseitiger Theorielastigkeit und inhaltlicher Verzerrungen erliegen. Ausgehend von den Zusammenhängen der psychologischen Wissenschaftstheorie kann die Religiosität dadurch „modelltheoretisch", d.h. im Rahmen psychologischer Wissenschaft begründet und dargestellt werden (vgl. Kapitel 5).

Im *dritten Teil* wird ein synoptischer Forschungsüberblick der bekanntesten religionspsychologischen Theorien erarbeitet. Wie ein synthetisches Gesamtmodell der Religionspsychologie – Reich (1992, 145) spricht von einer „Grand Unified Theory of Religiousness" – mit integrativer Potenz für die vielfältigen Ansätze beschaffen sein muß, wird hier nicht im Rückgriff auf schon vorhandene Theorien entwickelt, sondern unter Berücksichtigung der wissenschaftstheoretischen Grundlagen dieser Disziplin untersucht. Die Vielfalt und teilweise Widersprüchlichkeit der Erklärungsmodelle erfordert die Erarbeitung relevanter Beurteilungskriterien und Ordnungsgesichtspunkte, mit deren Hilfe eine synoptische Gegenüberstellung der unterschiedlichen Theorieansätze durchgeführt werden kann. Erst auf der Grundlage der wissenschaftstheoretischen Zusammenhänge einer Psychologie der Religiosität ist es möglich, die Grundmerkmale eines nicht-reduktionistischen, umfassenden religionspsychologischen Erklärungsansatzes zu bestimmen.

Der in der Forschungsliteratur ausgedrückte Wunsch nach einem einheitlichen Gesamtmodell, das imstande ist, „die empirischen Einzelbeobachtungen kritisch zu integrieren“ (Fraas 1990, 81), wird nach der Fertigstellung der Synopse als unerreichbar beurteilt. Anstelle eines synthetischen, einheitlichen Metamodells wurde mit Hilfe der hier bestimmten Grundmerkmale der Reichtum der vielfältigen, sich ergänzenden religionspsychologischen Erklärungsansätze im synoptischen Vergleich aufgewiesen.

Mit wohl ähnlicher Aussageabsicht ergänzte Fisseni (1984) seinen Theorieüberblick über die Persönlichkeitstheorie mit den Untertitel „Auf der Suche nach einer Wissenschaft“. Unterschiedliche Modelle erhellen nach Fisseni unterschiedliche Aspekte der Persönlichkeit, die junge Wissenschaft der Psychologie „sucht noch ihre Identität, sie ist in diesem Sinne noch auf dem Wege, Wissenschaft zu werden“ (Fisseni 1984, VII), was in noch größerem Ausmaß auf die Religionspsychologie zutrifft. In ihrem Standardwerk über Persönlichkeitstheorien bewundern Hall und Lindzey (1979, 311) „die anscheinend unerschöpfliche Gabe der Psychologen, neue Aspekte und Methoden zu entdecken, mittels deren die Verhaltensphänomene betrachtet oder geordnet werden können“. Diese beiden renommierten Wissenschaftler anerkennen den Wunsch nach einer Synthese und Integration der verschiedenen Ansätze zu einem einzigen Theoriegebäude, das eine bessere Übersichtlichkeit und Eindeutigkeit des Forschungsgebiets eröffnen würde. Sie plädieren aber wegen eines „unzureichenden Grads formaler Klarheit“, einer nur „zufällig oder willkürlich zu bildenden Synthese” und der „schwer erfaßbaren Vielgestaltigkeit“ des Forschungsgegenstands für die gleichzeitige Anwendung einer Vielzahl von Modellen. Die von Hall und Lindzey erhobenen schwerwiegenden Einwände gegen eine synthetische Integration wird hier durch die Entwicklung wissenschaftstheoretisch fundierter Grundmerkmale der Religionspsychologie berücksichtigt, die kein synthetisches, einheitliches Metamodell einer Psychologie der Religiosität ergeben, sondern als Kategorien einer synoptischen, sich gegenseitig ergänzenden Darstellung vielfältiger Religionspsychologien dienen. Damit wird dem größten Mangel der gegenwärtigen Religionspsychologie – ihrem Theoriedefizit – wirkungsvoll begegnet.

Unterstützung bekam das hier aufgenommene grundsätzliche Anliegen durch die wissenschaftstheoretischen Überlegungen von Herzog (1984, 84ff). Dieser bewertet den vorläufigen Modellcharakter von konkurrierenden psychologischen Theorien positiv. Ihre erkenntnistheoretische Funktion bestehe darin, als heuristisches Hilfsmittel zur Vorstellung über und zur Abbildung von Wirklichkeit zu dienen. Modelle „lassen sich nicht empirisch belegen. Sie können weder wahr noch falsch sein. Modelle sind selektierende Abbilder oder metaphorische Darstellungen der Wirklichkeit“ (Herzog 1984, 94f). Die einzige Möglichkeit, Modelle in Frage zu stellen, sind nach Herzog andere Modelle, wenn sie „besser geeignet sind, ein Forschungsfeld konzeptionell zu strukturieren und entsprechend fruchtbarere (was auch heißt: empirisch gehaltvollere) Theorien zu liefern“ (ebd.).

Nach den Schlußfolgerungen Herzogs ist die Modellkonkurrenz eine notwendige Bedingung für den Erkenntnisfortschritt psychologischer Forschung. In diesem Sinne liefert die hier entwickelte Synopse der Religionspsychologie einen Rahmen, in dem ein Modellvergleich religionspsychologischer Theorien vorgenommen werden kann. Darüber hinaus werden Impulse zur Entwicklung von besseren, zutreffenderen Modellen über die psychologischen Ursachen und Wirkungen von Religiosität vermittelt.

1 Schwierigkeiten wissenschaftlicher Religionspsychologie

1.1 Religion und Psychologie – ein konfliktreiches Paar

Die wissenschaftlich-psychologische Beschäftigung mit den spirituell-religiösen Aspekten des menschlichen Erlebens stellt sich als ein schwieriges Unterfangen dar. Es wurden unterschiedliche Begründungen dafür gefunden, warum die Religiosität nach anfänglich intensiver Zuwendung seitens der psychologischen Forschung in den letzten Jahrzehnten weniger Aufmerksamkeit erfahren hat.

Schon Anfang des 20. Jahrhunderts kam Leuba bei Untersuchungen über den Unsterblichkeits- und Gottesglauben bei verschiedenen akademischen Gruppen zu dem überraschenden Ergebnis, daß Naturwissenschaftler mehr zu religiösem Glauben neigen als Psychologen (nach Thouless 1969, 386). Für den amerikanischen Sprachraum wurde nachgewiesen, daß die Berufsgruppe der Psychologen im Schnitt weniger religiös denkt und handelt als vergleichbare andere Akademiker (Ragan, Malony & Beit-Hallahmi 1980). In einer kürzlich durchgeführten Befragung von 177 deutschen psychologischen Wissenschaftlern an 14 psychologischen Fachbereichen teilten 59% der Untersuchungspersonen mit, keine wissenschaftlichen psychologischen Untersuchungen zur Religiosität zu kennen (Petersen 1993, 8). Demnach stellt ein für Psychologen fast schon „typisches" fehlendes persönliches Interesse an der Religiosität eine wesentliche Ursache für die Vernachlässigung dieses Forschungsgebiets dar. Was mögen Gründe für diese distanzierte Grundeinstellung der meisten Psychologen zur Religion sein?

Für viele Psychologen ist die Religionspsychologie eine dubiose Angelegenheit, weil man sich in diesem Forschungszweig mit problematischen metaphysischen Fragen beschäftigen muß, denen man sich nach der Konsolidierung der Psychologie als eigenständige Naturwissenschaft und der Abnabelung von Theologie und Philosophie entledigt zu haben glaubte. In einer Arbeit über Einflüsse der spirituellen Dimension des Menschen auf den psychotherapeutischen Prozeß wiesen Shafranske und Gorsuch (1984, 231f) auf die historischen Verknüpfungen zwischen Philosophie und Psychologie hin und begründeten die Vernachlässigung der Spiritualität seitens der Psychologie mit ihrem Loslöse- und Emanzipierungsprozeß von ihren Ursprüngen. Nach der mühsam errungenen Anerkennung als empirische Wissenschaft scheuen die meisten psychologischen Forscher offensichtlich vor der erneuten Beschäftigung mit spekulativen und hermeneutischen Fragestellungen zurück. Der israelische Religionspsychologe Beit-Hallahmi (1989, 37) geht davon aus, daß sich die meisten Psychologen über die vielfach vorhandene Vermischung von Theologie und Psychologie in religionspsychologischen Untersuchungen ärgern und deshalb ablehnend reagieren.

In der renommierten Zeitschrift „American Psychologist" führte Gorsuch (1988, 203f) ein in der Psychologie angestrebtes „objektives", naturwissenschaftlich orientiertes Forschungsethos, die bis vor kurzem von der kirchlichen Lehrmeinung vertretene ausdrückliche Ablehnung psychologischer Kenntnisse sowie die Gefahr von infantilem Wunschdenken und regressiven Tendenzen bei jeder religiösen Orientierung als mögliche Gründe für die vorherrschende Distanzierung an. In derselben Zeitschrift benannte Sperry in ähnlicher Weise das bislang „objektivistische“ Forschungsparadigma der Psychologie als eine mögliche Ursache für die Vernachlässigung religiöser Tatbestände: „Die (psychologische) Wissenschaft hat bisher ein strikt objektives, wertfreies Beschreiben des Denkens und Verhaltens vorgezogen, das die Willensfreiheit, bewußte Zielvorstellungen, subjektive Werte, die Moral und andere subjektive Phänomene ausschloß, die in der Religion wirksam sind“ (Sperry 1988, 203). Nach der „kognitiven Wende“ und dem Aufkommen eines „mentalen“ Paradigmas beurteilt er heute die Chancen für eine angemessene Beachtung und psychologische Erforschung der Religiosität freilich günstiger.

Aus theologischer Sicht diagnostizierte auch Henning (1997) ein gegenwärtig konstruktives Klima zwischen Psychologie und Theologie. Nachdem die Religionspsychologie seitens der Theologie abgelehnt worden sei, weil sie das von ihr Verdrängte vertreten habe, nehme sie nun ihre Forschungsergebnisse genau zur Kenntnis. Allerdings sind deutliche Unterschiede bei der Bearbeitung des religionspsychologischen Forschungsfeldes zwischen englischsprachigen und deutschsprachigen Wissenschaftlern festzustellen, wie es beispielsweise an dem Forschungsgebiet „Religion und (seelische) Gesundheit“ abgelesen werden kann. Immerhin liegen dazu mittlerweile auch einige deutschsprachige empirische Untersuchungen vor (Hark 1985, Dörr 1987, Becker & Weißer 1988, Schwab & Petersen 1990, Zwingmann 1991, Zimmermann 1995). In einem Überblicksartikel zu dieser Fragestellung wurde herausgestellt, daß die Zahl der psychologischen Fachpublikationen zu diesem Thema in den letzten Jahren „sprunghaft“ angestiegen sei. Während sich mit dieser Fragestellung laut der Psychological Abstracts rund 100 Dissertationen in den letzten 10 Jahren befaßt hätten, seien für den deutschen Sprachraum „kaum zwei bis drei Dissertationen bekannt. Diese Zahlen mögen die derzeit unterschiedliche Wertschätzung religionspsychologischer Themen in den beiden Sprachräumen belegen“ (Schmitz 1992a, 131).

Als weiteres Indiz für die unterschiedliche Beachtung der Religionspsychologie in Deutschland im Vergleich zur englischsprachigen Forschungslage kann die Anzahl der wissenschaftlichen Publikationen auf diesem Gebiet dienen. In dem führenden deutschen Fachbuchverlag für psychologische Literatur erschien erst 1992 – nach 34 Jahren (!) – wieder eine „Religionspsychologie“ als „Bestandsaufnahme des gegenwärtigen Forschungsstandes“, weil ein „originäres deutschsprachiges Werk seit geraumer Zeit“ ausstehe (Schmitz 1992, IX). Im englischsprachigen Raum dagegen sind in den letzten Jahren jährlich umfassende Lehrbücher zur Religionspsychologie aus unterschiedlicher Perspektive erschienen (Paloutzian 1983, Meadow & Kahoe 1984, Spilka, Hood & Gorsuch 1985, Brown 1987, 1988; Beit-Hallahmi 1989; Hyde 1990; Wulff 1991; Malony 1991; Batson, Schoenrade & Ventis 1993, Hood 1995).

Grundlage für die verschiedenen Darstellungsweisen, Strukturierungen und Modellbildungen dieser Lehrbücher bilden die zahlreichen empirischen Untersuchungen über die Vielfalt spirituellen Erlebens und religiösen Verhaltens. In vielen Teilbereichen wurden beachtliche Ergebnisse erzielt, so in der Psychologie der religiösen *Entwicklung* (vgl. zur Übersicht Oser & Scarlett 1991), dem oben erwähnten Themenkomplex Religiosität und *Gesundheit* oder dem Forschungsschwerpunkt *Konversion* (vgl. Conn 1986, Spero 1987, Silverstein 1988, Ullman 1989, Liu 1991, Malony & Southard 1992). Beachtenswert ist die hohe Anzahl deutschsprachiger Studien zur Konversionsforschung aus den letzten Jahren, die hauptsächlich aus soziologischer Perspektive durchgeführt wurden (vgl. Ulmer 1989 und 1990, Wiesberger 1990, Krech 1994, Süss & Pitzer-Reyl 1996, Wohlrab-Sahr 1996). Methoden der Lebenslaufforschung benutzten Rose (1989) und Schweitzer (1990) zur Erklärung religiöser Transformationen. Klosinski (1985, 1986) konnte unter Verwendung biographischer und psychodynamischer Forschungsinstrumente fünf unterschiedliche Konversionsmodi beschreiben.

Als ein letzter Hinweis auf die Differenziertheit des religionspsychologischen Forschungsfeldes kann schließlich auf die elf (!) verschiedenen amerikanischen Fachzeitschriften verwiesen werden, die sich den unterschiedlichen Schwerpunkten der Religionspsychologie widmen (vgl. Malony 1991a). Für deutsche Verhältnisse kaum vorstellbar: Die kommentierte Bibliographie von Hyde (1990) referiert über 2.000 empirische Einzeluntersuchungen mit religionspsychologischen Fragestellungen aus dem amerikanischen Sprachraum. Den gegenwärtigen Wissensstand dieser Disziplin vermittelt in strukturierter Gesamtschau über das disparate religionspsychologische Forschungsfeld das fast 800 Seiten umfassende Übersichtswerk von Wulff (2., überarbeitete Auflage 1997).

Dieses enzyklopädische Lehrbuch enthält neben vielen weiteren ein 60 Seiten starkes Kapitel über die „deskriptive deutschsprachige Religionspsychologie“, das ein Überblick über die Forschungsmodelle von Spranger, Heiler, Girgensohn u.a. vermittelt. Diese Ansätze sind in der deutschsprachigen Forschung aus dem Blick geraten. Denn beispielsweise erwähnt das Lehrbuch von Schmitz (1992) nicht seinen „Vorgänger“ aus demselben Fachverlag, die theoretische Untersuchung von Potempa (1958) über „Persönlichkeit und Religiosität“, in der in phänomenologisch-aufweisender Methode das personale mit dem religiösen Erleben verglichen wird. Dieser deutschsprachige Forschungsansatz wurde in dem englischsprachigen Buchkapitel von Wulff (1991, 563f) kritisch gewürdigt. In der deutschsprachigen „Bestandsaufnahme des aktuellen Forschungsstandes“ (Schmitz 1992) erscheint dieser jedoch nicht mehr, weil die phänomenologisch orientierte Religionspsychologie in Deutschland augenblicklich keine Beachtung findet, obgleich wesentliche Impulse von ihr ausgingen (Spranger 1974, Albrecht 1976, Trillhaas 1953; vgl. auch Akerberg 1988, Bradford 1984, Akerberg & Pettersson 1981).

Abgesehen von den unterschiedlichen methodischen Zugangsweisen zur Religiosität – was macht das Verhältnis zwischen Psychologie und Religion so konfliktträchtig? Beide wissenschaftlichen Disziplinen geben für die konkrete Lebensgestaltung Hinweise und Anregungen, wodurch sie große öffentliche Aufmerksamkeit erfahren. Die hohe Anzahl populärwissenschaftlicher Veröffentlichungen mit psychologischen und spirituell-religiösen Themen kann als ein Indiz dafür angeführt werden. Dabei hat sich allerdings ein Konkurrenzverhältnis zwischen beiden eingestellt, das – bildlich gesprochen – dem eines zerstrittenen Paares gleicht. Unter der Prämisse, daß so etwas wie eine über-seelische, nicht erklärbare und naturwissenschaftlich nicht erfaßbare spirituelle Wirklichkeit existiert, gehören Seele und Geist zusammen und bilden als gegensätzliches Paar eine psychospirituelle Einheit (vgl. dazu Kapitel 2.1).

War zu früheren Zeiten das Primat des Spirituellen alltagsprägend – der Mensch wähnte sich geborgen im „Schoß" der Kirche –, hat heutzutage diese Aufgabe der „Lebensvergewisserung" die Psychologie übernommen. Das Verhältnis Religion – Psychologie ist deshalb so konfliktreich, weil es dabei um die Vormachtstellung hinsichtlich der Deutungs- und Erklärungsbedürftigkeit des Alltags geht: Wird ein Ereignis innerweltlich-psychologisch oder im weitesten Sinne überweltlich-religiös gedeutet? Diese kontroversen Grundsatzfragen machen einen Teil der „Polaritätsspannung" in der Religionspsychologie aus, die bei ihrer wissenschaftstheoretischen Fundierung berücksichtigt werden müssen.

Nach der Dominanz einer spirituellen bzw. religiösen Deutung der Welt wurde die Vorherrschaft der Psychologie durch die rationalistischen Impulse der Aufklärung eingeleitet. Durch den rasanten Vormarsch der wissenschaftlich-technischen Erkenntnisse trat eine „Wissenschaftsgläubigkeit" ein, bei der besonders die naturwissenschaftlich orientierte Psychologie in der Gefahr steht, die Unverfügbarkeit des Seelischen und die Bedeutung der Subjektivität für den Menschen zu übergehen. Die Dominanz der quantitativen, methodenorientierten Grundhaltung in dem ersten Jahrhundert der Psychologie als Einzelwissenschaft bot wenig Raum für die irrationalen, paradoxen und nur sensibel wahrnehmbaren Hinweise auf die Existenz einer spirituellen Dimension. Erst in einer ausgewogenen, komplementären Ergänzung von natur- und geisteswissenschaftlicher Forschung, von Erklären und Verstehen, kann aus psychologischer Perspektive die Religiosität betrachtet werden, weshalb die vorliegende Arbeit ein dialogisches Vorgehen bevorzugt.

Wenn hier von der anthropologischen Prämisse einer psychospirituellen Einheit in dem Sinne ausgegangen wird, daß menschliches Erleben und Verhalten sowohl von psychisch-personalen als auch von spirituell-transpersonalen Faktoren determiniert sind, wird dadurch das konfliktreiche Verhältnis zwischen Religion und Psychologie fokussiert. Im folgenden wird aus jeder der beiden Perspektiven eine nähere Beziehungsbestimmung vorgenommen.

1.1.1 Religion als Forschungsgegenstand der Psychologie

Ein Hauptproblem wissenschaftlicher Religionspsychologie entsteht durch die Bestimmung ihres Gegenstands. Durch die Verwendung des problematischen Begriffs „Religion" hat sich die Religionspsychologie mit einem Terminus ausgestattet, der wissenschaftlich kaum faßbar und deshalb sehr umstritten ist. Schon 1912 stellte Leuba 48 unterschiedliche Religionsdefinitionen zusammen. Diese Vielfalt hat zur Folge, daß an die Stelle eines konsensfähigen Religionskonzepts „eine Pluralität von möglichen Definitionsversuchen tritt, die grundsätzlich unabschließbar zu sein scheint" (Wagner 1986, 12).

Daß allerdings der Psychologie eine bevorzugte Position bei der Bestimmung des Religionsbegriffs zukommt, liegt am Ausgangspunkt des neuzeitlichen Religionsbegriffs, der von seinem psychologischen Gehalt her entwickelt wurde. Damit scheint zunächst die Relevanz der Psychologie für dieses Thema gegeben zu sein. Allgemein wurde Religion dargestellt als ein individuelles emotionales Erleben, sei es als „Gefühl des Unendlichen" und „schlechthinniger Abhängigkeit" (Schleiermacher 1799/1958), als „numinose Gemütsgestimmtheit" in der Ergriffenheit durch das Heilige (Otto 1917/1987) oder als „erlebnishafte Begegnung mit heiliger Wirklichkeit" (Mensching 1961, 961). Dieser psychologischen Sichtweise der Religion wurde noch zu Beginn des 20. Jahrhunderts von bedeutenden Theologen zugestimmt, beispielsweise charakterisierte Troeltsch die Religion als „flüssig und lebendig, jederzeit durch unmittelbare Berührung aus Gott schöpfend, höchst innerlich, persönlich, individuell und abrupt" (zit. nach Feil 1986, 22). Tillich hat die räumliche Metapher der Tiefe gewählt, um die „religiöse Dimension" des Menschen zu beschreiben, in der die existentiellen Fragen nach Sinn und Selbstvergewisserung subjektiv eine Antwort fänden (Tillich 1962).

Durch die von Barth begründete Dialektische Theologie und ihre Wirkungsgeschichte wurde der Religionsbegriff „zerstört". Die von Barth konzipierte „Dialektische Theologie" faßt die Wirklichkeit Gottes diametral entgegengesetzt zur Wirklichkeit des Menschen auf. Dem menschlichen Phänomen der Religion stellt Barth die göttliche Offenbarung entgegen, die nicht rational erfaßt, sondern nur geglaubt werden könne (vgl. Pannenberg 1958; Frey 1979, 50f). Barth proklamierte „Gottes Offenbarung als Aufhebung von Religion" (zit. nach Halbfas 1976, 174) und versuchte mit Erfolg, den „Rückgriff auf den Religionsbegriff als ein das Christentum übergreifendes Fundament der Theologie zu disqualifizieren" (Halbfas 1976, 175). Statt sich auf das religiöse Bewußtsein, die spirituelle Natur des Menschen zu gründen, dessen subjektive Überprüfung jedem möglich sei, „wird die Theologie exklusiv auf den geoffenbarten Glauben der Kirche verwiesen" (ebd.).

Weil Barths Verhältnisbestimmung zwischen Religion und christlichem Glauben bis heute Nachhall findet, ist auch der Dialog der Theologie – besonders der evangelischen – mit der Psychologie vorbelastet und hat nicht die Entwicklung genommen, die in Ansätzen zu Beginn dieses Jahrhunderts durch das theologische Programm eines anderen Ansatzes, der „Religionsgeschichtlichen Schule" inauguriert wurde. In der „Religionsgeschichtlichen Schule" wurde in den historisch bestehenden Religionen ein Beleg für die religiöse Natur des Menschen gesehen und ein positiver Religionsbegriff entwickelt (vgl. dazu Pannenberg 1977, 256f; Halbfas 1976, 173f), der von der Dialektischen Theologie erfolgreich als „Religionismus" bekämpft wurde. In der Religionspsychologie hat sich der Entwurf der Religionsgeschichtlichen Schule in den Untersuchungen von Wundt (1915), Heiler (1923) und Söderblom (1926) ausgewirkt.

Aber nicht nur von theologischer Seite wurde die Religion als ein psychologisches Phänomen angegangen, sondern auch andere Wissensgebiete haben Religion als ein emotionales Erlebnis thematisiert. Der Dichter Rolland bestimmte in ähnlicher Weise die Religion als Gefühl der Innerlichkeit. Er schildert es in einem Brief an seinen Freund, den Psychoanalytiker Freud, als „ein besonderes Gefühl, wie von etwas Unbegrenztem, Schrankenlosem, gleichsam Ozeanischem" als eine „rein subjektive Tatsache" (Freud 1930/1968, 421f). Mit dem Hinweis, er könne dieses „ozeanische" Gefühl nicht in sich entdecken, lehnte Freud die „Religion" kategorisch ab (Freud, ebd.). Auf biographische Zusammenhänge der ängstlichen Ablehnung Freuds hat Wangh (1989) aufmerksam gemacht. Ein weiteres Beispiel für die Verbindung von Emotion und Religion stammt aus der Physik. Einstein sprach in einer Veröffentlichung über sein Weltbild von einer „kosmischen Religiosität" und sah es als „die wichtigste Funktion der Kunst und der Wissenschaft" an, dieses „Gefühl unter den Empfänglichen zu erwecken und lebendig zu erhalten" (Einstein 1933/1966, 16f). Er erlebte Religiosität also auch als ein emotionales Geschehen.

Die aus unterschiedlichen Kontexten entnommenen Bestimmungen der Religion gleichen sich dahingehend, daß sie von der religiösen Natur als innerlicher, spiritueller Dimension des Menschen als einem anthropologischen Tatbestand ausgehen, in der sich eine transpersonale, überseelische Wirklichkeit ausdrückt und abbildet. Das aber hat für die Psychologie wie für jede andere empirische Sozialwissenschaft die problematische Voraussetzung zur Folge, die „Annahme einer Gottesvorstellung oder – neutraler formuliert – einer Transzendenz einzuschließen" (Feil 1986, 26). Ob und wie Transzendenz als Thema der Psychologie gelten kann, wird in Kapitel 4.3 untersucht.

Wegen der großen Schwierigkeiten mit dem Begriff der Religion haben andere sich mit Religion befassende Wissenschaftler darauf beschränkt, den äußeren Verhaltensaspekt der Religion in den Mittelpunkt ihrer Forschungen zu stellen. Ein funktionaler, aufgabenbezogener Religionsbegriff untersucht ganz pragmatisch, was Religion leistet, während die substantielle, inhaltsbezogene Religionsdefinition bestimmen möchte, was Religion ist. Weil aber der inhaltliche Gehalt von Religion zu umfassend ist – „hinsichtlich ihrer Gegenstandserfassung zu weit wie hinsichtlich ihrer Erklärungskraft zu unbestimmt" erscheint (Pollack 1995, 170) –, wurde beispielsweise aus dem Bereich der Religionspädagogik der Vorschlag gemacht, auf eine Definition von „Religion" überhaupt zu verzichten, es genüge eine „Formaldefinition", um ihren Aufgaben gerecht zu werden (Nipkow 1982, 129–168). Auch die von dem Jesuiten Grom (1992, 15f) vorgelegte Religionspsychologie geht ausdrücklich nicht von einem einheitlichen Religionsbegriff aus, um „in pluralistisch-integrativer Absicht" möglichst viel von der Vielfalt der Religiosität zu beschreiben und zu erklären und das Untersuchungsfeld nicht durch eine Definitionsvorgabe einzuschränken.

Der Haupteinwand gegen die Verwendung der funktionalen Definitionsmethode lautet, daß „sie ihr Objektfeld zu weit faßt und auch Phänomene in ihren Erfassungsbereich mit aufnimmt, die selbst bei einem weiten Religionsverständnis gewöhnlich nicht als Religion begriffen werden können" (Pollack 1995, 179). Deshalb plädieren heute die meisten der mit Religion beschäftigten Kultur- und Sozialwissenschaftler für eine Kombination von funktionaler und substantieller Religionsbestimmung (vgl. z.B. Moosbrugger, Zwingmann, Frank 1996, 5ff).

Die damit vorgenommene Verflechtung soziologisch-funktionaler und historisch-substantieller Argumente könne „eine fruchtbare Methode sein, auf dem Wege zu einer integralen Religionsdefinition voranzukommen" (Pollack 1995, 183).

Die vorliegende Arbeit geht in ähnlicher Weise vor. Neben dem vieldikutierten substantiellen und funktionalen Religionsbegriff wird hier ein existentielles Verständnis zugrunde gelegt, das die anthropologische Bedeutung der menschlichen Bezogenheit auf Übermenschliches betont (vgl. Weier 1991). Ausgehend von der wissenschaftstheoretischen Einsicht, daß empirische Forschung ohne theoriegeleitete Hypothesen wenig Sinn macht und theoretische Modelle abhängig sind von anthropologischen und metaphysischen Vorentscheidungen, wird ein explizites Gegenstandsverständnis als notwendig angesehen, das der existentiellen Bedeutung von Religion Rechnung trägt. Dieses Gegenstandsvorverständnis der Religion wird in vorliegender Arbeit aus christlich-theologischer Perspektive gebildet. Dieser Bezug ist nicht zwingend und könnte ebenso von einem atheistischen, einem esoterischen, einem buddhistischen oder beliebig anderen weltanschaulichen Standpunkt gebildet werden. Weil aber jede Wissenschaft weltanschaulich geprägt ist, sollte vorweg das Menschenbild, die anthropologischen Voraussetzungen und Wertvorstellungen des Wissenschaftlers offengelegt werden. Aus folgenden Gründen wird hier für den Dialog mit der Theologie plädiert:

Die psychologischen Einflüsse der Religion in ihrer Dimension als kulturstiftende und identitätsfördernde Bildungsgröße auf den einzelnen Menschen sind zu komplex, um analysiert zu werden. Ebenso wie der Mensch ein Individuum – also unteilbare Ganzheit – ist, stellt die Religion ein universelles Gebilde dar, dessen vielfältige Ausdrucksformen und subtile Einflüsse nicht objektivierbar sind. Die Wechselwirkungen zwischen Individuum und einer Religion sind zu vielschichtig, um differenziert und analysiert werden zu können. Die Religion hat Auswirkungen auf das Menschenbild, die Werte, die Sinnfindung, die Erziehung, das Elternbild, auf Partnerschaft und andere menschliche „Existentialien". Dadurch nimmt sie indirekt auch Einfluß auf das wissenschaftliche Vorgehen, denn auch die Wissenschaft beruht auf epistemologischen und metaphysischen Werten.

Wenn Wissenschaft abhängig von inhaltlichen Vorentscheidungen ist und werturteilsfreie Wissenschaft als Fiktion entlarvt wurde, geschieht Wissenschaft immer innerhalb einer Religion (vgl. Röd 1992; Spengler 1923, 485ff). Die Überlegungen des Religionssoziologen Kaufmann belegen diese These, der anhand der religionssoziologischen Analysen Webers und der Religionstheorie Gehlens „den jüdisch-christlichen Ursprung der abendländischen Rationalität" herausgestellt hat, wodurch „der Monotheismus selbst zu den intimen Voraussetzungen der Naturwissenschaften gehört" (Kaufmann 1989, 56). Außerdem erfordert es genaueste Kenntnis und intensive eigene Erfahrungen mit einer Religion, um sie beurteilen zu können. Vergleichende, distanziert-objektive religiöse Erkenntnis ist nicht möglich. Warum aber soll gerade die Theologie diejenige Dialogpartnerin sein, bei der Anregungen hinsichtlich einer theoretischen Fundierung der Religionspsychologie zu finden sein können?

1. Weil der Verfasser der vorliegenden Arbeit selber Christ ist und diese Perspektive aus persönlichem Erleben und Wissen am besten kennt.

2. Wenn die abendländische Rationalität christlich geprägt und selbstkritisches Denken Kennzeichen für wissenschaftliche Redlichkeit ist, erweist sich bei der psychologischen Rezeption der Religiosität der Dialog mit der Theologie als sinnvoll.
3. Weil die europäische Kultur und Gesellschaft (bisher noch) überwiegend von christlichen anstelle von anderen spirituell-religiösen Werten geprägt ist.

1.1.2 Psychologie als Methode zur Erforschung von Religion?

Das zweite zentrale Problem für eine wissenschaftliche Religionspsychologie stellt die Festlegung eines gegenstandsangemessenen Forschungsrahmens aus dem weiten Feld der Psychologie dar. In weitverzweigten Spezialgebieten wurden aufwendige Forschungsprozeduren aufgewendet, um Erkenntnisfortschritte in der Religionspsychologie zu erzielen. Die theoriebezogene Grundlagenforschung ist jedoch – vielleicht aus Unbehagen am Dialog mit der Theologie und der Religionswissenschaft – bis heute weit hinter dem Kenntnisstand in Detailfragen zurückgeblieben. Zu den nur wissenschaftstheoretisch zu klärenden Prolegomena einer Psychologie der Religiosität gehört die erkenntnistheoretische Grundfrage, wie das religiös-spirituelle, als die seelische Alltagserfahrung transzendierende Erleben innerhalb eines psychologischen Entwicklungs- oder Persönlichkeitsmodells zu verstehen ist (vgl. Kapitel 4.3.3). Für diese Aufgabe ist eine Untersuchung der modelltheoretischen Zusammenhänge zwischen Forschungsgegenstand, vorausgesetzter Theorie und angewandter Methode nötig, wie es in Kapitel 2.2 durchgeführt wird.

In neueren Übersichtsarbeiten zur Religionspsychologie wird die Notwendigkeit betont, ein genuin religionspsychologisches Rahmenmodell zu entwickeln, das so umfassend aufgebaut sein müsse, daß die zahlreich vorhandenen empirischen Einzelbeobachtungen kritisch integriert werden können (Fraas 1990, 81ff; Scharfenberg 1985, 201ff; Bucher & Oser 1988, 483ff; Wulff 1991, 629f; Reich 1992, 151; Popp-Baier 1993; Jones 1994). Schon Dittes (1969, 648) hat in einem bis heute grundlegenden Überblicksreferat auf den Mangel an Theoriearbeit in der Religionspsychologie hingewiesen, den auch das weit verbreitete Lehrbuch von Spilka, Hood und Gorsuch (1985, 319ff) fast zwei Jahrzehnte später noch zu beklagen hat. Der Religionspsychologe Batson attestierte der religionspsychologischen Forschungslage hinsichtlich ihrer theoretischen Fundierung Verbesserungen in den letzten fünf Jahren mit weiterem Forschungsbedarf (Batson 1986/1991, 326ff).

Am Mangel an theoriebezogener Grundlagenarbeit scheitern nach Grom viele religionspsychologische Verstehensbemühungen. Es fehle ein „einheitlicher, allgemein anerkannter theoretischer Bezugsrahmen, der es erlauben würde, Beobachtungsdaten ohne die Einseitigkeiten, die den einzelnen psychologischen Denkschulen und Ansätzen anhaften, zu erklären und weiterführende Hypothesen zu bilden“ (Grom 1992, 15). Auch Dunde (1993, 243) diagnostiziert das Fehlen einer „leitende(n) Theorie der Religionspsychologie“. Zu ähnlichen Schlußfolgerungen gelangt ein weiterer deutschsprachiger Theologe, der in seinem „Grundriß der Religionspsychologie“ ausführt: „Die religionspsychologische Frage geht, konsequent zu Ende gedacht, zwangsläufig in die Frage nach der Persönlichkeit über, und nach den Voraussetzungen, die gegeben sein müssen, daß es zur Bildung der Persönlichkeit kommt – in einer transzendentalen Persönlichkeitstheorie“ (Fraas 1990, 33). Auf der Suche nach einer derartigen Theorie, die in der Lage ist, die empirischen Einzelbeobachtungen „kritisch zu integrieren“, gerät allerdings der Ansatz dieses evangelischen Theologen unwillkürlich zu einer theologischen Anthropologie – und folgerichtig spricht er von einer „theologischen Religionspsychologie“ und beschreibt ihren theologischen „Ort“ (Fraas 1990, 26ff). Damit ist der Boden empirischer Wissenschaft allerdings verlassen, und wissenschaftstheoretische Vermischungen verhindern in diesem Fall die modelltheoretische Generierung einer Psychologie der Religiosität. Die Problematik einer solchen Schlußfolge wird in Kapitel 4.3 diskutiert.

Als auffälliger Tatbestand bleibt zusammenfassend festzuhalten, daß aus ganz unterschiedlichen Perspektiven der Mangel an einer theoretischen Grundlegung der Religionspsychologie beklagt wird. In vorliegender Arbeit wird durch die modelltheoretische Vorgehensweise ein Beitrag zu einer fachspezifischen Religionspsychologie geliefert.

1.2 Defizite in der religionspsychologischen Forschung

Die beeindruckend hohe Anzahl von empirischen religionspsychologischen Untersuchungen in den USA kann bei genauerer Prüfung nicht darüber hinwegtäuschen, daß zwar viele Fragebogen entwickelt und angewendet wurden (vgl. zur Übersicht Shaver 1978), aber Probleme der Operationalisierung und differenzierten theoriegeleiteten Weiterentwicklung der Skalen wenig Beachtung fanden. Kritisch bemerkt Haub (1992, 277) nach der enttäuschenden Feststellung einer bislang oft „gleichförmigen“ Erfassung des Konstruktes Religiosität durch Fragebögen: „Methodische Rituale der Datenverarbeitung können die theoretische Fundierung empirischer Forschung nicht ersetzen“.

1.2.1 Beispiele für den mangelnden Theoriebezug in der Religionspsychologie

Etlichen religionspsychologischen Forschern ist dieser Mangel an theoriebezogener Ableitung ihrer Hypothesen, oberflächlicher Operationalisierung ihrer Konstrukte und angemessener theologischer Deutung ihrer Ergebnisse nicht verborgen geblieben. Selbstkritische Töne schlägt deshalb Dörr (1987) im Schlußkapitel ihrer Dissertation über Zusammenhänge zwischen Religiosität und Depression an. Zur Erfassung der Religiosität dienten der Autorin fünf Skalen namhafter Wissenschaftler, die sie nach eigenem Ermessen reduzierte und auf ihre Reliabilität hin überprüfte. Zutreffend stellte sich die Verfasserin die Frage, nach welchen theoretischen Überlegungen gerade diese fünf „Dimensionen“ der Religiosität ausgewählt wurden und zur Operationalisierung der Religiosität benutzt wurden. Ohne Bezugnahme auf eine psychologische Rahmentheorie und eine theoretische Ableitung der Religiositätsdimensionen bietet diese Untersuchung „einen Baustein ohne Gebäude"; sie kann, wie die Verfasserin einräumt, „nie mehr als ein Versuch sein, bleibt letztlich Spekulation, wenn auch begründete" (Dörr 1987, 107).

In dieselbe Richtung argumentiert Kim (1988) in seiner Dissertation über strukturelle Zusammenhänge zwischen Religiosität und Persönlichkeit, wenn er ausführt: „Man kann von der empirischen Analyse nicht mehr erwarten, als was man in den theoretischen Überlegungen und inhaltlichen Konzepten vorgeleistet hat" (Kim 1988, 13).

Deutlich wird der Mangel an theoriegeleiteter Forschung beispielsweise auch an der empirischen Untersuchung zur „Religiosität im Theologiestudium" von Engels (1990). In kritischer Darstellung und Diskussion einiger vorliegender religionspsychologischer Ansätze wird im theoretischen Teil auf (für deutschsprachige Verhältnisse beachtlichen) 70 Seiten versucht, eine für die empirische Fragestellung geeignete Religiositätskonzeptualisierung zu erarbeiten. Bei den frühen Religionspsychologen beschrieb Engels in seiner praktisch-theologischen Dissertation eine „als grundlegend ausgezeichnete Doppelstruktur der Frömmigkeit" in einer kognitiven und affektiven Dimension. Im Rückgriff auf neuere deutschsprachige psychologische Veröffentlichungen wurden diese beiden nun von Engels um die soziale Dimension mit der folgenden Behauptung ergänzt: „Individuen stehen aber immer schon in sozialen Kontexten, ohne deren Berücksichtigung ihre Einstellungen und ihr Verhalten nicht adäquat untersucht werden können" (Engels 1990, 164). Dieses schlüssig klingende Argument bietet keinerlei theoretische Anhaltspunkte oder Begründungen dafür, was letztlich ausschlaggebend für die „trinitarische" Dimensionierung und Operationalisierung der Religiosität dieses Autors war. So entsteht der Eindruck einer willkürlichen Auswahl subjektiv geeignet erscheinender Ansätze. Anthropologische Voraussetzungen oder Bezüge zu einer integrationsfähigen psychologischen Gesamttheorie werden nicht thematisiert, und damit geht die überprüfbare Grundlage für interpretierbare Ergebnisse verloren.

Diese Untersuchung muß sich wie viele andere der Kritik stellen, daß Darstellungen und Folgerungen ohne Anbindung an ein psychologisches Modell *nicht* als „eine theoretisch vermittelte empirische, d.h. im engeren Sinne wissenschaftliche Religionspsychologie" (Zinser 1988, 88) gelten können.

Eine Vernachlässigung der theoriegeleiteten „Grundlagenforschung" auch in der amerikanischen religionspsychologischen Forschung wurde auch in den eigenen Reihen wahrgenommen und kritisch hinterfragt. Ohne Zweifel wird beispielsweise die von Allport entwickelte religionspsychologische Typologie der extrinsischen und intrinsischen religiösen Orientierung bis heute als die gebräuchlichste und am weitesten entwickelte angesehen (Donahue 1985, 400; Gorsuch 1988, 210). In einem Rückblick auf die über 30-jährige Forschungsgeschichte dieses Konzeptes berichteten aber Kirkpatrick und Hood (1990), daß schon kurze Zeit nach der Entwicklung dieser Typologie einige Forscher darauf hingewiesen hätten, wie einseitig und dünn die theoretische Fundierung dieser Konzepte sei, und daß es notwendig sei, „weiterreichende theoretische und methodische Ansätze zur Religionspsychologie zu entwickeln“ (Kirkpatrick & Hood 1990, 459). Die Autoren bemängelten die Vernachlässigung einer theoretischen Fundierung dieser Konzepte und schlugen vor, beispielsweise Allports umfassende Persönlichkeitstheorie als Grundlage für religionspsychologische Forschungen zu wählen und von ihr Ableitungen und Hypothesen über religiöse Einstellungen und Verhaltensweisen zu gewinnen. Schon McFarland (1984) hat auf die selektive und einseitige Weiterentwicklung von Allports Gedanken durch die alleinige Anwendung der Fragebogenmethodik hingewiesen, die seinen Ansatz mißverständlich reduzieren würde.

Zusammenfassend empfehlen ausgewiesene religionspsychologische Experten zum gegenwärtigen Wissensstand der Religionspsychologie, eine „begriffliche Neufassung des gesamten ... theoretischen Ansatzes und alternative Rahmenmodelle zur Untersuchung der religiösen Motivation, Überzeugung und des religiösen Verhaltens in Betracht zu ziehen“ (Kirkpatrick & Hood 1990, 460). Als potentiell ertragreiche theoretische Modelle einer psychologischen Erfassung der Religiosität erwähnen sie die Bindungstheorie, die Attributionstheorie und das Modell der Religiosität als Bewältigungsverhalten (zum Theorievergleich siehe den dritten Teil). Ausgehend von dem Mangel an konzeptueller Transparenz und geringem Theoriebezug in Allports religionspsychologischem Forschungsinstrument hat Gorsuch (1994) vorgeschlagen, diesen Ansatz unter das Paradigma der Motivation in einen theoretischen Rahmen einzufügen und dadurch bessere Vergleichsmöglichkeiten zu anderen motivationspsychologischen Variablen zu erhalten.

Fazit: Die oben dargestellten Beispiele belegen meines Erachtens eindeutig das primäre Defizit der religionspsychologischen Forschung hinsichtlich ihrer gründlichen theoretischen Fundierung. Die Relevanz der Religionspsychologie wird bis heute durch die fehlende Auseinandersetzung und diffuse, oftmals widersprüchliche Beantwortung von mehreren Grundsatzfragen eingeschränkt, die in den folgenden Kapiteln behandelt werden:

Gegenstandsfrage: Was wird untersucht (religiöses Erleben, Bewußtsein, Denken, Verhalten, Einstellung, Person, Entwicklung), oder allgemeiner gefaßt: Was bedeutet Religiosität aus psychologischer Sicht (Kapitel 3)?

Theoriefrage: Welche psychologische Rahmentheorie ist für die vorliegende Fragestellung geeignet (Kapitel 5.2)?

Methodenfrage: Was ist die der Fragestellung angemessene Forschungsmethodik (Kapitel 5.4)?

Integrationsmodellfrage: In der jüngeren Vergangenheit wurden unterschiedliche Integrationsmodelle zwischen Psychologie und Theologie entwickelt, die den Erfordernissen religionspsychologischer Forschung entsprechen. Wie bestimmt der jeweilige Theorieansatz das Verhältnis zwischen weltanschaulicher und wissenschaftlicher Theorie (Kapitel 6)?

Menschenbildfrage: Welche persönliche Einstellung hat der Forscher zur Religiosität? Weil der anthropologische Standpunkt des Forschers seine Untersuchungen beeinflußt, sollte er diesen Ausgangspunkt offenlegen (vgl. zum Standpunkt des Autors Kapitel 1.5).

Bei dem Versuch einer Systematik der unterschiedlichen religionspsychologischen Theorien, dem Entwurf einer Synopse der Religionspsychologie, stehen deshalb in dieser Arbeit nicht die gefundenen Ergebnisse der jeweiligen Theorieperspektive im Vordergrund, sondern die Untersuchung und Beantwortung der Frage, auf welche Weise das jeweilige Modell die oben angeführten religionspsychologischen Grundsatzfragen in ihrem Ansatz zu lösen versucht hat. Aufgrund dieser Zusammenstellung kann festgestellt werden, in welchem Bereich die größten Lücken für eine Weiterentwicklung der Religionspsychologie bestehen.

1.2.2 Argumente für eine bessere theoretische Fundierung der Religionspsychologie

Ein führender Religionspsychologe kommt gegen Ende seines Lehrbuchs zu dem Schluß, daß „die Religionspsychologie nicht erneut den Schwerpunkt auf die Beschreibung religiöser Phänomene legen sollte, sondern eine angemessenere theoretische Basis erarbeiten sollte“ (Wulff 1991, 576) (obwohl er grundsätzlich mit höchster Priorität die Wichtigkeit „phänomenologischer Adäquatheit“ für die Religionspsychologie betont (Wulff 1991, 630)). Schon vor 35 Jahren bemerkte Canziani (1959, 415), daß die religionspsychologische Arbeit nur zur Hälfte getan sei, wenn empirische Daten vorlägen. Die Forschung wäre erst dann abgeschlossen, wenn auch eine theoretische Interpretation vorgenommen würde. Eine theoretisch abgeleitete Interpretation erfordert aber ein stimmiges religionspsychologisches Modell, dessen Erarbeitung bis heute nur in Ansätzen ausgeführt wurde. Auch Deconchy (1991, 521) stimmt damit überein, daß ein dringender Forschungsbedarf danach bestehe, die Religionspsychologie mit einem theoretischen Rahmen auszustatten – „equipping the psychology of religion with a theoretical framework“.

Mit derselben Intention einer Verbesserung der theoretischen Basis der Religionspsychologie resümierte das Lehrbuch von Spilka, Hood und Gorsuch pointiert (1985, 320): „Es ist notwendig anzuerkennen, daß die großen klassischen Probleme der Religionspsychologie, die vor fünfzig oder hundert Jahren benannt wurden, immer noch bestehen. Leider können psychometrische Anstrengungen, umfassende und (teilweise) abstruse Statistikprozeduren und der Gebrauch von Hochgeschwindigkeitscomputern nicht eine strukturbildende Theorie ersetzen, und hier liegt das größte Problem. In der Theoriebildung ist die Religionspsychologie zurückgeblieben“. Aus deutscher Sicht wurde beklagt, daß „die neue religionspsychologische Bewegung und Forschung in den USA sich nicht selten in theorieloser Datensammlung und korrelationsstatistischem Spiel verlor“ (Grom 1992, 13). Weil die nur modelltheoretisch zu gewinnende Grundlegung einer Psychologie der Religiosität laut Konsens der religionspsychologischen Forschergemeinschaft bislang noch aussteht, erscheint das Anliegen der vorliegenden Untersuchung zur Weiterentwicklung dieses Wissenszweigs berechtigt und förderlich.

Bei der theoretischen Fundierung der Religionspsychologie stößt diese unweigerlich auf das für die Psychologie charakteristische Spannungsverhältnis von Natur- und Geisteswissenschaft oder – in anderer Terminologie – von Empirismus und Hermeneutik. Schon vor 20 Jahren hat Hanford (1975) einen „synoptischen Zugang" für das Studium der Religionspsychologie beschrieben, wobei er für ein sich ergänzendes Vorgehen von empirischer und phänomenologischer Methodologie plädierte. Diesem Gedanken wird in vorliegender Arbeit durch Hinweise auf „komplementäre" psychologische Theorien nachgegangen (vgl. Kapitel 2.5). McFarland (1984) hat auf die Grenzen des nomothetischen „Meßbarkeits-Paradigmas" hingewiesen, das er als dominierendes Verfahren in der gegenwärtigen religionspsychologischen Forschung identifizierte. Er plädierte für die Entwicklung eines breiteren, umfassenderen Paradigmas durch idiographische und religionsvergleichende Untersuchungen und unterstrich die gleichwertig zu berücksichtigende und ergänzende Funktion von idiographischer und nomothetischer Forschungsmethodik. Wie alt der Streit um das Verhältnis zwischen Empirismus und Hermeneutik auch in der Religionspsychologie ist, belegt die Einschätzung eines ehemaligen Herausgebers des „Journal for the Scientific Study of Religion", der bei seinem Rückblick auf die religionspsychologische Forschung einen „promiskuösen Empirismus" (zit. nach Hood 1986, 33) beklagte. Bei einer derartigen Vorgehensweise könnten bestenfalls triviale, kaum aber informative Hypothesen überprüft werden. Als Antwort auf diese provozierende Formulierung schlug Hood (1986, 34) einen „methodologischen Theismus" vor, bei dem auch inhaltliche Belange berücksichtigt würden. Vor der konkreten Empiriearbeit habe ein Dialog zwischen Psychologie und Theologie zum Forschungsgegenstand stattzufinden. In vorliegender Arbeit wird mit derselben Intention die dialogische Vorgehensweise zwischen wissenschaftlicher und weltanschaulicher Perspektive am Beispiel der Zusammenarbeit zwischen Psychologie und Theologie empfohlen.

Fazit: Aus der gegenwärtigen religionspsychologischen Literatur „können deshalb zwei Forschungsschwerpunkte abgelesen werden: die Notwendigkeit, Religiosität in ihre wesentlichen Bestandteile zu differenzieren, und das Anliegen, die unterschiedlichen Teilaspekte in einen theoretischen Rahmen zu integrieren" (Schaefer & Gorsuch 1991, 441). Diese Feststellung renommierter amerikanischer Religionspsychologen unterstreicht die Absicht der vorliegenden Arbeit, der psychologischen Bedeutung von Religiosität näherzukommen und einen Ordnungsrahmen zu entwerfen, in dem die divergenten Ansätze synoptisch gegenübergestellt werden können. Dazu werden zunächst die Grundmerkmale wissenschaftlicher Religionspsychologie bestimmt.

Umstritten bleibt jedoch die Vorgehensweise, mit der die gewünschte religionspsychologische Rahmentheorie entwickelt werden soll. Anders als beispielsweise der oben genannte Theologe Fraas entwickelten die beiden eben zitierten Religionspsychologen kein theologisches Integrationsmodell zwischen Psychologie und Religiosität, sondern ein faktorenanalytisches. Die von Schaefer und Gorsuch (1991) vorgestellte „Überzeugung-Motivation-Theorie der Religiosität“ wurde von den Autoren durch eine multivariate Faktorenanalyse der drei Variablen „Motivation“, „Überzeugung (belief)“ und des „religiösen Problemlösungsstils“ entwickelt. Die für die Religionspsychologie alles entscheidende Integrationsmodellfrage kann also auf sehr unterschiedliche Weise gelöst werden. Bei der Gegenüberstellung dieser beiden, zugegeben extrem unterschiedlichen Weisen einer theologisch bzw. mathematisch-statistisch begründeten Verbindung zwischen Psychologie und Theologie wird die Abhängigkeit des Resultats von den wissenschaftstheoretischen Grundlagen deutlich. Ohne Zweifel nimmt die – oftmals unreflektierte – Anwendung eines Integrationsmodells, das die Zusammenhänge zwischen anthropologischen Vorentscheidungen, psychologisch erhobenen Daten und theologischen Deutungen bestimmt, entscheidenden Einfluß auf die Ergebnisse. Die bisher hauptsächlich in den USA entwickelten Verbindungsansätze zur Integration von Psychologie und Theologie werden deshalb in vorliegender Arbeit in Kapitel 6 berücksichtigt und diskutiert. Für den hier entwickelten dialogischen Zugang zur Religionspsychologie wird eine Verbindung von Wissenschaft und Weltanschauung entworfen, weil die existentielle Dimension des Forschungsgegenstandes Religion die Einbeziehung der Sinnfrage, der Wertvorstellungen und des Menschenbildes erfordert. Um den Gefahren einer subjektiv vorgeprägten Theoriebildung vorzubeugen, die besonders in dem privaten Überzeugungsbereich von Weltanschauung und Religion auftreten, wird in vorliegender Arbeit für eine dialogische Modellbildung der Religionspsychologie plädiert, in der das Gespräch mit den religionswissenschaftlichen Nachbarwissenschaften Bestandteil des Forschungsprozesses ist. Besonders diejenigen Disziplinen sind von Interesse, in denen stärker als in der Psychologie der inhaltliche Aspekt der Religion im Vordergrund steht – also Teile der Religionswissenschaft, der Religionssoziologie, der Religionsphilosophie, der Philosophischen Anthropologie und der Theologie. Aus den anfangs genannten Gründen wird hier exemplarisch eine dialogische Verbindung zur Theologie hergestellt.

1.3 Notwendigkeit einer wissenschaftstheoretischen Grundlegung der Religionspsychologie

Religionspsychologische Forschungsansätze sind bisher oftmals willkürlich und entsprechend der subjektiven Vorannahmen und Neigungen des jeweiligen Forschers entwickelt worden. Weil das Thema der Religiosität so vielfältige Bezugspunkte zu fast allen Aspekten des psychischen Lebens aufweist, sind ebenso viele Zugangsweisen zu diesem Phänomen möglich, wie es psychologische Forschungsansätze gibt. Den religionspsychologisch „Interessierten bietet sich ein bunter Fächer guter und sinnvoller, aber sehr unterschiedlicher wissenschaftlicher Ansätze, jedoch suchen sie nach einer Synopse oder einem Überblick … vergebens“ (Dunde 1993, 9) – bislang.

Ein solcher hier angestrebter Überblick der für jeden Wissenschaftszweig konstitutiv und weiterführend ist, kann nur auf den erkenntnistheoretischen Voraussetzungen und wissenschaftstheoretischen Grundlagen der für diese Disziplin relevanten Zusammenhänge basieren. Bisher sind nur wenige Arbeiten mit dieser Intention publiziert worden (Timpe 1983; Hill 1989; Ouweneel 1993; Jones 1994).

Der für die Religionspsychologie beschriebene Mangel einer wissenschaftstheoretischen Grundlegung gilt jedoch auch für die Disziplin, der sie zugehört: für die Psychologie. Erst in den letzen Jahren – verstärkt nach historischen Reflexionen über ein Jahrhundert Wissenschaftsgeschichte der Psychologie (vgl. Koch 1981; Koch & Leary 1985) – sind Entwürfe über die wissenschaftstheoretischen Grundlagen der Psychologie erschienen, die insbesondere auf den Einfluß subjektiver Werte und metaphysischer Vorannahmen in der empirischen Forschung hingewiesen haben (vgl. Laudan 1984; O'Donahue 1989; Bevan 1991; Overton 1992). Hauptergebnis dieser Überlegungen bildete die Einsicht, daß jede Theorie auf willkürlichen und damit „unwissenschaftlichen" Voraussetzungen aufgebaut ist. Als wissenschaftstheoretische Vordenker dieser Auffassung sind Popper (1984), Polanyi (1985) und Feyerabend (1983) zu nennen. Erst eine Rückbesinnung auf die erkenntnis- und wissenschaftstheoretischen Vor-Urteile ermöglicht es, einen Forschungsansatz transparent zu machen und seine Axiome offenzulegen. Ohne eine derartige Reflexion und Darlegung der wissenschaftstheoretischen Prolegomena steht auch ein „wissenschaftlicher" Entwurf in der Gefahr, in die gleiche Kategorie wie Glaube, Ideologie und Weltanschauung zu fallen (vgl. Herzog 1984, 38ff; Benesch 1990, 232ff; Overton 1992, 15). Daß die Gefahr einer bewußten oder unbewußten Beeinflussung besonders bei einem so ideologie-anfälligen Bereich wie der Religiosität besteht, liegt auf der Hand.

Welche sind nun als die wesentlichen und grundlegenden Dimensionen einer metatheoretischen, modelltheoretisch orientierten Zugangsweise zu einer Psychologie der Religiosität anzusehen, deren Untersuchung die wissenschaftstheoretischen Zusammenhänge erhellen kann? Weiterführend für eine wissenschaftstheoretische Grundlegung der Religionspsychologie erweist sich besonders das „Netzmodell wissenschaftlicher Rationalität" des Philosophen Laudan (1984) und seine Übertragung auf die Psychologie durch Overton (1992). Das wissenschaftstheoretische Modell Laudans (1984, 62–66) geht von einer netzwerkartigen Verknüpfung von Forschungsziel, Theorie und Methode aus. Das angestrebte Ziel muß mit der zugrunde gelegten Theorie harmonieren und bestimmt die zu verwendende Methode. Diese wiederum muß die Erreichbarkeit des Forschungsziels garantieren und die Falsifizierung der Theorie ermöglichen.

Overton hat diese drei wissenschaftstheoretischen Grundelemente des Forschungsziels, der Theorie und der Methode um die Ebene der „epistemologischen und metaphysischen Werte" erweitert und in Beziehung gesetzt (Overton 1992, 12ff). Ausgangspunkt von Overton ist das Axiom, daß die wissenschaftliche Modellbildung notwendigerweise philosophische Werte enthalte und daß diese Werte einen profunden Einfluß auf die Ziele, die Methodologie, die Theoriebildung und die Beobachtungstechniken nehmen. Um diesen philosophischen Vorannahmen Rechnung zu tragen und sie berücksichtigen zu können, müssen ihre Basispostulate reflektiert und bekannt gemacht werden.

Abb. 1: Beziehungen zwischen Komponenten wissenschaftlicher Aktivität (nach Overton 1992, abgedruckt mit freundlicher Genehmigung der Academic Press)

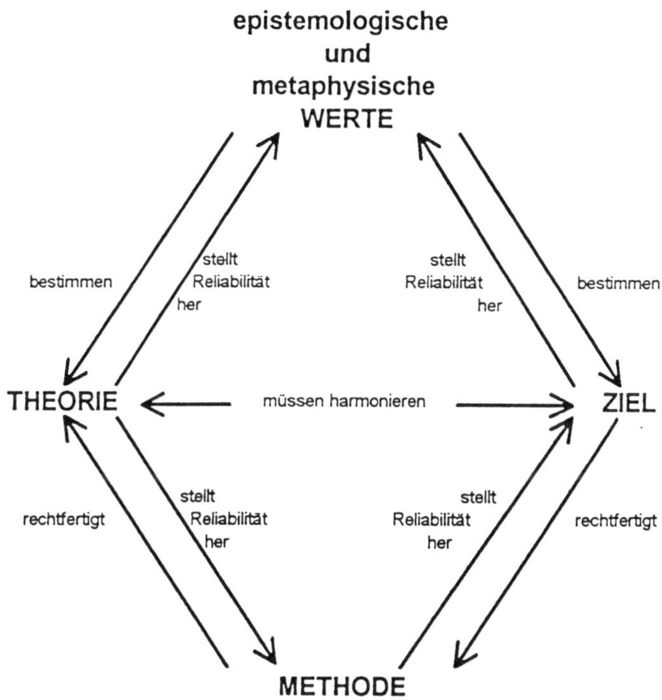

Overton beschreibt vereinfachend zwei Hauptwege wissenschaftlicher Theoriebildung: entweder als „ontologischer Realismus“ oder als „epistemologischer Rationalismus“. Der „ontologische Realismus“ gehe von einer materialistischen Grundposition aus und habe sich in den Sozialwissenschaften als Empirismus ausgewirkt: alles, was wir wissen und wahrnehmen, existiere auch ohne unsere kognitive und sensorische Aktivität. Die „Korrenspondenztheorie der Wahrheit“ entspreche diesem Sachverhalt, nach der jede Aussage mit der Tatsache übereinstimmen müsse (vgl. zu den psychologischen Implikationen von Wahrheitstheorien Groeben 1986, 97–104). Die Gegenposition nimmt nach Overton der „epistemologische Rationalismus“ ein, der von der Beeinflussung durch Weltanschauung und Subjektivität wisse und die Wahrheit als eine rationale, verständliche Interpretation der Wirklichkeit auffasse.

Unter Berücksichtigung der philosophischen Voraussetzungen hat Overton also vier Elemente für eine wissenschaftstheoretisch begründete Modellbildung in der Psychologie differenziert und in einem Schaubild zusammengefaßt (Overton 1992, 12; vgl. Abb. 1), in dem die vernetzten Abhängigkeiten zwischen dem *Forschungsziel* der gewählten *Theorie*, der verwendeten *Methode* und den zugrunde liegenden epistemologischen und metaphysischen *Werten* veranschaulicht werden:

Für eine differenzierende Analyse religionspsychologischer Forschungsansätze bietet sich eine solche Aufteilung als hilfreicher Rahmen einer wissenschaftstheoretischen Grundlegung dieser Disziplin an. Erweitert werden die modelltheoretischen Bausteine hier um die Dimension des Forschungsgegenstands, in der eine inhaltliche Eingrenzung und Beschreibung der Konstrukte erfolgt, weil eine inhaltsfreie Beschäftigung mit der Religiosität nicht möglich ist. Besonders die Arbeit von Herzog (1984) hat die für die Psychologie grundlegenden Zusammenhänge zwischen anthropologischem Modell, psychologischer Theorie und empirischer Methode hilfreich differenziert (vgl. Kapitel 2.2).

Das von Overton analysierte Beziehungsgeflecht der Bausteine einer wissenschaftlichen Theoriebildung berücksichtigt die vorliegende Untersuchung insofern, daß jede dieser wissenschaftstheoretisch bedeutsamen Komponenten in einem eigenen Kapitel dieser Arbeit untersucht wird: der Forschungsgegenstand in Kapitel 3.1, die Theorie in Kapitel 5.2, die Methode in Kapitel 5.4, die anthropologischen Voraussetzungen in Kapitel 2. Diese vier Komponenten sind folglich ebenso als die ersten vier Kategorien in die synoptischen Übersichtstafeln eingeflossen.

1.4 Vorgehensweise der Untersuchung

Die Arbeit ist in die drei Teile „Anthropologische Voraussetzungen“, „Wissenschaftstheoretische Grundlagen“ und „Synoptischer Forschungsüberblick“ gegliedert. Die Reihenfolge Anthropologie – Wissenschaftstheorie – Forschung ergibt sich aus der dieser Untersuchung zugrunde liegenden Einsicht, daß jede wissenschaftliche Aktivität von kultur-, weltanschauungs- und menschenbildabhängigen Voraus-Setzungen geprägt ist. Der hier skizzierte dialogische Entwurf beabsichtigt, Weltanschauung und Wissenschaft gleichermaßen zu berücksichtigen. Um die wichtige Einflußgröße des Menschenbildes mit in den Forschungsprozeß einzuschließen, untersucht der erste Teil dieser Arbeit die Religionspsychologie vor ihrem anthropologischen Horizont, gerade weil dieser Aspekt bisher in vielen Studien nicht thematisiert wurde.

Ausgangspunkt für die religionspsychologischen Bemühungen des Verfassers bildet die psychospirituelle Einheit des Menschen, die in Kapitel 2.1 in ihrer spannungsreichen Dualität beschrieben wird. Daraufhin werden die Abhängigkeiten zwischen dem psychologischen Gegenstand, der Theorie und der Forschungsmethode in Kapitel 2.2 aufgezeigt. In diesem Zusammenhang tritt die Bedeutung der anthropologischen Vorentscheidungen in den Vordergrund, denen sich das Kapitel 2.3 widmet. Für die Religionspsychologie erweist sich die neuerdings wieder stärkere Berücksichtigung der Subjektivität in der psychologischen Forschung als weiterführend, was in Kapitel 2.4 dargestellt wird.

Theorien basieren auf Begriffen und Konstrukten. Ohne eine inhaltliche Beschreibung dessen, was mit Religiosität gemeint ist und wie dieses Konstrukt von nahestehenden Begriffen wie Transzendenz, Spiritualität, Glaube oder Religion zu unterscheiden ist, kann eine weiterführende Bearbeitung des Themas nicht gelingen. Deshalb wird die Religiosität in Kapitel 3 aus der „Gegenstandsperspektive“, d.h. von seiner Begriffsdefinition her, betrachtet. Dafür ist der Dialog mit der Religionsphilosophie, der Theologie und der Religionswissenschaft unumgänglich. Herausgestellt wird der psychologische Gehalt der jeweiligen Konzepte und ihre Anwendungsmöglichkeiten.

Aus der hier eingenommenen persönlichkeitspsychologischen Perspektive wird daraufhin „Spiritualität“ neben dem Konstrukt der „Religiosität“ als ein gegenstandsangemessener Forschungsbereich der Religionspsychologie in Kapitel 3.2 vorgeschlagen. Unterstützung für diesen Schwerpunkt einer subjektorientierten Religionspsychologie bildet die Tatsache, daß „Religion“ ein christlicher Begriff ist, der innerhalb des Christentums zur Reflexion auf die eigene Verfassung und Geschichte gebildet wurde (vgl. Feil 1986). Religion und Religiosität sind inhaltsbezogene und christlich vorgeprägte Konzepte der Religionspsychologie, während sich Spiritualität auf eine psychische Dimension bezieht und als gleichberechtigt neben anderen Erfahrungs- und Wahrnehmungsdimensionen wie der sensitiven oder der kognitiven angesehen werden kann. Dem allgemeinen Verständnis entsprechend und der Einfachheit halber wird hier aber zunächst weiterhin der Begriff Religiosität verwandt.

Um die Grundmerkmale einer Psychologie der Religiosität bestimmen zu können, die als Vergleichspunkte für den angestrebten synoptischen Forschungsüberblick dienen sollen, werden danach die als „klassisch“ zu bezeichnenden Problemstellungen dieser Forschungsrichtung aus wissenschaftstheoretischer Perspektive thematisiert. Ob und inwiefern metaphysische Fragen eine Bedeutung für die Psychologie haben, wird sich in Kapitel 4.1 zeigen. Weiterhin ist umstritten, ob die Auswirkungen einer über-sinnlichen, über-seelischen, transpersonalen

Wirklichkeit – hier mit Transzendenz bezeichnet – als ein adäquates Forschungsgebiet der Psychologie angesehen werden können, dazu Kapitel 4.2.

Verbunden mit der Transzendenzdimension ist die Wahrheitsfrage in der Religionspsychologie. Traditionellerweise werden bei der Abgrenzung philosophischer, theologischer und psychologischer Kompetenzbereiche ideologisch untermauerte Interessenkonflikte offenbar, weil die Frage nach der Wahrheit nicht wertneutral beantwortet werden kann und dennoch Einfluß auf die Gegenstandsbestimmung der religionspsychologischen Forschung nimmt. Deshalb kommt sie in Kapitel 4.4 in ihrer religionspsychologischen Relevanz zur Sprache.

Ein weiterer Streitpunkt unter den mit Religion befaßten Wissenschaftlern besteht in der fakultätsmäßigen Zuordnung der Religionspsychologie. In Kapitel 4.5 werden Vorschläge dazu gemacht, wie die Zusammenhänge und Abhängigkeiten, Grenzen und Kompetenzen dieser „Korrespondenzdisziplinen" der Religionspsychologie abgesteckt werden könnten.

Weil der Forschungsgegenstand der Religiosität bisher von psychologischer Seite so vielfältig und divergent erfaßt wurde, bleibt der systematische Zugang zu ihr eine mühevolle Angelegenheit. Ebensowenig wie „Einigkeit über Gegenstand und Methode der Religionspsychologie festzustellen ist, kann bislang von einer anerkannten Systematik in der Religionspsychologie gesprochen werden, so daß nur eine historische Darstellung möglich ist" (Zinser 1988, 88). Diese Aussage wird in Kapitel 5 durch eine modelltheoretische Systematisierung revidiert, indem die historische Zugangsweise von Kapitel 5.1 durch drei weitere ergänzt wird:

Zunächst kann auf Grundlage einer psychologischen Rahmentheorie, beispielsweise der kognitiven Entwicklungstheorie, oder einer psychologischen Teildisziplin, z.B. der Sozialpsychologie, ein paradigmatischer Zugang zur Religiosität eingeschlagen werden, wie Kapitel 5.2 zeigt. Weiterhin kann thematisch vorgegangen werden, indem zunächst eine genaue Eingrenzung des Forschungsgegenstandes vorgenommen und danach überlegt wird, wie dieses Phänomen am besten zu beschreiben und zu erfassen ist, was in Kapitel 5.3 geschieht. Als ein dritter möglicher Zugang bietet sich der methodologische an, wo durch die Vorgabe eines bestimmten psychologischen Meßinstruments religiöses Erleben und Verhalten erfaßt und gedeutet wird – einen Überblick bietet Kapitel 5.4. Die genannten drei Aspekte der Rahmentheorie (paradigmatischer Zugang), des Forschungsgegenstandes (thematischer Zugang) und des Erhebungsinstruments (methodologischer Zugang) bilden die drei ersten Ordnungsgesichtspunkte für die angestrebte Synopse der Religionspsychologie.

Möglich wird die vergleichende Gegenüberstellung divergenter Theorieansätze durch die Erarbeitung einer „aspektivischen" Synopse in Kapitel 7, in der die verschiedenen religionspsychologischen Schulen nicht konkurrierend und sich gegenseitig ausschließend dargestellt werden, sondern sich im Sinne von Pongratz (1977) aspektivisch ergänzen. Nach dieser Modellvorstellung bietet jede Theorie potentiell eine Teilansicht des komplexen, multidimensionalen psychologischen Phänomens der Religiosität und trägt dazu bei, eine Gesamtsicht des vielschichtigen „Gegenstands" zu gewinnen; die unterschiedlichen Aspekte bilden ergänzend ein Gesamtmodell. Dabei soll kein wunschbildhaftes Gesamtmodell erzwungen werden, indem die verschiedenen Ansätze miteinander harmonisiert werden. Wenn aber die Religiosität als psychisches Erleben und Verhalten als ein wissenschaftlicher Forschungsbereich verstanden wird, müssen die unterschiedlichen Zugänge auch vergleichbar gemacht werden können und in einer Systematik zusammenzufassen sein.

Beeinflußt wird die „Perspektivität" (Pongratz) der jeweiligen Forschungsrichtung durch den anthropologischen Standort des Wissenschaftlers, den er implizit oder – besser – explizit vertritt. Um die grundsätzliche Frage nach dem Menschenbild ist es in der Psychologie still geworden, seitdem die zunehmende Spezialsierung der Forschungsbereiche eine Gesamtsicht auf „den Menschen" nicht mehr gestattet. Weil aber die Religiosität – wie weiter oben ausgeführt – ein derart weitreichendes und umfassendes Phänomen darstellt, darf der anthropologische Standort des Wissenschaftlers nicht übergangen werden, obwohl er bei manchen Ansätzen nur abgeleitet werden kann.

Wenngleich derartige wissenschaftstheoretische Fragen gerne der Philosophie überlassen werden, ist eine Auseinandersetzung und Stellungnahme dazu bei vorliegender Fragestellung unumgänglich. Wichtige Untersuchungen über Zusammenhänge zwischen Anthropologie und Psychologie haben Herzog (1984), Hagehülsmann (1985), Groeben (1986), Jüttemann (1992) und Danzer (1995) publiziert, die für vorliegende Fragestellung herangezogen werden.

Für eine gleichwertige Berücksichtigung methodisch-empirischer und inhaltlich-ontologischer Fragestellungen wird hier der Dialog der Psychologie mit der Theologie gesucht. Überschaut man die bisherigen Entwürfe der Religionspsychologie, so stellt man fest, daß unterschiedliche Integrationsmodelle zur Verhältnisbestimmung von Theologie und Psychologie benutzt wurden, wobei viele von ihnen von einem Mißverhältnis geprägt sind. Wenn nämlich das Wissenschafts- und Gegenstandsvorverständnis einer Disziplin das Gespräch beherrschen, so ist eine gleichwertige Berücksichtigung der psychologischen und theologischen Aspekte der Religiosität nicht möglich. Dazu wird ein Verbindungsmodell zwischen Psychologie und Theologie benötigt, das von Ausgewogenheit bestimmt ist. Hier hilft ein Blick auf die amerikanische Forschungslage weiter, aus der Modelle der integrativen Forschung zwischen Psychologie und Theologie vorliegen. An Beispielen werden die bestehenden Integrationsmodelle in Kapitel 6 dargestellt und kritisch gewürdigt.

1.5 Wissenschaftliche und persönliche Perspektive des Verfassers

Die persönliche Religiosität nimmt als Grundüberzeugung und Weltanschauung für die Identitätsbildung jeden Individuums einen hohen Stellenwert ein. Da viele dieser Meinungsbildungsprozesse jedoch unbewußt verlaufen sind, und biographische Zusammenhänge auf das religiöse Selbstverständnis großen Einfluß nehmen, erscheint eine „objektive" Behandlung der Religionspsychologie unmöglich. Deshalb erfuhr der Zusammenhang zwischen Lebensgeschichte und Glaubensgeschichte, zwischen Biographie und Religiosität in den letzten Jahren großes Forschungsinteresse (vgl. Halbfas 1981, Grözinger & Luther 1987, Schweitzer 1987, Schneider 1989; Sparn 1990, Luther 1992, Klein 1994, Wohlrab-Sahr 1995).

Schneewind (1982) bezeichnet die nicht aufgebbare Perspektive der eigenen Individualität als Gefahr für jede psychologische Theorie, weil eine subjektive Beeinflussung kaum vermieden werde könne. Besonders für den privaten und sensiblen Bereich der Religiosität und persönlichen Grundüberzeugungen ist diese Schwierigkeit zu bedenken, die sich in Form unausgesprochener, aber festgelegter Voraussetzungen und Erkenntnisinteressen auch auf die religionspsychologische Theoriebildung ausgewirkt hat.

In der Geschichte der Religionspsychologie wurde bislang hauptsächlich mit zwei divergenten, meist verdeckten Prämissen gearbeitet. Einerseits wurde Religionspsychologie zu Anfang dieses Jahrhunderts oftmals mit primär apologetischem Interesse betrieben (so Zinser 1988, 87), um speziell die christliche Religion gegen Einwendungen anderer Weltanschauungen zu schützen. Andererseits erschienen in den letzten Jahren einige deutschsprachige Publikationen mit dem Anliegen, aus psychologischer Perspektive die Religiosität als Wunschdenken und Illusion zu entlarven und für eine Befreiung durch eine kritische, objektive Wissenschaft zu plädieren (vgl. Rattner 1990, Buggle 1992). Dabei scheint die „Antipathie gegenüber Religion" (Wulff 1991, 34ff) bei den Psychologen immer noch deutlich zu überwiegen.

Beide Ansätze laufen Gefahr, ideologisierend und unwissenschaftlich vorzugehen. Auch Benesch (1990, 188f) weist auf ähnliche Probleme bei einer wissenschaftlichen Religionsanalyse hin. Für eine gegenstandsangemessene Religionspsychologie ist es hilfreich, von Anfang an die persönlichen Grundüberzeugungen des Wissenschaftlers zu kennen, um Mißverständnisse zu vermeiden und auf Gefahrenquellen aus der jeweiligen Perspektive und auf subjektive Verzerrungen zu achten. Wulff (1985, 41ff) warnt vor der Gefahr, daß sowohl ein gläubiger als auch ein atheistischer Forscher seine Weltanschauung unbewußt auf seine Forschungen übertragen könne. Für den Religionswissenschaftler Heiler sind „wissenschaftliche und persönliche Voraussetzungen ... entscheidend. Es gibt keine voraussetzungslose Wissenschaft" (Heiler 1979, 14). Nach einer Aufzählung rein wissenschaftlicher Voraussetzungen führt Heiler drei persönliche Haltungen an, die ein Religionswissenschaftler mitzubringen habe, weil man der Religion „nicht bloß mit rationalen, philologischen und psychologischen Maßstäben beikommen" könne. Diese drei Erfordernisse sind nach Heiler „Ehrfurcht vor aller wirklichen Religion, ... persönliche religiöse Erfahrung, ... das Ernstnehmen des religiösen Wahrheitsanspruches" (Heiler 1979, 17). Vereinzelt gestatten mittlerweile religionspsychologische Forscher Einblicke in ihre persönliche Grundüberzeugung (vgl. Dill 1990, McDargh 1994) oder setzen sich durch teilnehmende Beobachtung selber religiösen Erfahrungen aus (Greschat 1994).

Sollte ein Religionspsychologe ein religiös gläubiger oder ein nicht-gläubiger Mensch sein? Beide Ausgangspositionen haben Vor- und Nachteile. Der religiös gläubige Wissenschaftler ist wahrscheinlich geneigt, zu wenig kritisch, stärker dogmatisierend und apologetisch zu denken und zu arbeiten. Dem Nicht-Gläubigen fehlen meist persönliche Erfahrungswerte, um religiöse Phänomene einzuschätzen und nachzuvollziehen. Nicht umsonst spricht Rudolf Otto (1987, 8) zu Beginn seines Buchs über „Das Heilige“ folgende radikale Warnungen aus: „Wir fordern auf, sich auf einen Moment starker und möglichst einseitiger religiöser Erregung zu besinnen. Wer das nicht kann oder wer solche Momente überhaupt nicht hat, ist gebeten, nicht weiterzulesen.“ Die ideale Voraussetzung eines Religionspsychologen sieht Reich (1992, 149) darin, „die Motivation, das religiöse Einfühlungsvermögen und theologische Wissen eines wirklich Gläubigen zusammen mit der skeptischen Grundhaltung eines Nicht-Gläubigen“ zu verbinden. Der französische Religionspsychologe Vergote bezeichnet als günstige Grundhaltung des Forschers eine „wohlwollende und kritische Neutralität“ (Vergote 1992, 12f).

Vor diesem Hintergrund entstand die Idee einer dialogischen Religionspsychologie, die von einer Verbindung zwischen wissenschaftlichem und weltanschaulichem Modell ausgeht, um die beiden „Pole der einen Wirklichkeit“ (Mynarek 1991) abzubilden. Die anthropologische Struktur der Dualität zerfällt in einen Dualismus, wenn ein Pol isoliert betrachtet wird (vgl. Kapitel 2.1). Nur eine dialogische Vorgehensweise macht es möglich, ein „Scheitern am Dualismus“, d.h. die Abspaltung und Mißachtung des zugehörigen Gegenpols zu verhindern, was einigen religionspsychologischen Erklärungsansätzen unterlaufen ist.

Mein persönlicher Standpunkt ist der eines Christen, der in der Psychologie ein hilfreiches Korrektiv für den wunschbildanfälligen Bereich der Religiosität gefunden hat. Ohne Zweifel liegen spirituelles und psychotisches Erleben nicht weit auseinander, und damit befindet sich die Religiosität im Grenzbereich zwischen Realität und Illusion (vgl. Lenz 1981 und Huth 1988) und bedarf der Realitätsprüfung und der Bewährung im Alltag. Glaube als Antwort des Menschen auf ein Handeln Gottes muß sich im gewöhnlichen Alltag als tauglich erweisen und darf geprüft werden: „Stellt euch selbst auf die Probe, ob ihr im Glauben seid, prüfet euch selbst! Oder erkennt ihr euch selbst nicht, daß Jesus Christus in euch ist?“ (2. Korinther 13,5). Soll der Glaube echt und tragfähig im Sinne authentischer Spiritualität werden, sind kritische Überprüfungen legitim und hilfreich (vgl. Schneider 1991, Funke 1993).

Anthropologische Voraussetzungen der Religionspsychologie

2 Der anthropologische Horizont der Religionspsychologie

Die Religiosität wird in dieser Arbeit als ein für das Menschsein konstitutives, anthropologisches Grundmerkmal betrachtet. Für die Untersuchung der psychologischen Aspekte religiösen Erlebens und Handelns wird die Religionspsychologie deshalb zunächst in einen anthropologischen Horizont gestellt. Ausgangspunkt bildet die ***psychospirituelle Einheit*** *des Menschen, deren Besonderheit in Kapitel 2.1 beschrieben wird.*

Für die weiterführende psychologische Analyse dieser polaren Einheit wird in Kapitel 2.2 der ***anthropologische Rahmen psychologischer Theorien*** *aufgewiesen. Weil auch (sozial-)wissenschaftliche Theorien von persönlichen Voraussetzungen des Forschers abhängen, haben die Reflexion und die Berücksichtigung des* ***Menschenbildes*** *und der anthropologischen Vorentscheidungen in diesem Wissenszweig stattzufinden, was Kapitel 2.3 herausstellt.*

Als eine Schwierigkeit der religionspsychologischen Forschung wird weiterhin auf Möglichkeiten des wissenschaftlichen Zugangs zur ***Subjektivität*** *in Kapitel 2.4 hingewiesen. Integrationsentwürfe einer* ***„komplementären" Psychologie*** *als Verbindungsansatz von Verstehen und Erklären, von geistes- und naturwissenschaftlicher Forschung werden in Kapitel 2.5 als Rahmenmodelle religionspsychologischer Forschung empfohlen.*

2.1 Zur Dualität der psychospirituellen Einheit des Menschen

Die konzeptuelle Formel der „psychospirituellen Einheit" impliziert eine Verbindung zwischen der seelischen und geistigen Dimension im Menschen. In langer philosophischer und theologischer Tradition stehen sich Seele und Geist, psychischer und spiritueller Bereich separat gegenüber (vgl. dazu aus philosophisch-phänomenologischer Sicht Peursen 1959; aus der Perspektive alttestamentlicher Theologie Wolff 1974; aus systematisch-theologischem Blickwinkel Pannenberg 1983, 505ff; dem Integrationsansatz der Transpersonalen Psychologie Wilber 1987, 13–196; aus praktisch-theologischer Sicht Eberhardt 1990, bes. 75ff.). Es kann hier natürlich nicht eine grundsätzliche Behandlung eines so umstrittenen und vagen Begriffs wie der des Geistes erfolgen (vgl. dazu die instruktive Untersuchung von Weier 1995). Für das religionspsychologische Erkenntnisinteresse eines besseren Verstehens des religiösen Erlebens und Handelns mit seinen affektiven und motivationalen Hintergründen stellt aber gerade das Zusammenwirken von personalem und transpersonalem Bewußtsein – das bedeutet die Kooperation zwischen psychischen und spirituellen Kräften – eine große Herausforderung dar.

Jedes religionspsychologische Forschungsprojekt, das sich mit Transzendenzerfahrungen beschäftigt, hat zunächst die Grundsatzfrage einer einheitlichen Betrachtung des Gegensatzpaares von psychologischer und spiritueller Wirklichkeit zu lösen. Einerseits enthält ein als religiös gedeutetes Erlebnis emotionale, kognitive, voluntative, biographisch verankerte und situativ bedingte Aspekte, die mit den Methoden psychologischer Wissenschaft differenziert erforscht werden können. Andererseits muß bei spirituell-religiösen Erlebnisformen berücksichtigt werden, daß nach den Berichten vieler Untersuchungspersonen eine religiöse Erfahrung nur in ihrer Gesamtheit von personaler und transpersonaler Aktivität und dem Zusammenwirken beider Einflußgrößen ein stimmiges, persönlichkeitsveränderndes Muster ergibt (vgl. Hood 1995). Weier (1995, 53ff) spricht in diesem Zusammenhang von einer „Gegensatz-Einheit von Psyche und Geist in der Ganzheit der Person".

Versucht die religionspsychologische Forschung, spirituelle Erfahrungen nur auf psychische Mechanismen zurückzuführen, steht sie in der Gefahr, möglicherweise beteiligte oder ursächliche Faktoren auszuschließen und reduktionistisch vorzugehen. Im streng empirischen Sinne entzieht sich eine „Transzendenzerfahrung" dem wissenschaftlichen Zugriff, weil „ihre Weise … eine Einheit von Verstand-Wille-Gemüt ist, von Geschenkt-Erhalten und aktivem Bejahen. Doch diese Einheit zerfällt in der Reflexion" (Sudbrack 1990, 307). Wenn eine Transzendenzerfahrung also im seelisch-geistigem Zusammenspiel geschieht, wie kann dann diese psychospirituelle Einheit Gegenstand psychologisch-wissenschaftlicher Analyse werden?

Für eine genauere Untersuchung ist eine Trennung dieser beiden Bereiche nötig, obwohl dadurch die Gefahr des Reduktionismus besteht. Der Herausforderung einer klaren Eingrenzung seines Forschungsgegenstandes hat sich aber die Religionspsychologie grundsätzlich zu stellen, weil sie sich mit ihrer Fragerichtung auf die psychologischen Aspekte der Religiosität beschränkt, ohne sich anzumaßen, damit eine umfassende Erklärung dieser menschlichen Ausdrucksform bieten zu können. Dazu sind die Erkenntnisse der Nachbardisziplinen wie der Religionswissenschaft, der Theologie oder der Religionsphilosophie in gleichem Maße wichtig, weil sie die empirischen Daten der Religionssoziologie und -psychologie in ein Gesamtverständnis bringen. Weil die psychospirituelle Einheit Ausgangspunkt und Ursache jeglicher Religiosität ist, soll diese für das Menschsein charakteristische „Dualunion" zunächst weiter untersucht werden, bevor der Frage nach ihrer religionspsychologischen Erforschbarkeit nachgegangen wird.

Mit dem Problem der gegensätzlichen „Zweieinheit" der menschlichen Natur haben sich verschiedene Forschungsrichtungen beschäftigt. Es würde den Rahmen und die Absicht der vorliegenden Studie überschreiten, die philosophischen Wurzeln des für die westliche Wissenschaft typischen, bipolaren Denkmusters von Subjekt und Objekt, Welt und Person, Leib und Seele, Natur und Geist oder Mensch und Gott zu untersuchen; einige exemplarische Hinweise mögen genügen.

Ein durchgängiges Motiv der Polarität hat Frambach (1994, 292–346) in der abendländischen Philosophie gefunden und Belege von Heraklit, Plotin, Schelling, aus der Dialektik Hegels und den naturphilosophischen Schriften Goethes u.a. zusammengestellt. Die konsequenteste philosophische Durchdringung des Phänomens der Polarität fand Frambach bei S. Friedlaender, der mit den Konzepten der „homogenen Indifferenz" und der „polaren Differenzierung" den Urgegensatz der Polarität präzise erfaßt habe (vgl. Frambach 1994, 41–49). Das durchgängige Prinzip der Polarität weist Frambach auch in den Naturwissenschaften und der Sprache nach und stellt sie der „überpolaren Wirklichkeit Gottes" gegenüber, wie sie systematisch-theologisch von K. Heim entwickelt wurde. Die grundlegende, disziplinenübergreifende Bedeutung von Polarität und Komplementarität wird von Frambach besonders auf den Entwicklungsprozeß der menschlichen Identitätsbildung bezogen. „Dabei werden immer wieder Spaltungen, Dualitäten aufgehoben und die bisher ausgeschlossenen Lebensaspekte als versöhnte Polaritäten in die Identität integriert" (Frambach 1994, 288). Dabei unterscheidet Frambach verschiedene Entwicklungsstufen, die nach einem polaren Strukturierungsprinzip durchlaufen würden: bestimmte ausgeschlossene „Existenzaspekte werden nach dem Durchleben der Phasen des Befreiungsprozesses mit ihren komplementären Aspekten zu Polaritäten versöhnt und so in die Identität integriert" (ebd.). Dazu kann nach Frambach auch die spirituelle Dimension zählen, wie dies in der transpersonalen Psychologie beschrieben wird.

Die Dichotomie von Geist und Natur, von naturalistischer und historischer, naturwissenschaftlicher und geisteswissenschaftlicher Sicht des Menschen zu überwinden, wird von der Philosophischen Anthropologie in der ersten Hälfte dieses Jahrhunderts – namentlich M. Scheler, H. Plessner und A. Gehlen – als zentrale Aufgabe dieser Disziplin betrachtet (vgl. Weiland 1995). Die von den unterschiedlichsten Wissenschaften zergliederte Einheit des Menschen schien verloren zu gehen und wurde zur Grundfrage dieser philosophischen Richtung (vgl. Honnefelder 1994). Dazu hat auch die Psychologie mit einem zeitweise forschungsleitenden methodologischen Empirismus beigetragen. Allerdings: „Wie irreduzibel die Doppelaspektivität in der Einheit dessen ist, was wir Mensch nennen, zeigt sich … an der methodologischen Undurchführbarkeit der Beschränkung auch der empirischen Psychologie und Soziologie auf das aus der Beobachterperspektive wahrnehmbare Verhalten des Menschen" (Honnefelder 1994, 16).

Guardini hat in seinem philosophischen Hauptwerk „Der Gegensatz" eine Grundspannung als Kern des Lebendigen beschrieben, in der er alle Einseitigkeit als „unerlaubte Vereinfachung" anmahnte (Guardini 1925, 245). Umfassende Erkenntnis gelingt nach Guardini nur im Zusammenspiel von begrifflichem und intuitivem Denken, nur in ihrer ausgewogenen „Mitte" und mit „Maß" lasse sich die urmenschliche Gegensatzspannung aushalten und als Lebensenergie erfahren.

In verschiedenen anthropologisch-psychologischen Entwürfen wurden Modelle skizziert, die auf ihre Weise versucht haben, das Urphänomen der Dualität abzubilden; erwähnt seien der dialogische Personalismus von M. Buber (vgl. die theologischen Implikationen von Moser 1979) und R. Guardini (vgl. Börsig-Hover 1987), der „Gestaltkreis" eines V. v. Weizsäcker (zur religionsphilosophischen Relevanz vgl. Emondts 1993), C. G. Jungs Gegensatzpaare von Anima und

Animus, Persona und Schatten sowie Introversion und Extroversion (vgl. Keintzel 1991) oder K. Jaspers' „existentielle Kommunikation" (vgl. dazu Kiel 1991).

Für die Theoriebildung der Religionspsychologie ergibt sich daraus, bei der Bestimmung ihres Forschungsgegenstandes die Dualität der psychospirituellen Einheit zu berücksichtigen und sich Klarheit darüber zu verschaffen, wie die polare Seele-Geist-Einheit betrachtet und untersucht werden kann, ohne einen Pol zu verabsolutieren. Gewinnt der spirituelle Aspekt das Übergewicht, besteht die Gefahr spekulativer Theoriebildung, wie dies beispielsweise der Transpersonalen Psychologie vorgehalten wird. Bei der Überbetonung des psychischen Pols besteht die Gefahr der reduktionistischen Theoriebildung, weil durch den methodischen Ausschluß der Transzendenz transpersonale Phänomene nur verkürzt zur Geltung gelangen können. Weil die bisherige sozialwissenschaftliche Erforschung der Religiosität meist streng empirisch und naturwissenschaftlich orientiert war, besteht weiterhin die Gefahr reduktionistischer Einseitigkeit in der Theoriebildung.

Auf diesen Tatbestand hat auch Nelson (1991) hingewiesen, der den gegenwärtigen religionssoziologischen Forschungsaktivitäten einen „materialistischen Monismus" vorwarf und ein „neues dualistisches Paradigma" entwarf, um die „ontologische Wirklichkeit der Religion" abbilden zu können (Nelson 1991, 40). Seine religionssoziologischen Überlegungen haben Nelson vor die Notwendigkeit gestellt, „die Grundlagen der soziologischen Theorie und Methodologie einer Neubewertung zu unterziehen" (ebd., 29), um eine nichtreduktionistische Kategorie für die Erfahrung der Transzendenz zu schaffen. Dieselbe Absicht verfolgt die vorliegende Arbeit im Hinblick auf die Religionspsychologie.

In den für die psychologische Forschung relevanten Einsichten und Entwürfen der philosophischen Anthropologie läßt sich ebenfalls eine Dichotomisierung nachweisen, auf deren Folgen für die Psychologie und insbesondere die Religionspsychologie bisher nicht aufmerksam gemacht wurde. Deshalb erscheint es sinnvoll, im folgenden Abschnitt die dualistisch aufgebaute Anthropologie Schelers auf ihre religionspsychologischen Konsequenzen hin zu befragen, zumal einige Persönlichkeitsmodelle auf sein Menschenbild zurückzuführen sind.

2.1.1 Der Einfluß einer dualistisch-metaphysischen Anthropologie

Durch die dualistische Anthropologie von Scheler wurde die klassische, durch die christliche Metaphysik begründete Anthropologie mit ihrer charakteristischen Geist-Leben-Polarität erneuert und aktualisiert. Nach Scheler wird der „überpersonale Geist" in der Person sichtbar, und für Scheler gehört der Umgang mit göttlicher Wirklichkeit „ebenso konstitutiv zum Wesen des Menschen wie sein Selbstbewußtsein und sein Weltbewußtsein" (Pannenberg 1983, 63). Herzog (1992, 404) kritisiert mit Recht, daß Scheler einfach voraussetze, daß die den Menschen prägende Umwelt von der absoluten Welt abhängig sei, die natürliche Welt gleichsam „von oben" bestimmt werde. „Schelers Wahrnehmungslehre hängt aufs engste zusammen mit seinem metaphysischen (dualen) Personbegriff

... Hier werden die theologischen Wurzeln von Schelers Anthropologie sichtbar".

Demgegenüber hat Plessner eine strikt monistische Anthropologie entworfen (vgl. Frey 1979, 211ff; Wagner 1986, 500ff; Herzog 1992, 410ff und 433ff), die ebenso als Ausgangspunkt der Religionspsychologie dienen könnte. Luckmann (1996, 113ff) findet den Anknüpfungspunkt einer religiös-spirituellen Erfahrung in Plessners Anthropologie in der von ihm beschriebenen „Weltoffenheit", wodurch Menschen „nicht schlicht in eine natürliche Umwelt gestellt (sind), sondern in eine sinnhafte Wirklichkeit" (Luckmann 1996, 113). Das Bedürfnis nach Sinnhaftigkeit deutet Luckmann vor dem Tatbestand der Weltoffenheit als Motiv der religiösen Suche – nach „mythologisch-narrativen, ikonischen, rituellen und theologisch und ideologisch systematisierenden Formen. ... So wird innerhalb einer Weltansicht ein besonderer Teil artikuliert, den man als ihren religiösen Kern ansehen darf" (Luckmann 1996, 115). Obwohl Plessners Anthropologie keine spezifische metaphysisch-religiöse Dimension bietet, kann diese aus dem Konzept der Weltoffenheit des Menschen abgeleitet werden. Plessners Anthropologie kann als Beispiel dafür dienen, daß auch eine monistische Anthropologie einen religiösen Anknüpfungspunkt bieten kann.

Spannungen bezüglich der Einheitlichkeit des Menschen ergeben sich dagegen in einer dualistischen Konzeption. Die psychologische Problematik der „Transzendenzoffenheit" bei den Schichtentheoretikern kann auf ihre Grundlegung in der metaphysisch erweiterten, „theonom orientierten" (Meinberg 1988, 301) Personlehre Schelers zurückgeführt werden. In seinem 1928 erschienenen anthropologischen Entwurf „Die Stellung des Menschen im Kosmos" stellt Scheler die Sonderstellung des Menschen gegenüber dem Bereich des Organischen aufgrund eines „dem Leben im Menschen entgegengesetzten Prinzips: dem Geist" (Scheler 1928, 35) dar. Aufgrund seines vorzeitigen Todes war es Scheler nicht mehr vergönnt, die von ihm angestrebte Philosophische Anthropologie ausführlich darzustellen und zu begründen. Der Geist ist bei Scheler etwas „Außervitales" (ebd., 16). Als „geistige Person" kann der Mensch Abstand nehmen von der Welt und sich selbst. Er ist ein „Neinsagenkönner", ein „Asket des Lebens", der „ewige Protestant gegen alle bloße Wirklichkeit" (ebd., 51). Die Person als Zentrum des Geistes ist nach Scheler weder gegenständliches noch dingliches Sein, „sondern nur ein stetig selbst sich vollziehendes (wesenhaft bestimmtes) Ordnungsgefüge von Akten" (ebd., 60). So kann die geistige Person nie selbst Gegenstand empirischer Forschung werden, sie ist dem naturwissenschaftlichen Blick entzogen, da sie „nur existiert und lebt im Vollzug intentionaler Akte" (Scheler 1954, 401).

Schelers metaphysische Anthropologie stellt die Person als etwas Absolutes heraus und grenzt sie vom „Ich" ab. Mit dem „Ich" ist laut Scheler der Hinweis auf eine „Außenwelt" verbunden; demgegenüber hat die Person „etwas von einer Totalität, die sich selbst genügt" (ebd., 400). Scheler „überträgt den Personenbegriff auf Gott ... Die Person, die sich im ‚Aktvollzug' gegeben ist, ist Träger und Vollstrecker intentionaler Akte, darin ist sie wie Gott"(Meinberg 1988, 301).

Die für Schelers Entwurf charakteristische „Verschränkung von Anthropologie und Metaphysik" (ebd., 303) widerspricht seiner eigenen Intention der philosophischen Anthropologie. Als „Grundwissenschaft vom Wesen und vom Wesensaufbau des Menschen“ (Scheler 1928, 62) müsse diese frei werden von allen „mythischen, religiösen, theologischen, philosophischen Theorien … Nur indem man einmal mit allen Traditionen über diese Frage völlig tabula rasa zu machen gewillt ist und in äußerster methodischer Entfremdung und Verwunderung auf das Mensch genannte Wesen blicken lernt, wird man wieder zu haltbaren Einsichten gelangen“ (ebd., 62f). Diesem hohen Anspruch wird Scheler in seiner eigenen Personlehre nicht gerecht. Weil er „seine Betrachtung des wirklichen Menschen von einer Metaphysik durchdringen“ (Buber 1982, 129) läßt, wird auch sie „nicht weniger als alle anthropologischen Theorien den Blick behindern“ (ebd.).

Der Rückgriff auf eine metaphysische Anthropologie und die daraus abgeleitete Personlehre kann als Beispiel dafür dienen, wie in einem philosophisch-anthropologischen Personmodell metaphysische Prämissen enthalten sind. Bei der Übernahme durch Psychologen zur Entwicklung einer Persönlichkeitstheorie wurden die problematischen Verstrickungen von Ontologie (theonome Konzeption der Person) und Empirie (überprüfbare Darstellung menschlicher Eigenschaften) nicht aufgelöst, sondern mit übernommen (zur wechselseitigen Abhängigkeit von Ontologie und Empirie vgl. das Kapitel 4.4). Für die Persönlichkeitspsychologie der ersten Hälfte dieses Jahrhunderts hat ohne Zweifel die von Max Scheler 1928 „entfachte“ philosophische Anthropologie eine maßgebliche Rolle gespielt, und „bei weitem ist Schelers Einfluß auf die Psychologie der Neuzeit noch nicht ausreichend beschrieben worden. … Seine Schichtenlehre wurde maßgeblich für die Psychologie Ph. Lerschs und E. Rothackers, seine Konzeption der Person als eines geistigen Aktzentrums wurde von H. Thomae aufgenommen und erweitert“ (Wyss 1982, 451). Die Bedeutsamkeit des durch eine metaphysische Anthropologie geprägten Personmodells Schelers in der Psychologie weist auf die Notwendigkeit hin, vor dem Hintergrund erkenntnistheoretischer Unterscheidungen, wie sie in Kapitel 4.1 (vgl. Abb. 7) vorgenommen werden, Konsequenzen hinsichtlich einer klaren Trennung von metaphysischer, wissenschaftlicher und subjektiver Theorie vorzunehmen. Alle drei Wissensgebiete erfordern spezielle wissenschaftstheoretische Methoden. Wenn sich darüber hinaus der Gegenstandsbereich des Forschungsobjekts so überlappend darstellt wie die Religiosität, die sowohl einen subjektiven wie objektiven als auch absoluten Wahrheitsanspruch enthält, sind epistemologische Vorüberlegungen unverzichtbar.

2.1.2 Zur Vermeidung des Dualismus in der Religionspsychologie

Wie nun müßte eine „gegenstandsadäquate Psychologie … jenseits von Subjektivismus und Objektivismus“ (so die prägnante Kapitelüberschrift von Herzog 1992, 427ff) beschaffen sein, in der auch Platz wäre für eine unverkürzte Erforschung der Religiosität? Die Dualität der psychospirituellen Einheit hat in der kurzen Geschichte dieser Disziplin dazu geführt, entgegengesetzte Wege der

Forschung einzuschlagen, stellt man beispielsweise phänomenologische (Wyss 1991) und transpersonale (Zundel & Loomans 1994) Entwürfe streng empirischen (z.B. Moosbrugger, Zwingmann, Frank 1996) gegenüber. Um die Aufspaltung der Religionspsychologie in einen empirischen und einen hermeneutischen Arbeitsstrang zu vermeiden und um dem bipolaren Gegenstandsbereich ihres Erkenntnisinteresses gerecht zu werden, sollten folgende Grundsätze beachtet werden:

Die komplementäre Persönlichkeitsstruktur der psychospirituellen Einheit des Menschen erfordert ein behutsames religionspsychologisches Vorgehen. Vor aller empirischen Arbeit ist eine bewußte Unterscheidung zwischen dem anthropologischen, weltanschaulich geprägten Modell und der psychologischen Theorie vorzunehmen. Das ontologisch-anthropologische Modell ist zu reflektieren und offenzulegen. Seine Einflußnahme auf die psychologische Theoriebildung ist kritisch zu berücksichtigen.

Wenn ein anthropologisches Postulat in eine psychologische Hypothese überführt wird, hat dies bewußt zu geschehen. Für die Religionspsychologie hat diese Forderung wegen der Notwendigkeit der inhaltlichen Gegenstandsbestimmung den Dialog mit einer religionswissenschaftlichen Nachbardisziplin zur Folge, sei es die Theologie, die Religionswissenschaft, die Religionsphilosophie oder die Philosophische Anthropologie. Um die empirisch meßbaren Teilaspekte und -prozesse in einen theoriebezogenen Gesamtzusammenhang einfügen zu können, ist epistemologische und anthropologische Vorarbeit nötig, sonst besitzen die Einzelergebnisse wenig Aussagekraft. Dies ermöglicht aber nur eine transparente, anthropologisch fundierte Theorie, aus der psychologisch überprüfbare Hypothesen abgeleitet und getestet werden können. Dazu sollte der Wissenschaftler sein vorwissenschaftliches Weltverständnis reflektieren, seine wertbezogenen Prämissen bedenken und seine anthropologischen Voraussetzungen offenlegen.

2.2 Der anthropologische Rahmen psychologischer Theorien

Die im vorigen Kapitel angedeutete wechselseitige Abhängigkeit von Ontologie und Empirie oder von Weltanschauung und Wissenschaft, die in Kapitel 4.4 ausführlicher dargelegt wird, ist in der psychologischen Forschung lange Zeit nicht berücksichtigt worden. Eine Vermischung der für diese beiden Bereiche streng zu trennenden, wissenschaftstheoretisch begründeten Vorgehensweisen führt zu Unstimmigkeiten, Einschränkungen und/oder Überschreitungen des psychologischen Gegenstandes, der dazugehörigen Theorie und Forschungsmethode. Wenn zudem oftmals unreflektierte, anthropologische Vorannahmen in den Forschungsprozeß mit einfließen, wird die Transparenz und Eindeutigkeit des wissenschaftlichen Arbeitens zusätzlich belastet. Herzog (1984, 289) spricht von einer „Vermengung (Hybridisierung) verschiedener (inkompatibler) Menschenbilder", was sich als „wissenschaftlich unhaltbar" ausweise.

In dem klassischen „Lehrbuch der empirischen Persönlichkeitsforschung" unterscheidet Herrmann zwei Wege der Forschung: Auf dem ersten wird zunächst der zu erforschende Sachverhalt „in seiner ‚Natur‘, seinem ‚Wesen‘ erkannt; dann wird der erkannte Sachverhalt genauer erforscht“ (Herrmann 1972, 30). Herrmann beeilt sich, zu betonen, daß dieses Modell nicht seiner Auffassung entspreche, weil als primärer Gegenstand der empirischen Psychologie nur „öffentliche Sachverhalte“ gelten könnten, die als Phänomene prinzipiell von jedem Forscher wahrnehmbar und ihm zugänglich sein müßten. Vom „empirischen Sachverhalt“ trennt Herrmann das „hypothetische Konstrukt“ als einen übergeordneten, theoretischen Interpretationsbegriff, den der Forscher „gewissermaßen ‚erfindet‘, um die Unterschiedlichkeit der Ausprägung empirischer Sachverhalte bei verschiedenen Menschen aufzuklären“ (ebd., 32). Der von Herrmann favorisierte alternative Weg beginnt dementsprechend mit der Beobachtung bzw. Messung empirischer Sachverhalte. Zu ihrer Erklärung „werden hypothetische Konstrukte erfunden und laufend am Leitfaden neuerlicher Beobachtungen und Messungen präzisiert“ (33). „Persönlichkeit“ versteht Herrmann als ein derartiges Konstrukt, dem er im Gegensatz zu Forschern wie Allport oder Lersch keine „ontologische Realität“ zuspricht, sondern das nach der Erfassung empirischer Einzelphänomene wissenschaftlich-theoretisch konstruiert – „konstituiert“ werden müsse.

Vor Herrmann stellte schon sein Kollege Revers „zwei Arten von Psychologie gegenüber. Die eine geht von der Voraussetzung aus: es gibt Seele, und sie ist Gegenstand der Psychologie. Die andere geht von dem ontologischen Postulat aus: Seele gibt es nicht; da sie überflüssig ist, darf es sie nicht geben. Sie war ein Mißverständnis vorwissenschaftlichen Unverstandes. An der Stelle, an der sie vermeintlich stand, wurde ‚Bewußtsein‘ und ‚Verhalten‘ gefunden – und sonst nichts“ (Revers 1962, 13f).

Auch Jüttemann unterscheidet grundsätzlich zwei Arten der psychologischen Modellbildung, die der Darstellung Herrmanns weitestgehend entspricht. Als „direkte Modellierungsstrategie“ bezeichnet er den von Herrmann in „Modell I“ eingeschlagenen Weg, der darin besteht, „ein allgemeines Menschenbild zu entwerfen und dieses in eine ‚Persönlichkeitstheorie‘ umzuformen bzw. als Gegenstandsmodell der Persönlichkeit zu beschreiben“ (Jüttemann 1992, 55). Bei der „indirekten Modellierungsstrategie“ soll unter Wahrung eines (utopischen) „Ideals der Voraussetzungslosigkeit“ auf vorausgehende Gegenstandsbetrachtungen verzichtet werden, um durch eine bestimmte wissenschaftliche Arbeitsmethode Erkenntnisfortschritte zu erzielen. Bei diesem dem „Modell II“ Herrmanns entsprechenden Weg wird „der Prozeß der Modellbildung durch die Produktion vielfältiger Einzelergebnisse ergänzt, die keine gegenstandsanalysierende, sondern eine gegenstandsbildende Qualität besitzen“ (Jüttemann 1992, 56). In diesem Sinne hat Gigerenzer (1981) die „modellbildende Funktion“ der traditionellen Forschung hervorgehoben. Jüttemann betont, daß trotz ihrer Verschiedenheit beide Forschungsmethoden „Modellierungsstrategien“ darstellen, die er als „Konstruktion und gleichzeitige Fixierung eines nicht nur systemtragenden, sondern vor allem auch … Geschlossenheit erzeugenden … Menschenbilds“ auffaßt und damit als Reduktionismus entlarvt (vgl. zu den Ursachen Jüttemann 1992, 77ff).

Die von Herrmann und Jüttemann gegenübergestellten beiden Vorgehensweisen der psychologischen (Persönlichkeits-)Forschung können mit der Unterscheidung verglichen werden, die schon Dilthey vor gut 100 Jahren in seinen „Ideen über eine beschreibende und zergliedernde Psychologie" systematisch erfaßt und sie dualistisch als geisteswissenschaftlich-beschreibend gegenüber einer naturwissenschaftlich-erklärenden Methode konzipiert hat. Die beschreibende Psychologie untersucht nach Dilthey die „in jedem entwickelten menschlichen Seelenleben gleichförmig auftretenden Bestandteile und Zusammenhänge, wie sie in einem einzigen Zusammenhang verbunden sind, der nicht hinzugedacht oder erschlossen, sondern erlebt ist" (Dilthey 1894/1968, 152). Diese dem ersten Modell von Herrmann entsprechende Konzeption geht von der Gesamtheit des Erlebens aus, das nur als „lebendiger Zusammenhang" „verstehbar" sei. In Diltheys naturwissenschaftlichem Modell geht es dagegen um „eine begrenzte Zahl von eindeutig bestimmten Elementen, von denen aus alle Erscheinungen des Seelenlebens konstruierbar" (ebd., 159) sein sollen. Diese dem alternativen Modell von Herrmann entsprechende Position zergliedert die Einheit der Person in (meßbare) Erscheinungen, die nun mit streng naturwissenschaftlicher, objektiver Methodologie analysiert werden können, währenddessen die Methode des Verstehens nach Dilthey ein Miterleben fordert (zum Verstehen als psychologischer Methode vgl. H.M. Graumann 1982). Die vielseitige Beschaffenheit des Menschen als Natur- und Kulturwesen bedingt für Dilthey „eine sehr große Verschiedenheit der Methoden, vermittels derer wir Seelenleben, Historie und Gesellschaft studieren, von denen, durch welche die Naturerkenntnis herbeigeführt worden ist. ... Die Natur erklären wir, das Seelenleben verstehen wir" (Dilthey ebd., 144).

Die auf Dilthey zurückzuführende „Monismus-Dualismus-Dichotomie" (Groeben 1986, 1ff) war weiterhin Ausgangspunkt von psychologietheoretischen Wissenschaftsdiskussionen, in deren Zentrum die Auseinandersetzung um die Reihen-/Rangfolge von ontologischem Modell und seiner empirischen Überprüfung bzw. die Frage nach ihrem Verhältnis stand. Die monistische Position geht hierbei von einheitlichen, naturwissenschaftlich meßbaren „Elementen" des Seelenlebens aus, während das dualistische Modell die biologische und psychologische Natur des Menschen strikt trennt. Die philosophischen Wurzeln der dualistischen Konzeption mit der Konsequenz der Subjekt-Objekt-Spaltung sind in der cartesianischen Ontologie begründet. Auf die psychologischen Konsequenzen der Konzeption Descartes' haben Wyss (1977a), Pongratz (1984, 30ff) und M.Herzog (1992, 47ff) hingewiesen. Dabei sieht Groeben die Psychologie als einen paradigmatischen Fall für das wissenschaftstheoretische „Schisma" zwischen „Kausalisten" und „Intentionalisten" an, weil „der Gegenstand der Psychologie (nämlich das menschliche Subjekt als Objekt) beide Bereiche abdeckt, die jeweils akzentuierend für die Konstitution von Natur- vs. Geisteswissenschaft reklamiert werden: nämlich den Natur- wie auch den Kulturbereich" (Groeben 1986, 3). Jüttemann begründet den „Mißerfolg" der traditionellen Psychologie mit dem „widersprüchlichen Bestreben, die alltagspsychologische Ebene, auf der das Subjekt dominiert und sich an Sinnzusammenhängen orientiert, mit Hilfe einer in kausalgenetischer Hinsicht objektiven, das Intentionalitätsprinzip ausklammernden Vorgehensweise erforschen zu wollen" (Jüttemann 1992, 11).

Weil der Religiosität in gesellschaftlicher Hinsicht eine kulturstiftende Funktion zukommt und in ihrer Bedeutung primär subjektive Aspekte wie Sinngebung des Daseins, Bewältigung der Angst vor dem Tod und anderen Krisen, Gewinnung und Stärkung eines Selbstwertgefühls u.a.m. einfließen, betrifft diese Debatte, die in der Psychologie heftig geführt wird, besonders auch die Religionspsychologie.

Eine vielerorts beschriebene „Dauerkrise" der Psychologie begründet Groeben damit, daß eine Integration beider Sichtweisen noch nicht gelang und „bisher in der Geschichte der Psychologie der Monismus (und damit eine naturwissenschaftlich- empiristische Richtung) die beherrschende Wissenschaftskonzeption war" (Groeben 1986, 4).Verständlicher wird bei dieser psychologiegeschichtlichen Perspektive, warum die bisher monistisch dominierte Psychologie Schwierigkeiten mit einer wissenschaftlichen Religionspsychologie hat(te). Das wird besonders deutlich bei der Frage nach dem Gegenstand der (religions-) psychologischen Forschung .

Dem „Monisten" wird in der Regel die Bestimmung seines Forschungsgegenstandes nicht schwerfallen, weil dieser durch die Grenzen der strengen empirischen Methodik eingegrenzt wird. Lange Jahre wurde beispielsweise die Religiosität durch die Häufigkeit des Kirchganges operationalisiert. Damit war ein äußerliches, meßbares und überprüfbares Verhalten als objektives Kriterium der Frömmigkeit gegeben, das leicht zu erheben und eindeutig bestimmbar war. In das Zentrum des religionspsychologischen Interesses rückte aber zunehmend das inhaltlich bestimmte, subjektiv als religiös gedeutete innerliche Erleben, das sich wissenschaftlich nur in phänomenologischer Annäherung unter Verwendung qualitativer Forschungsmethoden erschließen läßt.

Die monistische Grundposition orientiert sich am „Gesichtspunkt gegenstandsneutraler Erkenntnismethodologie" (Breuer 1989, 120). Danach gelten Intersubjektivität, Objektivität, Beobachtbarkeit, logische Eindeutigkeit, Präzision u.ä. als Grundvoraussetzungen für eine empirisch „abgesicherte" Wissenschaftlichkeit. Das hat für die Religionspsychologie zur Folge gehabt, daß ihr Forschungsgegenstand eingegrenzt und beispielsweise untersucht wurde in seiner *kognitiven* („religiöses Urteil": Oser; „Glaubensentwicklung": Fowler), *motivationalen* („intrinsisch/extrinsische religiöse Orientierung": Allport), *klinischen* („Glaubensvergiftung": Pfeifer 1993) *pädagogischen* („reife Religiosität": Meadow & Kahoe 1984)), *sozialen* („Rollenübernahme": Holm 1990) oder *emotionalen* („Bindung": Kirkpatrick 1992; „Gottesbild": Rizzutto 1979) *Dimension.* Die jeweilige Dimension wurde entsprechend ihrer Gegenstandsbestimmung mit sehr unterschiedlichen Erhebungsinstrumenten wie Fragebogen, Satzergänzungstest, Reaktion auf Dilemmaerzählungen, biographische Interviews usw. erfaßt (zur Problematik der psychologischen Erfassung von Religiosität vgl. Utsch 1991).

Dabei wird die hypothetisch postulierte, dann empirisch untersuchte Religiositätsdimension im Kontext ebenfalls divergenter Theorieentwürfe angesiedelt: Religiosität als Entwicklungsaspekt des Selbst (Fowler 1989; Noam 1988, 1990), als Denk- und Beurteilungprozeß in der Tradition kognitiver Entwicklungspsychologie und Moral- und Entscheidungsforschung (Oser), als Bewältigungsverhalten (Pargament 1988), als symbolhaftes Deuten existentieller Lebenskrisen (Jones 1991) u.v.m. Vorteil: Derartige Teilforschungsbereiche der Religiosität gestatten eine in sich stimmige Darstellung und empirische Absicherung ihrer Hypothesen. Nachteil: Mit zunehmender Komplexität und Differenzierung gerät der Gesamtzusammenhang aus dem Blick, und in sich stimmige, aber untereinander widersprüchliche Theorien führen unwillkürlich zu einer Zersplitterung des Forschungsgegenstandes Religiosität.

Das „Theorienchaos in der Psychologie“ (Herzog 1984, 43) – respektive in der Religionspsychologie – wird dadurch gefördert, daß die gegenwärtig übliche „experimentelle Forschungspraxis die Bedingung dafür schafft, daß einzelne Theorien inkompatibel und trotzdem empirisch genügend abgesichert sein können“ (ebd.). Weil die empirische Arbeit des Forschers „in ihrem Erkenntnisgehalt völlig zurückgebunden an die bereits vorgängig geleistete theoretische Arbeit“ (Herzog 1984, 42) ist, müssen die religionswissenschaftlichen und theologischen inhaltsbezogenen Vorabklärungen einen angemessenen Stellenwert bei einer religionspsychologischen Untersuchung erhalten. Erst auf der Grundlage sorgfältiger Theorieklärung können daraus abgeleitete Hypothesen entweder verifiziert oder falsifiziert werden. Herrmann (1972, 42f) zitiert als Zusammenfassung das empirische „Forschungscredo“ von Pawlik, der zum „Kanon der empirischen Psychologie“ ausführte: „Jede Erfahrungswissenschaft stellt im Wesen ein System von in sich und untereinander widerspruchsfreien Aussagen oder Sätzen über ihren Forschungsgegenstand dar, deren Gültigkeit nach definierten Methoden am Forschungsgegenstand selber überprüfbar sein muß“. Bei der oben angedeuteten Vielfalt der methodischen und inhaltlichen Zugänge zur Religiosität wird der Anspruch „widerspruchsfreier Aussagen über den Forschungsgegenstand“ in der Religionspsychologie wohl nicht einzulösen sein.

Die Frage nach dem Forschungsgegenstand der Religionspsychologie ist deshalb primär abhängig von einem möglichst wirklichkeitsnahen Modell der Religiosität. Neuere wissenschaftstheoretische Überlegungen in der Psychologie weisen auf Ansätze hin, „in der Entwicklung der (Grund-) Begrifflichkeit der Psychologie neue Wege zu gehen, die … den Aspekt der Gegenstandsangemessenheit in den Vordergrund rücken“ (Breuer 1989, 122). Für die Erforschung der Religiosität ist zunächst ein Modell vom Menschen nötig, das den transzendenten Bezügen des Menschen Raum läßt. Weil der Gegenstand der (Religions-) Psychologie abhängig ist von dem zugrunde liegenden Menschenmodell, erleichtert eine Offenlegung der anthropologischen Voraussetzungen der jeweiligen Studie ihr Verständnis (vgl. Kap. 3.2). Herzog sieht in der Bestimmung eines Forschungsgegenstandes, das in einem gemeinsamen Modell des Menschen wurzelt, die große Chance, heterogene psychologische Theorien zu integrieren. Inkompatibel seien dagegen Theorien, die „im Kontext verschiedener Menschenmodelle formuliert sind“ (Herzog 1984, 288). Overton und Reese (zit. nach Herzog ebd.) sprechen von „Theoriefamilien“, die durch ein gemeinsames Modell begrifflich zusammengehalten werden. Herzog weist in seiner Studie nach, daß einige Forschungstraditionen der Psychologie eine Transparenz zwischen Theorie, Modell und Methode vermissen lassen und betont, daß die Vermischung verschiedener inkompatibler Menschenmodelle den Anspruch widerspruchsfreier Wissenschaft als „unhaltbar ausweist“. Weiterhin arbeitet Herzog „Kernannahmen“ psychologischer Theorien heraus und identifiziert gemeinsame anthropologische Voraussetzungen bzw. Menschenmodelle, mit deren Hilfe er eine Reduktion „der Heterogenität und Chaotik psychologischer Theorien“ (288) erreicht.

Der „Gegenstand“ der Psychologie kann nach Herzog nicht „durch Reflexion“ gefunden, sondern er muß „in einem konstitutiven Akt geschaffen werden“ (Herzog 1984, 92). Der psychologische Gegenstand müsse deswegen konstituiert werden, weil er nicht anschaulich sei. Diesem Zweck „dienen Modelle, die als Metaphern begrifflichen Zugang zum unbegrifflich-unanschaulichen Psychischen verschaffen“ (330), um den psychologischen Gegenstand zu „modellieren“. Bei Herzog entsteht der psychologische Gegenstand als Modell des Menschen unter drei anthropologischen Blickpunkten: als Maschinen-, Organismus- und Handlungsmodell. „Alle diese Modelle funktionieren als Gegenstandskonstituenten: sie ‚schaffen‘ psychologische Wirklichkeit“ (287). Herzog plädiert für eine „reflexive Psychologie“ als Metatheorie, mit deren Hilfe er die Abhängigkeit psychologischer Theorien von Menschenmodellen aufweisen konnte.

Die Berücksichtigung der anthropologischen Modellabhängigkeit von Theorien bringt eine veränderte Methodik mit sich: ein umfassenderes Forschungsinteresse erweitert „die methodische Herangehensweise durch die Einbeziehung und stärkere Fokussierung einer ‚Sicht von innen‘: die Berücksichtigung und Erfassung innerpsychischer, subjektiver Prozesse, Interpretationen, Intentionen etc. des Untersuchungsobjekts“ (Breuer 1989, 122). Durch eine ideographisch orientierte Vorgehensweise kann das für die Religiosität wesentliche subjektive Erleben besser abgebildet werden.

Die in der bisherigen Forschung vorherrschende naturwissenschaftliche Psychologie-Konzeption hatte eine Problematisierung und Differenzierung ihres Gegenstands-Verständnisses nicht nötig. Forschungsgegenstand dieser Tradition ist das empirisch meßbare Phänomen. Erst wenn eindeutige Ergebnisse vorliegen, können inhaltliche Aussagen gemacht und gegebenenfalls Querverbindungen zu anderen Untersuchungsergebnissen hergestellt werden. Im Idealfall können sich aus verschiedenen „Teilforschungsbereichen“ Informationen zu einem übergeordneten Konstrukt ergänzen, die dann „empirisch abgesicherte“ Aussagen zu sehr komplexen Sachverhalten wie einem Gefühl oder auch der Religiosität ermöglichen. Bei dieser konstruktorientierten Vorgehensweise „kann die endgültige begriffliche Bestimmung nicht am Anfang der … Forschung stehen, sondern höchstens an ihrem Ende“ (Herrmann 1972, 33). Allerdings ist dabei zu bedenken, daß für konstruktbezogene Forschungen zumindest eine Abschätzung darüber nötig ist, inwieweit durch die Operationalisierung von empirischen Merkmalen ein Konstrukt hinreichend abgedeckt ist. So hat sich z.B. die Operationalisierung des Konstrukts „Angst“ nur durch Meßdaten des psychogalvanischen Hautreflexes in Relation zu dem theoretisch angesetzten Bedeutungsinhalt als unzureichend erwiesen (vgl. Fahrenberg 1992). Der Mangel an Einheitlichkeit und inhaltlicher Übereinstimmung hat dazu geführt, daß „die Bedeutung der sog. hypothetischen Konstrukte, die als eine Kategorie von prinzipiell nicht definierbar erscheinenden Begriffen proklamiert wurden ..., stark nachgelassen hat" (Jüttemann 1992, 165).

Neuere Entwürfe psychologischer Wissenschaftstheorie weisen deshalb auf die Verschränkung von Gegenstand, Menschenmodell, der Forschungsmethode und Theoriebildung hin, wie es oben am Beispiel von Herzogs Ausführungen dargelegt wurde. Weil „psychologische Theorien ohne Annahmen über ein Modell des Menschen nicht formulierbar sind und Methoden auf eine theoretische Gegenstandskonzeption bezogen sind, ... impliziert jede psychologische Methode ein Menschenmodell" (Herzog 1984, 289). Zu einer gleichartigen Differenzierung der für die psychologische Forschung relevanten Größen und der Beschreibung ihrer Interdependenzen gelangte Overton (1992) auf allgemeinerer, wissenschaftstheoretischer Basis. Die von ihm beschriebenen Komponenten wissenschaftlicher Aktivität erweitern das von Laudan (1984) beschriebene „Netzmodell wissenschaftlicher Rationalität". Dieses geht von einer Vernetzung von Forschungsziel, Theorie und Methode aus (vgl. Kapitel 2).

Ähnlich wie Herzog fragt Overton nach den Zielen und Motiven wissenschaftlicher Arbeit und findet „epistemologische und metaphysische Werte", welche das Forschungsziel und die zugrundliegende Theorie bestimmen würden. Was in Herzogs Begrifflichkeit das „Modell" ist, nämlich Voraussetzungen nichtempirischen, also „metaphysischen" Charakters, die einer Theorie oder Methode unterlegt werden, sind bei Overton die „epistemologischen und metaphysischen Werte". Für Overton „enthalten wissenschaftliche Normen und Gesetze notwendigerweise philosophische Werte, und diese Werte haben einen profunden Einfluß auf die Ziele, die Methode, die Theorien und Beobachtungstechniken der Wissenschaft" (Overton 1992, 2f).

Kürzlich hat Jüttemann versucht, die Ursache für die seit ihren Anfängen bestehende Krisensituation der Psychologie durch zwei Reduktionismen zusammenzufassen, nämlich durch das „Inversionsprinzip" und die „Systemimmanenz" (Jüttemann 1992, 81ff u. 55ff). Eine unzulässige Umkehrung des Verhältnisses von Gegenstand und Methode wird von ihm das „Inversionsprinzip" genannt. Es kommt dort zum Tragen, wo bei der „indirekten Modellierungsstrategie" auf spekulativ gewonnene Gegenstandsbeschreibungen verzichtet wird, dann aber durch die Methodenwahl „indirekt" der „Gegenstand" doch konstruiert wird. Daraus folge: „Die prinzipiell zu vermeidende Anwendung des Inversionsprinzips setzt eine vor Beginn jeder Untersuchung durchzuführende Gegenstandsbeschreibung und eine daraus abzuleitende Bestimmung des methodischen Zugangs voraus" (ebd., 92).

Unter „Systemimmanenz" versteht Jüttemann die „Fixierung eines inadäquaten Menschenbildes" (ebd., 66). Er weist darauf hin, daß schon frühzeitig auf die Notwendigkeit einer Aufdeckung „verborgener" anthropologischer Voraussetzungen aufmerksam gemacht worden sei, die auch in den sogenannten objektiven Forschungsverfahren enthalten seien. Das bedeutet für ihn, daß „für jeden Methodenansatz in der Psychologie die Gefahr einer Belastung durch Systemimmanenz besteht, wenn er ohne vorausgehende Gegenstandsreflexion zur Anwendung kommt" (ebd., 72). Nach seiner Darstellung befindet sich die grundlagenwissenschaftliche Psychologie in einem unlösbar scheinenden Dilemma: Mit vorausgehender Gegenstandsbeschreibung wird das Inversionsprinzip vermieden (keine unreflektierte Gegenstandsmodellierung durch die Forschungsmethode), aber die Systemimmanenz gefördert (nur das theoretisch Vorgegebene kann auch „entdeckt" werden); ohne vorausgehende Gegenstandsbestimmung wird eine Systemimmanz vermieden (der unverbildete Blick des deskriptiven, subjektnahen Forschers), aber das Inversionsprinzip gefördert (der Forschungsgegenstand wird durch die Wahl der Erfassungsmethode wesentlich beeinflußt).

In der Unmöglichkeit, gleichzeitig sowohl das Inversionsprinzip als auch die Systemimmanenz zu vermeiden, sieht Jüttemann das „Basisproblem", das sich in der Frage nach einer angemessenen Verknüpfung von Gegenstand und Methode und dem zugrundeliegenden anthropologischen Grundmodell zuspitzt. Er hat versucht, das „in diesem Widerspruch sichtbar werdende Problem, das so alt ist wie die Psychologie selbst" (ebd., 92), durch seine „Theorie des Subjekts" aufzulösen. Weil diese für die hier behandelte Thematik weiterführende Lösungsvorschläge enthält, wird sie im folgenden zusammengefaßt und auf ihre Anwendbarkeit auf die Religionspsychologie hin überprüft.

Als Alternative zur vorausgehenden Beschreibung des Forschungsgegenstandes und der Durchführung „einer dem naturwissenschaftlichen Entdeckungsprinzip entsprechenden deduktiven, d.h. diesen Gesamtgegenstand systematisch durchdringenden und aufgliedernden (zerlegenden) Analyse" empfiehlt Jüttemann „eine perspektivische Analyse des Gesamtgegenstands jener subjektrelevanten Sachverhalte, die in (realen) Kultur- und Sprachsystemen alltagspsychologisch bereits identifiziert worden sind" (ebd., 95). Er stellt die Forderung auf, den in der Psychologie „gegenwärtig vorherrschenden konstruktiv-deduktiven oder anthropologischen Perspektivismus der verzerrten Menschenbilder oder ‚Seelenmodelle' durch einen analytisch-induktiven oder psychologischen Perspektivismus der Erforschung subjektrelevanter Sachverhalte zu ersetzen" (ebd., 95f).

Durch das Wissen um die eingeschränkte Bedeutsamkeit seiner Untersuchungsergebnisse auf Grund der nicht anders als perspektivisch durchgeführten Studien ist der Forscher dazu angehalten, seine standpunktabhängigen Befunde in den größeren Kontext der jeweiligen Forschungstradition einzuordnen und die von ihm ermittelten Ergebnisse als einen Beitrag dazu zu verstehen. In bezug auf die Religionspsychologie wird der Perspektivität der verschiedenen Modelle durch die aspektivische Synopse Rechnung getragen (vgl. Kap. 7.2).

Diese Zusammenhänge hat die neuere, „postpositivistische" Wissenschaftstheorie intensiv reflektiert und Schwachstellen einer monistischen, naturwissenschaftlichen Vorgehensweise aufgezeigt, die auch in dem wissenschaftlichen Umgang mit der Religiosität Konsequenzen nach sich zieht. Große Resonanz hat ein grundlegender Artikel in der Zeitschrift „American Psychologist" hervorgerufen, der „eine konstruktive Beziehung der Religion mit der Wissenschaft und dem Berufsstand der Psychologie" (Jones 1994) gefordert und entworfen hat.

Ausgangspunkt der Überlegungen dieses evangelikalen Wissenschaftlers bilden Grundeinsichten der „postpositivistischen Wissenschaftstheorie", deren Argumente er in vier Aspekten zusammenfaßt: erstens seien empirische Ergebnisse „theoriegeladen", d.h. abhängig von prä-empirischen Voraussetzungen und philosophischen Gedankenmodellen. Zweitens habe die postpositivistische Wissenschaftstheorie darauf hingewiesen, daß die Wahrnehmung der empirischen Daten ebenfalls theorieabhängig sei. Bevor nämlich eine Theorie der empirischen Prüfung unterzogen werde, würden Werturteile schon im Vorfeld der annäherungsweisen Theorieformulierung maßgeblichen Einfluß nehmen. Drittens nähmen die Weltanschauung sowie die ideologische Überzeugung des Wissenschaftlers Einfluß auf den Theoriebildungsprozeß. Und schließlich schreite die wissenschaftliche Erforschung nicht durch ein weiteres Anhäufen von Daten voran, sondern durch Verfeinerung der Theorien (Jones 1994, 186–188).

Auf die Gefahr der Ideologisierung bei der psychologischen Theoriebildung muß im Hinblick auf die Religionspsychologie besonders hingewiesen werden, weil der dogmen- und wertebezogene Bereich der Religiosität anfällig für ideologielastige psychologische Theorien ist. Durch die Herausarbeitung der beiden „Modellierungsstrategien" der traditionellen psychologischen Forschung hat Jüttemann (1992, 76) dieser „ideologieproduktiven und pseudowissenschaftlichen" Vorgehensweise nachgewiesen, daß sie durch anthropologische oder methodologische Prämissen eine „gegenstandsmodellierende, d.h. konstruierende statt analysierende" Funktion erfülle und damit „zur Verbreitung anthropologischer Halbwahrheiten" beitrage.

Ähnlich beurteilt Herzog das „Nicht-Aufdecken der methodologischen Voraussetzungen und insbesondere das Nicht-auf-den-Tisch-Legen der Modell-Karten" (Herzog 1984, 297) und sieht darin eine gefährliche ideologische Dimension der Psychologie verborgen. Nach Herzog führt „die versuchte Ausklammerung der Gegenstandskonstitution aus dem psychologischen Forschungsprozeß … zur unbemerkten Modellierung des Gegenstandes durch externe Einflüsse" (ebd.). Revers hat die „ideologischen Voraussetzungen" einiger psychologischer Richtungen untersucht und kommt zu der Feststellung: „Je weniger die philosophischen Voraussetzungen psychologischer Theoriebildung eingestanden und geklärt werden, um so mehr werden sie zu ideologischen Determinanten der empirischen Forschung" (Revers 1962, 20). Besonders für den sensiblen Bereich der Religiosität ist hier wissenschaftliche Authentizität und persönliche Integrität des Forschers nötig, um nicht unbemerkt die eigene Weltanschauung und Lebenserfahrung wissenschaftlich bestätigen zu wollen.

Fazit: Welche Konsequenzen ergeben sich aus den hier angesprochenen wissenschaftstheoretischen Zusammenhängen für die Religionspsychologie? Zunächst wurde die Menschenbildabhängigkeit (religions-) psychologischer Forschung herausgestellt. Die Bedeutung und der Umgang mit anthropologischen Vorentscheidungen werden deshalb in dem sich anschließenden Abschnitt weiterführend behandelt. Für die Erarbeitung der angestrebten Synopse der Religionspsychologie sind insbesondere die Einsichten von Herzog und Jüttemann nützlich, denen in ihren Arbeiten eine klärende und erhellende Differenzierung zwischen den Zusammenhängen von psychologischem Gegenstand, Menschenmodell und Forschungsmethode gelungen ist.

Hingewiesen wurde auf die Unmöglichkeit der Religionspsychologie in der positivistischen Tradition eines monistisch-materialistischen Weltbildes. Andererseits beschränkt ein rein deskriptives Vorgehen die Aussagekraft religionspsychologischer Erkenntnisse auf ein Minimum. Bezogen auf die Religionspsychologie hat Hanford (1975) mit vergleichbarer Intention einen „synoptischen Zugang" gefordert, der sowohl die Schwachstelle des Empirismus – die Gefahr des Reduktionismus – als auch die Schwachstelle der phänomenologischen Forschung – ihren Mangel an Validität – vermeiden und ihre Stärken nutzen möchte. Angedeutet wurden die eingeschränkte Reichweite einer einseitig monistisch oder dualistisch konzipierten Religionspsychologie und die Bedeutung „komplementärer" Psychologiekonzeptionen.

2.3 Anthropologische Vorentscheidungen: das Menschenbild

Daß es „auch und vor allem in der Psychologie keine Theorien ohne anthropologische Basis gibt" (Hagehülsmann 1985, 12), wird in Arbeiten zu ihrer wissenschaftstheoretischen Grundlegung zunehmend thematisiert (vgl. Thomae 1952, 1963, 1967, 1982, 1985, 1991, 1992; Graumann 1960, 1988; Revers 1962, Strasser 1964, Bühler & Ekstein 1973, v.Uslar 1973, Keller 1974, Kunz 1975, Pongratz 1977, 1984, Herzog 1984, Hagehülsmann 1985, Groeben 1986, Breuer 1989, Benesch 1990, M.Herzog 1992; Danzer 1995). Ausgangspunkt der Überlegungen bildet die Einsicht, daß psychologisch-empirische Erkenntnisse abhängig von ontologischen Leitbegriffen sind, so der Übersetzer und Neu-Herausgeber von James' „Vielfalt religiöser Erfahrung" in seinem kenntnisreichen Nachwort (Herms 1979, 481ff, bes. 521); oder auch der Religionspädagoge Fraas in seiner Religionspsychologie (1990, 28, 32,37 u.ö.). Daß die Abhängigkeit empirischer Ergebnisse von ontologisch-anthropologischen Voraussetzungen insbesondere von Theologen hervorgehoben wird, erinnert an Grundsatzkonflikte zwischen Theologie und Psychologie, weil durch modellkritische (theologische) Bedenken die Aussagekraft und Reichweite empirisch-psychologischer Erkenntnisse hinterfragt und eingeschränkt werden. Besonders in diesem Berührungspunkt der theoriebezogenen Deutung empirischer Resultate, an dem es nur eine partnerschaftlich-dialogische Lösung zwischen quantitativer und qualitativer Forschung geben kann, liegt der Schlüssel zu einer stimmigen, integrationsfähigen Religionspsychologie (vgl. Kapitel 6).

Wie weiter oben schon ausgeführt, ist eine voraussetzungslose Psychologie nicht mehr denkbar, und dem wird in neueren wissenschaftstheoretischen Entwürfen durch die Berücksichtigung der Subjektivität, der individuellen Wertvorstellungen und Weltanschauung bei jeder wissenschaftlichen Erkenntnisgewinnung Rechnung getragen (vgl. Laudan 1984, Overton 1992). Das Welt- und Menschenbild des Wissenschaftlers, seine persönliche Weltanschauung, nimmt – vielleicht ungewollt oder unreflektiert – Einfluß auf seine Arbeit. So negiert der

Wissenschaftstheoretiker Gadamer die Möglichkeit eines quasi vorurteilsfreien Forschens und Erkennens. Eigene Vorannahmen begleiten das wissenschaftliche wie auch nichtwissenschaftliche Denken auf Schritt und Tritt, und die eigentlich kritische Frage der Wissenschaft besteht für ihn darin, „die wahren Vorurteile, unter denen wir verstehen, von den falschen, unter denen wir mißverstehen, zu unterscheiden“ (Gadamer 1960, 304). In seiner Habilitationsschrift über erkenntnistheoretische Grundlagen der Psychosomatik nennt Danzer die hier anthropologisch bezeichneten Voraussetzungen „vorontologische Voraussetzungen“ (Danzer 1995, 156), womit derselbe Sachverhalt ausgedrückt ist.

2.3.1 Ontologisches, anthropologisches und empirisches Weltbild

In diesem Zusammenhang von wissenschaftlicher Erkenntnis und anthropologischen Prämissen ist geistesgeschichtlich die Unterscheidung Bubers zwischen einem ontologisch und einem anthropologisch begründeten Weltbild bedenkenswert. In seiner problemgeschichtlichen Erörterung über das Wesen des Menschen skizziert er eine frühere geistesgeschichtliche Epoche, in der sich der Mensch in einem ontologisch fixierten Weltbild zu Hause gefühlt habe, sei dieses nun kosmologisch (Aristoteles), theologisch (Thomas von Aquin) oder logologisch (Hegel) ausgestaltet (Buber 1982, 33ff, bes. 48). Der Bruch dieser „Welt-sicherheit“ (ebd., 33) sei durch die von Scheler ausgesprochene anthropologische Frage entstanden, in der das „neue Zeitalter“ als eines beschrieben wird, „in dem sich der Mensch völlig und restlos ‚problematisch‘ geworden ist; in dem er nicht mehr weiß, was er ist, zugleich aber auch weiß, daß er nicht weiß“ (Scheler 1968, 62). Boten die verschiedenen Anthropologien der maßgeblichen Philosophen bzw. Theologen vergangener Zeiten ein sicheres, als existent (ontologisch) verstandenes Weltbild, wurde dieses durch den Ansatz der philosophischen Anthropologie radikal in Frage gestellt. Schelers (1928) umwälzende Schrift „Die Stellung des Menschen im Kosmos“ lehnt sich zwar mit ihrem Titel „bewußt an die kosmologischen Menschheitslehren an, soll aber zugleich anzeigen, daß es mit der Aufgehobenheit des Menschen in einem ‚Bild der Welt‘ vorbei ist“ (Flitner 1963, 15). Durch Schelers grundsätzliche Infragestellung des Menschen scheint es fortan „dem Menschen nicht mehr möglich zu sein, sich in einer Ontologie zu beheimaten“ (ebd.). Von einer übergreifenden theologischen oder philosophischen Weltdeutung und -ordnung her kann die gesuchte Mensch-Welt-Einheit nicht mehr kommen, sondern nur aus „dem jeweils geschichtlichen Selbst- und Weltverständnis des Menschen. … Man hat diese Rückführung auf den konkretgeschichtlichen Menschen ‚anthropologische Reduktion‘ genannt (Buber, Bollnow). … In der anthropologischen Reduktion wird somit die Ontologie auf ihren Ursprung im menschlichen Deuten der Welt zurückgeführt“ (Flitner 1963, 15).

Durch die revolutionierenden Fragestellungen der Anthropologie hat sich das wissenschaftliche Interesse von der Ontologie zu einzelwissenschaftlichen Erkenntnissen hin verlagert. Bubers Beobachtung über die Veränderung des Weltbildes von einer ontologischen zu einer anthropologischen Basis müssen aus heutiger Sicht um die der empirischen Verankerung ergänzt werden: Nur noch empirisch überprüfbare Fakten gelten als verlässliche Informationen. Auch in der Psychologie hat sich in den Worten von Jüttemann (1992, 32) eine „neoexperimentelle“ Forschungstradition etabliert, die seit Ende der 50er Jahre bis heute richtungsweisend auf die akademische Psychologie einwirke. Das weitverzweigte, unübersehbar gewordene Feld wissenschaftlicher Psychologien – positiv aufgefaßt als ein „pluralistisches System“ (Thomae & Feger 1969, 159ff) – hat ihren Beitrag zu einer extremen Wissensvermehrung über den Menschen geleistet. Allerdings wurde in letzter Zeit Kritik daran geübt, daß „psychologische Untersuchungen allzu oft auf eine Produktion von Detailergebnissen gerichtet sind und zu einer Anhäufung von letzten Endes wertlosen Erkenntnissen führen“ (Jüttemann 1992, 69), wozu eine „inflationär ansteigende Publikationsproduktivität“ nicht unwesentlich beitrage. Offensichtlich ergeben sich aus einer wissenschaftlichen Erkenntnis mehrere neue Fragestellungen, so daß ein vorläufiges Ende und damit die Möglichkeit einer überblickartigen Gesamtschau nicht abzusehen ist.

Die Tendenz der wissenschaftlichen Spezialisierungen hat sich heute in atemberaubenden Dimensionen auch in der Psychologie fortentwickelt, so daß es ein allgemeines Wissen „vom Menschen“ nicht mehr gibt. Heutzutage sind neue Wissenschaftszweige nötig geworden, um beispielsweise die Gefahren und Grenzen biologischer und medizinischer Experimente in der „Bioethtik“ unter ethisch-moralischen Aspekten zu reflektieren. Die Summe der empirischen Einzelergebnisse in den verschiedenen, mit dem Menschen befaßten Wissenschaften ist derart unüberschaubar und vielfältig, daß nur durch das Zusammenwirken der Teildisziplinen und interdisziplinär der verschiedenen Humanwissenschaften ein Gesamtbild aus den empirischen Einzelbausteinen erstellt werden kann. Dörner kritisierte an der heutigen akademischen Psychologie in einem Interview, daß sie in der Gefahr der „Zielentartung“ stünde. Sie verliere den Menschen als Gegenstand und Ziel ihrer Forschung aus den Augen. Nur sehr wenige unter den Psychologen würden sich noch zutrauen, „ein Menschenbild zu vermitteln“ (Psychologie heute, Sept. 1989, 50). Jüttemann beklagt in dieser Hinsicht „die damit verbundene Erzeugung und Verbreitung von anthropologischen Halbwahrheiten“ als „wissenschaftlich problematisch“ (Jüttemann 1992, 17).

2.3.2 Synopse anthropologischer Grundmerkmale

Von der verwirrenden Vielfalt aus gesehen, in der sich die Psychologie seit einem Jahrhundert zeigt, verbietet sich nach Thomae „jeder Versuch, die Anthropologie der Psychologie zu definieren oder zu charakterisieren“ (Thomae 1991, 17). Zum einen biete sich die Möglichkeit, die unterschiedlichen Menschenbilder zu charakterisieren, wie sie in verschiedenen Psychologien explizit oder implizit bestünden, zum anderen könne die eigene anthropologische Konzeption dargestellt werden. Sinnvoller erscheint Thomae allerdings ein dritter Weg, „auf Ansätze zu einem anthropologischen Modell der gegenwärtigen Psychologie zu verweisen, die sich in unterschiedlichsten Richtungen dieses Faches zeigen und somit auf Übereinstimmungen in wichtigen Konzeptionen verweisen“ (ebd.).

Psychologische Anthropologie wird dadurch nicht voraussetzend-induktiv, sondern rückblickend-deduktiv betrieben. Seit vierzig Jahren beschäftigt sich Thomae mit Fragen der psychologischen Anthropologie. An den immer wieder vorgenommenen Veränderungen der Publikationen zu diesem Thema ist deutlich das Ringen um logische Konsistenz und Evidenz ablesbar. So enthält beispielsweise der Aufsatz von 1967 noch 4 anthropologische Grundmerkmale, ab 1982 sind es dann 5 (vgl. Thomae 1956, 1963, 1967, 1982, 1991, 1992.).

Anthropologische Entwürfe dieser Art haben neben Thomae noch andere renommierte Psychologen vorgelegt. Im folgenden wird ein „Meta-Vergleich" von acht Entwürfen anthropologischer Grundmerkmale der Person unternommen. Daraufhin können sie auf ihre Offenheit zur Religiosität hin untersucht werden. Zur Darstellung gelangen – in alphabetischer Reihenfolge – die Entwürfe von Binder (1974, 178–220), Danzer (1995, 153–181), Fisseni (1984, 251–270), Graumann (1988, 539–541), Pongratz (1984, 333), Thomae (1982), von Uslar (1973) und Wyss (1977, 938–950). Eine vergleichende Gegenüberstellung der verschiedenen anthropologischen Modellbilder wird aus Abb. 4 ersichtlich.

Binder hat eine Einführung in die medizinische Anthropologie verfaßt, in der er eine systematisierende Übersicht von neun verschiedenen Person-Begriffen erstellte: den organischen, psychischen, psychovitalen, triebhaften, geistigen, religiösen, soziologischen, synthetischen und anthropologischen Person-Begriff. Als „gewissen Abschluß der Bemühungen um einen adäquaten Person-Begriff" (Binder 1974, 178) beschreibt Binder im Anschluß an acht andere Fassungen den anthropologischen Person-Begriff, den er durch folgende fünf Merkmale charakterisiert:

1. Als „Grundstruktur der Existenz" bezeichnet Binder zunächst den unbedingten Weltbezug des Menschen in Anlehnung an Heideggers Konzept des „In-der-Welt- Seins".
2. Zum „Begreifen ihrer Zusammenhänge, ferner zur Erschließung, zum Verständnis und zur Lenkung des eigenen Selbst diene die „existentielle Potenz zur Sinnhaftigkeit" (Binder 1974, 187).
3. Den prospektiven Aspekt der menschlichen Person benennt Binder „Zeitigung".
4. Das konkrete Entwerfen und Gestalten der eigene Welt versteht Binder als „Räumlichung".
5. Die menschliche Plastizität – „Weltoffenheit" in der Terminologie der klassischen philosophischen Anthropologie – den „Spielraum von Unbestimmtheit" (189), bezeichnet Binder mit „Freiheit".

Danzer beschreibt „auf dem Weg zu einer psychosomatischen Epistemologie" ihre „vorontologischen Voraussetzungen" als „basale Anthropologie" (Danzer 1995, 156). Dabei betont er den großen Einfluß der Anthropologie, weil seiner Ansicht nach nicht die Methoden, sondern die „auf dem Boden eines vagen, vorwissenschaftlichen Seinsverständnisses fußenden epistemologischen Voraussetzungen und Folgerungen das Primäre sind, das es zu verstehen gilt" (ebd.).

1. Der Mensch ist nach Danzer zuallererst „Individuum" – „als individuelle Existenz ist er ungeteilt ganz er selbst" (157).

2. „Immer schon begegnet dem Individuum Welt“. Es ist ausgezeichnet durch das Vermögen, „einen Standpunkt einzunehmen, intentional zu sein, sich und der Welt Bedeutung und Sinn zu verleihen“ (158).
3. In der Welt begegnet dem Menschen Seinesgleichen – als ein Fremder: der „Mitmensch“. Zu ihm verhält er sich dauernd – „der Mensch kann gar nicht anders, als sich zu verhalten, Stellung beziehen, mithin: zu kommunizieren“ (161).
4. Der Mensch ist ein zeitlich-räumliches Wesen.
5. Der Mensch als Leib hat die wesentliche Bedeutung, die Welt wahrzunehmen und auf sie zu reagieren, „er ist Medium meiner Welthabe“ (169).

Fisseni kommt im abschließenden Teil C seiner „Suche nach einer Wissenschaft“ – so der Untertitel seines Überblicks der Persönlichkeitspsychologie – zur Problematisierung ihres Gegenstandes, indem er zu ihrer Gegenstandsbestimmung fünf „Leitideen“ beisteuert. Diese versteht er nicht explizit als anthropologische Zusammenfassung der referierten persönlichkeitspsychologischen Theorien, wohl aber als den Versuch, „ein Resümee zu ziehen, in dem Vielfalt und Einheit gleichermaßen zur Sprache kommen“ (Fisseni 1984, 253). Wegen der erstaunlich großen Übereinstimmung zu den auf völlig andere Weise gewonnenen anthropologischen Aufrissen sei diese rückblickende Bestimmung von dem „Gegenstand der Persönlichkeitspsychologie“ – so die Kapitelüberschrift – dennoch aufgenommen. Zu rechtfertigen ist dieses Vorgehen durch die große inhaltliche Nähe von dem persönlichkeitspsychologischen Gegenstand zur Anthropologie.

1. Mit Subjektivität bezeichnet Fisseni die vorwissenschaftliche Erfahrung der „Reflexivität des Bewußtseins, in der ein Subjekt sich selbst als Objekt gegeben ist“ (ebd., 254).
2. In der Subjektivität ist die Zeitlichkeit enthalten, „sofern der Vergangenheit, der Gegenwart, der Zukunft Einfluß auf das Verhalten zugesprochen wird“ (ebd., 253).
3. Das Individuum in seiner zeitlichen Dimension erscheint nach Fisseni in Umwelt-Interaktionen begriffen, worunter die Polaritäten Anlage – Umwelt, Person – Situation, Verhaltenskonstanz – Variabilität fallen.
4. Die Interaktionen bringen es mit sich, daß „die Persönlichkeit einmal mehr unter dem Aspekt einer Struktur, ein andermal mehr unter dem eines Prozesses erscheint“ (ebd.).
5. Die Berücksichtigung dieser von Fisseni erarbeiteten Leitideen erlaube eine differentielle Beschreibung mit der Herausstellung der Einzigartigkeit der Persönlichkeit.

Graumann hat in einem Übersichtsartikel zur phänomenologischen Psychologie durch eine „phänomenologische Strukturanalyse“ fünf Kategorien des Mensch-Welt-Verhältnisses zusammengestellt:

1. Räumlichkeit (Umwelt): „Wer jemand ist und wie er ist, erschließt sich aus der konkreten Umwelt, ... mit der er ... sich auseinandersetzt“ (Graumann 1988, 540).

2. In seiner Leiblichkeit begegnet der Mensch nach Graumann spürbar evident und primär sich selber und dem anderen.
3. Subjektivität müsse „wesentlich aus der Intersubjektivität verstanden werden" (ebd.), so daß der Sozialität eine grundlegende Bedeutung zukomme.
4. Die sozial bedingte und geprägte menschliche Existenz verweist damit unmittelbar auf ihre Historizität.
5. Die Blick- und Standpunktbezogenheit jeder Erfahrung entspricht der von Graumann (1960) schon früher dargestellten Perspektivität.

Im Rückblick auf seine problemgeschichtliche Darstellung der Psychologie faßt **Pongratz** (1984, 333) das „psychische Leben" durch die folgenden anthropologischen Grundmerkmale zusammen:
1. Unter Weltbezogenheit (Intentionalität) versteht Pongratz die natürliche Gerichtetheit des Bewußtseins zur Welt hin.
2. Die intentionale Person-Welt-Relation wird vom Menschen subjektiv-perspektivisch in ihrer Sinnbezogenheit verstanden.
3. Die Bezogenheit des Menschen auf Raum (Welt) und Bedeutung (Sinn) erweist sich unmittelbar und unwillkürlich an seiner Leiblichkeit.
4. „Zur Weltoffenheit und sinnstiftenden Leistung kommt als dritter Wesenszug der Intentionalität die Zeitlichkeit" (1984, 126).
5. Die polare Struktur des Bewußtseins als Subjekt-Objekt-Bezug bezeichnet Pongratz mit Reflexivität.

Neben diesen fünf anthropologischen Grundmerkmalen nennt Pongratz noch zwei weitere, die Ganzheitlichkeit und die Gesetzmäßigkeit. M.E. sind beide methodische Strukturmerkmale, nicht aber anthropologische Grundmerkmale. Die vorgenannten fünf ergeben eine gesetzmäßige Ganzheit, eine weitere Differenzierung ist redundant.

Thomae hat in vielfachen Aufsätzen zur psychologischen Anthropologie zunächst vier, nach der Entwicklung seiner kognitiven Persönlichkeitstheorie fünf „Wesenseigentümlichkeiten" (Thomae 1982, 397) des Menschen in Ableitung aus verschiedenen psychologischen Theorien formuliert (vgl. Thomae 1967; Wiederabdruck und zitiert nach Thomae 1985). Auffällig tritt in dieser und früheren Arbeiten das zurück, was später – explizit bei Thomae 1982 – als erstes Axiom anthropologischer Grundmerkmale formuliert wird, daß nämlich menschliches Verhalten primär „durch Einsichten und Grundüberzeugungen bestimmt" (Thomae 1982, 399) sei. Diese Bedeutung der „handlungsleitenden Rolle kognitiver Prozesse" (Thomae 1991, 109) stellt Thomae seit der Erarbeitung einer kognitiven Persönlichkeitstheorie (Thomae 1968; vgl. auch die prägnante Zusammenfassung und Anwendung dieses Entwurfs auf die Gerontologie bei Thomae 1971) heraus.
1. „Menschliches Verhalten wird nicht triebdynamisch, sondern durch Einsichten und Grundüberzeugungen bestimmt" (Thomae 1982, 399), also durch die individuelle kognitive Deutung.
2. Nach Thomae führt die reflektierende Grundhaltung der Person, ihre Reflexivität, zu einer bewußten Auseinandersetzung mit der Situation durch „Kon-

flikt, Entscheidung, Verantwortung“ (so der Titel der Monographie von Thomae 1974).

3. Wesenseigentümlich für den Menschen ist nach Thomae die „Symbolisierung der Kommunikation“ (Thomae 1991, 114), d.h. zwischenmenschliche Verständigungsmöglichkeiten durch emotionshaltige, bildhafte Aussagen.
4. Thomae geht von einer „primären Formung des Menschen durch Sozialisation“ aus (ebd., 105).
5. Als letztes anthropologisches Merkmal bestimmt Thomae die zukunftsbezogene Zeitperspektive des Menschen (vgl. Thomae 1981) .

Der phänomenologisch orientierte Psychologe **von Uslar** hat sein umfassendes Modell von „Sein und Deutung“ nach vereinzelten Monographien in drei Bänden vorgelegt (v. 1987ff). Eine knappe Zusammenfassung der ontologisch-anthropologischen Voraussetzungen seiner psychologischen Konzeption bietet ein in den Band „Psychologische Anthropologie“ (Hg. Gadamer & Vogler 1972) aufgenommener Aufsatz von ihm:

1. „Seelisches Sein“ bestimmt von Uslar zunächst als Leiblichkeit, denn „wenn wir Angst haben, wenn wir uns freuen oder nachdenken, dann ist dieses Psychische nicht etwas von unserer leiblichen Existenz Unterschiedenes“ (v.Uslar 1973, 386).
2. Weil psychisches Sein nach von Uslar von der Umwelt abhängt und auf sie bezogen ist, stellt die Weltlichkeit eine weitere Voraussetzung der Seele dar.
3. Neben der „Offenheit des Raums richtet sich seelisches Sein immer zugleich auch in den Horizont der Zeit“ (ebd.).
4. Vor die drei basalen anthropologischen Modalitäten von Leib, Welt und Zeit stellt von Uslar die Begegnung, weil erst „das Ereignis der Begegnung den Zugang zur seelischen Wirklichkeit eröffnet“ (ebd., 387).

Die anthropologische Konzeption der „integrativen Psychotherapie“ von **Wyss** (1977, 938–950; alle folgenden Zitate 983) umfaßt interessanterweise auch fünf Grundfaktoren:

1. Die psychopathologhisch orientierte Darstellung dieses Entwurfs geht von einer widersprüchlichen, „antilogischen“ Konstitution des Menschen aus, die anthropologisch „unfertig“ und auf Zukunft angelegt sei.
2. Eine „konstitutive Bezogenheit auf Außenwelt“ stelle den Menschen durch „Sinngebung“ her.
3. Dabei sei das Ziel, „mit sich selbst wie auch mit seiner Umwelt ein Gleichgewicht zu erhalten“ (Homöostase).
4. Die fundamentale „Widersprüchlichkeit“ des Menschen liegt nach Wyss „in der Gleichzeitigkeit von Einzelexistenz und Bezogenheit auf den anderen: von Kommunikation“ (Wyss 1977, 938).
5. Nach Wyss gibt es nur eine Krankheit: jede Beeinträchtigung könne als Kommunikationsstörung aufgefaßt werden.

Um die acht vorgestellten Entwürfe anthropologischer Grundmerkmale auf ihre Gemeinsamkeit hin zu untersuchen, sollen sie nun der Übersicht halber synoptisch dargestellt werden (vgl.Abb. 2):

Abb. 2: Synopse der acht Entwürfe von anthropologischen Grundmerkmalen

	Intentionalität	**Perspektivität**	**Historizität**	**Reflexivität**	**Leiblichkeit**
Binder	Weltbezug	Sinnhaftigkeit	Zeitigung	–	–
Danzer	Welt	Mitmensch	Zeit	–	Leib
Fisseni	Umweltinteraktion	Einzigartigkeit	Zeitlichkeit	Subjektivität	–
Graumann	Umwelt	Perspektivität	Historizität	–	Leiblichkeit
Pongratz	Weltbezogenheit	Sinnbezogenheit	Zeitlichkeit	Reflexivität	Leiblichkeit
Thomae	Kommunikation	kognitive Deutung	Zukunftsbezug	Reflexivität	–
v. Uslar	Weltlichkeit	Begegnung	Zeitlichkeit	–	Leiblichkeit
Wyss	Kommunikation	Sinngebung	Zukunftsbezug	–	–

Vergleicht man zusammenfassend diese synoptische Zusammenstellung der acht Entwürfe von anthropologischen Wesensmerkmalen des Menschen, sticht zunächst die frappierende Übereinstimmung von im wesentlichen fünf Bestimmungsmerkmalen ins Auge. Abgesehen von Uslar, der vier Kategorien nennt und die Reflexivität nicht eigens thematisiert, und von Pongratz, der Ganzheitlichkeit und Gesetzmäßigkeit hinzufügt, werden durchgängig fünf Grundmerkmale bestimmt. Obwohl die genannten Wissenschaftler verschiedenen Forschungstraditionen entstammen, in Literaturverweisen kaum aufeinander Bezug nehmen und die von ihnen gefundenen Charakteristika in unterschiedlicher Terminologie präsentieren, lassen sich fünf anthropologische Merkmale folgendermaßen kondensieren, wobei die ersten drei bei allen acht Entwürfen vorkommen, die letzten beiden in vier Modellen enthalten sind, nämlich: 1) Intentionalität, 2) Perspektivität, 3) Historizität, 4) Reflexivität und 5) Leiblichkeit.

1) Intentionalität

Ausgangspunkt einer Bestimmung der Grundverfassung des Menschen bildet seine Bezogenheit zur Umwelt, das „Individuum in seiner Welt“ (Thomae 1968), die „Person in Situation“ (vgl. Graumann 1975), und damit die „Verschränkung von Subjekt und Objekt“ (Herzog 1992, 449). Psychologisch interessant ist dieser Ausgangspunkt deshalb, weil er „den objektivierenden ebenso wie den subjektivierenden Zugang zur psychologischen Wirklichkeit integriert und so die Dualisierung von Objektivität vs. Subjektivität in der Psychologie ... aufhebt“ (Herzog 1992, 450). Kernannahme der phänomenologischen Bewußtseinslehre

ist die „Intentionalität der Person-Umwelt-Beziehung“ (Graumann 1988, 538). Binder nennt diese Kategorie „Weltbezug“, nach Danzer findet sich „das Individuum in der Welt“ vor. Bei Fisseni ist diese Dimension in der Thematisierung der vielfältigen Interaktionen der Person mit sich selber („Wechsel zwischen Stabilität und Variabilität“), der „Interaktion zwischen Person und Situation“ und der „Spannung zwischen Anlage und Umwelt“ (Fisseni 1984, 254) enthalten. „Umwelt“ ist bei Graumann die erste anthropologische Kategorie, und auch Pongratz führt die „Weltbezogenheit“ an erster Stelle, die bei von Uslar „Weltlichkeit“ heißt. Das Aufgreifen der menschlichen „Kommunikation“ als Sprachfähigkeit bei Thomae schließt die Intentionalität mit ein, während das Kommunikationsgeschehen von Wyss als zentrales anthropologisches Prinzip angesehen wird (vgl. Wyss 1976).
Wenn die Religiosität ein anthropologisches Phänomen darstellt, wie manche Autoren behaupten (vgl. beispielsweise Pannenberg 1977, 303ff; H. Schmidt 1991, 26f oder Luckmann 1991), dann ist sie insbesondere in dem anthropologischen Grundmerkmal der Intentionalität enthalten (vgl. Kapitel 3.4, in dem die Psycho-Logik der Religiosität mit „Getrenntsein in Bezogenheit“ verstanden wird).

2) Perspektivität

Individuelle psychologische Konsequenz der Intentionalität ist die standortabhängige Deutung der Situation. Graumann hat in seiner Arbeit über „Grundlagen einer Phänomenologie und Psychologie der Perspektivität“ die Intentionalität vorausgesetzt, weil „das verbindliche Bezugssystem psychologischer Analyse der Mensch in seiner Situation“ (Graumann 1960, 1) ist. Versteht man die Intentionalität als „Bezugsrahmen“ des Menschen, folgt nach Graumann für das Individuum daraus, daß seine „kognitiven Situationen perspektivischer Natur sind“ (ebd.). In perspektivischer Sicht ist unser Bewußtsein darauf aus, über „das im Gesichtskreis Gelegene hinweg auf das übergreifende Sinnganze“ (Pongratz 1984, 128) sehen zu können: „Erst durch das wahrnehmend intendierte Ganze erhält das orginär Gegebene seinen Sinn“ (Graumann 1960, 97).
„Sinnhaftigkeit“ heißt diese anthropologische Dimension des Menschen bei Binder, „Sinnbezogenheit“ bei Pongratz und „Sinngebung“ bei Wyss. Die kognitive Komponente der Perspektivität als „Sinn-Gerichtetheit“ (Thomae 1968/1985, 179) betont Thomae, weil dadurch das „Dasein in einer je spezifischen Situation ‚stimmig‘ oder ‚bedeutungshaltig‘ wird“ (ebd., 178). In der individuell sinnhaften Deutung des eigenen Erlebens sieht Fisseni die „Einzigartigkeit der Persönlichkeit“ (267) begründet. Viel allgemeiner faßt von Uslar diesen Sachverhalt mit „Begegnung“, in der aber die Perspektivität enthalten ist: „Darum führt die Begegnung zugleich zu einer Umorientierung unseres In-der-Welt-Seins, denn ich erfahre hier die Welt zugleich in meiner eigenen Perspektive“ (v.Uslar 1973, 407). Bei Danzer kommt dieser Aspekt des Menschseins in der Rolle und Bedeutung des Mitmenschen zum Tragen.

3) Historizität

Am eindeutigsten wird der Zeitfaktor in den acht anthropologischen Entwürfen benannt: „Zeitigung“ bei Binder, „Zeitlichkeit“ bei Danzer, Fisseni, Pongratz und von Uslar, „Zukunftsbezogenheit“ bei Thomae und Wyss, „Historizität“ bei Graumann.

4) Reflexivität

Die Selbstbezüglichkeit des Menschen nennen Pongratz und Thomae „Reflexivität“, Fisseni faßt die „Subjektivität“ als die „Erfahrung der Reflexivität des Bewußtseins“ (Fisseni 1984, 254) auf. Danzer (1995, 158) deutet die Reflexivität als Konsequenz der Intentionalität und führt sie deshalb nicht eigens auf. Pongratz (1984, 130–146) hat die Reflexivität des Bewußtseins als systematisierende Kategorie seiner Problemgeschichte der Psychologie benutzt.

5) Leiblichkeit

In der Hälfte der referierten Entwürfe wird die „Leiblichkeit“ als anthropologische Grundkategorie genannt, nämlich bei Danzer, Graumann, Pongratz und von Uslar. Wäre allerdings das 2. Merkmal der Perspektivität von allen Autoren durchdacht worden, müßte die Leiblichkeit ebenfalls in allen Entwürfen berücksichtigt werden, weil die Perspektivität in der Leiblichkeit gründet, wie Graumann aufgewiesen hat: „Das Immer-irgendwo-Stehen und Immer-von-irgendwo-aus-Sehen, das wir als Standpunkt und Blickpunkt perspektivischen Gewahrens kennzeichnen, sind Momente meiner Leiblichkeit“ (Graumann 1960, 68; vgl. zur „Leiblichkeit des Bewußtseins“ Pongratz 1984, 129 u. 146–151; zur „Leiblichkeit des Seelischen“ von Uslar 1973, 388–394). Kühn (1992) hat mit seiner Habilitationsschrift „Leiblichkeit als Lebendigkeit“ eine neuartige, monistische weil „transzendenzfreie“ Darstellung der Leiblichkeit entworfen, in der die psychologische Relevanz der Leiblichkeit in Anlehnung an den philosophischen Entwurf M. Henrys entwickelt wurde.

Wenn in vorliegender Arbeit von der Prämisse einer psychospirituellen Einheit ausgegangen wurde, stellt sich die Frage nach dem Stellenwert und der Zuordnung der Leiblichkeit. Die Verwirklichung seelisch-geistigen Erlebens, die Umsetzung motivationaler Impulse in der Welt durch ein Verhalten, wäre ohne die Voraussetzung der Leiblichkeit unmöglich. Die Leiblichkeit ist deshalb als die Lebensgrundlage der psychospirituellen Einheit anzusehen, durch sie und in ihr verwirklicht sie sich.

Ausdrücklich mit der Religiosität haben sich nur zwei der genannten acht Forscher befaßt, nämlich von Uslar (1978) und Wyss (1991). Obwohl beide Autoren in der phänomenologischen Tradition stehen, unterscheiden sich ihre religionspsychologischen Entwürfe deutlich voneinander. Von Uslar versucht, den Ursprung der Religion „in der Natur des Menschen und in seinem Sein“ (v. Uslar 1978, 7) aufzuweisen, indem er als „Quellen der Religion“ die Begegnung, die Libido, die Aggression, die Räumlichkeit, die Zeitlichkeit und andere menschliche Ur-Erfahrungen untersucht. Diese Erfahrungen beinhalten nach von Uslar etwas Besonderes: „Es gibt etwas in uns, worin wir unser eigenes Sein transzendieren, etwas, wo wir uns selbst überschreiten und eine Beziehung zu einem Absoluten haben, das wir nicht selbst sind und das doch zu unserem Sein gehört“ (ebd., 8).

Demgegenüber stellt Wyss schon in der Einleitung heraus, daß eine deskriptive Psychologie und Auslegung der religiösen Erfahrung „auf Transzendenz verweist und nicht aus der Immanenz der Psyche allein psychologisch abzuleiten ist“ (Wyss 1991, 13). In der Konzeption von Wyss ist religiöse Erfahrung „nicht ‚endopsychisch‘ auflösbar, sondern entscheidend durch die Begegnung mit dem ‚Überweltlichen‘ bestimmt, d.h. stets ‚exopsychisch‘“; sie wird von ihm „im Sinne faktischer, in jedem Fall ernst zu nehmender Erlebnisse diskutiert“ (ebd.).

Obwohl beide Autoren in der Tradition der Phänomenologie stehen, treten schon in der jeweiligen Einleitung ihrer Religionspsychologien unterschiedliche Prämissen in Erscheinung, die nicht wissenschaftstheoretisch-methodisch, sondern gegenstandsabhängig-anthropologisch begründet werden können. Unterschiedliche Weltbilder der beiden Autoren führen zu divergenten Konzeptualisierungen der Religiosität als subjektiver Erfahrung. Während von Uslar einer monistischen Anthropologie verpflichtet zu sein scheint, in der der tiefste menschliche Kern von göttlicher Natur konzeptualisiert wird, setzt Wyss in seinen religionspsychologischen Forschungen eine Trennung zwischen psychischer und spiritueller Wirklichkeit voraus, wodurch seine Anthropologie dualistisch entfaltet wird (vgl. hierzu Kap. 3.4.4 über die dualistische Anthropologie Schelers).

2.3.3 „Bezogenheit“ als anthropologisches Grundverhältnis

Das einheitliche anthropologische Funktionsprinzip dieser fünf Grundmerkmale kann „Bezogenheit“ genannt werden: Bezogenheit zur Welt, auf Bedeutung/Sinn hin, auf Zeit, auf mich selber (Bewußtsein) und auf meinen Leib. Deshalb haben Jaspers und Wyss die „Kommunikation“ (vgl. Jaspers 1973, 668ff; 1932, Bd. II, 50ff; Wyss 1977, 521ff; vgl. grundlegend dazu auch Wyss 1976), Buber den „Dialog“ (Buber 1973) als Grundprinzip der Überwindung der Subjekt-Objekt-Trennung beschrieben.

Der Grundgedanke der Bezogenheit durchzieht auch das individualpsychologische Menschenbild, in dem von der Notwendigkeit der Beziehung zu sich selber, der mitmenschlichen und übermenschlichen, kosmischen Umgebung für die seelische Gesundheit ausgegangen wird (vgl. dazu Kapitel 4.3.9).

Dieser menschlichen Urdynamik der Bezogenheit entspricht die Religiosität als Rückbezüglichkeit („re-legere“) zu einem höheren, göttlichen Wesen. Die Verhältnisbestimmung zwischen Mensch und Gott wird in vorliegender Arbeit als „Getrenntsein in Bezogenheit“ beschrieben und als die „Psycho-Logik“ der

Religiosität verstanden (vgl. Kapitel 3.4). Jaspers (1974, 17) drückt diesen Zusammenhang folgendermaßen aus: „Existenz ist das Selbstsein, das sich zu sich selbst und darin zur Transzendenz verhält, durch die es sich geschenkt weiß, und auf die es sich gründet". Nach religionsphänomenologischem Verständnis kann die Anthropologie die Frage nicht beantworten, „wie diese ‚Wirklichkeit' aussieht. Feststellen kann sie lediglich eine *Beziehung* des Menschen zu einer geheimnisvollen ‚Welt', sein Ergriffenwerden" (Stephenson 1995, 21).

Wenn das Ergebnis der Untersuchung über die anthropologischen Grundmerkmale des Menschen seine Bezogenheit ergibt, lassen sich aus dieser Verhältnisbestimmung folgende Konsequenzen für die Religionspsychologie ableiten: Bezogenheit setzt zwei Pole voraus, die in einem Spannungsverhältnis stehen. Die Religionspsychologie sollte die für sie charakteristische Polarität von Psychologie und Religion nicht auflösen, sondern unter Wahrung der wissenschaftstheoretischen Grenzen sowohl mit der psychologischen als auch der theologischen Perspektive in einen Dialog treten, um bessere Kenntnis über die spirituelle Dimension des Menschen zu erhalten (vgl. Kapitel 6.4). Dabei hat die Theologie einen inhaltlichen Wissensvorsprung, weil sie das mystische Erleben schon lange kennt und reflektiert (vgl. zum Überblick McGinn 1994). Im Gegenzug kann die Psychologie durch ihre methodologischen Fortschritte in den letzten Jahren hinsichtlich einer verstärkt subjektorientierten Forschung angemessene Untersuchungsinstrumente zur Verfügung stellen. Dadurch bieten sich der Religionspsychologie neue Horizonte für eine wissenschaftliche Beschreibung und Erfassung der Religiosität.

2.3.4 Anthropologisch begründete Gegenstandsbestimmung

In seiner grundlegenden wissenschaftstheoretischen Arbeit über „Modell und Theorie in der Psychologie" hat Herzog (1984) aufgezeigt, daß empirische Untersuchungen von oftmals latenten anthropologischen Voraussetzungen abhängen. Herzog geht davon aus, daß psychologische Theorien „ohne einen Kern von Annahmen über das ‚Wesen' des Menschen nicht formulierbar" (Herzog 1984, 81) sind. Andererseits bedeute ein empirisches Ergebnis „nicht eine Erkenntnis über ‚den' Menschen. Dies ist es relativ zum implizierten Modell, der darauf bezogenen Theorie und dem experimentellen Design" (ebd.,296). Nur auf diese Weise könne die Psychologie einen Beitrag zur anthropologischen Diskussion leisten: „Sie kann bestimmte anthropologische Thesen auf ihren Realitätsgehalt hin überprüfen" (ebd.).

Herzog sieht in einer „gegenstandslosen" Psychologie sowie dem „Chaos inkompatibler Theorien" die neueste Krise der Psychologie und belegt dies an den einzelnen Teildisziplinen. Dabei bemängelt er, daß es praktisch keine Beiträge der Psychologie zu einem eigenen Verständnis dieser Wissenschaft im Sinne einer „autochtonen Wissenschaftstheorie" gebe. Vielmehr habe man als ausweichendes Problemlöseverhalten externe Orientierungshilfen des Existentialismus, des Marxismus, der Naturwissenschaften oder der Wissenschaftstheorie in Anspruch genommen. Pointiert formuliert er: „Die Krise der Psychologie ist die Rache der fehlenden Gegenstandsreflexion“ (Herzog 1984, 287).

Dieser Mangel an Gegenstandsreflexion ist – wie oben ausgeführt – auch für die Religionspsychologie festzustellen. Weil die meisten empirischen Untersuchungen mit religionspsychologischer Fragestellung bislang ohne Einbindung an und Ableitung von einer Persönlichkeits- oder Entwicklungstheorie durchgeführt wurden, besitzen die Ergebnisse nur geringe Aussagekraft.

Nach Herzog muß der jeweils interessierende psychologische Forschungsgegenstand konstituiert werden, da er nicht anschaulich sei. Anhand historischer Entwicklungen zeigt er auf, daß in der Psychologie Metaphern verwendet wurden, um das Psychische zu „modellieren“. Der psychologische Gegenstand entsteht bei Herzog als Modell des Menschen unter drei Blickpunkten: als Maschinen-, als Organismus- und als Handlungsmodell. Alle diese Modelle „funktionieren als Gegenstandskonstituenten: sie ‚schaffen‘ psychologische Wirklichkeit“ (Herzog 1984, 287). Derart konkurrierende Modelle existieren auch in der Religionspsychologie, wie in Kapitel 1 hinlänglich aufgewiesen wurde. Solange keine besseren Modelle entwickelt und vorgeschlagen werden, können die postulierten Entwürfe als vorläufige Wirklichkeitsbeschreibung aufrecht erhalten werden. Dieses Vorgehen scheint mir auch für die Religionspsychologie eine nützliche Empfehlung zu sein.

Dabei betont Herzog die anthropologischen Prämissen, die jeglicher Forschung zugrunde liege und meint deshalb, daß „die Psychologie als Wissenschaft nicht ohne anthropologische Implikationen betrieben werden kann“ (ebd., 83). In ähnlicher Weise hat Fisseni (1984, 270) in seiner rückblickenden Zusammenfassung über die Persönlichkeitstheorie den „anthropologischen Bedeutungsüberschuß“ der einzelnen Theoretiker herausgestellt, um klarzustellen, „wieviel Anthropologie in ihren Ansätzen schon enthalten ist“.

Diese Überlegungen zum Gegenstandsproblem der Psychologie im allgemeinen bieten Anknüpfungs- und Übertragungspunkte für die ähnlich gelagerte Problematik der Religionspsychologie. Weil die inhaltliche Bestimmung der Religiosität in unserem Kulturkreis nicht anthropologisch, sondern theologisch vorzunehmen ist (vgl. Kap. 1), ist hier zu fragen, welches theologische Persönlichkeits- oder Entwicklungsmodell geeignet ist, die vielfältigen Aspekte und unterschiedlichen Dimensionen der Religiosität zu erfassen. Allerdings fand in den bislang konzipierten religionspsychologischen Entwürfen kaum eine theologische Gegenstandskonstituierung statt, die dann psychologisch-empirisch hätte geprüft werden können. Donahue (1989) hat ausdrücklich darauf verwiesen, daß religionspsychologische Forschung inhaltlich vorzugehen habe und deshalb den Dialog mit der Theologie zu suchen habe. In welcher Weise die Theologie Anregungen für psychlogische Theoriebildung bietet, haben Spilka und Bridges (1989) in ihrem Aufsatz skizziert. Den größten Einfluß und eine offensichtlich hohe Kompatibilität hinsichtlich einer religionspsychologischen Theoriebildung auf Grundlage eines theologischen Personmodells weisen die Entwürfe von Rahner (1976; vgl. Fischer 1986 und Clinton 1990) und Lonergan (1991; vgl. Conn 1986 und Helminiak 1987, 1996) auf.

Auch in der Klinischen Psychologie fehlt bislang eine einheitliche, übergreifende Gesamttheorie, deren Notwendigkeit Pongratz (1977, 42) betont. Wesentliches Problem für eine Gesamtschau bildet das anthropologische Vorverständnis, dessen Entwurf mitbestimmend für Fragen des Entwicklungsziels und der idealen Modellvorstellung ist (vgl. Pongratz 1977, 48). In seinen anthropologischen Prolegomena zur Klinischen Psychologie arbeitet Pongratz (1977, 48–56) an der Kontroverse zwischen Rogers und Skinner deren gegensätzliche anthropologische Standpunkte heraus und stellt sie als unvereinbar gegenüber. Nach Pongratz bedeuten anthropologische Konzepte „für die Wissenschaft viel, denn sie bestimmen Theorien, Terminologie und Methodik ganz entscheidend" (Pongratz 1977, 53).

Fazit: Aus unterschiedlichen Perspektiven wird auf die Bedeutung anthropologischer Vorentscheidungen aufmerksam gemacht. Für die Religionspsychologie hat dies den Dialog mit der Theologie und eine intensivere Reflexion ihrer wissenschaftstheoretischen Zusammenhänge zur Folge. Die hier gesammelten Argumente für eine anthropologisch fundierte Theoriebildung entsprechen den Überlegungen von Overton (1992), der neben Theorie, Forschungsziel und Methode die determinierende Bedeutung der epistemologischen und metaphysischen Werte herausgestellt hat (vgl. Kapitel 1, Abb. 1). Das Menschenbild – in den Worten Herzogs das Menschenmodell – ist ein Bestandteil der erkenntnistheoretischen Werte eines Forschers. Menschenmodelle haben nach Herzog Fragestruktur, d.h. sie legen fest, was ein psychologisches Problem oder was kein psychologisches Problem ist. Durch diese grundlegende Festschreibung ist nochmals auf die Bedeutung der Anthropologie hingewiesen.

2.4 Subjektivität als Problem der religionspsychologischen Forschung

Gigerenzer (1981) hat darauf hingewiesen, daß der Forscher durch die Wahl seiner Methode bereits seine eigenen Annahmen mit einfließen läßt. Indem er in einer Untersuchung eine bestimmte Erhebungs- und Darstellungsmethode anwende, gehe der Forscher stillschweigend davon aus, daß die subjektive Persönlicheitstheorie der untersuchten Personen nach diesem Modell strukturiert sei. Für Girgerenzer stellt eine Messung kein wertneutrales, objektives Werkzeug dar, welches ein getreues Abbild der (subjektiven) Realität liefern könne. Messung selbst sei bereits Modellbildung. Vor Girgerenzer habe schon Thomae (1963, 82ff), nach ihm Herzog (1984, 84ff), Groeben (1986, 49ff), Breuer (1989, 78ff) und Jüttemann (1992, 81ff) auf das Problem der gegenstandsbezogenen Implikationen von Methoden und den in ihnen enthaltenen anthropologischen Prämissen hingewiesen und unterschiedliche Lösungswege aufgezeigt (vgl. dazu die beiden vorausgegangenen Kapitel). Diese Einsicht hat sich in der psychologischen Wissenschaftstheorie durchgesetzt, so daß Breuer mit vergleichbarer Intention folgert: „Das naturwissenschaftlich inspirierte (entsubjektivierte) Objektivitätskonzept eröffnet einen bestimmten Blick auf Weltausschnitte, selektiert eine spezifische Sichtweise auf die Realität: Methode bedeutet Wahl der Fakten“ (Breuer 1989, 82).

2.4.1 Historische Aspekte einer Vernachlässigung des Subjekts

Bei seinen Ausführungen über Objektivität in der Psychologie stellt Breuer das naturwissenschaftliche Ideal der mathematischen Exaktheit als „Sicht von außen“ dem geisteswissenschaftlichen Ideal des einfühlenden Verstehens als „Sicht von innen“ gegenüber und beschreibt eine „feindselige und verachtungsvolle“ Grundhaltung beider Richtungen gegeneinander. Dabei scheint es ihm sinnvoll zu sein, „die Beschränktheit und Relativität beider Wissenschaftlichkeits-Auffassungen zur Kenntnis zu nehmen, ihre jeweiligen Vorzüge und Blindheiten auszuloten und sich – statt einer dogmatischen Entweder-Oder-Konfrontation – um eine Beziehungsherstellung bzw. Integration zu bemühen“ (ebd., 83). Derartige Integrationsansätze werden in vorliegender Arbeit als „komplementäre“ Psychologieentwürfe in dem folgenden Kapitel 3.4 vorgestellt, in denen auf unterschiedliche Weise versucht wird, sowohl die objektiven als auch die subjektiven Persönlichkeitsfaktoren zu berücksichtigen.

Den Problemen eines wissenschaftlichen, objektivierbaren Zugangs zur Subjektivität hat sich in besonderer Weise die phänomenologische Orientierung in der Psychologie gewidmet. In einem vielzitierten Aufsatz kritisierten Graumann und Métraux die Ausrichtung der vorherrschenden Psychologie nach dem „Modell der Naturwissenschaft“ (Graumann & Métraux 1977, 30) und beklagten eine damit einhergehende „Erledigung des Subjekts“ (ebd., 32).

Pongratz stimmt in seiner Problemgeschichte der Psychologie in den Chor derjenigen Forscher mit ein, die an der Psychologie aussetzen, sie fahnde allzu einseitig nach den allgemeinen Gesetzmäßigkeiten des Verhaltens „und übersehe dabei die Einzigartigkeit der Persönlichkeit, den einzelnen in seiner besonderen existentiellen Situation“ (Pongratz 1984, 142). Auch Revers konstatiert: „Die Psychologie, die sich auf den quantitativen Aspekt der Wirklichkeit beschränkte, verlor die andere Wirklichkeit der Einzigartigkeit der Person und der Subjektivität aus dem Auge“ (Revers 1985, 129). In besonderem Maße ist es Allport mit seiner Persönlichkeitstheorie gelungen, den Tatbestand der Einzigartigkeit der Person wieder mehr in das Zentrum des Forschungsinteresses zu rücken. Damit hat er Anstöße für neuere Strömungen in der Psychologie geliefert, durch die eine stärkere Beachtung der Individualität des einzelnen in seiner Lebenswirklichkeit vorgenommen werden konnte und auch die Religiosität wieder Thema der Psychologie wurde .

Von der Intention Allports her läßt sich eine direkte Verbindungslinie zu verschiedenen subjektorientierten Persönlichkeitstheorien ziehen. Kürzlich hat Jüttemann (1992, 29–54) die psychologiegeschichtliche Veränderungsdynamik einer zunehmenden Zuwendung zum Subjekt beschrieben. Eine deutliche Zäsur in der deutschsprachigen Psychologiegeschichte sei durch den 1968 veröffentlichten persönlichkeitspsychologischen Entwurf „Das Individuum und seine Welt“ erfolgt, in dem Thomae den biographischen Ansatz in der Psychologie neu belebte und methodisch verfeinerte. Dadurch wurde ein differenzierter Zugang zur subjektiven Erlebenswelt des Menschen möglich, der die Voraussetzung für zahlreiche Forschungsprojekte schuf. Kürzlich ist eine Untersuchung erschienen, bei der im Rahmen einer praktisch-theologischen Dissertation zum Prozeß des Älterwerdens die Kategorien von Thomae mit religionspsychologischem Erkenntnisinteresse eingesetzt wurden (vgl. Bierlein 1994). Thomaes biographische Methode erweist sich deshalb als so nützlich, weil trotz der typischen Begleiterscheinungen von Veränderungen auch in Krisensituationen und bei starker emotionaler Anteilnahme subjektnahe Forschung stattfinden kann, die ggf. aber auch dem Bedürfnis nach psychotherapeutischer Begleitung Rechnung tragen muß.

Einen publizistischen Höhepunkt stärkerer Berücksichtigung der Subjektivität konstatierte Jüttemann für das Jahr 1977, obwohl schon vorher „in ersten Umrissen ... das Modell einer Wissenschaft der Subjektivität" (Jüttemann 1992, 48) entwickelt worden sei. 1977 erschienen drei thematisch voneinander unabhängige Arbeiten, die jede auf ihre Weise eine Rückbesinnung auf die Subjektivität als Grundmerkmal psychologischer Forschung rekurriert hätten. Diese Arbeiten signalisierten für Jüttemann „den Trend einer zunehmenden Orientierung am Subjekt" (ebd.), und ihre Ansätze bildeten einen Gegenpol zu der vorherrschenden „objektiven" Psychologie. Allerdings haben sich diese beiden Forschungsprogramme der Psychologie mittlerweile so weit voneinander entfernt, daß Jüttemann resignierend feststellt, daß die traditionelle Psychologie in ihrem Anspruch gescheitert sei, „eine unanfechtbare Position zu gewinnen, von der aus die Kontinuität einer fruchtbringenden Forschungsarbeit sichergestellt und außerdem der Pluralismus unvereinbarer Schulen auf einer einheitswissenschaftlichen Basis dauerhaft überwunden werden könnte" (ebd., 10f). Diesen Mißerfolg begründet Jüttemann mit „einer nicht sachdienlichen Vermischung inkompatibler Sichtweisen" (ebd., 11), wie sie weiter oben auch schon in religionspsychologischen Forschungsansätzen festgestellt und moniert worden ist. Damit meint Jüttemann „das in sich widersprüchliche Bestreben, die alltagspsychologische Ebene, auf der das Subjekt dominiert und sich an Sinnzusammenhängen orientiert, mit Hilfe einer in kausalgenetischer Hinsicht objektiven, das Intentionalitätsprinzip ausklammernden Vorgehensweise erforschen zu wollen" (ebd.). Um der Aporie eines sich „objektiv" verhaltenden Subjekts nicht auszuweichen oder diesen weiten Gegenstandsbereich psychologisch-methodisch nicht reduzieren zu müssen, wurden besonders in den letzten Jahren methodologische Fortschritte in der qualitativ orientierten Forschung erzielt (vgl. Jüttemann & Thomae 1987 und Flick 1991).

2.4.2 Objektive Erforschung der Subjektivität?

Wie kann die menschliche Subjektivität objektiv erforscht werden? Diese Frage ist zu einem programmatischen Grundsatzproblem in der Psychologie avanciert, das vielfältige Antwortmöglichkeiten entwickelt hat. Deshalb nennt Fisseni in einem Rückblick über persönlichkeitspsychologische Ansätze als erste, sehr unterschiedlich behandelte Leitidee der Forschung die Subjektivität des Menschen, die vorwissenschaftlich in der Reflexivität des Bewußtseins gründe, „in der ein Subjekt sich selbst als Objekt gegeben ist“ (Fisseni 1984, 254). Von dem Lösungansatz dieses Grundsatzproblems, dem kein psychologischer Theorieentwurf ausweichen kann, ergeben sich weitreichende Konsequenzen für die Forschungsmethode.

In den Naturwissenschaften wurde die Schwierigkeit einer wissenschaftlichen Annäherung an die Subjektivität unter dem Begriff des „Beobachterproblems“ reflektiert. Dabei hat sich die Überzeugung durchgesetzt, daß man den „Glauben“ aufgeben müsse, eine Realität aufdecken zu können, die von unserem Beobachtungvorgang unabhängig ist” (Uexküll & Wesiack 1990, 8). Auch der naturwissenschaftlich orientierte Forscher befinde sich in einem ”Situationskreis” (V.v. Weizsäcker) mit dem zu Untersuchenden und werde durch „hypothetische Bedeutungsunterstellungen“ (ebd., 22) beeinflußt, die als anthropologische Vorannahmen in den Erkenntnisprozeß hineinwirken (vgl. Kapitel 2.3).

In der Religionspsychologie erhöht sich die Brisanz dieses wissenschaftstheoretischen Dilemmas dadurch, daß die Intimität religiöser Erfahrungen durch geschlossene Gruppenbildungen bewußt geschützt wird und ein distanziert-objektiver, von „draußen“ kommender Forscher kaum Zugang zu den erwünschten Phänomenen bekommen dürfte (vgl. aber Greschat 1994). Um in ein „Handgemenge“ (v. Weizsäcker) mit dem zu erforschenden Subjekt und seiner Religiosität zu treten, müssen ein großes Einfühlungsvermögen, besser noch eigene religiöse Erfahrungen vorausgesetzt werden, um die erforderliche Nähe und Offenheit gegenüber diesem sensiblen Untersuchungsobjekt zu erzielen.

2.4.3 Subjektivität als Herausforderung für die Religionspsychologie

In welcher Hinsicht ist das Problem der Subjektivität für die Religionspsychologie relevant? Seit Schleiermacher wird die Religion als ein Produkt der Subjektivität angesehen (vgl. Wagner 1986, 390 u. 392). Ganz allgemein wurde Religiosität als „individuelle Form der Religion“ (Grom 1992, 367) oder als „Religion im subjektiven Sinn“ (Keilbach 1973, 33) bezeichnet. Im Zeitalter der Postmoderne scheint Religion „ihrer modernen Privatisierung zum Trotz nicht einmal mehr Privatsache zu sein: über Religion spricht man nicht; wo es im privaten Kreis gleichwohl geschieht, entsteht nicht selten eine Atmosphäre der Peinlichkeit“ (Wagner ebd., 12). Selbst in der vertrauensvollen Atmosphäre einer langjährigen Psychotherapie beobachtete Henseler, daß „von religiösen Erfahrungen bzw. religiösem Erleben sehr selten und wenn, dann sehr wenig die Rede ist“ (Henseler 1995, 119). Damit scheint die Religiosität einen tabuisierten Bereich darzustellen, der bis vor wenigen Jahrzehnten noch von der Sexualität belegt war. Anzeichen wie die Esoterikwelle, die New-Age-Bewegung, die Aktualität des Okkultismus und der Transpersonalen Psychologie lassen vermuten, daß die Tabuisierung des spirituellen Erlebens, das durch die Subjektivität maßgeblich gestaltet wird, beendet ist.

Weil Religiosität eine an die Subjektivität geknüpfte Ganzheitserfahrung ist, hat die durch Allport inaugurierte Forschung mit ihrer Betonung der Einzigartigkeit der Person den Weg zur modernen Religionspsychologie geebnet. Erst durch psychologische Zugänge zum subjektiven Erleben läßt sich die Religiosität umfassend, nicht nur als äußerlich meßbares Verhalten, psychologisch erhellen.

Für die Religionspsychologie ist es deshalb entscheidend, dem Anspruch einer „Transzendenz als Subjekterfahrung" (Rahner 1976) oder der Transzendenz „als dynamischer Persönlichkeitsqualität" (Wulff 1991, 4) gerecht werden zu können. Auf der wechselseitigen Abhängigkeit von Subjektivität und Transzendenz hat Rahner (1976, 42ff) seine Personlehre aufgebaut. Als „dynamische Persönlichkeitsqualität der Religiosität" versteht Wulff (1991, 4) den „entscheidenden Faktor der Transzendenz". Ohne die Fokussierung auf das psychologische Beschreiben und Erfassen der Subjektivität kann religionspsychologische Forschung nur reduktionistisch betrieben werden.

Dazu wurden spezielle Vorgehensweisen qualitativer Methodik entwickelt, ohne die religionspsychologische Forschung nicht auskommen kann. Was viele der bislang dominierenden, korrelationsstatistischen Untersuchungen kennzeichne, ist in den Worten Wulffs „der Ausschluß der Subjektivität" (Wulff 1991, 248ff). Dadurch würde der inhaltliche Gehalt der Religiosität vernachlässigt. Objektiven Verfahren mangelt es meist an einer adäquaten Konzeptualisierung und Gegenstandsorientierung. Dieses Defizit kann und muß durch eine subjektnahe, qualitative Vorgehensweise ergänzt werden, ohne die man der individuellen Vielfalt religiöser Erfahrungen nicht entsprechen kann.

2.5 Integrationsansätze einer „komplementären" Psychologie

Die gegenwärtige Lage der wissenschaftlichen Psychologie ist durch hochkomplexe Spezialisierungen und weitläufige Verästelungen unübersichtlich geworden. Staats (1991, 899ff) beschreibt die Situation der Psychologie als „ein Leiden an der Krise der Uneinigkeit". Die andauernden Fragmentierungen führten zu einer „chaotischen Vielfalt" von Modellen, Ansätzen und widersprüchlichen Teilergebnissen, die sogar kritische Anfragen nach dem grundsätzlichen wissenschaftlichen Status der Psychologie laut werden ließen. Diese grundlegenden Schwierigkeiten beruhen auf der dichotomen, bipolaren Grundkonzeption der Psychologie.

2.5.1 Die bipolare Grundkonzeption der Psychologie

Die bis heute allgemein anerkannte, nach vielen Diskussionen etablierte Definition der Psychologie als der „Wissenschaft vom menschlichen Verhalten und Erleben" (so exemplarisch Thomae & Feger 1969, 1; Schneewind 1977, 11; Herzog 1992, 452) enthält die Polarität von objektivierbarem Verhalten und nicht-objektivierbarem Erleben. Mit der bipolaren Festschreibung des Forschungsgegenstandes werden die Schwierigkeiten einer einheitlichen, umfassenden Wissenschaftskonzeption, Betrachtungs- und Vorgehensweise bewußt in Kauf genommen. Als Konsequenz auf diese notwendig breite Gegenstandsskizzierung der Psychologie bilden die „an die Subjekt-Objekt-Spaltung ... gebundenen Dichotomien Innen/Außen, Erleben/Verhalten, Natur/Geist“ (Herzog 1992, 430) eine große Herausforderung für eine in sich stimmige Gesamtkonzeption dieser Wissenschaft.

Im Rückblick auf seine Problemgeschichte der Psychologie hat deshalb Pongratz gar keine andere Möglichkeit, als sein „Logogramm der Psychologie“ bipolar zu konstruieren, in dem er „das psychische Leben ... in zwei Polaritäten differenziert: die Polarität Bewußtsein als Präsenz – Unbewußtsein als Latenz und die Polarität Erleben – Verhalten“ (Pongratz 1984, 332–337, hier 333).

Der auch religionspsychologisch forschende Sozialpsychologe Meyers hat in einem Aufsatz „komplementäre Prinzipien“, die er insbesondere in der Sozialpsychologie und der kognitiven Psychologie entdeckte, theologischen Polaritäten gegenübergestellt. Zu den komplementären Prinzipien der Psychologie führte Meyers Gehirn versus Seele, Einstellung versus Verhalten, Situation versus Person, Rationalität versus Irrationalität u.a. an (vgl. Meyers 1991). Dem Gehirn-Seele-Zusammenhang stellt Meyers als theologischen Streitpunkt das Verhältnis zwischen Körper und Geist gegenüber; der Einstellungs-Verhalten-Dualität den theologischen Gegensatz zwischen Glaube und Handeln; dem Situation-Person-Zusammenhang die theologische Diskussion um göttliche Vorherbestimmung oder menschliche Freiheit; dem Gegensatzpaar Rationalität-Irrationalität den theologischen Konflikt der Gottesebenbildlichkeit des Menschen.

In der Persönlichkeitspsychologie war lange Jahre die Diskussion um das Primat von Anlage oder Umwelt in unterschiedlichen Terminologien (trait-state; Selbst-Umwelt; Situation-Person) forschungsleitend, und weitere Dichotomien könnten leicht hinzugefügt werden.

Diesem Tatbestand zum Trotz hat sich die Psychologie – nicht zuletzt forschungspragmatisch bedingt – monopolar entwickelt. Auf eine ausgewogene Berücksichtigung des bipolaren Horizonts der subjektiven und objektiven Dimensionen der Psyche wurde kein Wert gelegt. Nach Pongratz ist „der Wechsel in der Auffassung des Gegenstandes der Psychologie ... durch die Abfolge Seele und Seelenleben, Bewußtsein und Unbewußtes, Erleben und Verhalten gekennzeichnet“ (Pongratz 1984, 6). Eine gleichgewichtige Bearbeitung von gegensätzlichen Aspekten des *einen,* wenn auch sehr komplexen psychischen Forschungsgegenstandes war offensichtlich nicht durchführbar. Graumann (1984) benennt die Forschungsgegenstände der Psychologie, die sich im Laufe ihrer hundertjährigen Wissenschaftsgeschichte mehrfach geändert hätten, mit den „Titelbegiffen“ Bewußtsein, Erleben, Verhalten und Handeln, die auch er jeweils polar gegenüberstellt. Erst in den letzten Jahren wurden vermehrt die wissenschaftstheoretischen Grundlagen der Psychologie reflektiert (vgl. dazu den zweiten Teil), um die Basis für Theorieansätze zu schaffen, die dem dichotomen Gegenstandsbereich dieser Wissenschaft gerecht werden können.

Für Jüttemann erscheinen „die dogmatisch verengte naturwissenschaftlich-experimentelle und die psychoanalytisch-mythologische Hauptströmung der gegenwärtigen Psychologie ... gleichermaßen kritikwürdig" (Jüttemann 1992, 11). Um diesem allgemein anerkannten Defizit zu begegnen, wurden daraufhin Modellentwürfe einer verbindenden Gesamttheorie schwerpunktmäßig in den letzten Jahren entwickelt. Jüttemann plädiert „für eine Psychologie jenseits von Dogma und Mythos" – so lautet der Untertitel seines Buchs –, die das Abhängigkeitsverhältnis von Forschungsgegenstand und Erkenntnisinteresse und die Besonderheit der Subjektivität stärker zu berücksichtigen habe (vgl. Jüttemann 1992, 111ff). Allerdings hätten die kritischen Gegenentwürfe zu der einseitig operationalistischen Orientierung, die (bislang) die wissenschaftliche Psychologie dominiere, eine „Tendenz zur Bildung von Anhängergruppen" entwickelt, „die vor allem an einer Expansion des eigenen Ansatzes und weniger an einer Kooperation zugunsten eines gemeinsamen Erkenntnisfortschritts innerhalb der Gesamtdisziplin Psychologie interessiert sind" (Jüttemann 1993, 254). Nach Jüttemann habe diese Entwicklung eine wissenschaftlich gewinnbringende Erforschung des Gegenstands der Psychologie in den letzten Jahren verhindert und „eine Psychologie begründet, die einer spekulativen Anthropologie gleicht" (ebd., 255). Somit mangelte es den alternativen Forschungsmodellen bisher oft an Seriosität und wissenschaftlicher Reputation, was sich erst allmählich ändert. Langsam aber sicher scheinen beispielsweise Grundeinsichten der humanistischen und transpersonalen Psychologie als psychologisches Allgemeinwissen anerkannt zu werden.

Der Beginn des für die wissenschaftliche Psychologie bis heute charakteristischen Dualismus von Empirismus und Hermeneutik wurde auf das Jahr 1894 festgelegt, gleichgültig, ob man an den Anfang die Veröffentlichung Diltheys mit seinen „Ideen über eine beschreibende und erklärende Psychologie" setzt, wovon Groeben (Groeben 1986, 1ff) ausgeht, oder ob man die folgenreiche, im selben Jahr gehaltene Rektoratsrede Windelbands mit seiner Unterscheidung einer ideographischen und einer nomothetischen Wissenschaftsorientierung als den Beginn des „Schismas" auffaßt, wie es Jüttemann (Jüttemann 1992, 100) tut. Diese gegensätzliche, dichotome Grundkonzeption hat die Psychologie im Laufe ihres Jahrhunderts Wissenschaftsgeschichte nicht grundsätzlich überwinden können, auch wenn die Terminologie und Forschungsschwerpunkte verändert wurden.

Im Rückgriff auf die Lehren frühchristlicher Philosophen (Augustin, Plotin, Thomas von Aquin) fand Pongratz (1984, 106ff, Zitat 110) ebenfalls „eine anthropologische und psychologische Dichotomie des Menschen" vor, die er psychologiegeschichtlich als „Entdeckung des inneren Menschen" würdigt und als Eröffnung und Hinführung zur modernen Bewußtseinspsychologie und der Psychologie des Unbewußten auffaßt. Für Pongratz hat die Bewußtseinspsychologie „einen religiös-sittlichen Ursprung" (ebd., 111), in dem zugleich auch die Frage nach dem Unbewußten als ihrem polaren Gegensatz enthalten sei. Die folgende Gegenüberstellung enthält einige wesentliche Konzepte der „Monismus-Dualismus-Dichotomie" (Groeben 1986, 3) in willkürlicher Auswahl der polaren Konstrukte:

Abb. 3: Die bipolare Grundkonzeption der Psychologie

Erleben	Verhalten
verstehen	erklären
beschreiben	vorhersagen
Hermeneutik	Empirismus
ideographisch	nomothetisch
qualitativ	quantitativ
subjektiv	objektiv
Person	Welt
Inhalt	Struktur/Form
deskriptiv	explanativ
final/intentional (historisch)	kausal (analytisch)
geisteswissenschaftlich	naturwissenschaftlich
phänomenologisch	experimentell
dualistisch	monistisch
Kultur (Natür + Geist)	Natur
Seiendes	Sein

Die philosophischen Wurzeln der dualistisch geprägten Psychologie sind auf die „Zweisubstanzenlehre“ Descartes’ (siehe dazu Wyss 1977a, 935f; Pongratz 1984, 30ff; Herzog 1984, 104ff; Danzer 1995, 50ff), die monistische Konzeption auf die Monadologie von Leibniz (vgl. dazu Allport 1983, 21ff; Pongratz 1984, 34ff; 115f; Herzog 1984, 164ff; Danzer 1995, 55ff) zurückgeführt worden.

In seiner psychologischen Bestandsaufnahme von Weltanschauungen stellt Benesch zwei „diametral entgegengesetzte Auffassungen“ zur Frage nach Herkunft und Bedeutung des menschlichen Geistes gegenüber. In monistischer Überzeugung sei „Geist (und mithin auch Weltanschauung) eine Widerspiegelung sinnlicher Vorgänge im zentralen Nervensystem“ (Benesch 1990, 27). Aus dualistischer Perspektive hingegen ist der Geist „gegenüber dem Körper eine eigene Instanz, wodurch Weltanschauung abgehoben und sogar dirigierend gegenüber physischen und sozialen Beziehungen gedacht wird“ (ebd.). Für Benesch sind diese gegensätzlichen Auffassungen „unvereinbar, trotzdem scheinen jede für sich unzweifelbar recht zu haben“ (ebd., 28). Wie können derartig grundsätzliche Widersprüche, die allen oben aufgeführten Dualismen inhärent sind, aufgelöst werden?

Aufgrund der Gegensätzlichkeit der oben genannten Konzepte sind durch wissenschaftstheoretische Kontroversen in der Psychologie manche von ihnen zu Kampfbegriffen bestimmter Forschungsrichtungen geworden. Jüttemann weist eine Belebung der Grundlagendiskussion in der neueren Psychologie anhand verschiedener Streitschriften um den Gegenstand der Psychologie nach, in denen sich eine Front historisch-geisteswissenschaftlich orientierter Psychologen gegen die Tradition der experimentell-naturwissenschaftlich begründeten Psychologie stellte. In dieser Zeit wurde nach Jüttemann die unterschiedliche Grundeinstellung der Forscher durch die Gegenüberstellung von „qualitativer“ und „quantitativer“ Forschungsmethodologie offensichtlich. „Abgesehen von der eher begrenzten, wenngleich zunehmenden Bedeutung, welche die qualitative Forschung im Verlauf der 80er Jahre erlangen konnte, blieb eine grundlegende Neuorientierung bisher aus“ (Jüttemann 1992, 51). Jüttemann sieht in dem wachsenden Interesse und der Neubelebung einer „Historischen Psychologie“ und einer „Kulturpsychologie“ hoffnungsvolle Ansätze zur Ergänzung der vorherrschenden naturwissenschaftlich orientierten Forschung.

Die Kontroverse dieser beiden gegensätzlichen psychologischen Hauptströmungen – ob ihre Polarität nun ideographisch versus nomothetisch, quantitativ versus qualitativ oder anders gefaßt wird (s.o.) – zieht sich nach Pongratz durch die gesamte Psychologiegeschichte und „hat sich des öfteren im Entweder-Oder verhärtet“ (Pongratz 1984, 25). Die dualistische Entwicklung der Psychologie in naturwissenschaftliche und geisteswissenschaftliche Forschungstradition führt Pongratz auf „komplementäre Grundaspekte des einen Gegenstands der Psychologie“ zurück.

2.5.2 Komplementäre Grundaspekte anderer Wissenschaften

Ebenso wie die Psychologie haben Nachbarwissenschaften Schwierigkeiten im Umgang mit den „komplementären Grundaspekten“ ihres Forschungsgegenstandes. Zu den klassischen Streitpunkten der Philosophie gehört beispielsweise der Natur-Geist-Zusammenhang. Eine weitere Wissenschaft, die seit jeher mit der dualistischen Grundbezogenheit ihres Gegenstandes in Auseinandersetzung steht, ist die Theologie. Hier lautet die streitbare Dichotomie „Glaube und Wissen“.

Ein zur Zeit in der Neuropsychologie vieldiskutiertes Thema ist die alte Frage nach dem Verhältnis zwischen Gehirn und Geist, weil es seit kurzem durch technische Neuerungen der Computertomographie möglich ist, die Gehirnaktivität in vivo zu verfolgen. Durch sehr viel präzisere Forschungsergebnisse als früher müssen alte Modelle fallengelassen und neue entwickelt werden – die neunziger Jahre wurden zur Dekade der Gehirnforschung ausgerufen. Zunehmend werden durch Publikationen und Kongresse Vermittlungsversuche zwischen Neurowissenschaftlern und Philosophen unternommen, um ein einheitliches Gesamtmodell für diesen die Neuropsychologie prägenden Dualismus zu erarbeiten.

Nicht nur in der psychosomatischen Medizin führt seit Jahrhunderten die Leib-Seele-Einheit als grundlegende, letztlich nicht aufzulösende Dualunion zu großen Identitätsproblemen in diesem Wissenszweig. Deshalb befindet sich nach Uexküll „aufgrund der Unklarheiten in der Konzeptbildung die psychosomatische Medizin – strenggenommen – noch in dem vorwissenschaftlichen Stadium“ (Uexküll, zit. nach Danzer 1995, 13). Als Ursache für die Konsolidierung „dieses Zwitterwesens Psychosomatik“ (Danzer 1995, 14) führt Danzer die „ungeklärten ... Dichtomien“ von Natur und Geist und Psyche und Soma an.

Die bisherige wissenschaftliche Modellbildung in der Psychosomatik weist einige Parallelen zur Modellbildung in der Religionspsychologie auf. Zunächst ist auch sie „zwischen allen Stühlen gelagert" (Danzer 1995, 11), ihre wissenschaftliche Zuordnung ist nach wie vor umstritten (vgl. dazu Kap. 2.4.). Kennzeichnend für die Psychosomatik ist nach Danzer – und seine Ausführungen lassen sich gänzlich auf die Religionspsychologie übertragen – „die Integration unterschiedlicher theoretischer Systeme und Positionen sowie die bewußte Akzeptanz und Pflege der Vielfalt, bezogen auf differente Schulen und Strömungen der Psychologie" (Danzer ebd.). Eine Vernachlässigung des Theoriebezugs mit „ihren epistemologischen, ontologischen und anthropologischen Fundamenten" (Danzer 1995, 15) beklagt Danzer in seiner Habilitationsschrift für die Psychosomatik, und gleiches wurde in vorliegender Arbeit für die Religionspsychologie herausgestellt (vgl. dazu Kap. 1.2). Ähnlich komplex wie in der Psychosomatik stellt sich für die Religionspsychologie schließlich ihr Gegenstand gegensätzlich dar – es handelt sich hierbei um religiöse, die Alltagswirklichkeit transzendierende Erlebnisse als seelisch vermittelte Erfahrungen. Somit befaßt sich die Religionspsychologie mit dem Dualismus von Psychologie und Spiritualität (vgl. zum Forschungsgegenstand „Spiritualität" Kapitel 3.2).

2.5.3 Ein Lösungsvorschlag zur Überwindung des Dualismus

Die parallele Problemlage der Psychosomatik wurde deshalb ausführlicher dargestellt, weil in der schon zitierten Habilitationsschrift von Danzer ein Lösungsvorschlag für den die Psychosomatik charakterisierenden Dualismus vorgestellt wird, der möglicherweise auf die ähnlich gelagerten Grundkonflikte der Religionspsychologie übersetzt werden kann. Danzer schlägt als epistemologische Basis der Psychosomatik eine „phänomenologische Tiefenhermeneutik" vor, die einen „biperspektivischen Zugang zum Leib"(Danzer ebd., 221ff) ermögliche. Was ist damit von Danzer gemeint? Danzer weist den psychosomatischen Modellansätzen nach, daß „die Wahl einer bestimmten Epistemologie zur Wahrnehmung einer davon abhängigen ‚Wirklichkeit'" (Danzer 1995, 221) führe. Weil diese Wahl oftmals aufgrund „nicht bewußt reflektierter, vorontologischer Vorannahmen" getroffen werde, entstehe eine „Zirkelstruktur" (ebd., 211ff), die zu verlassen von Danzer als Illusion bezeichnet wird. Für die Psychologie hat kürzlich Jüttemann ausdrücklich auf die Problematik der „Systemimmanenz" als Ursache der Dauerkrise „wissenschaftlicher" Psychologie hingewiesen (vgl. Jüttemann 1991), womit er eine vergleichbare reduktionistische Vorgehensweise für die Psychologie nachweist, wie es Danzer durch die „Zirkelstruktur" (vgl. oben) für die psychosomatische Medizin beschrieben hat. Mit erstaunlich ähnlicher Diktion wie Danzer prangert Jüttemann ebenfalls die unreflektierte Fixierung psychologischer Modellansätze auf bestimmte Menschenbilder an, die meist unwissentlich erkenntnisleitend seien (vgl. Jüttemann 1992, 55ff; zu Bedeutung und Einfluß anthropologischer Vorentscheidungen vgl. Kapitel 2.3).

Für die psychosomatische Medizin hat Danzer einen „biperspektivischen Zugang“ zum Forschungsgegenstand der Leib-Seele-Einheit skizziert, mit dessen Hilfe dieser Zirkel durchbrochen werden könne. Dadurch könne eine „gleichzeitige Respektierung kategorialer und ontologischer Unterschiede des primär ganzheitlichen Leibes garantiert“ (ebd., 222) werden. Das Anliegen eines gleichwertigen Respektierens beider Polaritäten, wie es Danzer für Psyche und Soma fordert, kann analog auf die Religionspsychologie mit den Polaritäten psychisches Erleben und spirituelles Geschehen übertragen werden. Auch in der Religionspsychologie steht ein ganzheitliches Erleben und Geschehen im Mittelpunkt des Interesses, nämlich die menschliche Person inklusive ihrer transzendenten, spirituellen Bezüge, Anlagen und Erfahrungen. Auch die spirituelle Dimension nimmt Einfluß auf die Psychodynamik der Persönlichkeit und stellt mit ihrer transzendenten Verwurzelung den polaren Gegenaspekt zum innerseelischen Geschehen dar.

Als Grundlage eines „biperspektivischen Zugangs“ zur Psychosomatik übernimmt Danzer eine Formulierung des Neuropsychologen Fahrenberg, der eine komplementäre Vorgehensweise zur Lösung des Leib-Seele-Problems vorgeschlagen hat: „Die psychologischen und physiologischen Beschreibungsweisen sind nicht bloß verschiedene Sprachen, sondern ergeben zwei grundsätzlich (kategorial) verschiedene Bezugssysteme. Diese Bezugssysteme sind nicht aufeinander zurückzuführen und liefern deshalb nur Teilansichten; sie ergänzen sich aber wechselseitig (komplementär) zum vollständigen Bild psychophysischer Prozesse“ (Fahrenberg, zit. nach Danzer 1995, 222). Dem für die Komplementarität typischen Prinzip der wechselseitigen Ergänzung von Teilansichten trägt die in Kapitel 7.2 näher erläuterte synoptische Vorgehensweise Rechnung.

Kategorial verschiedene Bezugsysteme, die nicht aufeinander zurückzuführen sind und komplementäre, sich ergänzende Gegenstandsaspekte liefern, sind für alle weiter oben beispielhaft aufgeführten Dualismen charakteristisch. Als psychologische Gegenentwürfe zu einseitig operationalistischen Ansätzen werden im folgenden exemplarisch drei Modellentwürfe skizziert, die einen dualistischen Gegenstandsbereich beschreiben und ihn komplementär zu erfassen beabsichtigen: Thomaes kognitive Persönlichkeitstheorie mit ihrer komplementär aufgebauten biographischen Forschungsmethodik zur Erfassung von Ideographik und Nomothetik (2.5.4); die verstehend-erklärende Psychologie von Groeben, der unter Verwendung von „Dialog-Hermeneutik“ ein ebenfalls komplementäres „Zwei-Phasen-Modell der Forschungsstruktur“ beschrieben hat (2.5.5.); und schließlich als drittes Beispiel die Weiterführung der phänomenologischen Tradition (vgl. Graumann 1975, 1984, 1988; Herzog 1992), die insbesondere durch die phänomenologische Analyse der Person-Welt-Intentionalität der komplementären Bezogenheit von Subjekt und Objekt gerecht zu werden versucht (2.5.6).

Der Darstellungsökonomie halber werden diese Ansätze einer komplementären Psychologie nur auf drei für vorliegenden Kontext relevanten Bereiche hin untersucht und skizziert, nämlich a) auf den von ihnen konzipierten Gegenstand der Forschung, b) ihren Zugang zur Subjektivität und c) ihre methodischen Hilfsmittel.

2.5.4 Der alltagspsychologisch-biographische Ansatz von Thomae

Die akademische Psychologie hat sich im Laufe ihrer kurzen Geschichte in verschiedene Teildisziplinen differenziert. Thomae und Feger (1969, 159ff) bezeichnen die Psychologie deshalb als ein „pluralistisches System“. Um der Subjektivität der Religiosität, der individuellen Erfahrung von Transzendenz unabhängig von ihrer (unüberprüfbaren) Wirklichkeit Raum zu geben, wird hier eine persönlichkeitspsychologische Grundposition in der Tradition Lersch – Thomae – Jüttemann eingenommen, und zwar aus folgenden Gründen:

Aufgrund religionswissenschaftlicher Untersuchungen muß heute zwischen „expliziter“ und „impliziter“ Religion (Waardenburg 1986, 233ff) unterschieden werden. Nicht mehr Kirchenmitgliedschaft oder die Zustimmung hinsichtlich dogmatischer Aussagen vermag etwas über den Grad persönlicher Religiosität auszusagen. Diese Veränderung hat sich aus der gesellschaftlich-kulturellen Entwicklung der letzten Jahre ergeben, bei der die anhaltende Kirchenaustrittswelle begleitet wird von einem deutlichen „Mystikboom“. Nach Recherchen der vom Bundestag eingesetzten Enquete-Kommission „Sogenannte Sekten und Psychogruppen“ weise der Esoterikbereich einen jährlichen Umsatz von 18 Milliarden Mark auf, und die Auflage von 40 größeren esoterischen Zeitschriften belaufe sich auf knapp 3 Millionen Exemplare.

Religionssoziologische Untersuchungen belegen diesen Trend, wobei ein Hauptergebnis zu sein scheint, daß die meisten Menschen nicht mehr von einem personalen Gottesverhältnis ausgehen, sondern ihre Erfahrungen besser mit „diffuser Transzendenz“ (Kurzdörfer 1991) umschrieben werden können, die individuell sehr unterschiedlich ausfallen. Der Theologe und Religionssoziologe Ernst Troeltsch hat schon zu Anfang dieses Jahrhunderts aus seinen Forschungen den Schluß gezogen, daß die Religion des modernen, besonders des intellektuellen Menschen die Mystik sei, die er treffend als „Verinnerlichung ohne definitive Bindung“ beschrieb (nach Frey 1991, 99).

Damit dieser „subjektivistische“ Trend auch psychologisch zu erfassen ist, muß das persönlich als „religiös“ gedeutete Erleben und Verhalten in ihrer individuellen Ausprägung im Mittelpunkt stehen. Deshalb bietet die persönlichkeitspsychologische Perspektive günstige Voraussetzungen für ein Verstehen der psychologischen Bedeutung von Religiosität. Bei der Entwicklung eines geeigneten Rasters, mit dessen Hilfe die vielfältigen religionspsychologischen Ansätze vergleichend gegenübergestellt werden können, tritt letztlich immer die Frage in den Mittelpunkt, nach welchem „Menschenmodell“ der jeweilige Forscher vorgegangen ist und welchen Stellenwert dabei die Religiosität erhalten hat. „Die religionspsychologische Frage, konsequent zu Ende gedacht, geht zwangsläufig in die Frage nach der Persönlichkeit über“ (Fraas 1990, 33). Fisseni (1984) hat in seinem Überblick über die Persönlichkeitsforschung den anthropologischen Hintergrund der von ihm vorgestellten Theorien herausgearbeitet. Die in seiner Darstellung vorzufindende Berücksichtigung der menschenbildabhängigen Vorentscheidungen des jeweiligen Persönlichkeitsforschers haben auch in der Religionspsychologie einen hohen Stellenwert.

Für eine psychologische Interpretation der Religiosität eignet sich in besonderer Weise die kognitive Persönlichkeitstheorie von Hans Thomae (1968, 1988). Thomaes Konzept der „Daseinsthematik“ bietet einen angemessenen, anthropologisch reflektierten und persönlichkeitspsychologisch fundierten Rahmen, dessen „religionspsychologische Erheblichkeit“ besonders von Pöll (1974, 208ff) betont wurde. Weiterhin besticht die Persönlichkeitstheorie von Thomae durch ihre ausgewogene Berücksichtigung von ideographischer und nomothetischer Vorgehensweise. Für die Religionspsychologie hat schon Hanford (1975) die Ergänzung von phänomenologischer und experimenteller Forschung in einem „synoptischen Ansatz“ gefordert, an deren Kompatibilität weiter gearbeitet wurde (vgl. Graumann 1985). In vorliegender Arbeit wird eine „komplementäre“ Psychologie in der Ergänzung von hermeneutischen und streng empirischen Verfahrensweisen als wichtige Voraussetzung einer angemessenen religionspsychologischen Theoriebildung angesehen, wofür Thomaes Entwurf ein gutes Beispiel ergibt.

Thomaes Lebenswerk bestand darin, eine „biographisch fundierte kognitive Persönlichkeitstheorie“ (Thomae 1988, 1) zu entwerfen, in der „das Individuum und seine Welt“ im Mittelpunkt stehen. In diesen beiden Definitionen sind bereits die beiden – dualistisch, weil getrennten – Gegenstandsbereiche enthalten. Das Subjekt ist auf seine Umgebung verwiesen und wird von dieser „biographisch“ geprägt. Dabei nimmt die Person ihre Umwelt selektiv wahr. Individuumsspezifische Bedürfnisse und Erwartungen steuern die kognitive Abbildung der Umwelt. Verstehbar wird das Individuum-Welt-Verhältnis für Thomae dadurch, daß die beiden komplementären Aspekte der biographieprägenden Umwelt sowie des kognitionsabhängigen Individuums gleichgewichtig berücksichtigt werden.

Die einzelne Person kann nach Thomae nicht losgelöst von ihrer „Welt“ betrachtet werden, weil eine ständige Interaktion zwischen ihr und ihrer vor allem sozial geprägten Umwelt stattfindet. Die psychologisch entscheidende Bedeutung des jeweils „subjektiven Lebensraums“ als „die Gesamtheit der Aspekte, in denen eine bestimmte Lebenslage kognitiv repräsentiert ist“ (Thomae 1988, 23), wird mit Thomaes Überzeugung begründet, daß „die Art, in der das Individuum seine Welt erlebt, sein Verhalten bestimmt“ (Thomae 1985, 226).

Wenn die „kognitive Repräsentation von Welt und Selbst“ (Thomae 1988, 16ff) der Gegenstand der Forschung ist, kommt dem einfühlenden Zugang zur Subjektivität eine zentrale Rolle zu. Schon 1952 hat Thomae dafür „ein möglichst intensives Mitgehen mit dem zu beschreibenden, zu erklärenden oder zu verstehenden Phänomen als ausreichende Bedingung gültiger Einsicht“ mittels der „biographischen Methode“ gefordert (Thomae 1985, 13). Thomae stellt sich dabei bewußt in die hermeneutische Forschungstradition von Dilthey, um „die Psychologie zu einer wirklich empirischen Wissenschaft zu machen, welche durch Beschreibungen erst die Grundlagen für sinnvolle Urteile über Beziehungen kausaler und finaler Natur schafft und vor allem auch der kulturellen, historischen und individuellen Wirklichkeit des Menschen gerecht wird“ (ebd., 14).

Die von Thomae entwickelte biographische Methode wird heute als eine qualitativ anspruchsvolle, zugleich aber kontrollierte und quantifizierbare Form der Erfahrungsgewinnung angesehen (vgl. Jüttemann & Thomae 1987). Sie hat fünf Forderungen zu erfüllen:

1. Die Forderung nach Überschaubarkeit der Bedingungen der Berichterstattung erfordert eine gute Explorationstechnik.
2. Die Forderung nach Unvoreingenommenheit bedingt einen möglichst vorurteils- und theoriefreien Zugang zum Probanden.
3. Die Forderung nach Konkretheit der Aussagen zielt auf eine Vermeidung von allgemeinen Aussagen und fokussiert die exakte Beschreibung von Verhaltensweisen.
4. Durch die Forderung nach Vollständigkeit sollen die kulturellen, sozialen und familiären Einflußfaktoren mit berücksichtigen werden.
5. Die Forderung nach Prägnanz betrifft die Auswahl der Belege, wodurch das Verständnis der Person zur Ermöglichung ihres Daseins erhellt werden soll.

Ein entscheidendes Problem im Forschungsprozeß besteht nach Thomae nun darin, das richtige Mittelmaß von Nähe und Distanz zu den explorierten Fakten einzunehmen. Um dem polaren Spannungsgefüge von einzigartigem subjektiven Erleben und dem Forschungsinteresse einer allgemeingültigen Theoriebildung gerecht zu werden, hat Thomae eine „sinnvolle Vereinigung von Intimität und Distanz zu den Fakten“ gefordert (Thomae 1956, 436). Unter „Intimität zu den Fakten“ faßt Thomae hier die Einbeziehung des Menschen in seiner „konkreten Äußerungs- und Erscheinungsweise“; jede Theorie soll empirisch im „natürlichen Kontext“ des einzelnen gründen. Damit ist der Fokus auf die wissenschaftliche Beschreibung und Erfassung der „Alltagspsychologie“ gelegt, deren Aufgaben, Methoden und Ergebnisse von Lehr und Thomae (1991) zusammengefaßt wurden.

Um das subjektive Alltagswissen in eine wissenschaftliche Psychologie zu transformieren, sind Kategorien und modelltheoretische Verknüpfungen nötig. Dazu werden in „Distanzierung von allem Faktischen und Konkreten ... die Tatsachen des menschlichen Seelenlebens zu Ende gedacht und vor den Hintergrund einer Idee des Menschen gebracht“ (ebd., 434), also in den Zusammenhang einer Theorie gefügt. Dieses Forschungsprogramm hat Thomae eindrücklich in seinem „doppelten“ Hauptwerk (Thomae 1968, 1988) verwirklicht. Immer wieder sind zur Veranschaulichung detaillierte Fallbeschreibungen eingefügt, um eine möglichst große „Intimität zu den Fakten“ zu erzielen, und ebenso werden aus der Distanz übergreifende Konzepte entwickelt und Verbindungen zu anderen Theorien hergestellt, um das Individuum in seiner Welt unverkürzt und wissenschaftlich überprüfbar abzubilden.

Als komplementär kann Thomaes Persönlichkeitstheorie deswegen charakterisiert werden, weil die oben beschriebene psychologische Biographik eine Synthese nomothetischer und ideographischer Forschung darstellt. Thomae hat immer wieder und ausdrücklich auf die „Notwendigkeit einer Kooperation zwischen ideographischer und nomothetischer Orientierung“ hingewiesen (Thomae 1988, 7ff). Beide Richtungen haben sich nach Thomae „mit der Komplexität menschlichen Verhaltens und Erlebens auseinanderzusetzen, vor allem auch mit der Komplexität und Vielfalt der Deutungen der Situationen" (ebd., 9). In der gegenseitigen methodischen Ergänzung liegt nach Thomae der besondere Vorzug, die jeweiligen Mängel der nur für sich genommenen, polar entgegengesetzten Orientierung auszugleichen (vgl. dieselbe Argumentation der empirischen und phänomenologischen Methodenergänzung in Bezug auf die Religionspsychologie bei Hanford 1975).

Eine umfangreiche Analyse der „psychologischen Aspekte paulinischer Theologie" hat der Neutestamentler Theissen in Bezugnahme auf Thomaes Persönlichkeitstheorie vorgenommen, indem er versuchte, „Religion erstens als Beitrag zum Aufbau einer ‚gedeuteten Welt' zu betrachten und zweitens einzelne Deutungstechniken als aktive Auseinandersetzungen mit der Umwelt zu beschreiben" (Theissen 1983, 39).

Kürzlich hat Bierlein (1994) die biographische Methode in einer religionspsychologischen Untersuchung angewendet, in der er der Bedeutung der Religiosität im Prozeß des Älterwerdens unter Verwendung der von Thomae entwickelten Forschungsmethodologie nachging (zur Religiosität im Alter vgl. auch Utsch & Fisseni 1991 und Utsch 1992). In der internationalen religionspsychologischen Forschung wurde jüngst das Modell der Religiosität als kognitives „Schema" vorgestellt, das besonders Implikationen hinsichtlich des subjektiven Bewältigungsverhaltens bietet und damit in die Nähe zu Thomaes Persönlichkeitstheorie rückt (vgl. McIntosh 1995).

2.5.5 Groebens Zwei-Phasen-Modell der Forschungsstruktur

Einen „Programmentwurf zur Integration von Hermeneutik und Empirismus" hat Groeben (1986) vorgelegt. Ausgangspunkt seiner Überlegungen bilden die zwei unterschiedlichen Wissenschaftsstrukturen, die sich nach Groeben in der Psychologiegeschichte etabliert haben, nämlich die empirische Tradition naturwissenschaftlicher Erklärung und die hermeneutische Tradition geisteswissenschaftlichen Verstehens. Beide Ansätze haben nach Groeben in der Psychologie ihre Berechtigung, weil „ihr ‚Gegenstand' sowohl der Natur- wie der Kultur- bzw. Geistessphäre zugehört" (Groeben 1986, 80). Groeben charakterisiert die naturwissenschaftliche Vorgehensweise als monistisch, weil sie ein einheitlich-kausales Erklärungsmodell auch für psychische Prozesse liefere. Die geisteswissenschaftliche Methodik gehe dualistisch vor. Weil die „natürlichen" Erklärungen nicht auf alle Bereiche des Menschen anzuwenden seien, müßte das Erklären durch ein finales, auf Sinndeutung bezogenes Verstehen erweitert werden. Allerdings sei es zu einer Integration dieser beiden komplementären Sicht- und Vorgehensweisen bisher (noch) nicht gekommen, so daß die Psychologie seit ihrer Institutionalisierung von einer Dauerkrise gekennzeichnet sei.

Groeben fordert in seinem Entwurf ausdrücklich eine gegenseitige Ergänzung der konkurrierenden Orientierungen, weil er von der These ausgeht, daß „der Monismus den Menschen als „Gegenstand" der Psychologie – zumindest tendenziell – um die Sinn-Dimension seines Handelns reduziert, während der Dualismus das wissenschaftliche Theoretisieren weitgehend auf Beschreibung beschränkt, d.h. (unnötig) um Erklärungsleistungen reduziert" (Groeben 1986, 5).

Um diesem Dilemma zu entgehen und sowohl der Subjektivität als auch den Kriterien wissenschaftlicher Theoriebildung gerecht zu werden, haben Groeben und Mitarbeiter ein „Zwei-Phasen-Modell der Forschungsstruktur" entwickelt und validiert. „Die optimale Forschungsstruktur", so Groeben (1986, 328), „beginnt mit der Erhebung der Innensicht des Handelnden, also der (Selbst-) Interpretation hinsichtlich der Intentionen, Ziele und Gründe seines Tuns". Die wissenschaftliche Beschreibung der „Innensicht" expliziert Groeben als „verstehendes Beschreiben unter dialog-konsenstheoretischem Wahrheitskriterium", das sich auf das gesamte Motivations- und Überzeugungssystem des Handelnden beziehe. Als angemessene Methode hat Groeben dazu die „kommunikative Validierung" vorgestellt (vgl. Groeben 1986, 190–201).

In der zweiten Phase dieses Forschungsvorgehens wird der „Realität-Adäquanz" dieser Innensicht nachgegangen: „Daher muß geprüft werden, ob die vom Handelnden ‚gemeinten' Gründe in der Tat operativ wirksam geworden sind, ob ihnen eine kausale Effektivität zugeschrieben werden kann" (Groeben 1986, 330). Die Auswirkungen des Handelns werden also in diesem Modell durch ein „beobachtendes Erklären unter falsifikationstheoretischem Wahrheitskriterium" überprüft; Groeben nennt dies „explanative Validierung". Nach Groeben sind vom „vollständigen Optimalmodell der Forschungsstruktur her" immer beide Phasen zu realisieren, die der „kommunikativen wie die der explanativen Validierung (d.h. des verstehenden Beschreibens und des beobachtenden Erklärens)" (Groeben 1986, 331).

Diese Zwei-Phasen-Forschungsstruktur könne als ein „Integrationsmodell zur Verbindung von Innensicht und Außensicht, Sinnkonstituierung und Geltungsprüfung, kommunikativer und explanativer Validierung" (Groeben 1986, 326) dienen. Damit hat Groeben einen Entwurf vorgelegt, der eine komplementäre Wissenschaftskonzeption für die Psychologie begründet und entworfen hat.

2.5.6 Phänomenologisch orientierte Psychologiekonzeptionen

Als letztes Beispiel eines psychologischen Entwurfs mit der Absicht, komplementäre Gegenstandsaspekte abzubilden, sei auf die phänomenologisch orientierte Psychologie als „eine besondere Denkweise und ein charakteristischer Forschungsstil" (Graumann & Métraux 1977, 29) hingewiesen. Ausgangspunkt dieser Betrachtungsweise bildet die Überzeugung, daß „weder die reine Innerlichkeit (das Mentale) noch die reine Äußerlichkeit (das Physische) zu einer befriedigenden Interpretation psychischer Phänomene führt. Vielmehr ist … von der Verschränkung von Innen und Außen, von der intentionalen Wechselbeziehung zwischen Person und Umwelt … auszugehen" (ebd., 42). Damit wird als die „Kernannahme phänomenologischer Vorgehensweise … die Intentionalität der Person-Umwelt-Beziehung" (Graumann 1988, 539) herausgestellt. Intentionale Analyse ist nach Graumann letztlich immer Situationsanalyse, weil mit der Person die „situierte Person“ gemeint sei. Daß etwas für jemanden bedeutsam wird oder einen Sinn bekommt, wird also „weder subjektiv aus der Psyche der Person noch objektiv aus der Sache erklärt, sondern aus der intentionalen und situierten Person-Umwelt-Interaktion“ (ebd.).

Wo in dieser Konzeption zunächst andeutungsweise eine Ähnlichkeit zu Graumanns Lehrer Thomae auftauchte, ist sie spätestens hier beendet. Während Thomae die beiden Pole seines „Untersuchungsgegenstandes“ – das Individuum und seine Welt – getrennt untersucht, hat besonders Graumann durch die konsequente Anwendung des Intentionalitätsbegriffs die für die Methodik der Psychologie folgenreiche Konsequenz gezogen, die psychologische Trennung von subjektivem Erleben und beobachtbarem, in die „Welt“ wirkenden Verhalten aufzugeben: „Im Merkmal der Intentionalität besteht kein Unterschied zwischen Bewußtsein, Erleben, Verhalten und Handeln, noch zwischen Kognition, Emotion und Motivation. Das Subjekt des Sichverhaltens ‚hat‘ Bewußtsein, das Erlebnis-Subjekt verhält sich immer zu etwas, und sei es zu sich selbst“ (Graumann 1984, 569).

In der phänomenologischen Psychologie wird „die Verschränkung von Subjekt und Objekt“ (Herzog 1992, 449ff) zu ihrem Forschungsgegenstand. Graumann (1988, 541f) hat besonders die kritische und die deskriptive Funktion als methodische Implikationen für die Psychologie abgeleitet. Das von Husserl inaugurierte phänomenologische Postulat „zu den Sachen selbst“ verlange die kritische Prüfung aller die Sache betreffenden Vorannahmen und Selbstverständlichkeiten, was Graumann (1988, 541) anschaulich mit „Voraussetzungsbewußtsein“ umschrieb. Zu der kritischen Funktion habe die deskriptive zu treten, der es „um die Sache geht, so wie sie erscheint und rein in den Grenzen, in denen sie erscheint“ (Graumann 1988, 542).

Die phänomenologische Orientierung in der Psychologie stellt mit ihrer Methodik der Intentionalanalytik (vgl. dazu weiterführend Herzog 1992, 468ff) ein anspruchsvolles, aber ergiebiges Verfahren zur ganzheitlichen Erforschung des komplementären Forschungsgegenstands der „situierten Person“ dar. Für die Religionspsychologie hat besonders Potempa (1958, 50ff) im Rückgriff auf den religionsphilosophischen Entwurf Schelers und die Persönlichkeitskonzeption Lerschs einen „Funktionskreis des religiösen Erlebens“ beschrieben, der auf der Intentionalität des „religiösen Akts“ gründe (ebd. 40ff). Dabei entwirft er seine Verhältnisbeschreibung von Persönlichkeit und Religiosität jedoch eng angelehnt an die genannten Theorien, ohne systematische Methodenreflexionen vorzunehmen. Dieser Mangel ist bei den meisten religionspsychologischen Entwürfen in der phänomenologischen Tradition zu finden (vgl. v. Uslar 1978, Wyss 1991) und weist auf den Bedarf an Integrationsansätzen von Phänomenologie und Empirie hin, wie ihn Graumann (1985) für die Psychologie und Hanford (1975) für die Religionspsychologie skizziert haben.

Fazit: Die Rückbesinnung auf den anthropologischen Horizont der Religionspsychologie eröffnet dieser Disziplin die Möglichkeit, Wege zur Überwindung eines trennenden Dualismus einzuschlagen, der dann eintritt, wenn die komplementäre Polarität des Menschen – seine personale, psychospirituelle Einheit –

nicht beachtet wird. Dazu wurden in diesem Kapitel das anthropologische Grundverhältnis der „Bezogenheit“ beschrieben sowie der menschenbildabhängige Rahmen psychologischer Theorien aufgewiesen. Am Rande der akademischen Psychologie existieren vereinzelt Ansätze, die Wege gleichgewichtiger Beachtung der polar strukturierten menschlichen Persönlichkeit entwickelt haben und deshalb als günstige Rahmentheorien für religionspsychologische Studien anzusehen sind.

3 Religionspsychologie aus der Gegenstandsperspektive

*Um die psychologischen Dimensionen des religiösen Erlebens und Verhaltens besser zu differenzieren und verstehen zu können, müssen zunächst vom Forschungsgegenstand her einige Begriffsbestimmungen vorgenommen werden. In der Geschichte der Religionspsychologie gab und gibt es sehr unterschiedliche Auffassungen darüber, was der inhaltlich bestimmte „**Gegenstand**" ihrer Forschung sei. Das Kapitel 3.1 erläutert die verschiedenen Begrifflichkeiten in ihrer religionspsychologischen Relevanz.*

*Aufgrund der vorgenommenen wissenschaftstheoretischen Klärungen wird daraufhin in Kapitel 3.2 vorgeschlagen und begründet, warum **Spiritualität** neben Religiosität als ein spezifischer Forschungsgegenstand der Religionspsychologie angesehen werden kann.*

*Neben dem inhaltsbezogenen Zugang existieren zahlreiche Versuche, unterscheidbare **psychologische Dimensionen der Religiosität** herauszufinden. Den aktuellen Forschungsstand dazu referiert Kapitel 3.3. Zusammenfassend wird die „Psycho-Logik" der Religiosität mit „**Getrenntsein in Bezogenheit**" umschrieben und in Kapitel 3.4 in einen psychologisch-anthropologischen Kontext gestellt.*

3.1 Der umstrittene „Gegenstand" der Religionspsychologie

Was bedeutet Religiosität psychologisch? Ist Religiosität primär als ein emotionales oder kognitives Geschehen anzusehen? Welche seelischen Prozesse werden durch eine religiöse Erfahrung angeregt, welche psychischen Funktionen werden aktiviert? Beinhaltet die Religiosität in erster Linie einen Wahrnehmungsakt, oder ist sie eher als ein Denk- und Beurteilungsprozeß aufzufassen? Handelt es sich bei der Religiosität um eine ethisch-moralische Grundüberzeugung, oder ist sie psychologisch besser im angewandten Vollzug als ein rituell-symbolisches Verhalten verstehbar? Welchen Einfluß hat charakterliche Labilität auf die Intensität einer religiösen Erfahrung?

Neben der Unterscheidung von psychologischen Funktionen, die durch eine religiöse Erfahrung angeregt werden, kann die Religiosität auch hinsichtlich ihrer vielschichtigen Aspekte differenziert werden. In diesem Sinne hat sich die Religionspsychologie unterschiedlichen Teilaspekten zugewendet. So wurden folgende Aspekte der Religiosität untersucht (die Aufzählung könnte weiter differenziert werden und erhebt bei weitem keinen Anspruch auf Vollständigkeit):

- **motivationale**: Meadow und Kahoe (1984) haben die Religiosität unter motivationstheoretischen Gesichtspunkten untersucht und eine Entwicklungsfolge von extrinsischer über gehorsamsorientierte und intrinsische Motivation bis zu einer „religiösen Autonomie" gefunden (vgl. dazu Plaum 1992, 43ff)
- **personal-persönlichkeitsbildende**: vgl. Allport 1950; Potempa 1958; Binder 1974, 11–124; Fowler 1989, 76–110; Plaum 1992
- **entwicklungsfördernde und entwicklungshemmende**: vgl. z.B. den von

Klosinski (1994) herausgegebenen Band über „Religion als Chance oder Risiko“

- **aktionale**: handlungstheoretische Aspekte hat Grom (1992, 206–216) gesammelt
- **soziale**: die soziale Dimension der Religiosität scheint derart fundamental zu sein, daß sich eine eigene Disziplin – die Religionssoziologie – damit befaßt
- **kognitive**: als prominenteste Vertreter sind Oser und Gmünder (1992) zu nennen
- **emotionale**: vgl. zur Übersicht Grom 1992, 217ff u. 252ff
- **unbewußte**: Frankl geht in seiner Logotherapie und Existenzanalyse von „unbewußter Religiosität“ aus, die er im Sinne „einer unbewußten Gottbezogenheit als einer dem Menschen immanenten, wenn auch noch so oft latent bleibenden Beziehung zum Transzendenten“ deutet (Frankl 1985, 55)
- **ethisch-moralische**: diesen Aspekt haben Kohlberg & Power (1981) untersucht
- **funktionale**: ein funktionales Religionsverständnis liegt dem wissenssoziologischen Ansatz von Luckmann (1991) zugrunde
- **symbolische**: Nach Funke (1993, 93ff) ermöglicht das symbolische Denken in der Religiosität die Überwindung einer fundamentalistischen Gesinnung; weiter führt er die „heilende Wirkung symbolischer und ritueller Erfahrung in der Liturgie“ aus (ebd., 100ff; vgl. auch Grom 1992, 255ff).

Ausgangspunkt dieser Differenzierungen bildet die schillernde Vielfalt des Religiositäts-Konzeptes, entstanden sind Entwürfe einer Religionspsychologie aus der Gegenstandsperspektive der Religiosität. Eine alternative Vorgehensweise entwickelt die Religionspsychologie aus der modelltheoretischen Perspektive der Psychologie, wie dies in Kapitel 5 vorgenommen wird. Im vorliegenden Kapitel 3 soll durch eine Zusammen- und Gegenüberstellung der für dieses Wissensgebiet relevanten Konstrukte Klärungen für den umstrittenen Forschungsgegenstand der Religionspsychologie geschaffen werden.

Schon 1963, auf der in Berlin stattgefundenen Arbeitstagung der Internationalen Gesellschaft für Religionspsychologie, diskutierten die Fachmitglieder engagiert über den Gegenstand ihrer Disziplin (vgl. das Referat und die sich anschließende Diskussion bei Keilbach 1973, 35–64), wobei die Frage der angemessenen Methodik deutlich in den Vordergrund rückte. Als „Kampfpositionen“ (Keilbach ebd., 36) standen sich empiristische und streng hermeneutische Vertreter gegenüber, die sich auch damals um die Grenze zwischen Ontologie und Empirie (vgl. Kapitel 4.4), um die Bedeutung der Wahrheitsfrage (vgl. Kapitel 4.5) und das Verhältnis zwischen Erklären und Verstehen (vgl. Kapitel 2.5) stritten. Besonders die deutschsprachige Religionspsychologie hat bis heute diesen Hiatus nicht überschritten. Auch aktuelle deutschsprachige religionspsychologische Publikationen sind entweder streng empirisch (z.B. Zwingmann 1991; Petersen 1993) oder hermeneutisch (z.B. Wyss 1991) orientiert.

Eine wissenschaftliche Untersuchung religiöser Phänomene erfordert eine möglichst präzise Begrifflichkeit. Weil viele der hier behandelten Sachverhalte heute in verschiedenen Kontexten gebraucht werden, zudem modisch überfrachtet und durch alltagssprachliche Unschärfen in ihrer Bedeutung verschwommen sind, folgen zunächst die für die Religionspsychologie relevanten Begriffsbestimmungen mit den sich überschneidenden Konzepten: 3.1.1. Religion; 3.1.2. Religiosität/Religiös-Sein; 3.1.3. Spiritualität/Frömmigkeit; 3.1.4. Transzendenz; 3.1.5. Glaube; 3.1.6. Mystik; 3.1.7. das Heilige/Numinose/Ultimate/Absolute/ganz Andere; 3.1.8. (religiöse) Kontingenz. Die inhaltlichen Beschreibungen beginnen mit einer Kurzdefinition, Kursivdruck verweist auf weitere Begriffsbestimmungen in diesem Kapitel.

3.1.1 Religion:

Gemeinschaftliche Beachtung (religere) und persönliche Bindung (religare) an eine letztgültige, übermenschliche Wirklichkeit/Absolutes; subjektive, meist emotional vermittelte *Transzendenz*erfahrung; ein öffentlich organisiertes und institutionalisiertes System von *Glauben*slehren und Glaubenspraktiken.

Die Fachbezeichnung „Religionspsychologie" legt nahe, Religion als den Gegenstand der psychologischen Forschung in dieser Teildisziplin anzusehen. Dies entspricht auch der englischsprachigen Terminologie „Psychology of Religion". Damit reiht sich die Religionspsychologie in die vielfältigen Subdisziplinen der Psychologie ein und ist vergleichbar mit der Sportpsychologie, der Wirtschaftspsychologie oder der Musikpsychologie.

Ganz allgemein wird Religion definiert als „erlebnishafte Begegnung mit heiliger Wirklichkeit und als antwortendes Handeln des vom Heiligen existentiell bestimmten Menschen" (Mensching 1961, 962). Die wesentlichen Bestandteile dieser elementaren Definition sind psychologischer Natur – „erlebnishafte Begegnung", „antwortendes Handeln", „existentiell bestimmter Mensch", nur „das Heilige" entzieht sich psychologischer Analyse und wird als Thema der Religionswissenschaft angesehen. Warum hat sich die Religion nicht als einheitlicher religionspsychologischer Forschungsgegenstand etablieren können?

Die Funktionen und der Einflußbereich von Religion sind schwer einzugrenzen. Als kultur- und gesellschaftsbildende sowie individuell-sinnstiftende Kraft hat ihre Bedeutung – trotz aller harschen Religionskritik – offensichtlich wenig Einbußen erlitten, wenngleich deutliche inhaltliche Veränderungen von kirchlich gebundener Religion hin zu subjektivistischer Spiritualität konstatiert wurden. Religion erfüllt offensichtlich ein anthropologisches Grundbedürfnis und nimmt Einfluß auf die Gesamtheit von kognitiver, emotionaler, motivationaler und unbewußter Steuerung des Menschen.

Allerdings ist „Religion" eine christlich geprägte Wortschöpfung, die innerhalb des Christentums zur Reflexion auf die eigene Verfassung und die eigene Geschichte gebildet wurde, wodurch die Gefahr der Beeinflussung im Verständnis anderer „Religionen" gegeben ist (vgl. Feil 1986). Aufgrund dieser Einschränkungen wird in vorliegender Arbeit davon abgesehen, Religion als den speziellen Forschungsgegenstand der Religionspsychologie anzusehen. Dieses fällt der Religionswissenschaft zu (vgl. dazu Pollack 1995).

3.1.2 Religiosität („religiosity") bzw. Religiös-Sein („religiousness"):

Sammelbegriff für religiöses Bewußtsein, Erleben, Verhalten, für die religiöse Grundeinstellung.

Die englischsprachige Forschung unterscheidet Religiosität („religiosity") von Religiös-Sein („religiousness"). Donahue (1985, 400) vermeidet den Begriff „religiosity" und zieht „religiousness" aus etymologischen Gründen vor: „religiosity" meine ein affektiertes und übertriebenes religiöses Interesse, „religiousness" den persönlichen Glaubensvollzug. Auch Hole (1977, 4) verbindet mit Religiosität „inhaltlich ungebundene Gefühlsabläufe" und zieht den *Glaubens*begriff vor. Küngs (1987, 112) Terminologie unterscheidet deshalb „unwahrhaftige" („Frömmlerei", englisch „religiosity") von „echter Religiosität" („Frömmigkeit", engl. „religiousness"). Ebenso sind in dem religionspsychologischen Lehrbuch von Meadow und Kahoe (1984) die Leitbegriffe „religion" und „religiousness" zu finden, nicht aber „religiosity". Weil in diesem Fall die Nuancen der englischen Sprache weiter reichen als die der deutschen, sollte der mißverständliche Religiositäts-Begriff nur mit Zurückhaltung und Bedacht benutzt werden. Hier wird er wegen seiner allgemeinen Gebräuchlichkeit verwendet.

3.1.3 Spiritualität/Frömmigkeit:

Gestaltwerdung eines Glaubens im Alltag, seine Lebenspraxis (vgl. Sudbrack 1988, Ruhbach 1988, Thilo 1990, Schütz 1988, Barth 1993).

Der ursprüngliche Wortsinn dieses aus dem Französischen eingedeutschten Begriffs meinte die „geistliche Lebensform" einer Person (Schütz 1988, 1170). Daiber und Lukatis (1991) umschreiben diesen Sachverhalt in ihrer religionssoziologischen Untersuchung anschaulich mit „gelebte Religion". Spiritualität verweist auf „die Grundhaltung des Christen, die sich in allen Vollzügen seines Lebens auswirkt ... Offensichtlich wird christliche Spiritualität häufig mit ‚Lebensstil' zusammengedacht" (Barth 1993, 12f). „Was in erster Linie interessiert, ist die spirituelle Persönlichkeit" (Schütz 1988, VIII). Durch seinen Fokus auf das Subjekt und die individuelle Ausgestaltung einer inneren, möglicherweise auch religiösen Grundeinstellung beschreibt der Gegenstandsbereich der Spiritualität ein zutreffendes Forschungsgebiet der Religionspsychologie. In diesem Sinne kann die Religionspsychologie die psychologischen Aspekte der christlichen, buddhistischen, materialistischen, ökologischen, esoterischen etc. Spiritualität untersuchen (vgl. dazu das folgende Kapitel).

3.1.4 Transzendenzerfahrung:

Innere Wahrnehmung des menschlichen Bezogenseins (vgl. Kapitel 2.3.3) auf eine überweltliche, unendliche Wirklichkeit, vermittelt durch die Erkenntnis der menschlichen Endlichkeit (vgl. Rahner 1976, 42ff). Eine systematische Darstellung der von der menschlichen Transzendenzerfahrung ausgehenden, anthropologisch abgeleiteten Religionsbegründung Rahners hat Fischer (1986) erarbeitet. Nach Clinton (1990, 120) hat Rahner „die bisher gründlichste Analyse der … Zusammenhänge zwischen Gott, Mensch und Welt aus christlich-philosophischer Perspektive erstellt“.

3.1.5 Glaube:

Individuelle Antwort auf die Betroffenheit durch eine Wirklichkeit, die den Menschen „unbedingt“ angeht (vgl. Tillich 1961); persönliche Sinngebung des Daseins.

Für die religiöse Entwicklungspsychologie hat Fowler (1987, 1991) den theologischen Glaubensbegriff auf die Psychologie angewendet und übertragen (vgl. dazu Utsch 1990); Nipkow übersetzt den von Fowler definierten „faith“-Begriff zutreffend mit „Lebensglaube“ (Nipkow 1982, Bd. III, 54ff). Für Müller-Pozzi ist „religiöser Glaube … die subjektive Seite der Offenbarung“ (Müller-Pozzi 1975, 28) und damit der religionspsychologisch relevante, erforschbare Aspekt der Religion. In seiner „Psychologie des Glaubens“ hat Müller-Pozzi (1975) den Versuch einer Verhältnisbestimmung von Psychologie und Theologie unternommen, wobei seine systematische Begründung einer Religionspsychologie vom Glaubensbegriff der Theologie Paul Tillichs ausgeht.

Die psychologischen Beziehungsqualitäten des Glaubensbegriffs hat Lüssi (1979, bes. 17–37)) differenziert herausgearbeitet. Deutliche Grenzen zwischen Glaube, Ideologie und Wahn hat Huth (1988) markiert, indem er den Beziehungsaspekt des Glaubens als einen Akt des Vertrauens in den Mittelpunkt stellte.

3.1.6 Mystik:

Oftmals sehr allgemein als Beschreibung jeglichen Gottesverhältnisses benutzt (Grom 1991). Präziser können zwei Formen als monistische Mystik der Versenkung und dualistische Mystik der Begegnung unterschieden werden (vgl. Melzer 1987, Akerberg 1988, Huth 1990). Sudbrack (1988) findet beide Mystikformen in der Selbsterfahrung, der kosmischen Erfahrung und der Gotteserfahrung vor. Hier wird Mystik der begrifflichen Klarheit halber enger gefaßt als ein intensiv-religiöses Einheitserlebnis, als „jene Form des Gottesumganges, bei der die Welt und das Ich radikal verneint werden, bei der die menschliche Persönlichkeit sich auflöst, untergeht, versinkt in dem unendlichen Einen der Gottheit“ (Heiler 1923, 249). Feinfühlig psychologisch analysiert hat Carl Albrecht (1976) die Veränderungen des Wahrnehmungsprozesses bei der mystischen Erfahrung.

3.1.7 Das Heilige/Numinose/Ultimate/Absolute/ganz Andere:

Religionswissenschaftliche Begriffe zur Beschreibung einer überweltlichen, *transzendenten* Wirklichkeit.

„Religion ist erlebnishafte Begegnung mit dem Heiligen und antwortendes Handeln des vom Heiligen bestimmten Menschen“ (Mensching 1959, 18f). In dieser für die Religionswissenschaft klassischen Definition wird der Schwerpunkt des Interesses weg vom subjektiven Erleben hin zu dem möglichst zu objektivierenden Auslöser der religiösen Erfahrung gelenkt, das „Heilige als ‚Gegenstand‘ religiösen Erlebens“ (Niggemeier 1993, 170) umschrieben. Begründer dieser Forschungsrichtung war Rudolf Otto mit seinem 1917 erschienenen Werk „Das Heilige“. Ähnlich wie vor ihm James, auf den er sich auch bezieht, ging Otto von der Religionsdefinition Schleiermachers als „Gefühl schlechthinniger Abhängigkeit“ aus. Allerdings forderte Otto eine stärkere Berücksichtigung der persönlichen Ergriffenheit und existentiellen Betroffenheit als Charakteristikum der religiösen Erfahrung, bevor diese hinter Begriffen und Erklärungssystemen verschwände. Dieser Aufgabe stellte sich Otto und schlug dazu „eine ‚subtrahierte‘ Betrachtung der religiösen Erfahrung vor“ (Niggemeier 1993, 171). Zur Beschreibung dieser Erfahrung vor der ethisch-rationalen Ausdeutung bildete Otto das Kunstwort „das Numinose“ (von lat. numen = Wink, göttlicher Wille, Walten der Gottheit), das „bezeichnen soll das Heilige minus seines sittlichen Moments und … minus seines rationalen Momentes überhaupt“ (Otto 1917/1987, 6). Als „numinos“ kann sowohl das Erleben selbst als auch das Erlebte, der Inhalt oder Gegenstand der religiösen Erfahrung, bezeichnet werden (zur doppelten Verwendung des Wortes vgl. Colpe 1987, 433). In eindrücklicher Beschreibung der verschiedenen Erlebnisformen des Heiligen differenzierte Otto die religiöse Scheu und das Nichtigkeitsgefühl mit seiner berühmt gewordenen Formel vom „mysterium tremendum et fascinans“, vom schauervollen und zugleich anziehenden Geheimnis.

Für die Religionswissenschaft sowie die Religionsphänomenologie bietet Ottos Ansatz wichtige Grundlagen. Mit der Voraussetzung, „daß ‚das Heilige‘ so etwas wie Grundlage, Ursprung oder Wesen der Religion überhaupt sei“ (Colpe 1987, 37), überschreitet diese Gegenstandsbestimmung aber den Kompetenzbereich der Religionspsychologie, weil keine psychologischen Aussagen über „das Heilige“ gemacht werden können. Das für Otto zentrale Anliegen der Erhellung des „Irrationalen in der Idee des Göttlichen“, so der Untertitel, gelang ihm durch die Einführung des „sensus numinis“ (Otto 1917/1987, 151), der Beschreibung religiös ausgelöster Gemütszustände durch einen annäherungsweisen Vergleich zu Gefühlen des Unheimlichen, des Schauervollen, des Grauens, des Übermächtigen, des Geheimnisvollen, des ganz Anderen, des Anziehenden, des Faszinierenden. Diese von Otto postulierte religiöse Sensitivität („In der Masse ist auch hier die Anlage nur als die Empfänglichkeit vorhanden, das heißt als Erregbarkeit für Religion“ (Otto ebd., 204) kann in ihrem „analogischen Charakter nur begrifflich festgehalten, aber nicht empirisch demonstriert werden“ (Colpe 1987, 44).

Durch die Angliederung des sensus numinis an Gefühlszustände rückt die „religiöse Anlage“, die „grundsätzlich wohl als Deutungskategorie des menschlichen Selbstverständnisses auf der transzendentalen ‚Ebene‘ des religiösen Apriori hätte bleiben sollen, geradezu zwangsläufig wieder auf die Ebene des psychologisch Aufweisbaren“ (Colpe 1987, 44). Dadurch finden eine Vermischung der Interpretationsebenen und wissenschaftstheoretische Mißverständnisse statt. Zum Problem der religiösen Anlage in der Konzeption Ottos führt Wagner aus, daß „das Heilige“ „nicht als apriorische Kategorie begründet werden kann, da sie von gefühlsmäßigen Bewertungen abhängt, die ihrerseits auf psychischen Daten beruhen. Wird das Apriori der Religion aber psychologisiert, so wird es in Wahrheit auf ein gegebenes Aposteriori zurückgeführt, ... ihre Erklärung fällt tautologisch aus: Religiöse Gefühle beruhen auf der Anlage zu religiösen Gefühlen“ (Wagner 1986, 315). Diese Aporie zieht eine für die religionspsychologische Forschung fatale Konsequenz nach sich, daß nämlich ohne die klare Unterscheidung von ontologischen und anthropologischen (Philosophie), Glaubens- (Theologie) und empirisch überprüfbaren (Psychologie) Aussagen ihre theoretische und angewandte Weiterentwicklung stagnieren muß.

Der von Otto angenommene „sensus numinis“ ist damit „ein sensus für irgendwelche Gefühlszustände, die von Privatsubjekten als Gefühle des Numinosen gewertet werden“ (Wagner 1986, 315). Zusammenfassend formuliert Grom (1992, 249) in dem Kapitel über Religiosität und Emotionen seiner Religionspsychologie: „Religiöse Gefühle unterscheiden sich einzig in ihrer kognitiven Komponente, durch ihre Bewertungen, Überzeugungen und Inhalte, durch ihre Intentionalität von anderen Gefühlen und sind dadurch als religiös gekennzeichnet“. Damit rückt Grom die kognitionspsychologische Untersuchung der Denk- und Gefühlsprozesse zum besseren Verständnis religiöser Erfahrungen in den Vordergrund, die nicht transzendentalphilosophisch begründet, sondern empirisch aufgewiesen werden können. Durch die Vermischung der Wissenschafts- und Erklärungsebenen von Ontologie und Empirie kann Ottos Entwurf nicht zur Gegenstandsbestimmung der Religionspsychologie dienen.

3.1.8 (Religiöse) Kontingenz:

Religionsphilosophische Begrifflichkeit zur Erfassung des Zusammenhangs zwischen Geschehnis und Deutung („contingence“ = Endlichkeit, Geschichtlichkeit, Zufälligkeit [vgl. Müller 1989, 45]). Weil es das Sicherungsbedürfnis des Menschen beruhigt, jedes Lebensereignis in einen subjektiv stimmigen, sinnvollen Begründungs- und Erklärungszusammenhang zu bringen, weisen die unerklärlichen Menschheitsfragen – Frankl (1983, 236) spricht z.B. von der „tragischen Trias“ Leid, Schuld und Tod – auf die Möglichkeit einer *transzendenten* Deutung hin.

Nach dem Zusammenbruch des religiös-metaphysischen Weltbildes folgte nach Müller ein existenzialistisches Kontingenzbewußtsein, das heute durch die Aufforderung von Lübbe, sich in ein vernünftiges, lebensdienliches Verhältnis zum Unverfügbaren zu setzen, als „pragmatisch“ skizziert werden kann (vgl.

Lübbe 1986). Die Kontingenz- oder Sinnproblematik drängt nach einer persönlichen Beantwortung. Insofern liegen der Ausgangspunkt und das Bezugsproblem der Religion darin, „daß etwas so ist, wie es ist, und doch anders sein könnte“ (Pollack 1995, 184) – eben im Problem der Kontingenz.

3.1.9 Der Zusammenhang zwischen Religion, Religiosität und Spiritualität

An anderen Stellen dieser Arbeit wurde schon auf den unterschiedlichen Bedeutungsbereich der Begriffe Religion, Religiosität und Spiritualität hingewiesen. Die folgende Abbildung (Abb. 4) stellt diese drei Begriffe nebeneinander und kontrastiert sie anhand ihrer Definition, der Möglichkeit ihrer Erforschung, einiger prägnanter Forschungsgegenstände und des zugehörigen Bewußtseinsraums. In der letzten Zeile der Tabelle wurde die Zuordnung zu drei unterschiedlichen Religionsverständnissen hergestellt. Die tabellarische Form der Darstellung mag an manchen Stellen zu allgemein und oberflächlich sein, sie ermöglicht aber im zugespitzten Vergleich eine begriffliche Differenzierung.

Abb. 4: Religion, Religiosität und Spiritualität

	Religion	***Religiosität***	***Spiritualität***
Definition	*Vorhandensein* übermenschlicher Wirklichkeit	*Bezugsform* zur übermenschlichen Wirklichkeit	*Teilnahme* an übermenschlicher Wirklichkeit
Forschungs-disziplin	Kulturgeschichte	Sozialwissen-schaften	phänomenologisch
Forschungs-gegenstand	Riten/Symbole	Erleben/Verhalten	Weltanschauung
Bewußtseinsraum	kollektiv	personal	transpersonal
Religions-verständnis	funktional	substantiell	existentiell

Diese Dreiteilung verdeutlicht daß aus der hier eingenommenen dialogischen Perspektive die Spiritualität als ein wichtiger religionspsychologischer Forschungsbereich anzusehen ist und sich vom religionssoziologischen, religionswissenschaftlichen oder rein empirisch-psychologischen Erkenntnisinteresse unterscheidet. Weil individuelle Sinngebung des Lebens, Werte und Menschenbild jede Form von Wissenschaft bedingen und einen besonderen Stellenwert in dem hier behandelten spirituell-religiösen Fragenkomplex einnehmen, muß bei einem dialogischen Forschungsansatz die Spiritualität einbezogen werden (vgl. zur dialogischen Forschung Kapitel 6.4).

3.2 Spiritualität als religionspsychologischer Forschungsgegenstand

Vielfach unreflektiert gilt im deutschen Sprachraum „Religiosität" als der Forschungsgegenstand der Religionspsychologie. Aber schon von der Terminologie der Disziplinbezeichnung her gesehen ist das falsch. Als Beschreibung des Teilbereichs, dem sich diese psychologische Subdisziplin widmet, führt der Titel „Religion" als Attribut mit sich, nicht Religiosität. Wenn unter Religiosität umgangssprachlich das durch Religion bedingte Erleben und Verhalten angesprochen wird, scheinen zunächst der Bezug und die Relevanz der Psychologie zur Erforschung dieses menschlichen Ausdrucksbereichs evident zu sein. Dennoch plädiere ich aus verschiedenen Gründen dafür, auch die Spiritualität als einen angemessenen Forschungsbereich der Religionspsychologie anzusehen:

Der Begriff Religion ist in Europa zu einer institutionellen Kategorie verkümmert. Ihr Einfluß erstreckt sich bestenfalls auf kulturelle, repräsentative und diakonische Bereiche. Immer mehr Europäer treten aus den christlichen Staatskirchen aus und melden sich behördlich als „religions-" oder „konfessionslos". In den neuen Bundesländern sind zwei Drittel der Bevölkerung ohne ein Glaubensbekenntnis registriert. Trotzdem ist oftmals immer noch ein „Glaube" festzustellen, allerdings in individuell sehr unterschiedlichen, den eigenen Wünschen, Bedürfnissen und Wertvorstellungen adaptierten Variationen (vgl. Kurzdörfer 1991, Barz 1995).

Das ungebrochene Interesse an Mystik und Esoterik in unserer Gesellschaft weist auf einen spirituellen Erfahrungshunger hin, den die christlichen Kirchen nicht mehr stillen. Die formal wie inhaltlich nicht mehr kirchlich gebundene Religiosität tritt als Glaube an die Astrologie, als Sehnsucht nach kosmischer Ganzheit oder Sinnsuche in Erscheinung (vgl. Zahrnt 1989). „Gott" wird hierfür nicht mehr beansprucht. Auch Sekten haben augenblicklich Hochkonjunktur: die Zahl ihrer Anhänger entspricht laut dem Informationsdienst der Evangelischen Allianz der Anzahl der durchschnittlichen Gottesdienstbesucher in den evangelischen Landeskirchen. Nach einer Umfrage unter Führungskräften im eher traditionsorientierten Bayern kommt der Religionssoziologe Kaufmann (1989, 3) zu dem Schluß, das Christentum gehöre nicht mehr zur „Religion" in der Bundesrepublik. Durch die neuzeitlichen gesellschaftlichen Entwicklungen erscheint Kaufmann (1989, 59f) nach der Befragung zahlreicher religionswissenschaftlicher Quellen der Begriff der Religion als „unbestimmbar".

Hilfreich differenzierte der Religionswissenschaftler Smith deshalb den bis zur Unkenntlichkeit entstellten Religions-Begriff der Klarheit halber in einen gesellschaftlichen („cumulative tradition") und einen persönlichen („faith") Aspekt (vgl. Wulff 1991, 4 oder Fowler 1991, 30ff). Theologiegeschichtlich folgenreich unterschied mit ähnlicher Intention Semler schon 200 Jahre zuvor die „öffentliche Religion" von der „Privatreligion" (vgl. Halbfas 1976, 178f; Wagner 1986, 48ff).

Die „Privatreligion" oder der „persönliche Glaube" sind als der eigentliche Gegenstand religionspsychologischer Untersuchungen zu betrachten, weil darin die psychologisch zu untersuchende Gestaltwerdung als Verwirklichung religiösspiritueller Erfahrungen und persönliche Reaktionen auf numinose, transzendente Erlebnisse zum Ausdruck kommen. Spiritualität als die alltägliche Umsetzung einer Lebenseinstellung, als Glaubenspraxis, ist der empirisch erfaßbare Teil der Religion.

Weil mit Religion mehrheitlich die gesellschaftlich-öffentliche Bedeutung und tradierte Funktion einer gemeinsamen Berücksichtigung „heiliger Werte" verbunden wird, ist dieser Begriff als Gegenstandsbeschreibung der psychologischen Erforschung des religiösen Erlebens und Verhaltens ungeeignet. In diesem Sinne haben Shafranske und Malony (1990, 73) in ihrer Untersuchung über die spirituellen und religiösen Einstellungen von Klinischen Psychologen pragmatisch *Religosität* als Bindung an Überzeugungen und Praktiken einer religiösen Organisation definiert, *Spiritualität* als das persönliche religiöse Verhalten festgeschrieben und damit Begriffsverwirrungen ausgeschlossen. Murken (1994) hat Spiritualität als Wirkfaktor in der Therapie Alkoholkranker untersucht, Zimmermann (1995) hat dieses Konzept mit dem Lebenskonzept des Positiven Denkens verglichen und durch eine empirische Studie herausgefunden, daß sowohl Spiritualität als auch Positives Denken mit mehr Lebenszufriedenheit sowie stärkerer sozialen Orientierung verknüpft ist.

Der religionspsychologische Forschungsgegenstand Spiritualität postuliert eine geistige Dimension im Menschen, die eng mit dem emotionalen, kognitiven und motivationalen Erleben korrespondiert, aber dennoch eigenständig existiert. Diese Perspektive „geht von einer spirituellen Wirklichkeit aus, die sich auf das menschliche Erleben und Verhalten auswirkt. ... Diesen Gedanken drückte Rogers in einem Brief an mich so aus, daß „so etwas wie ein transzendenter Einfluß im Universum existiert, der auch im Menschen wirksam ist" (Bergin 1991, 398).

Neuere entwicklungspsychologische Untersuchungen über den menschlichen Lebenslauf (Levinson 1979, Kegan 1986, Fowler 1991) weisen auf eine transzendente, spirituelle Dimension als speziellen Erfahrungsmodus innerhalb der menschlichen Entwicklung hin. Diese Dimension wird besonders dann benötigt und entdeckt, wenn in einer Krisen-, Verlust- oder Veränderungsssituation die Sinnfrage unausweichlich wird. Dieser Aspekt der menschlichen Erfahrung, den man in den Theoriegebäuden von Allport, Erikson, Frankl, Jung und May finden kann, kann als die spirituelle Dimension konzeptualisiert werden (vgl. Shafranske & Gorsuch 1984; Conn 1986; Conn 1989; Helminiak 1987; Benner 1988; Shafranske & Malony 1990; Ellison & Smith 1991; Scharfetter 1992; Barth 1993; Ingersoll 1994).

Der Vorzug des Spiritualitätsbegriffs für die wissenschaftliche Religionspsychologie liegt darin begründet, daß bei dieser Untersuchungsrichtung im Gegensatz zur Religion oder der Religiosität der traditionelle Bedeutungsgehalt und die gedankliche Verknüpfung zu Konfession und Erziehung wegfällt. Dadurch werden in dem subjektbezogenen Spiritualitätskonzept die oben ausgeführten Verwirrungen durch den traditionsbelasteten, funktionalen Religionsbegriff ausgeschlossen. Spiritualität als ein „leidenschaftlicher Lebensstil" kann sich auf alle Lebensbereiche erstrecken und in den unterschiedlichsten Tätigkeiten ausdrücken.

In der systematisch aufgebauten Religionspsychologie von Meadow und

Kahoe (1984, 400) gehen die Autoren am Ende ihres Kapitels über „reife Religiosität“ auf Gemeinsamkeiten und Unterschiede der psychologischen und spirituellen Dimension ein und fassen zusammen: „Obwohl es Hinweise dafür gibt, die psychologische und die spirituelle Reife als aufeinander bezogen (‚interrelated‘) zu betrachten, ist es heuristisch vorzuziehen, beide konzeptuell auseinander zu halten“.

Als die für die Natur des Menschen charakteristische Dimension der Geistigkeit (vgl. Scheler 1928; Frankl 1983) hat die Spiritualität als menschliche Potentialität zur Bildung von Religionsgemeinschaften geführt. Religion kann damit als tradierte Ausdrucksform der menschlichen Spiritualität betrachtet werden (Ingersoll 1994, 106). Ebenso faßt Barth (1993, 14) Spiritualität als das weitere Konzept auf, das Bewußtheit und Reflektiertheit mit einschließe, während mit Religiosität eher Gefühle und kultische oder rituelle Handlungen verbunden seien. Das 1994 in 4. Auflage erschienene „Diagnostische und statistische Manual psychischer Krankheiten“ (DSM-IV) unterscheidet ebenfalls Religiosität von Spiritualität. Es enthält die Verschlüsselung „Religiöses oder spirituelles Problem“, die als Kategorie benutzt werden sollte, wenn „der Fokus der klinischen Aufmerksamkeit ein religiöses oder spirituelles Problem beinhaltet. Dazu zählen Belastungssituationen wie der Verlust des Glaubens, Probleme nach einer Konversion zu einem neuen Glauben oder existentielle Fragen hinsichtlich spiritueller Werte, die nicht notwendigerweise mit einer organisierten Kirche oder einer religiösen Organisation zu tun haben müssen“ (DSM-IV, zit. nach Hall, Tisdale & Brokaw 1994, 395).

Bisher wurde die spirituelle Dimension des Menschen in der Psychologie als Bedürfnis nach Transzendenz (Maslow), als menschliche Kapazität zur Selbsttranszendenz (Frankl), als Bewußtseinsbereich (z.B. als Archetyp bei C.G.Jung oder „höheres Selbst“ in der Transpersonalen Psychologie) und als ein wichtiger Beitrag zur seelischen Gesundheit (vgl. Becker & Weißer 1988; Bergin 1991) erforscht. Epidemiologische Untersuchungen in Amerika und England wiesen darauf hin, daß zwischen 30% und 40% der Bevölkerung über mystische Erfahrungen als Gefühl der Nähe zu einer starken, spirituellen Kraft außerhalb ihrer Person berichteten (Spilka, Hood & Gorsuch 1985, 183ff).

Um transpersonale von humanistisch-existentialistischen Ansätzen abzugrenzen, ist es wichtig, zwischen Spiritualität als personaler oder transpersonaler, „kosmischer“ Qualität zu unterscheiden. Ausgangspunkt der transpersonalen Theorien ist ein Menschenbild, das keine materialistische Struktur aufweist, sondern von der Existenz einer geistig-spirituellen Realität oder Energie ausgeht (vgl. Walach 1990, 49ff; Scharfetter 1992, 13ff). Der anthropologische Ausgangspunkt einer spirituellen, transpersonalen Realität erfordert einen eigenen wissenschaftlichen Zugang zu dieser Dimension (vgl. Wit 1993). Die herkömmliche, akademische Psychologie hat sich bisher „nur recht unzulänglich mit der spirituellen Seite der Natur des Menschen befaßt; sie hat deren Existenz entweder überhaupt geleugnet oder sie mit dem Etikett ‚pathologisch‘ versehen. Dabei ist die Agonie unserer Zeit doch zum großen Teil die Folge eines spirituellen Vakuums“ (Tart 1978, 149).

Als Beispiel für die Weiterentwicklung von einer humanistisch-existentialistischen zur spirituellen Psychologie kann der wissenschaftliche Werdegang des Priesters und Psychologen van Kaam dienen (vgl. van Kaam 1987, 79ff). Als phänomenologisch orientierter Psychologe wurde van Kaam 1954 aus Holland an die Duquesne-Universität nach Pittsbourgh berufen. Dort interessierten ihn besonders der Kreis existentialistischer Forscher (Frankl und R. May) sowie die humanistische Psychologie (Adler, Allport, Rogers, Maslow u.a.). In vielen persönlichen Kontakten und verschiedenen Publikationen äußerte van Kaam seine wissenschaftstheoretisch begründete Kritik an diesen beiden Schulen, ohne recht Gehör zu finden. 1963 hatte er das Glück, ein eigenes Institut an dieser Universität gründen zu können, an dem er seine Ideen einer „Formativen Spiritualität" entwickeln konnte. Diese entwarf er als eine „radikal anthropologische Psychologie", die besonders die spirituelle als urmenschliche Dimension zu berücksichtigen habe. Weil sich diese Dimension aber empirischer Überprüfung entziehe, entwarf van Kaam eine „transempirische" Wissenschaft, die besonders durch ihre eigen(willig)e Terminologie auffällt (vgl. van Kaam 1983).

Wit (1993, 36ff) hat eine sorgfältige Studie über die wissenschaftstheoretischen Unterschiede zwischen einer Religionspsychologie „in der dritten und in der ersten Person" verfaßt. Die traditionelle Religionspsychologie mit ihrem objektiven Wissenschaftsanspruch beschreibt er als Psychologie der dritten Person, in der Informationen und Daten über Dritte gesammelt und ausgewertet werden. Weil Spiritualität aber „nur als meine Erfahrung verfügbar ist, also als Erfahrung in der ersten Person" (Wit 1993, 36), müsse die akademische Religionspsychologie das Studium der Spiritualität wegen ihres privaten Charakters ausschließen. Um die Erfahrung nicht durch den Prozeß der Begriffsbildung zu verzerren, unterscheidet Wit (1993, 106ff) „Objektivität gemäß der Begriffsstrategie" als der klassischen religionspsychologischen Forschungsmethodologie von der „Objektivität gemäß der Bewußtseinsstrategie", die er als angemessene Vorgehensweise einer phänomenologisch arbeitenden Religionspsychologie ansieht. Weil es der Bewußtseinsstrategie an Sprache und Symbolen fehle und die Begriffsstrategie Defizite durch die Vermischung von Gedanken und Erfahrung habe, fordert Wit das Zusammenspiel zwischen beiden Vorgehensweisen. Damit reiht sich Wit in die Reihe der Forscher ein, die – wie auch vorliegende Arbeit – eine komplementäre Methodologie für die Religionspsychologie empfehlen (vgl. Hanford 1975; McFarland 1984; Kapitel 2.5).

Aber auch andere Entwürfe einer „kontemplativen Psychologie" wurden entwickelt, die mit dem gleichen Anspruch einer psychologischen Annäherung an die Spiritualität auftraten (vgl. Benner 1988, 69ff). Der amerikanische Psychiater G. May gründete 1974 das „Shalem Institute for Spiritual Formation" in Washington. In seiner theoretischen Grundlegung über die Zusammenhänge zwischen der psychischen und spirituellen Dimension des Menschen betont May, daß Religion und Spiritualität eng beieinander liegen. „Religion kann ohne Spiritualität existieren, wenn sie nur aus Verhaltensregeln, nicht-erfahrungsbezogener Theologie und unverstandenen Riten besteht" (May 1982, 32). Spiritualität faßt May als eine ursprüngliche Sehnsucht des Menschen auf und definiert sie als

„Bereitschaft und Mut, sich dem Mysterium zu öffnen“ (ebd.). Nach über 20jähriger Therapeutentätigkeit ist May überzeugt davon, daß die Sehnsucht nach Gott zur Natur des Menschen gehört (May 1993, 1).

Mit großem popularwissenschaftlichem Erfolg hat Peck (1986) die Entwicklungsschritte des spirituellen Wachstums aus seiner Sicht als Psychotherapeut dargestellt. Kürzlich hat die amerikanische Suchtexpertin Schaef (1995, 266ff) der akademischen Psychologie ein mechanistisches Wissenschaftsparadigma vorgehalten, wodurch ein Dualismus entstanden sei, der die für den Menschen wichtige spirituellen Erfahrungen nicht abbilden könne. Auch Schaef geht von einer angeborenen Spiritualität aus, die sie bildlich als „seinen Platz im Universum finden“ beschreibt.

Bei der Operationalisierung der Spiritualität ist eine eindeutige Begrifflichkeit unabdingbar. Bei manchen Untersuchungen fällt auf, wie nachlässig und/oder willkürlich Begriffe vertauscht und vermischt werden. Spiritualität ist nicht ohne weiteres mit Religiosität gleichzusetzen, wie es manche Autoren tun. Beispielsweise präsentieren Kass et al. (1991, 203) den wichtigen Forschungsüberblick von Levin & Schiller (1987) mit dem Titel „Gibt es einen religiösen Gesundheitsfaktor?“ als Studie über „die Beziehung zwischen Spiritualität und Gesundheit“, obwohl in dem Artikel der Begriff Spiritualität nicht vorkommt, sondern nur Religion und Religiosität.

Differenzierte Vorüberlegungen über psychologische Zugangsmöglichkeiten zur Spiritualität haben Ellison und Mitarbeiter angestellt (vgl. Ellison & Smith 1991). Bei der Suche nach einer theoretischen Einbettung dieses Konstruktes stießen sie auf die Gesundheitsforschung. Ihrer Meinung nach stellt aktive Spiritualität ein wesentliches Kriterium geistig-seelischer Gesundheit dar. Ihren Forschungsbereich grenzten sie auf „spirituelles Wohlbefinden“ („spiritual wellbeeing“) ein und entwickelten und validierten eine Fragebogen dafür (vgl. Ellison & Smith 1991). Weitere psychologische Forschungsinstrumente zur Erfassung der Spiritualität referieren Hall, Tisdale & Brokaw (1994).

Auf die Diskussion um die psychotherapeutische Nutzbarmachung spiritueller Ressourcen und damit verbundener Gefahren kann hier nur hingewiesen werden (vgl. Miller 1991; Roy 1992; Scharfetter 1992; Gascard 1992; Bühler & Wolz-Gottwald 1993; Murken 1993; Randour 1993; Zundel & Loomans 1994; Shafranske 1995). In diesem Zusammenhang wurde auch auf die therapeutischen Wirkungen christlicher Spiritualität aufmerksam gemacht (vgl. Grün & Dufner 1989; Frick & Fühles 1990; Staehelin 1990; Raab 1990; Nüchtern 1994; Frambach 1994).

3.2.1 Vorzüge des Begriffs „Spiritualität“

Ein besonderer Vorzug des Spiritualitätsbegriffs ist seine inhaltliche Offenheit und Unvorherbestimmtheit. Religion und Religiosität assoziieren zunächst spontan kirchliche Riten, Moral, Dogmen u.ä., also funktionale und institutionelle Aspekte der Frömmigkeit. Als mißverständlicher Streitbegriff wirkt Spiritualität vielleicht nur durch seine dezidiert anti-materialistische Konnotation, ansonsten ist er inhaltsfrei. Die sich anschließende Frage „Welche Spiritualität?“ hebt durch ihre Forderung nach einer eindeutigen Beschreibung der jeweiligen Weltanschauungs- oder Lebensform ausdrücklich die für die Religionspsychologie so wichtige Grenze zwischen Ontologie und Empirie hervor (vgl. Kapitel 4.4). So können die christliche, atheistische, New-Age- oder Leistungs-Spiritualität u.v.a.m. untersucht werden. Spiritualität kann, muß aber nicht religiös motiviert sein. Die grundsätzliche Fragerichtung zielt darauf ab, die einen Menschen antreibende Grundmotivation herauszufinden. Der spirituellen Grundmotivation könnte beispielsweise durch die Frage „Wer bin ich, und was will ich eigentlich?“ nachgegangen werden. Pragmatisch definiert Schaef (1995, 347): „Herauszufinden, wohin wir gehören, im Prozeß des Universums, ist Spiritualität“. Ouweneel spricht in diesem motivationstheoretischen Zusammenhang von der „konativen Dimension“, der er auch die spirituelle Motivation zuordnet, als einem intentionalen Akt (vgl. Ouweneel 1993, 201ff).

Die Fokussierung auf den inhaltlichen Aspekt einer spirituellen Tradition trägt der Einsicht Rechnung, daß eine spirituelle Lebensform nicht losgelöst von ihrer überlieferten Gestalt untersucht werden kann. Jede Spiritualität stellt in ihrer „mentalen und inhaltlichen Struktur ein nach religiöser Glaubensform differentes seelisches Geschehen“ dar (Haas 1989, 27). Auch der Religionspsychologe Grom kritisiert, daß die meisten der bisher durchgeführten religionspsychologischen Untersuchungen zur Spiritualität den Einfluß des kognitiv-weltanschaulichen Kontexts oft bis zur Bedeutungslosigkeit minimalisiert hätten. Studien mit diesem Forschungsansatz übersähen, „daß es keine reine, das heißt kognitiv unvermittelte Erfahrung gibt – weder im gewöhnlichen noch im mystischen Erleben“ (Grom 1991, 817). Auch der jüdische Religionswissenschaftler Scholem hat hervorgehoben, daß es „Mystik als solche, als ein Phänomen oder eine Anschauung, die unabhängig von anderem in sich besteht, in der Religionsgeschichte im Grunde gar nicht gibt. Es gibt nicht Mystik an sich, sondern Mystik von etwas, Mystik einer bestimmten Form: Mystik des Christentums, Mystik des Islam, Mystik des Judentums und dergleichen“ (zit. nach Haas 1989, 26). Weil der Spiritualitätsbegriff einer inhaltlichen Fundierung und Begründung bedarf, fördert er die Verbindung zwischen der Psychologie und der Religion. Erst im Dialog können Zusammenhänge zwischen psychologischen Konsequenzen aus theologischen Aussagen hergestellt und theologische Konsequenzen aus psychologischen Erkenntnissen gezogen werden.

3.2.2 Die psychologische Bedeutung von „Spiritualität“

Was bedeutet Spiritualität psychologisch? Einer der wenigen bislang publizierten Versuche einer Systematik der psychologischen Dimensionen der Spiritualität hat Ingersoll (1994) vorgelegt. Zunächst konstatiert er eine Renaissance des Spiritualitätsbegriffs und weist darauf hin, daß eine amerikanische Dachorganisation für psychotherapeutische Beratung, die „Association for Religious and Value Issues in Counseling“ eine Namensänderung erwägt, um den Begriff Spiritualität einzuschließen (Ingersoll 1994, 99). Im Unterschied zur Religion, die eine soziale Identität vermittele und eine gesellschaftlich-integrative Funktion innehabe, sei die Spiritualität subjektbezogener und vermöge deshalb eine größere interindividuelle Variationsbreite abzudecken (ebd., 105). Auch die Referate der letzten Jahrestagung der Sektion 36 („Psychology of Religion") der APA (11.–14. Aug. 1995 in New York) thematisierten auffällig oft neben der Religiosität das Konzept der Spiritualität.

Nach der Untersuchung der lateinischen, hebräischen und griechischen Wurzeln des Begriffs kommt Ingersoll zu dem Ergebnis, daß daraus keine differenzierten Dimensionen abzuleiten sind. Forschungsansätze zum „spirituellen Wohlbefinden" („spiritual well-beeing", vgl. Ellison 1983) hätten die Multidimensionalität der Spiritualität herausgestellt, allerdings seien keine theoretischen Ableitungen zur Identifizierung dieser Dimensionen bekannt. Ingersoll beschreibt in seinem Aufsatz sieben Dimensionen: Sinn, Konzeption des Heiligen, Beziehung, Geheimnis, Erfahrung, Spiel und eine integrative Dimension. Leider sind diese religionsphilosophischen Konstrukte so breit und unspezifisch, daß sie wenig hilfreich für die Ableitung empirisch überprüfbarer Zusammenhänge sein werden.

Die Überlegungen von Helminiak (1987) in seiner interdisziplinären Studie über spirituelle Entwicklung führen weiter. Im Rückgriff auf Lonergans (1991) religionsphilosophische Bewußtseinstheorie definiert er Spiritualität psychologisch als „intrinsisches Prinzip authentischer Selbst-Transzendenz" (Helminiak 1987, 30ff). Durch diese nicht-theistische Beschreibung der Spiritualität „verschiebt sich der angemessene Bearbeitungsplatz der spirituellen Entwicklung aus dem Bereich der Theologie in das Feld der Psychologie" (Helminiak 1987, 95).

Mit diesen philosophischen Begriffen ist der Entwicklungsprozeß der Selbstwerdung umschrieben, der nach Lonergan darauf abzielt, Werte wie Wahrheit, das Schöne und das Gute zu verwirklichen, was nur selbst-transzendent realisierbar sei. Diese „Dynamik des menschlichen Geistes" bestimmt Lonergan als ein „intrinsisches, konstitutives Prinzip des Menschen" (Helminiak 1987, 23). Nach solcher theoretischen Grundlegung gelingt es Helminiak, dieses spirituelle Entwicklungsprinzip mit anderen psychologischen Reifungs- und Phasentheorien in Beziehung zu setzen. In einer Übersichtstabelle hat Helminiak acht verschiedene Dimensionen der Entwicklung – psychosoziale (Erikson), „jungianische" (Grant), Lebensabschnitte (Levinson), Übergänge (Gould), kognitive (Piaget), moralische (Kohlberg), Glaubensentwicklung (Fowler) und Ich-Entwicklung (Loevinger) – altersbezogen in einer Synopse nebeneinander gestellt und auf sie den Prozeß der spirituellen Entwicklung bezogen (vgl. Helminiak 1987, 72f). Spiritualität als intrinsisches Prinzip authentischer Selbsttranszendenz wurde in ähnlicher Weise von Conn (1986) als Funktionsprinzip der Persönlichkeitsentwicklung bestimmt (vgl. Kapitel 4.3.3).

Der Ansatz von Helminiak ist insofern zukunftsweisend, als auf Grund einer theoretischen Grundlegung – in diesem Fall des religionsphilosophischen Modells von Lonergan (1991) – die Basis für weitere empirische Untersuchungen gelegt wurde. Durch eine klare Trennung zwischen Ontologie und Empirie sind hier Begriffsverwirrungen oder wissenschaftstheoretische Vermischungen von Beginn an ausgeschlossen und ermöglichen einen kritisch-konstruktiven Dialog zwischen Philosophie, Theologie und Psychologie.

3.2.3 Spirituelle Erkenntnistheorie: Anschauung, Aneignung oder Ankommen?

Wenn von der Voraussetzung ausgegangen wird, daß die spirituelle Dimension als ein eigenständiger Persönlichkeitsbereich oder als eine eigendynamische Ichfunktion aufzufassen ist, stellt sich die Frage, welcher psychologische Zugang zu dieser Dimension möglich ist. In diesem Abschnitt soll auf drei verschiedene religionspsychologische Methoden spiritueller Erkenntnisgewinnung verwiesen und ihr jeweiliger Ansatz angedeutet werden: die „Anschauung" nach Guardini (1925), die „Aneignung" nach Gruehn (1960) und das „Ankommen" nach Albrecht (1976). Eine weiterführende Behandlung dieser Fragestellungen würde den Rahmen der vorliegenden Untersuchung sprengen, zumal verschiedentlich als ein Problem mystisch-spiritueller Forschungen auf ihre terminologischen Schwierigkeiten hingewiesen wurde: Wie soll über das Unsagbare geredet werden?

Ausgangspunkt aller drei hier vorzustellenden Ansätze stellt die Überzeugung dar, daß spirituell-religiöse Gotteserkenntnis möglich ist. Allerdings sei diese Erkenntnis von besonderer Struktur und Eigenart. Wegen des exklusiven, transzendenten Charakters des Heiligen oder Göttlichen sei ein distanziert-rationaler Zugang unmöglich. „Die religiöse Erkenntnis verlangt Entscheidung und Hingabe" (Potempa 1958, 66). Potempa unterscheidet hiermit den kognitiven Wahrnehmungsakt einer religiösen Erfahrung von der intuitiven Erkenntnis eines „Erfassens Gottes, eines Gott-inne-werden" (ebd.).

Für diesen Erkenntnisprozeß hat Guardini den Ausdruck „Anschauung" geprägt, der eine Verbindung von kognitiver und intuitiver Erkenntnis darstellt. Das rein kognitive-begriffliche Erfassen genüge nicht, um die lebendige Weltwirklichkeit und das Göttliche zu erfassen. Dem einseitig rationalistischen Begreifen wird von Guardini ein ebenso einseitiges irrationales Erkennen entgegengesetzt, das geeignet sein soll, das Lebendige authentisch zu erfassen. In einer Art von „Gefühl", „Instinkt" oder „Intuition" sucht Guardini die Welt – ihre religiöse Dimension eingeschlossen – wahrzunehmen. Es ist „eine Art von Berühren, Tasten, Erfassen ... Der Gegenstand wird nicht durch Begriff, Urteil und Schluß erfaßt", sondern in einem Akt des Schauens, „dessen Beschreibung sich vom Endpunkt unmittelbaren, vitalen Spürens bis zu dem einer ‚geistigen Schauung' verschiebt" (Guardini 1925, 8). Dieses in der Religionspsychologie häufig anzutreffende Erkenntnismotiv wurde jüngst von Wyss (1991, 16) als das Forschungsinteresse präzisiert, „die tieferen Schichten des Irrationalen zu dechiffrieren".

Was bei Guardini religionsphilosophische Betrachtungen über erkenntnistheoretische Vorgehensweisen zur Wahrnehmung einer spirituell-religiösen Wirklichkeit geblieben sind, wurde in der „Dorpater Schule" unter der Leitung von Gruehn zu einer experimentellen Forschungsrichtung. Dabei verglich er klassische Textaussagen von Mystikern mit Reaktionen von Probanden, die er durch die sogenannte „Reizwortmethode“ mit einer religiösen Aussage konfrontierte. Als ein vorläufiges Ergebnis dieser Forschungsrichtung konnten verschiedene „Versenkungsstufen“ als Variationen des religiösen Grunderlebnisses differenziert werden (vgl. hierzu die Zusammenfassung von Gins 1990, 222ff). Dabei wird das religiöse Grunderlebnis als ein „Aneignungsakt“ aufgefaßt, in dem eine Verbindung zwischen dem subjektiven Faktor der Ichfunktion und dem objektiven Faktor des Gottesgedankens als Erlebnisgegenstand stattfinde.

Nicht experimentell, sondern phänomenologisch ist der früh verstorbene Arzt Albrecht vorgegangen, als er versuchte, ebenfalls auf Grundlage der Unterscheidung verschiedener Bewußtseinszustände denjenigen zu beschreiben, in dem die Möglichkeit echten mystischen Erlebens gegeben ist. Dafür verwandte Albrecht bewußt eine unkonventionelle, semantisch nicht vorbelastete Fachsprache, die sich „durch außergewöhnliche Präzision und Klarheit auszeichnet“ (Wöhrer 1983, 62). Albrechts Definition von „Mystik“ lautet: „Mystik ist das Ankommen des Umfassenden im Versunkenheitsbewußtsein“ (Albrecht 1976, 254). Zu den einzelnen Bestandteilen der Definition: Unter „Versunkenheitsbewußtsein“ versteht er einen besonderen Bewußtseinszustand von Entspannung und Leere, wie er sich bei einem Autogenes-Training-Übenden oder einem erfahrenen Meditierenden einstellt. Diesen Zustand benannte Albrecht anschaulich mit „Innenschau“. Das „Umfassende“ wird nach Albrecht so erlebt, „als ob es ein aus fremder Sphäre herkommendes, schlechthin letztes unerkanntes Sein sei, auf dessen ganzheitliche Einheit alle vergangenen, gegenwärtigen und zukünftigen Erlebnisgehalte in unverkennbarer Weise Bezug haben“ (ebd., 218). Mit „Ankommen“ werden verschiedene Erlebnisweisen bezeichnet, in denen das „Umfassende“ in der „Innenschau“ „ankommen“ kann. Insgesamt unterscheidet Albrecht elf verschiedene Formen des „Ankommens“, zum Beispiel in Form einer Intuition, eines Symbols, einer Sprache oder einer Leibwahrnehmung (vgl. die Zusammenfassung bei Wöhrer 1983, 65f und Huth 1990, 179ff).

Fazit: Die drei referierten Ansätze psychologischer Zugänge zur verborgenen, als mystisch („myein“: griechisch „verschließen“) zu charakterisierenden spirituellen Dimension erfordern besondere psychologische Vorgehensweisen, die hier nur angedeutet werden können. In den letzten Jahren sind dazu weiterführende Ansätze entwickelt und publiziert worden (vgl. Scharfetter 1992 und Wit 1993).

3.3 Die psychologischen Dimensionen der Religiosität

In dem vorangegangenen Abschnitt wurden verschiedene Gegenstandsbestimmungen der Religionspsychologie vorgestellt, welche die Forschungsgeschichte dieser Disziplin in den letzten Jahren maßgeblich beeinflußt haben. Durch die weitverzweigten wissenschaftlichen Bemühungen unter Anwendung der verschiedensten Forschungstheorien und -methoden ist kaum deutlicher geworden, was Religiosität aus psychologischer Sicht bedeutet. Weil die spirituelle Erlebens- und Verhaltensdimension als ein umfassendes Phänomen komplexe psychische Funktionen einschließt, kann ihr nur differenzierend und dimensional nachgegangen werden, wie es die Forschungsgeschichte der Religionspsychologie auch eindrücklich aufweist und nahelegt.

Wenn man anhand psychologiegeschichtlicher Überblicke versucht, Entwicklungslinien der wissenschaftlichen Erforschung des menschlichen Seelenlebens zu verfolgen, so stellt man fest, daß in der Psychologie im Laufe ihrer bisherigen, gut 100jährigen Wissenschaftsgeschichte eine zunehmende Eingrenzung der Forschungsgegenstände und Spezialisierung ihrer Teildisziplinen stattfand. Besonders die Notwendigkeit, das komplexe seelische Geschehen in empirische überprüfbare Einzelfaktoren zu zerlegen, um dem naturwissenschaftlichen Anspruch gerecht zu werden, förderte eine weitverzweigte Verästelung der Forschungsstränge, in deren Vielfalt der Gesamtzusammenhang in vielen Teilen aus dem Blickfeld geraten ist.

Diese Entwicklung läßt sich auch in der Religionspsychologie beobachten. Durch das Diktat der Verwendung von operationalisierbaren Faktoren der Religiosität reduzierten sich diese Variablen in vielen früheren empirischen Untersuchungen auf Aspekte wie „Häufigkeit des Kirchgangs“ oder „Konfessionszugehörigkeit“. Dies fiel dem Verfasser insbesondere bei der Anfertigung eines Forschungsberichts zur Religiosität im Alter auf. Die meisten empirischen Untersuchungen der letzten 10 Jahre zu diesem Thema operationalisierten die Religiosität durch eine eindimensionale Erfassung – entweder „Häufigkeit des Kirchgangs“ oder „Konfessionszugehörigkeit“ – und ließen deswegen nur eingeschränkte Schlüsse zu (vgl. Utsch 1992).

Auf der einen Seite beeindruckt besonders den europäischen Psychologen die Vielfalt der empirisch durchgeführten religionspsychologischen, primär amerikanischen Untersuchungen, auf der anderen Seite muß nochmals auf das Stichwort „Theoriedefizit“ hingewiesen werden, das an anderer Stelle ausführlich dargestellt wurde. Schon vor über 10 Jahren wurden in einem amerikanischen Überblicksartikel (McFarland 1984) auf die engen Grenzen des „Meßbarkeitsparadigmas“ hingewiesen und weiterführende, theoriegeleitete Forschungen angeregt. Verständlicherweise birgt die Operationalisierung eines derart komplexen Phänomens wie das der Religiosität viele Probleme in sich. Trotzdem bleibt dabei unverständlich, warum zentrale Grundsatzfragen der Religionspsychologie noch nicht weiter bearbeitet wurden und daher periodisch wiederkehren (vgl. z.B. Dittes 1971, 393 und Hood 1991, 101).

Wie weit ist nun der Forschungsstand über unterscheidbare psychologische Dimensionen der Religiosität gediehen? Am häufigsten wurden bisher zwei verschiedene Modelle eingesetzt, um Religiosität zu operationalisieren (vgl. Utsch 1991): Das auf Allport zurückgehende Modell der extrinsich und intrinsisch motivierten religiösen Orientierung und der faktorenanalytisch entwickelte Fragebogen von King und Hunt (1969).

Die Unterscheidung der religiösen Einstellung als eine intrinsisch oder extrinsisch motivierte Grundhaltung, die von Allport ausging, wurde weiterentwickelt (vgl. Donahue 1985; Gorsuch 1994). Auch in der deutschsprachigen Forschung liegt seit kurzem ein Erweiterungsentwurf dazu vor (vgl. Zwingmann 1991). Seit Beginn der 80er Jahre wurde die Polarität intrinsischer vs. extrinsischer Orientierung um eine dritte Dimension erweitert: Religiosität als Suche/Frage „quest" (vgl. Batson & Ventis 1982, Derks & Lans 1988, Batson & Schonrade 1991, Pargament 1992). Die von Allport inaugurierte Unterscheidung der Religiosität als eine intrinsisch oder extrinsisch motivierte Haltung ist bis heute die am häufigsten eingesetzte Operationalisierungsmethode zur Erfassung von Religiosität in empirischen Untersuchungen, obwohl zunehmend Kritik an dem schmalen theoretischen Fundament geübt wird (Kirkpatrick & Hood 1991; Gorsuch 1994).

Ähnliche Verbreitung hat nur das sogenannte „5D-Modell" der Religiosität gefunden, das fünf psychologische Bereiche unterscheidet: religiöse Erfahrung, Ideologie, Rituale, Wissen, ethische Konsequenzen. Dieses von dem Soziologen Glock 1965 publizierte Modell wurde in der Religionspsychologie aufgegriffen und diente als Grundlage vieler weiterer, sozialpsychologisch orientierter Fragebögen (vgl. Shaver 1978, der einen Zusammenstellung der Fragebögen inklusive der Items bietet). Nach gründlichem Literaturstudium und mehreren probatorischen Faktorenanalysen schlugen King und Hunt (1969) folgende elf unterscheidbaren Religiositätsdimensionen vor: 1) Übereinstimmung mit Glaubenslehren; 2) persönliches religiöses Erleben; 3) Verbundenheit mit der Kirche; 4) Gemeindemitarbeit; 5) soziale Bindungen in der Kirche; 6) Beschäftigung mit religiösen Fragen; 7) Spenden; 8) religiöses Wissen; 9) religiöses Wachstum; 10) religiöse Glaubenssicherheit/Dogmatismus; 11) extrinsische Orientierung. In einem „final comment" weisen die führenden amerikanischen Forscher dieses Paradigmas zusammenfassend auf Möglichkeiten und Grenzen ihres Ansatzes hin (vgl. King & Hunt 1990).

Viele weitere Modelle unterscheidbarer Religiositätsdimensionen wurden entwickelt. Dabei kamen die unterschiedlichsten Methoden der Dimensionsfindung zur Anwendung. Interessantes Neuland haben kürzlich zwei amerikanische Religionspsychologen beschritten, indem sie mit Hilfe einer multivariaten Analyse die Dimensionen ihres Religiositätsmodells bestimmten (vgl. Schaefer & Gorsuch 1991). Insgesamt ist bisher die maximale Anzahl der gefundenen Dimensionen auf 13 angestiegen (vgl. Hyde 1990, 344). Mit jedem dieser Forschungsinstrumente soll es möglich sein, voneinander unabhängige und damit unkorrelierte Dimensionen der Religiosität zu erfassen. Damit muß nicht nur ein deskriptiver, sondern auch ein statistisch relevanter Signifikanzunterschied vorhanden sein. Dieser Anspruch wäre dann erfüllt, „wenn die Meßwerte der Probanden auf den einzelnen Dimensionen voneinander unabhängig (unkorreliert) wären. Leider trifft genau das Gegenteil zu, was sich … nachweisen läßt. Die verschiedenen Skalen erfassen demnach doch das gleiche Merkmal, sie benennen es nur jeweils in anderer Art" (Haub 1992, 273).

Diese These läßt sich mit den Befunden Leutners (1990) erhärten, der exemplarisch an Hand einer Sekundäranalyse einer religionspsychologischen Studie nachwies, daß es sich bei der Mehrdimensionalität von manchen religiösen Ska-

len um ein methodisches Artefakt auf Grund von Faktorenanalysen bei nicht-monotonen Itemcharakteristiken handelt.
Aus modelltheoretischer Sicht und in deskriptiver Absicht werden in folgender Abbildung 5 die anthropologische Dimension, Inhalte und Auswirkungen der Religiosität systematisiert. Als anthropologische Dimension werden einerseits die bipolare Grundkonzeption der Psychologie als Wissenschaft vom Erleben und Verhalten, andererseits die vier Persönlichkeitsdimensionen Emotion, Kognition, Motivation und Sozialisation zugrunde gelegt.

Abb. 5: Psychologische Dimensionen der Religiosität

Anthropologische Dimension	**Inhalte**	**Auswirkungen auf**
Erleben	religiöse Erfahrung	Gottesbild
Verhalten	religiöse Rituale, Handeln	Lebenspraxis
Emotion	religiöse Empfindungen	Grundhaltung
Kognition	religiösesDenken/Wissen	Weltanschauung
Motivation	religiöseZiele/Werte/Urteile	Einstellung
Sozialisation	religiöse Erziehung	Gewohnheiten

3.4 Die Psycho-Logik der Religiosität

Diese Abschnittüberschrift soll nicht darauf hinweisen, daß etwa die Religiosität psychologisch begründet, erklärt oder bewiesen werden könne. Es läßt sich aber zeigen, daß die Erfahrung einer Trennung oder Spaltung des Menschen von seiner Umwelt, von seinem Mitmenschen und auch von sich selber Bemühungen philosophischer, künstlerischer und auch religiöser Natur hervorbrachte, die als Ausdruck der Sehnsucht nach Einheit verstanden werden können, um diese schmerzliche Trennung zu überbrücken. Ergebnis aller spirituellen Überwindungsversuche kann aber nur sein, das „Getrenntsein in Bezogenheit“ zu akzeptieren und diese Spannung als motivationale Energie zu nutzen.

3.4.1 Der Ausgangspunkt der Trennung

Das anthropologische Grundproblem, das für die profunden Schwierigkeiten und hinlänglich aufgewiesenen Theoriekonflikte in der Religionspsychologie verantwortlich zu machen ist, besteht in der Verbindung von Religion und Psychologie. Wegen der umfassenden Reichweite dieser beiden Gegenstandsbereiche, die sich zudem als polar, entgegengesetzt und widersprüchlich darstellen, erfordert ihre Integration erhöhte Aufmerksamkeit hinsichtlich ihrer wissenschaftstheoretischen Kompatibilität. Dabei ist hier wie in anderen Bereichen des Menschen als der Ausgangspunkt die Trennung zu nennen, also die Vorstellung zweier getrennter, auf unbestimmte Weise verbundener Pole.

In der psychologischen Wissenschaftsgeschichte ist die Feststellung getrennter, aber miteinander in Kontakt befindlichen Dimensionen sehr alt. Psychologiegeschichtlich hat Pongratz auf die Polarität der Seelenlehre Platons gegenüber der substantiellen Konzeption von Aristoteles hingewiesen – „ein Gegensatz, der die Geschichte der Psychologie bis in die Gegenwart herein durchzieht" (Pongratz 1984, 24). Die Begriffsbildungen der Gegenpositionen variierten vielfältig. Pongratz führt u.a. Seelenmetaphysik vs. Seelenbiologie, mentale vs. vitale Seelenlehre, die Seele als Geistprinzip vs. Lebensprinzip an. Pongratz votiert dafür, in diesen beiden Hauptströmungen keinen Gegensatz zu sehen, „sondern in ihnen komplementäre Grundaspekte des einen Gegenstandes der Psychologie" (ebd., 25) zu erkennen: „Die Wurzeln der Psychologie liegen im Geist und in der Natur; sie ist legitime Bürgerin beider Reiche" (ebd.).

In bezug auf die Persönlichkeit geht Mann davon aus, daß „die Tiefe alles menschlichen, alles psychischen und alles religiösen Seins ... polar strukturiert" (Mann 1973, 132) ist. Mann verweist in diesem Zusammenhang auf die Geschlechterpolarität und auf die basale, jeden Menschen existentiell betreffende Grundspannung von Leben und Tod. In der Psychologie wurde die Polarität im Aufbau des Charakters von Wellek (1950) systematisch entfaltet.

Der Dualismus ist als Denkschema in allen Wissenschaften enthalten, auch in der Psychologie (vgl. Scheffczyk 1990). Nach Bleibtreu-Ehrenberg (1993, 54) wird mit Dualismus eine Weltdeutung bezeichnet, die „alles Seiende auf lediglich zwei von Beginn an ursprüngliche und insofern nicht voneinander ableitbare Prinzipien zurückführt".

Leeuven (1985, 59) hat in ihrem persönlichkeitspsychologischen Entwurf von einem „religiösen Dualismus" gesprochen, wodurch sie die Grenze der psychologischen Erkennbarkeit religiöser Phänomene ausdrückte. Schaef (1995, 267ff) hat über das „schreckliche Dilemma" vom „Dualismus und Gott in der Psychologie" berichtet. Das dualistische Denken erzeuge eine unhaltbare Auffassung vom Universum und eine einseitige Sicht von der Psyche in einander ausschließenden Gegensätzen, die selber wieder nur in einer dualistischen Richtig-Falsch-Weise betrachtet und beurteilt werden könnten. „Wenn eine Wissenschaft das Gegensatzpaar menschlich – göttlich etabliert und wenn nur der Mensch durch ihre Methoden erfaßt werden kann, dann muß diese Wissenschaft jedes Phänomen oder jeden Prozeß leugnen, den sie nicht nachweisen kann" (Schaef 1995, 278). Im Hinblick auf die Religionspsychologie ist die Aussage Schaefs bedenkenswert, daß das Konzept eines Gottes „innerhalb eines mechanistischen, dualistischen Modells gefangen ist. Für das neue Paradigma ist eine aktive Spiritualität notwendig, und diese Spiritualität muß die Wahrnehmung vom Einssein aller Dinge wieder in uns lebendig machen" (Schaef 1995, 262).

Eine „Entzweiung des Menschen" (Revers 1985, 121ff), eine „anthropologische und psychologische Dichotomie des Menschen" (Pongratz 1984, 110) unter dem Vorzeichen der „Spaltung" hat die gesamte abendländische Philosophiegeschichte geprägt und erheblichen Einfluß auf die psychologische Theoriebildung genommen (vgl. dazu in religionspsychologischer Hinsicht Funke 1993). Insbesondere der „cartesische Dualismus … als ein Nebeneinander von Körperlichkeit (bzw. Ausdehnung, res extensa) und Geistigkeit (res cogitans)" (Métraux 1975, 55) ist nach Métraux für diese Spaltung verantwortlich, weil an den von Descartes begründeten Dualismus „die theoretische Psychologie bis in die jüngste Zeit hinein … angeknüpft hat" (ebd.). Revers beklagt eine „szientistische Einäugigkeit in der Realitätsauffassung der Psychologie: … Es ist, als liefe die Einengung und Fixierung des Erkennens auf bestimmte Aspekte des Problems, nämlich auf die methodologisch determinierten – sinnlich faßbaren und meßbaren – Auenaspekte des Gegenstandes hinaus, darauf also, daß alle anderen Aspekte und Erkenntniswege unter der Oberfläche der ‚res extensa' – ausgelöscht werden" (Revers 1985, 114f).

Revers Ausführungen nehmen im weiteren Verlauf eine wissenschaftlich ungewöhnliche, sehr persönliche und pastorale Wende, die wegen ihrer religionspsychologischen Relevanz wiedergegeben sei: „Ist nun die seelenlose Einäugigkeit unvermeidlich und notwendig? Hat M.Heidegger recht, wenn er sagt: „Nur ein Gott kann uns noch retten!"? Gewiß kann Münchhausen sich nicht aus eigener Kraft am eigenen Schopf aus dem Sumpf ziehen. Herauskommen kann er nur, wenn er seinen Schopf losläßt und bereit ist, dem Retter die Hand zu reichen. Er muß selbst nach Rettung suchen; der Retter wird ihm keinen Zwang antun, um ihn zu retten. Er wird sein zweites Auge öffnen müssen, das Auge für die Wirklichkeit der Natur und des Menschen, für die Unermeßlichkeit der wirklichen Wirklichkeit, das Auge auch für die Einsicht in die Vermessenheit, nur das Meßbare als wirklich zu betrachten, das Auge des Staunens, der Ehrfurcht, der Intuition … Man muß Gott suchen, das zu lange verschlossene Auge trainieren, ihn sehen zu lernen, dann wird er sich finden lassen" (Revers 1985, 123 vgl. dazu das Motto der beziehungsorientierten Entwicklungspsychologie von R. Seiß (1985, 5): „Wir sehen uns, wenn wir uns nicht sehen – Herr, gib uns Augensalbe, damit wir sehend werden.").

Leicht ließen sich weitere Hinweise auch aus anderen Kontexten dafür sammeln, daß Trennung als ein anthropologischer Grundtatbestand gelten kann. Nach der Aussage des Psychoanalytikers Wurmser (1989, 1) gehört „die Empfindung, unsere innere und äußere Wirklichkeit seien gespalten oder zerbrochen, … eigentlich zur Grunderfahrung des Menschen".

3.4.2 Sehnsucht nach Einheit

Nicht nur in individuell-psychologischer Sicht kann von dem Ausgangspunkt einer Getrenntheit gesprochen werden, auch in den Versuchen einer denkenden Erfassung der Welt erweist sie sich als grundlegendes Problem. Es waren die großen phänomenologischen Entwürfe in der ersten Hälfte dieses Jahrhunderts, welche die als „Spaltung" diagnostizierten Beziehungen zwischen verschiedenen Dimensionen innerhalb des Menschen auf unterschiedliche Weise aufzuheben versuchten: Husserls „Logische Untersuchungen" (1901) durch die „phänomenologische Methode“, Heideggers „Sein und Zeit“ (1927) durch die Strukturformel vom „In-der-Welt-Sein“ und schließlich Binswangers „Grundformen menschlichen Daseins“ (1942) durch seine phänomenologische Interpretation der Liebe. Neuerdings unternimmt die Sprachphilosophie den Versuch des Überschreitens des Hiatus von Sprache und Denken (vgl. Waldenfels 1980, 19ff u. 145ff; zur sprachanalytischen Religionsphilosophie vgl. Wagner 1986, 397–439; zu Ansätzen einer sprachanalytischen Religionspsychologie Güttgemanns 1993 und Day 1993).

Baumgartner (1991) hat auf die unausweichliche „Notwendigkeit dualer Weltbetrachtung“ verwiesen. Bei den verschiedenen philosophischen Überwindungsversuchen der anthropologisch erwiesenen Polarität des Menschen habe sich aber weder der Dualismus noch der Monismus als überzeugende Lösung durchsetzen können. Weder der Dualismus, seit Descartes verstanden als Postulat zweier voneinander unabhängiger Prinzipien, die im Menschen eine problematische Verbindung eingehen, noch der Monismus als die vorausgesetzte Priorität des Geistprinzips habe sich als durchführbar und weiterführend herausgestellt.

Im Verlauf seiner Überlegungen differenzierte Baumgartner (1991, 187ff) verschiedene Typen des Dualismus. Nach seinem Verständnis entstammt das, was Dualismus ursprünglich meint, religiöser Weltsicht. In diesem Kontext sei Dualismus eine Bezeichnung dafür, daß es „im Prinzip zwei selbständige Gottheiten, Götter gibt, die entweder im gemeinsamen Wirken oder in einem Gegeneinanderhandeln die Welt, so wie sie ist, bestimmen“. Auf philosophischer Ebene trete dies als metaphysischer Dualismus hervor, bei dem „gleichsam das personale Moment des religiösen Dualismus gestrichen ist und statt zwei Gottheiten zwei Seinsprinzipien im All und für das Universum konzipiert werden“. Als dritten Typ benennt Baumgartner den Gegensatz zwischen Leib und Seele als „anthropologischen Dualismus“, die Trennung zwischen Subjekt und Objekt als „erkenntnistheoretischen Dualismus“.

Für den Kontext der vorliegenden Fragestellung bleibt festzuhalten, daß der Tatbestand einer Trennung oder eines Dualismus in unterschiedlichen Dimensionen nachzuweisen ist. In unterschiedlichen Bildern haben Autoren verschiedener Provenienz das ausgedrückt, was als Verbindung der anthropologischen „Wunden“ des Menschen und des ihn kennzeichnenden Dualismus angesehen werden kann. Aus der philosophischen Perspektive Baumgartners (1991, 194) führt die „Erfahrung der Zerrissenheit“ zur „Sehnsucht nach Einheit“. Sinetar (1991) fand in ihrer journalistischen Studie über spirituelle Lebensstile, in der sie vierzig Personen befragte, als durchgängige Grundmotivation „die Sehnsucht, ganz zu sein“. Aus psychoanalytischer Perspektive deutete kürzlich Funke (1993) das Auseinandertreten von Religion und Psyche als Ursache der Gespaltenheit des Menschen und konstatierte eine „Sehnsucht nach Ganzheit“, in der Seelsorge und Psychotherapie sich ergänzen könnten.

Diese Beispiele ließen sich ohne viele Mühen vermehren. Gemeinsamer Fokus der Aussagen ist die vielfältig umschriebene Motivation einer Sehnsucht nach Einheit, um die schmerzlich erlebte innere Zerrissenheit zu überbrücken. Die anthropologische Grundsituation der Trennung impliziert jedoch nach Wyss

(1991, 19) die Öffnung der menschlichen Faktizität „auf das Mögliche, auf die Freiheit, auf die Offenheit zu einer wie auch immer gearteten und sich wie auch immer darstellenden Transzendenz ... Der Widerspruch ... bestimmt fundamental onto-psychologisch das Wesen des Menschen, er ist der Motor seines Werdens".

Die Spezifikation der Religion durch das Heilige, die sich in der ersten Hälfte dieses Jahrhunderts als Religionsbegriff in der allgemeinen Religionswissenschaft etabliert hat, unterstützt das Modell der Trennung und die darin enthaltene Sehnsucht nach Rückbindung. In kritischer Absicht weist Kaufmann darauf hin, daß mit diesem Konzept ein dualistisches Weltbild verknüpft ist, in dem das irrationale und unverfügbare Heilige das „Prinzip der Einheit" darstellt, das „mit seiner geheimnisvollen Kraft die Kosmisierung von Welt leistet" (Kaufmann 1989, 53).

Die transpersonale Psychologie folgt der Diagnose einer gespaltenen Weltsicht, indem sie von der Notwendigkeit einer „Heilung des primären Dualismus" ausgeht (Wilber 1987, 339), der unser Denken geprägt habe. Die Weise des dualistischen Erkennens, die das Universum in Subjekt und Objekt spaltet, ist nach Wilber das Fundament der abendländischen Philosophie. Wilber plädiert neben dem konventionellen für ein natürliches, intuitives, direktes Erkennen (vgl. dazu auch die erkenntnistheoretische Grundlegung einer kontemplativen Psychologie von Wit 1993). Für die Religionssoziologie hat Nelson (1991) einen „nichtpositivistischen" Entwurf vorgelegt, der „Religion nicht mehr länger als ausschließlich soziales Erzeugnis behandeln und auf diese Weise ‚wegerklären'" will (Nelson 1991, 53). Seine Studie über neureligiöse Bewegungen beruhte auf der Annahme, daß „die psychischen, mystischen und religiösen Erfahrungen real und nicht illusorisch sind" (ebd., 55). Wird die „Erfahrung von Transzendenz" in den Mittelpunkt der Untersuchung gestellt, wie kann diese am besten durch das Konzept der Spiritualität abgebildet werden (vgl. Kapitel 3.2)?

3.4.3 Religiosität als Mittel zur Überwindung des Dualismus

Die in den vorangegangenen Kapiteln verwendeten Begriffe der Transzendenz und Metaphysik zur Charakterisierung der spirituellen Dimension setzen eine getrennte, duale Wirklichkeit voraus und weisen durch ihre Vorsilben „trans" und „meta" auf eine Trennung hin, die es zu überwinden gilt. Wenn es stimmt, daß Trennung oder Spaltung ein anthropologisches Grundmerkmal darstellen, kann die Funktion der Religiosität als Mittel zur Rück-Verbindung verstanden werden. Die Erfahrung der Zerrissenheit hat die Sehnsucht nach Einheit zur Folge.

Ziel jeder religiösen Aktivität ist es, die schmerzlich erlebte Trennung zwischen Mensch und Gott zu überwinden. Im Hintergrund steht dabei – bewußt oder unbewußt – die „Sehnsucht, ganz zu sein", so der Titel einer journalistisch aufbereiteten Studie von Marsha Sinetar (1991). Horkheimer (1970) überschrieb die Buchausgabe seines vielzitierten Spiegel-Interviews über sein im Alter erwachtes spirituelles Interesse: „Die Sehnsucht nach dem ganz Anderen“. Im Zenrum steht dabei der Wunsch nach Einheit, Verbundenheit und das Gefühl des Aufgehobenseins. Nach Heiler wird Religion von „religare = wiederverbinden dessen, was getrennt war, abgeleitet“ (Heiler 1979, 2).

Gegenüber diesem Drang nach Nähe stellt sich gleichermaßen ein Bedürfnis nach Distanz, weil „das religiöse Bewußtsein im Fühlen und Erleben der heiligen Macht diese als die Ambivalenz von Furcht und Liebe, Abgrund und Grund“ (Wagner 1986, 333) wahrnimmt. Nach Wagner läßt sich als „Thema der Religion, von dem sich die Religionswissenschaft insgeheim leiten läßt, die Ambivalenz des tremendum und fascinosum, des Abgestoßen- und Angezogenwerdens“ (ebd.) fokussieren. Otto bezeichnete in diesem Zusammenhang die „Kontrast-Harmonie“ oder den „Doppelcharakter des Numinosen“ als das „seltsamste und beachtlichste Vorkommnis überhaupt in der Religionsgeschichte“ (Otto 1917/1987, 42). Nach Otto wird das Numinose als zutiefst geheimnisvoll, als Mysterium erfahren. Die Gefühlsreaktion hierauf ist Verwunderung, Erstaunen, ja Befremden bis hin zur Sprachlosigkeit (ebd., 28ff), was Otto zu der Charakterisierung des Heiligen als dem „Ganz Anderen“ führte. Folglich erscheint ihm das Heilige als dem menschlichen Verstand unerfaßlich, irrational, paradox, antinomisch, „in sich selbst entgegengesetzt bestimmt, in Gegensatz und Widerspruch“ (ebd., 36). Durch die menschliche Beziehungsaufnahme mit der als ambivalent erfahrenen göttlichen Macht tritt für Wagner auch „die grundlegende Differenz zwischen Gott und Welt, Welt und Mensch und zugleich der Versuch zutage, diese Differenz zu überwinden“ (ebd.).

Ein allen Religionen gemeinsames „ganz allgemeines religiöses Verlangen“ nach „Einheit mit der Gottheit“ benennt auch Mensching (1938, 141–145) als psychologisches Grundmotiv der Religiosität und sieht darin eine, wenn nicht die zentrale, gemeinsame Grunderfahrung. Dieser angestrebten Einheit stehen nach Mensching „Hindernisse im Wege. Der Mensch, der zum Bewußtsein religiösen Ahnens erwacht, entdeckt sogleich, daß er so, wie er sich und sein Leben vorfindet, getrennt ist von dem gewitterten Ewigen und Heiligen und Übermächtigen“ (Mensching 1938, 142).

Der buddhistisch geprägte Ansatz des Psychiaters Scharfetter (1992, 39) zielt auf eine spirituelle Bewußtseinserweiterung ab, in der es ebenfalls um einen Weg vom „Getrenntsein“ zum „Einssein“ und zur „All-Einheit“, vom „Ausgesetztsein“ zur „Geborgenheit“ und zum „Aufgehobensein“, vom „Gebundensein“ in die „Befreiung“ geht.

3.4.4 „Getrenntsein in Bezogenheit“

Welche psychischen Prozesse werden durch die gerade dargestellten, mit dem Heiligen verbundenen Erfahrungen ausgelöst? Es sind dies die beiden grundlegenden Beziehungsmodi der Verbindung und der Trennung. Ohne die beiden psychischen Grundfunktionen „Bindung“ und „Trennung“ wäre menschliches Leben unmöglich. Pietzcker (1996) hat den Prozeß von Einheit, Trennung und

Wiedervereinigung als ein typisches Muster an einem religiösen, einem geschichtsphilosophischen und literarischen Beispielen untersucht. Dabei kommt er zu dem Ergebnis, daß dieser Prozeß als ein Deutungs- und Gestaltungsmuster der europäischen Kultur anzusehen ist.

Bindung und Trennung beschreiben Verhaltensweisen, die in unterschiedlichen psychologischen Kontexten zu beobachten sind, besonders aber in der frühkindlichen Entwicklung (vgl. das Konzept der Symbiose und Individuation bei Mahler 1975; dazu die kürzlichen Widerlegungen von Dornes 1993). Ohne die Bindungsfähigkeit des Menschen als eine auf Dauer angelegte emotionale und soziale Verbundenheit wären Familie, Gesellschaft und Kultur nicht vorstellbar. Die Angewiesenheit des einzelnen auf Bindungen zum Mitmenschen weisen auf den transzendenten Aspekt der Bindung hin, die nur durch die Ausgangslage der Trennung möglich wird: „Bindung grenzt an Sinn, Geheimnis und Transzendenz“ (Schütz 1988a, 156).

Das Beziehungsverhältnis des Menschen zu etwas Absoluten oder zu einem personal aufgefaßten Gott kann mit „Getrenntsein in Bezogenheit“ umschrieben werden. Trotz aller spirituellen Übungen kann die unüberbrückbare Kluft zum Unverfügbaren nicht überwunden werden. Der Mensch bleibt getrennt, wenn auch phasenweise intensive mystische Einheitserlebnisse erreicht werden können. Die Verbundenheit kann nicht durchgehalten werden, grundsätzlich bleibt der Tatbestand der Trennung.

Deshalb ist es auf den ersten Blick verwunderlich und kann als Hinweis der konstitutiven Verwiesenheit des Menschen auf Transzendenz gewertet werden, daß trotz der hoffnungslosen Perspektive einer dauerhaften, festen Verbindung zum Absoluten und der Vorläufigkeit des Augenblicks die spirituellen Anstrengungen der Menschen nicht aufgehört, sondern zumindest im Westen eine deutliche Renaissance erlebt haben. Die folgende Abbildung 6 stellt die beiden getrennten Pole der Grunderfahrung von Getrenntsein nebeneinander.

Abb. 6: „Getrenntsein in Bezogenheit“

Seele	Welt
Individuum	Gemeinschaft
Subjekt	Objekt
Mensch	Gott /Absolutes
innen	außen
Geist	Natur
Unbewußtes	Bewußtsein
rechte Hemisphäre	linke Hemisphäre
Glaube	Wissen
Wahrheit	Wirklichkeit
Ontologie	Empirie
Religion	Psychologie

Wenn man die einzelnen Gegensatzpaare, die aus sehr unterschiedlichen Bereichen entstammen, die willkürlich zusammengestellt sind und leicht zu vermehren wären, hinsichtlich ihres Zusammenhangs untersucht, besteht ihre Gemeinsamkeit darin, daß der eine Pol nicht ohne den anderen existieren kann. Die beiden getrennten Pole sind aufeinander bezogen und angewiesen. Der eine Aspekt ist ohne den anderen nicht denkbar und für sich genommen eine unvollständige, fragmentarische Halbheit. Trotzdem hat jeder Einzelaspekt seine Bedeutung und Berechtigung. Das besondere dieser komplementären Beziehungsverhältnisse besteht darin, die Gesetze der eigenen Dimension nicht zu verabsolutieren, den andersartigen Gegenpol zu respektieren und die Polaritätsspannung auszuhalten.

Für das Beziehungsverhältnis von Religion und Psychologie bedeutet dies, den einen Bereich nicht in dem anderen auflösen zu wollen, sondern in dem Wissen der Angewiesenheit in gegenseitiger Ergänzung an einem kooperativ-dialogischen Verhältnis zu arbeiten, wie es in Kapitel 6 aus christlich-theologischer Perspektive geschieht.

Wissenschaftstheoretische Grundlagen der Religionspsychologie

4 Erkenntnistheoretische Probleme einer Psychologie der Religiosität

In Teil 1 wurden wichtige anthropologische Bezugspunkte und Verknüpfungen der Religionspsychologie hergestellt. Diese Voraussetzungen werden nun dazu benutzt, der empirischen Religionspsychologie eine wissenschaftstheoretische Begründung und Ableitung zu liefern. Die Diskussion um theoretische Grundlagenprobleme dieses Wissenszweigs scheint erloschen zu sein. Dennoch tauchen bestimmte religionspsychologische Grundsatzfragen in unterschiedlichen Forschungskontexten immer wieder auf, weil von ihrer Beantwortung Konsequenzen für das jeweilige Religiositätsmodell abhängen.

Um sich einigen disziplinübergreifenden Grundfragen zu stellen, müssen in Kapitel 4.1 zunächst einige ***terminologische Erläuterungen*** *vorangestellt werden. Daraufhin werden der Stellenwert und die Behandlung* ***metaphysischer Fragen*** *in der Psychologie behandelt (4.2). Weiterhin ist umstritten, ob und wie* ***Transzendenz*** *aus psychologischer Sicht (4.3) gelten kann. Bei einer genuin psychologischen Zugangsweise zur Religiosität erschwert die wechselseitige* ***Abhängigkeit von Ontologie und Empirie*** *(Kapitel 4.4) den Entwurf einer wissenschaftstheoretisch begründeten Religionspsychologie. In diesem Zusammenhang ist eine Auseinandersetzung mit der* ***Wahrheitsfrage*** *(4.5) unausweichlich.*

Diese drei für die Religionspsychologie zentralen Problemkreise entstammen den Grenzgebieten von Philosophie, Theologie und Psychologie. Deshalb ist die ***fakultätsbezogene Zuordnung*** *der Religionspsychologie (Kapitel 4.6) nach wie vor klärungsbedürftig, wobei hier für eine Angliederung an die Psychologie, d.h. die sozialwissenschaftliche Fakultät, plädiert wird.*

4.1 Einige terminologischen Erläuterungen

In Kapitel 1.2 dieser Arbeit wurde aufgezeigt, daß die theoriebezogene Grundlagenarbeit in der Religionspsychologie bisher vernachlässigt wurde. Die Diskussion um Grundlagenfragen religionspsychologischer Forschung stagniert seit vielen Jahren, weil sich nur wenige Forscher den wissenschaftstheoretischen Voraussetzungen einer Psychologie der Religiosität gewidmet haben. Diese Lücken erweisen sich insofern als fatal, als bei jedem religionspsychologischen Forschungsvorhaben irgendwann ein Punkt erreicht wird, an dem die Beantwortung bestimmter Grundsatzfragen unausweichlich ist. Um sich diesen zu stellen, werden im folgenden Abschnitt die erkenntnistheoretische Position der vorliegenden Untersuchung skizziert, terminologische Erklärungen geliefert sowie die hier zugrunde liegenden Prämissen offengelegt.

Grundsätzlicher Natur ist zunächst die Frage, inwiefern metaphysische Fragen und transzendente Phänomene eine Bedeutung für die Psychologie haben, was in den folgenden Kapiteln 4.2 und 4.3 behandelt wird. *Metaphysik* wird hier verstanden als Lehre von dem, was „hinter" der (seelischen) Natur ist (vgl. Seiffert 1992, 1). Weil dieser Begriff wie einige andere der hier verwendeten (Ontologie, Transzendenz, Empirie, Wahrheit) durch ihren Gebrauch in jahrhundertelanger Philosophiegeschichte überfrachtet ist, muß seine Verwendung erläutert werden.

In der Tradition der griechischen Philosophie wurde durch ihren einflußreichen Vertreter Aristoteles eine Wissenschaft gefordert und skizziert, die sich „von einem letzten, übergeordneten Standpunkt aus mit der Wirklichkeit im ganzen beschäftigt" (Weissmahr 1985, 9). Dieser Standpunkt muß unabhängig von der sinnlich-physikalischen Erfahrung sein, will er den Anspruch auf letzte Allgemeingültigkeit erfüllen. Entsprechend bezieht sich die Wissenschaft der Meta-Physik auf „das im Sinne der gewöhnlichen ... Erfahrung wesenhaft Unerfahrbare, Unwandelbare und irgendwie Geistige" (Lotz 1976, 242). Den Einheitsgrund aller Erscheinungen benannte die philosophische Reflexion der Griechen mit „Sein". Dabei unterschieden Aristoteles und Platon die letzten, umfassenden Gründe der Wirklichkeit und das Göttliche nicht. Die Metaphysik als grundlegendste, „erste" Philosophie mündete in eine philosophische Gotteslehre (Lotz 1976; Weissmahr 1985).

Erst in der Neuzeit setzte ein Differenzierungsprozeß ein, der primär von der Naturwissenschaft ausging, die „nicht das Wesen der Dinge, sondern die konstanten quantitativen Beziehungen zwischen Naturprozessen zu erfassen" versuchte (Weissmahr 1985, 10). Dabei wurde eine „allgemeine" oder „reine" Metaphysik als abstrakte Prinzipienlehre des Seins von einer „besonderen" oder „angewandten" Metaphysik unterschieden, die sich als „Kosmologie" der materiell sich darbietenden Welt, als „Psychologie" der geistig verstandenen Seele und als „Gotteslehre" dem philosophischen Gottesbegriff widmete.

Die allgemeine Metaphysik als Prinzipienlehre des Seins wurde später Ontologie benannt und gilt als der grundlegende Teil der Metaphysik. Sie „betrachtet alles Seiende unter der Rücksicht des unbestimmten Seins, dessen Wesen, Eigenschaften und Gesetzlichkeiten sie erforscht" (Lotz 1976, 243). In der Ontologie werden somit Grundlagen und Voraussetzungen festgelegt, wodurch das weitere wissenschaftliche Vorgehen bestimmt wird. Da sich Ontologie und Metaphysik auf das Allgemeingültige beziehen, also auf das, was ewig und unwandelbar bleibt, ist ihr eigentlicher Gegenstand nicht die Erscheinung in seiner zufälligen Gestalt, sondern etwas, was „darüber hinaus" existiert, also das Nicht-Empirische und Transzendente. Unter *Empirie* wird hier der Forschungsbereich des erfahrungswissenschaftlich Meßbaren bezeichnet, während *Transzendenz* den empirisch nicht erfaßbaren, über-sinnlichen, transpersonalen Wirklichkeitsbereich benennt.

In diese Beziehungen zwischen der ontologischen Erschließung der metaphysischen, transzendenten Dimension der Wirklichkeit und dem Anspruch der Psychologie als empirischer Erfahrungswissenschaft tritt die Frage nach der *Wahrheit*, die in der Religionspsychologie intensiv diskutiert wird. Können wahre

Aussagen über ontologische Sachverhalte gemacht werden und damit metaphysische, transzendente Phänomene in empirische Kausalzusammenhänge überführt werden? Die erste und grundlegendste Frage der Metaphysik ist nach Weissmahr (1985, 14), ob es möglich sein kann, „unbedingt gültige Aussagen auch über empirisch nicht nachprüfbare Momente der Wirklichkeit zu formulieren“.

Nun erstreckt sich der Bearbeitungshorizont dieser Untersuchung nicht auf die metaphysische, sondern die psychologische Wissenschaft. Bei einer psychologischen Beschäftigung mit religiösen Phänomenen gehört es zur Natur des Themas, daß die Polarität zwischen Religiosität als nur subjektiv vermittelbarer Erfahrung und Psychologie als objektiv überprüfbarer Wissenschaft eine Gratwanderung nötig macht. Immer noch streiten sich die religionspsychologischen Wissenschaftler um die schwierige Grenze zwischen Empirie und Ontologie. Der Begriff *Ontologie* wird hier verwendet als Lehre vom Wesen des Seins, während Empirie das naturwissenschaftliche Forschungsvorgehen zusammenfaßt. Eng damit verknüpft ist die *Wahrheitsfrage* in der Religionspsychologie (vgl. Kapitel 4.5). Neben dem fehlenden Theoriebezug sind es diese ungelösten Grundsatzfragen, die eine Weiterentwicklung der Religionspsychologie hemmen. Damit soll keinesfalls die Erwartung geweckt werden, daß hier für ein so zentrales wissenschaftstheoretisches Problem – das der konkurrierenden Wahrheitstheorien – eine Lösung geboten wird. Trotz der komplexen Reichweite der Wahrheitsfrage erscheint aber eine Auseinandersetzung mit ihr für die Religionspsychologie unausweichlich, weil jede Religion und jede Wissenschaft mit dem Wahrheitsanspruch auftritt. Deshalb wird die folgende Differenzierung der Wahrheitsaspekte vorgenommen:

Die Religionspsychologie hat wie jede Wissenschaft das Ziel, durch widerspruchsfreie und überprüfbare Aussagen ein wissenschaftlich abgesichertes, möglichst „wahres“, unverzerrtes Modell von einer sich ständig ändernden Wirklichkeit zu konstruieren. Dabei besteht weitgehender Konsens über die Tatsache, daß die psychologische Wirklichkeit mehr umfaßt als den naturwissenschaftlich meßbaren Bereich. Nicht alle seelischen Aspekte des Menschen sind quantifizierbar, rational begründbar und beeinfluß- und vorhersagbar. Nach Fisseni (1976, 433) „äußert sich die ‚Unfaßlichkeit‘ des Lebendigen“ in der Schwierigkeit, menschliches Erleben und Verhalten psychologisch zu erfassen. Die Komponenten des Verhaltens seien nur zum Teil empirisch zu verifizieren, „der Vollzug insgesamt läßt sich daraus nicht vollständig erklären“ (ebd.).

Um diesen „unsichtbaren”, aber wesentlichen Wirklichkeitsbereich nicht zu vernachlässigen, muß sich jede wissenschaftliche Theorie vergegenwärtigen, daß neben ihr noch zahlreiche „subjektive Theorien“ existieren, in denen der einzelne eine persönliche Deutung seiner Erfahrungen vornimmt. Zusammengefaßt münden die subjektiven Theorien in der Weltanschauung des einzelnen. Neben der „objektiven” Wahrheit „an sich” gibt es eine „subjektive” Wahrheit „für mich”, die für den einzelnen letztlich entscheidungsrelevant ist. Darüber hinaus postuliert die Metaphysik eine absolute, erfahrungsunabhängige Wahrheit „für sich“, welche die Wirklichkeit als Ganzes zu erfassen trachtet. Für eine Psychologie der

Religiosität spielt dieser Bereich aber nur eine untergeordnete Bedeutung. Aus der folgenden tabellarischen Übersicht (vgl. Abb. 7) sind die erkenntnistheoretischen Zusammenhänge und die Verwendung der Terminologie in der vorliegenden Arbeit ersichtlich:

Abb. 7: Erkenntnistheoretische Zusammenhänge und Terminologie

	Das „Sein"	**Wissenschaft**	**Subjekt**
Wirklichkeitsbereich	„Ganze" Wirklichkeit (inkl. Transzendenz)	Ein meßbarer Wirklichkeitsaspekt	Weltanschauung
Modell	Metaphysische Theorie	Wissenschaftliche Theorie	Subjektive Theorie
Methode	Ontologie	Empirie	Erfahrung
Wahrheit	Absolute Wahrheit Wahrheit „für sich"	Objektive Wahrheit Wahrheit „an sich"	Subjektive Wahrheit Wahrheit „für mich"

Vor diesem erkenntnistheoretischen Hintergrund ergeben sich zusammengefaßt folgende Voraussetzungen:

1. Menschliches Erleben und Verhalten stellen eine Ganzheit dar, die sowohl von psychisch-personalen als auch von spirituell-transpersonalen Faktoren determiniert ist. Ausgangspunkt bildet die psychospirituelle Einheit des Menschen (vgl. Kapitel 2.1).
2. In Anlehnung an die moderne Wissenschaftstheorie wird versucht, die Bedeutung der Werte, der anthropologischen Vorentscheidungen, des vorwissenschaftlichen Selbst- und Weltverständnisses sowie der Weltanschauung des Wissenschaftlers zu berücksichtigen (vgl. Kapitel 2.3).
3. Weil auch wissenschaflich-psychologische Modelle abhängig sind von anthropologischen und metaphysischen Vorentscheidungen, wird die Gegenstandsbestimmung der Religiosität hier im Dialog mit der christlichen Theologie entwickelt (vgl. Kapitel 6, zur Begründung des theologischen Bezugs Kapitel 1.1.1).

4.2 Metaphysische Fragen – in der Psychologie?

Auf den ersten Blick scheint es, daß metaphysische Fragen nichts (mehr) in der Psychologie als empirischer Sozialwissenschaft zu suchen haben. Wenn sich Metaphysik laut ihres Begriffs mit Dingen über oder außerhalb der physikalisch meßbaren Welt beschäftigen, warum sollte dieser über die psychologisch erfaßbare Wahrnehmung hinausgehende Bereich Thema der Psychologie werden?

War die vorwissenschaftliche Psychologie offener für derartige Fragestellungen, so markierte die Konsolidierung der Psychologie als Wissenschaft einen deutlichen Einschnitt. In seiner Darstellung der Gründungsgeschichte der klassischen Bewußtseinspsychologie und der Verselbständigung der Psychologie als Wissenschaft spricht Pongratz von einer „Übergangsepoche von einer metaphysischen zu einer naturwissenschaftlichen Psychologie" (Pongratz 1984, 75) und der psychologischen „Skepsis gegenüber der Metaphysik ... Die Trennung von der Philosophie bezog sich ... auf die Metaphysik, sofern ihre Aussagen die Grenzen der Erfahrung übersteigen ... Zur Zeit, da die Psychologie sich neu begründete, war sie ... eine metaphysikfeindliche Psychologie" (ebd., 86f). Der einzelwissenschaftlichen Psychologie, die sich nicht ohne Stolz durch ein naturwissenschaftlich-positivistisches Forschungsverständnis von ihren geisteswissenschaftlichen „Vorfahren" abgrenzen wollte, mußten metaphysische Fragestellungen ein Dorn im Auge sein. Der Positivismus „sah als einzigen legitimen Erben der Metaphysik die Wissenschaften, deren Erfolge jetzt die sicheren rationalen Stützen eines wissenschaftlichen Weltbildes anstelle der morsch gewordenen metaphysischen Deutungen bildeten" (Herzog 1992, 174).

Diese „Metaphysikfeindlichkeit" in der Psychologie scheint sich allmählich zu verändern, was sich an der psychologischen Beschäftigung mit der Sinnfrage, mit der Bedeutung von Werten, transpersonalen Persönlichkeitsmodellen u.a. ablesen läßt. Die Bedeutung der Metaphysik wird durch neuere Einsichten in zwei psychologischen Teilbereichen unterstrichen, nämlich durch Fortschritte in der Klinischen Psychologie (Kapitel 4.2.1) und der psychologischen Wissenschaftstheorie (Kapitel 4.2.2).

4.2.1 Metaphysische Aspekte der Klinischen Psychologie

Den Klinischen Psychologen hat O'Donohue (1989) provozierend als „Metaphysik-Wissenschafts-Praktiker" bezeichnet. Dazu hat er in dem im „American Psychologist" veröffentlichten Artikel die Rolle der Metaphysik in der Wissenschaftstheorie und der Psychotherapie untersucht. Als „metaphysischen Satz" faßt O'Donahue eine Aussage über einen Sachverhalt auf, der empirisch nicht nachgewiesen werden kann und dessen wissenschaftlicher Wahrheitswert deswegen gering sei. Unter dieser Prämisse hat er daraufhin die Bedeutung der Metaphysik für die klinische Forschung und Praxis in verschiedenen Bereichen herausgestellt, u.a. bei Problemlöseprozessen der klinischen Forschung oder der Entwicklung des Untersuchungsdesigns und eines Therapieplans.

Der Einfluß der Metaphysik liege darin begründet, daß vorwissenschaftliche Überzeugungen und menschenbildabhängige Grundannahmen in jeden dieser Bereiche einflössen und ihn prägten. Wegen der engen, internalen Verknüpfung zwischen wissenschaftlicher und subjektiver Erkenntnis könne es keine deutliche Trennung zwischen Wissenschaft und Metaphysik geben (O'Donahue 1989, 1465). Diese Vermischung wirke sich auch auf die klinische Praxis aus, weil dort die Wahrnehmung einer Pathologie durch die metaphysischen Standpunkte über das, was ein zufriedenstellendes Leben ausmache, wie die menschliche Natur beschaffen sei und über die eigenen Moralvorstellungen gelenkt würden.

Auf die Bedeutung ethisch-sittlicher Prinzipien, der „Stimme des Gewissens“ und der Inhalte des persönlichen Glaubens innerhalb der Psychotherapie hat schon Matussek (1950) hingewiesen. Diese Einflußgrößen stellte er als „metaphysische Probleme der Medizin“ dar – so lautet der Titel seines Buchs –, die in dem herkömmlichen, von Freud geprägten Menschenbild der Psychoanalyse nicht erkannt werden könnten. Weil die Freudsche Wissenschaftsrichtung „nur das reale Sein kennt und das nichtreale Sein für Schöpfungen des Subjekts, für reine Phantasieprodukte hält“, sei der Mensch „dementsprechend ausschließlich von Realkategorien bestimmt“ (Matussek 1950, 157). Demgegenüber stellt die Grundansicht Matusseks heraus, daß der Mensch vom ganzen Sein nur einen Ausschnitt erkennen könne und sehr wohl von irrationalen, metaphysischen Phänomenen wie der Sittlichkeit, des Gewissens und des Glaubens determiniert sei.

Wegen des besonderen Stellenwerts der Psychotherapie als einem für den Patienten persönlich bedeutsamen Bereich, in dem dieser in der Regel leicht zu beeinflussen ist, hat Matussek auf die Verantwortung des Therapeuten hinsichtlich der Berücksichtigung der metaphysischen Aspekte seiner Tätigkeit hingewiesen. Die Bedeutung der Religiosität und die Nutzbarmachung der spirituellen Ressourcen einer Person im psychotherapeutischen Prozeß wird – besonders in der anglo-amerikanischen Literatur – zunehmend betont (vgl. Benner 1988, Bradford & Spero 1990, Bergin 1991, Randour 1993, Jones 1994, Shafranske 1995). Neuere Psychotherapiestudien geben Hinweise darauf, daß zu den besten Erfolgsprädikatoren einer Psychotherapie gemeinsame religiöse Werte von Therapeut und Klient zählen (Jones 1994, 197). Diese Ansicht hat schon Jaspers (1913/1959[7], 663) in seiner Psychopathologie vertreten, wo er auf die Bedeutung eines gemeinsamen religiösen Glaubens für die Qualität der Arzt-Patient-Beziehung hingewiesen hat.

Die psychologische Anwendungswissenschaft der Klinischen Psychologie kann somit als ein Beispiel dafür geltend gemacht werden, wie in diesem Bereich aus der Praxis der Psychotherapie die Berechtigung einer metaphysischen Dimension in der psychologischen Forschung eingefordert wird. Dies erfordert eine intensivere Beschäftigung mit Gebieten, die zwar psychologisch nicht leicht zugänglich oder einfach zu operationalisieren sind, aber dennoch eine wichtige Einflußgröße für persönliche Veränderungsprozesse darstellen.

4.2.2 Metaphysische Vorentscheidungen in der psychologischen Wissenschaftstheorie

Daß eine „objektive“ Wissenschaft, eine rationale Erkenntnis der Wirklichkeit ohne irgendwelche Axiome möglich sein könne, wird mittlerweile von den meisten Fakultäten mehrheitlich bestritten. Schon 1923 hat Spengler in seinen kulturgeschichtlichen Betrachtungen über das Abendland provozierend festgestellt, daß „allem ‚Wissen‘ von der Natur, auch dem exaktesten, ein religiöser Glaube zugrunde liegt. … Es gibt keine Wissenschaft ohne unbewußte Voraussetzungen solcher Art … Es gibt keine Naturwissenschaft ohne eine vorausgegangene Religion“ (Spengler 1923, Bd. I, 485f).

Grundlegend hat Benesch in seiner Untersuchung über Weltanschauungen auf die Ideologieabhängigkeit in jedem Weltbild – auch dem wissenschaftlichen – hingewiesen. Benesch führt mehrere Hinweise an, die darauf hinweisen, daß der Rationalismus als die gängige, „wissenschaftsgläubige“ Weltanschauung der Neuzeit „als fundamentale paradigmatische Denkgrundlage seit einiger Zeit ins Wanken gerät“ (Benesch 1990, 227). Weil die Wissenschaft „wertbezogen“ sei und Werte ebenso realisiere wie Unwerte, sei die Weltanschauungsrelevanz der Wissenschaften erwiesen. Heute gebräuchlichen wissenschaftlichen Weltbildern – der physikalisch begründeten Kosmologie, den Evolutionsanschauungen sowie der kybernetischen Theorie – hält Benesch „metaphysische Defizite“ vor. Dabei hebt er den Einfluß einer „impliziten Metaphysik“ auf die Weltanschauungen hervor (Benesch 1990,258ff), die einer Erörterung von Welt- und Menschenbildfragen, von Wert-, Lebens- und Moralanschauung bedürften. Ein Umdenkprozeß habe allerdings begonnen, weil das wissenschaftliche Weltbild mit seinem rationalistischen Gedankengebäude keine Antwort auf die drängenden Fragen nach Sinn, einer gerechten Gesellschaftsethik oder einer menschenfreundlichen Zukunft geben könnten.

Neuere Überlegungen zum Einfluß der Werte auf die Wissenschaft im allgemeinen (vgl. Laudan 1984; Radnitzky 1992) und auf die psychologische Forschung (Howard 1985; Breuer 1989) belegen die Richtigkeit der Ausführungen Beneschs. In einer Grundlagenarbeit über die Theoriebildung in der Entwicklungspsychologie hat Overton (1992) über die Zusammenhänge von Forschungsziel, Theorie und Methode nachgedacht und auf die bestimmende Basis der sie bestimmenden epistemologischen und metaphysischen Werte hingewiesen. Die vermehrte Rückbesinnung auf die wissenschaftstheoretischen Voraussetzungen psychologischer Forschung macht ihre Abhängigkeit von metaphysischen „Setzungen“ immer deutlicher (vgl. Abb. 7 in Kapitel 4.1).

In einem vielzitierten Aufsatz über „die Natur und Grenzen psychologischer Erkenntnis“ führte der Psychologiehistoriker Koch aus, daß die bisherige psychologische Forschung weitgehend versagt habe, weil sie durch nicht-sinnvolle Fragestellungen, kaum theoriegeleitete Forschung und einen „Methoden-Fetischismus“ an den wirklich signifikanten Problemen vorbeigegangen sei. Die Ursache dafür liege in der „antinomischen“ Struktur der menschlichen Erfahrung: „Es gibt einen Fragenkomplex, der eine große Bedeutung für alle Menschen hat, der aber die Möglichkeit des menschlichen Denkens übersteigt (which transcendents the competence of human reason)“ (Koch 1981, 257). Als „geborene Metaphysiker“ müßten wir Antworten auf diese Fragen finden, auf die uns die Wissenschaften keine Antworten geben könnten.

Wenn Wissenschaft nicht wertfrei betrieben werden kann und ideologieabhängig ist (vgl. Bevan 1991, 477ff), nehmen metaphysische Vorannahmen großen Einfluß auf den wissenschaftlichen Erkenntnisprozeß. Mit dieser Feststellung wird ein Grundanliegen positivistischer Wissenschaftslehre hinterfragt, nämlich das „der Unterscheidung zwischen Wissenschaft und Metaphysik“

(Breuer 1989, 131). Metaphysische Aussagen stellen Wirklichkeitsbehauptungen auf, die nicht per Erfahrung – empirisch – nachgeprüft werden können. Wenn aber auch wissenschaftliche Aussagen metaphysischen Voraussetzungen unterliegen, wie ist dann Wissenschaft möglich?

Nur durch eine Klärung und Offenlegung der anthropologischen Voraussetzungen ist die Möglichkeit der Überprüfung und Kontrolle über eine eventuell subjektive, ideologisch oder weltanschaulich motivierte Beeinflussung des Forschungsprozesses gegeben. Graumann (1988, 541) hat diesen Sachverhalt anschaulich mit „Voraussetzungsbewußtheit“ umschrieben. Besonders bei dem ideologieanfälligen Bereich der Religiosität ist die Forschertransparenz hinsichtlich seiner privaten Weltanschauung und seines Menschenbildes wichtig, weshalb in dem hier erarbeiteten Entwurf einer Synopse der Religionspsychologie die Rubrik „anthropologischer Standpunkt/Menschenbild“ eine wichtige Kategorie darstellt, wenngleich sie nicht jedem Forschungsansatz entnommen werden kann.

Fazit: (Auch) Psychologische Erkenntnis ist abhängig von Voraussetzungen. Jede wissenschaftliche Aussage bewertet einen Sachverhalt und enthält dadurch weltanschauliche und ideologische Aspekte. Wertfreie Erkenntnis ohne metaphysische Implikationen gibt es nicht. Deshalb ist es sinnvoll, die impliziten Erkenntnisgrundlagen zu reflektieren und von Methoden expliziter Erkenntnisgewinnung zu unterscheiden. Der Gefahr einer subjektiven Beeinflussung des wissenschaftlichen Erkenntnisprozesses wird am besten dadurch begegnet, daß man die „metaphysischen“ Voraussetzungen des Forschungsprozesses, besonders den anthropologischen Standpunkt, die persönliche Meinung über die Natur des Menschen, offenlegt. Davon können Rückschlüsse über Werthaltungen und die Weltanschauung des Forschers gezogen werden. Die Bewußtmachung und Veröffentlichung dieser Voraussetzungen sensibilisieren den Forscher und den interessierten Leser für mögliche „unwissenschaftliche“ ideologische Fallen.

4.3 Transzendenz aus psychologischer Sicht

Wo in der Psychologie, insbesondere der Persönlichkeitspsychologie, ist von „Transzendenz“ die Rede? Zunächst einmal gar nicht, stellt doch „Transzendenz“ den philosophischen Grundbegriff der klassischen Metaphysik dar (vgl. Honnefelder & Schüßler 1992), von dem philosophischerseits allenfalls Bezüge zur Psychoanalyse hergestellt wurden (vgl. Marquard 1987). Mit der Begründung der einzelwissenschaftlichen Psychologie und ihrem Selbstverständnis als empirischer (Natur-)Wissenschaft ging die Abnabelung von Theologie und insbesondere Philosophie einher, was zunächst eine Abwendung von philosophischen Fragestellungen, naturwissenschaftlich nicht meßbaren Phänomenen und eine Hinwendung zu physiologischen Experimenten mit sich brachte. Andererseits brachte die abrupte Kehrtwende von einer geisteswissenschaftlichen zur naturwissenschaftlichen Fragerichtung Identitätsprobleme mit sich, und Jüttemann sieht in der noch „nicht abgeschlossenen Loslösung der Psychologie von der

Philosophie" die möglicherweise wichtigste Ursache der Reduktionismen in der Psychologie und beschreibt die Schwierigkeiten dieser Disziplin, „zu einer einheitswissenschaftlichen ‚Spezifizität' zu gelangen" (Jüttemann 1992, 85). Mit der gleichen Absicht hat Herzog Überlegungen zu einer „autochthonen psychologischen Wissenschaftstheorie" veröffentlicht (vgl. Herzog 1984, 288ff).

4.3.1 Drei psychologische Aspekte der Transzendenz

Der Begriff „Transzendenz" geht von der Vorstellung einer Grenze des Gegebenen und Verfügbaren aus. Jenseits dieser Grenze „wird eine heteronome, unbedingte, nicht objektivierbare Wirklichkeit angenommen, die deshalb nicht als gleichgültig übergangen werden kann, weil alles diesseits der Grenze Existierende in seinem Grunde von ihr abhängig ist" (Blumenberg 1966, 989). Eine Transzendenzerfahrung läßt sich also als Grenzüberschreitung auffassen, die den Rahmen der alltäglichen Bewußtseins- und Erlebensgrenzen erweitert: „Hier können wir von einer Begegnung mit dem Überweltlichen sprechen, das sich aller gegenständlichen Erkenntnis entzieht und nur im Innesein eines inständlichen Bewußtseins des Wesens erfahren wird" (Dürckheim 1979, 346).

Anthropologische Voraussetzung für die Notwendigkeit eines Transzendenzprinzips ist die Vorstellung einer Grenze, Trennung oder Spaltung, die überwunden werden muß. Das Erlebnis einer inneren Gespaltenheit des Menschen bildete das Fundament wesentlicher philosophischer Entwürfe dieses Jahrhunderts, die auf der Grundlage einer dualistischen Konzeption von Descartes (als objektives Außen – „res extensa" und subjektives Innen – „res cogitans") eine „Doppelheit unserer Wirklichkeit" hervorbrachten (vgl. Wurmser 1989, 508ff).

Um der begrifflichen Klarheit dieses überfrachteten Begriffs willen sollen drei psychologische Bereiche der Transzendenz deutlich voneinander unterschieden werden: 1) Bewußtseinstranszendenz, 2) Selbsttranszendenz, 3) Personale Transzendenz.

Das Forschungsgebiet der *„Bewußtseinstranszendenz"* wurde von der von Husserl angeregten „phänomenologischen Psychologie" entdeckt. Ausgangspunkt bildet die Tatsache, daß alle Dinge der Gegenstandswelt des Menschen durch die menschliche Wahrnehmung verzerrt werden. Wie ein Gegenstand „an sich" beschaffen ist, läßt sich nicht feststellen, weil eine kategoriale Trennung zwischen Subjekt und Objekt besteht. Allgemein und vereinfacht formuliert geht es der phänomenologisch fundierten, „rein deskriptiven Psychologie" Husserls um das unverfälschte Wesen, die „Wesensschau" der im Bewußtsein ‚befindlichen' Objekte. Mit Hilfe subtiler phänomenologischer Methoden soll das „Wesen" der Objekte von subjektiven Bewußtseinsverzerrungen ‚gereinigt' werden, dadurch könne die Welt „empirisch rein", d.h. bewußtseinstranszendent, erkannt werden (vgl. dazu ausführlich Herzog 1992, 173–294). Weil das Bewußtsein immer Bewußtsein von etwas ist, existiert es nicht ohne den Bezug zu einem Objekt. In den Worten Merlau-Pontys gehört es zur „Natur der Akte des Ichs, sich selbst zu übersteigen. Eine Intimität des Bewußtseins gibt es nicht, Bewußtsein ist durch und durch Transzendenz" (Merlau-Ponty, bei Herzog 1992, 450).

Bei dieser Fassung der Transzendenz als ein Überschreiten der Grenze der eigenen Personalität hin zu einem überpersönlich erlebten, „göttlichen" Wirken wird die moderne, phänomenologische Auffassung des Transzendierens außer acht gelassen. Die von Kant herkommende Kritik am traditionell-philosophischen, auf Aristoteles und Thomas von Aquin fußenden Transzendenzverständnis wurde durch Husserl und Heidegger folgenreich auf die Möglichkeit der Transzendenz des Bewußtseins reduziert (vgl. Seidl 1992 und Beierwaltes 1992). Der Transzendenz-Begriff hat sich dadurch „zu einer neuen phänomenologischen Bedeutung gewandelt, so daß der traditionelle metaphysische (in Bezug auf Gott) in total anderem Sinne ... gegenüber dem Transzendenten im Sinne der Welt erscheint" (Seidl 1992, 73).

In der Psychologie wurde in der phänomenologischen Forschungsorientierung der Anspruch, eine streng phänomenologisch orientierte, auf der Bewußtseinstranszendenz aufgebaute Psychologie zu entwerfen, nur von wenigen Autoren vertreten (vgl. Drüe 1963, Keller 1974) und ist „als Fundierung einer empirischen Psychologie (von der Psychologie nicht rezipiertes) Programm geblieben" (Graumann 1988, 538).

Mit *„Selbsttranszendenz"* wird die von Heidegger herausgestellte psychologische Konsequenz des „In-der-Welt-Seins" benannt (Heidegger 1927, 52ff). Binswanger hat ausdrücklich „auf die Gleichsetzung von In-der-Welt-Sein und Transzendenz" hingewiesen, „insofern Heidegger im In-der-Welt-Sein als Transzendenz nicht nur hinter die Subjekt-Objekt-Spaltung des Erkennens zurückgegangen ist und nicht nur die ‚Kluft' zwischen Ich und Welt aufgehoben, sondern auch die Struktur der Subjektivität als Transzendenz aufgehellt hat ... Als Transzendieren, als Überstieg, konstituiert sich nicht nur ‚Welt' ..., sondern auch das Selbst" (Binswanger 1947, 193). Weil zur Grundverfassung des Menschen sein unbedingter Bezug zur (Um-) Welt gehört und jedes Erleben ein „Erleben von etwas" und jedes Verhalten ein „Verhalten zu etwas" ist, ist menschliches Dasein immer schon auf „Welt" bezogen, so daß „Transzendenz das Wesen des Subjekts bezeichnet, Grundstruktur der Subjektivität ist" (Heidegger, zit. nach Honnefelder & Schüßler 1992, 43). Der unauslöschliche Mensch-Welt-Bezug wurde in der Psychologie unter dem Begriff der „Intentionalität" untersucht (vgl. Pongratz 1984, 121–129; Baumgärtner 1985; Graumann 1988; Herzog 1992, 449ff). Der Überstieg von der Isolation des Selbstseins in den Dialog mit der Umwelt und den Mitmenschen muß als eine Grundfunktion des Menschen angesehen werden, die Fähigkeit zur Transzendenz ist somit eine natürliche seelische Anlage (vgl. dazu auch Luckmann 1991).

In der Psychologie hat schon Lersch in seiner Antrittsvorlesung „Seele und Welt" an der Universität Leipzig im Juli 1940 ausgeführt, „daß gerade die vorbehaltlose und voraussetzungsfreie Besinnung auf die schlichte Gegebenheit bestimmter seelischer Vorgänge zur Annahme einer überpsychischen Wirklichkeit nötigt, in die die Seele mit ihren Erlebnissen vorstößt, ja daß gerade die Eigenart gewisser Erlebnisse nur aus der Anerkennung einer solchen Transzendenz der

Seele zureichend verständlich gemacht werden kann, und daß überall dort, wo die Seele in reiner Subjektivität und Binnenhaftigkeit betrachtet wird, der Blick von vornherein verstellt ist für die richtige Erfassung und Erhellung wichtigster seelischer Tatbestände" (Lersch 1943, 15). In der Persönlichkeitstheorie von V. Frankl nimmt die Selbsttranszendenz des Menschen ebenfalls eine zentrale Bedeutung ein (vgl. unten Kapitel 4.3.8).

Während die Bewußtseinstranszendenz auf die Überwindung der Subjekt-Objekt-Spaltung abzielt und durch die Selbsttranszendenz die Seele-Welt-Trennung überbrückt wird, weist die *personale Transzendenz* auf die Möglichkeit des Überschreitens personaler Grenzen hin. Sie beabsichtigt eine Verbindung zwischen Person und dem „Überweltlichen" als dem Gegensatz zur Welt; synonym gebrauchte Begriffe dafür sind das Heilige (im Gegensatz zum Profanen), das Absolute, das Numinose, Gott, Kosmos, Transzendenz, das Göttliche, das (ganz) Andere, das Ultimate. Unter dem Stichwort „Mystik" hat diese Forschungsrichtung eine jahrhundertelange Tradition (vgl. McGinn 1994). Der katholische Theologe Rahner (1976) entwarf eine Theologie der Mystik von der Transzendenzerfahrung des Menschen her. Eine ausgearbeitete Psychologie der Mystik liegt bislang nicht vor, wohl aber Aspekte derselben (vgl. dazu Underhill 1912/1990; Leuba 1927; C. Albrecht 1976; Zaehner 1980; Wyss 1991; Haas 1992; Wit 1993; Ingersoll 1994; Frambach 1994; Helminiak 1996).

In der Psychologie nimmt seit 1969, dem Gründungsjahr der Zeitschrift „Journal of Transpersonal Psychology", eine „transpersonale" Orientierung der Psychologie Form an, die aber eher angewandt-therapeutisch als grundlagenwissenschaftlich-systematisch hervortritt. Als philosophischer Vater dieser „vierten Hauptströmung" der Psychologie nach der Tiefenpsychologie, dem Behaviorismus und der humanistischen Psychologie (so Boorstein 1988, 7) wird der humanistische Psychologe Maslow angesehen, der in seiner Spätphase die humanistische Psychologie als eine „Übergangswissenschaft und Vorbereitung für eine noch höhere, transpersonale Form" (Wulff 1991, 612) bezeichnete. Das vielfältige, breitgefächerte Interessensgebiet der Transpersonalen Psychologie umfaßt die „Veröffentlichung von Ergebnissen theoretischer und angewandter Forschung, von empirischen Berichten, Artikeln und Studien über den transpersonalen Prozeß, über Werte und Zustände, über das Bewußtsein der Einheit, über Metabedürfnisse, Gipfelerfahrungen, Ekstase, mystische Erfahrung, Sein, Wesen, Glückseligkeit, Ehrfurcht, Staunen, Selbsttranszendenz ..." (Walsh & Vaugham 1985, 13f). Insofern ist sie als ein (marginaler) Strang in die Forschungstradition der Religionspsychologie einzuordnen, obwohl es diesem Ansatz (noch) an konzeptueller Klarheit mangelt (vgl. zur (vernichtenden) Kritik am transpersonalen Bewußtseinsmodell von Wilber Heinrichs 1993, 332ff und Sloterdijk 1993, 42).

Die folgende Tabelle (Abb.8) faßt die hier differenzierten drei psychologischen Bereiche der Transzendenz zusammen:

Abb. 8: Die drei psychologischen Bereiche der Transzendenz

Transzendenz des/der	Überwindung der Spaltung von	Hauptbegriff	Schule
Bewußtseins	Subjekt ⇔ Objekt	„Wesensschau"	Phänomenologie
Selbst	Seele ⇔ Welt	„Intentionalität"	Existenzontologie
Person	Person⇔Absolutes	„Mystik"	Diverse Traditionen

Personale Transzendenz wird dann zu dem Hauptarbeitsgebiet der Religionspsychologie, wenn darin die seelischen Auswirkungen auf „Transzendenzerfahrungen" untersucht werden. In der klassischen Vorlesungsreihe der Religionspsychologie von William James untersucht dieser in seiner 3. Vorlesung „die Wirklichkeit des Unsichtbaren", in der er die „Wahrnehmung einer göttlichen Gegenwart" an unterschiedlichen Beispielen demonstriert und interpretiert (vgl. James 1979, 63ff). Was genau aber ist im Kontext der Religionspsychologie mit Transzendenz gemeint? Kann so etwas wie die spirituell-religiöse Natur des Menschen psychologisch aufgewiesen werden, was in der Theologie seit langem unter dem Begriff des „religiösen Apriori" diskutiert wird (vgl. Pannenberg 1983, 40ff, 69, 227; Wagner 1986, 131ff; Fraas 1990, 45ff)? Und wie kann der Mensch eine „ihm immanente Transzendenz seines ‚Wesens'" entdecken, wie Dürckheim (1979, 346) postulierte?

Wenn personale Transzendenz als eine mögliche Grenzüberschreitung zu einer wie auch immer vorgestellten transpersonalen Wirklichkeit aufgefaßt wird, impliziert dies „eine Beziehung des Menschen zu einem Absoluten, Unbedingten, „Transzendenten", das in der religiösen Sprache „Gott" genannt wird. Auf der anderen Seite ist Glaube aber eine psychische Funktion, verankert in den „natürlichen" Prozessen des Menschen" (Müller-Pozzi 1975, 32).

Mit einer derartigen Unterscheidung zwischen dem subjektiven Aspekt der Religiosität und dem objektiven Pol der Religion wird die Transzendenz relevant für die Psychologie, weil sie die seelischen Prozesse dieser Erfahrung wissenschaftlich untersuchen kann. Auch Wulff (1991, 4) verknüpft die Transzendenzerfahrung mit der Subjektivität, wenn er der vorherrschenden religionspsychologischen Forschung vorwirft: „They overlook the dynamic personal quality of religiousness and leave out the crucial factor of transcendence". Es ist Wulff zuzustimmen, daß die Transzendenz durch ihren objektiven und subjektiven Aspekt ein „Stolperstein" der Religionspsychologie darstellt.

In der Einleitung zu seiner Religionspsychologie skizziert Wyss (1991, 13) seine Vorgehensweise als „deskriptive Psychologie und Auslegung der religiösen Erfahrung, die auf Transzendenz verweist und nicht aus der Immanenz der Psyche allein psychologisch abzuleiten ist". Diese Definition markiert eine unüberbrückbare Kluft zwischen Mensch und Absolutem und muß als eine extreme Gegenposition zu der eben zitierten Auffassung Dürckheims verstanden werden. Damit ist ein Hauptkonfliktpunkt der Religionspsychologie angesprochen, nämlich der einer dualistischen (Mensch und Gott) oder monistischen (Mensch als Gott) Weltanschauung (vgl. Kapitel 2.1.1).

Die Erforschung der vielfältigen Erfahrungen eines Überschreitens der personalen Grenze in *Trance* (vgl. Goodman 1992; Grom 1992, 258ff), *Ekstase* (vgl. Zinser 1988c; Huth 1990, 197ff; Müller 1992; Goodman 1993, Nestler 1996), *Meditation* (vgl. Huth 1990, Engel 1995, Fehr 1996) und *Mystik* (vgl. Grom 1991; Sudbrack 1988; Spilka, Brown, Cassidy 1992) hat sich zu einem Schwerpunkt der Religionspsychologie herauskristallisiert (vgl. Hyde 1990, 165–193; Wulff 1991, 61–104; Grom 1992, 292–366; Hood 1995). Schon 1919 befaßte sich Jaspers in seiner kurzen Zeit als Ordinarius für Psychologie im Rahmen seiner „Psychologie der Weltanschauungen" mit der Mystik (Jaspers 1971, 440–464). Empirisch-phänomenologisch hat Albrecht (1951/1976) das mystische Erleben untersucht (vgl. dazu Wyss 1991, 61–71, Wöhrer 1983). Eine aktuelle Übersicht über die in den letzen Jahren entwickelten psychologischen Meßinstrumente der mystisch-spirituellen Erfahrung haben Hall, Tisdale und Brokaw (1994) zusammengestellt; vgl. auch den Forschungsüberblick zur mystischen Erfahrung von Lukoff & Lu (1988) und den Versuch einer Typologie der Mystik von Haas (1992). Neuerdings nimmt das in der Transpersonalen Psychologie postulierte „kosmische Bewußtsein" deutlichere Konturen an, was als psychologische Zugangsweise zu der Transzendenzerfahrung verstanden werden kann.

In dem Forschungsgebiet der „Personalen Transzendenz" können ähnliche Erkenntnisinteressen bei der traditionellen Mystik und der Religionspsychologie festgestellt werden. Absicht der Mystik ist die „cognitio dei experimentalis" (Dinzelbacher 1989, 1), also ein auf innere Erfahrung gegründetes Erkennen und Gewahrwerden Gottes bzw. der Transzendenz. Auch der Religionspsychologie geht es um ‚experimentelle Erkenntnis'; allerdings nach neuzeitlichen Kriterien einer wissenschaftlichen Beschreibung und Erklärung religiösen Erlebens und Verhaltens. Während sich die Mystik dabei unterschiedlicher Formen der Meditation und Kontemplation bedient, ist die Religionspsychologie an die wissenschaftliche Methodik gebunden.

Daß entgegen der Aufmerksamkeit in der akademischen Psychologie eine Beschäftigung mit der Transzendenz psychologisch relevant und erforschbar ist, hat beispielsweise seinen Niederschlag in dem letzten Band von Kindlers 15-bändiger Enzyklopädie „Die Psychologie des 20. Jahrhunderts" mit dem Titel „Transzendenz, Imagination und Kreativität" (Condrau 1979) gefunden. In der wissenschaftlichen Psychologie existieren bislang jedoch nur vereinzelte, abseits des allgemeinen Forschungsinteresses liegende Entwürfe zur Einbeziehung der Transzendenz in die psychologische Beschreibung der Person..

Ein Außenseiter, der seit Jahrzehnten Transzendenzerfahrungen systematisch erforscht und diese in Erwachsenenbildung („Formative Spiritualität") und Psychotherapie („Transzendenztherapie") anwendet, ist der phänomenologisch orientierte Psychologe und Priester van Kaam, der 1963 an der renommierten Duquesne-Universität in Pittsburgh/Pennsylvania das „Institute of Formative Spirituality" gründete und seitdem leitet. Das Programm seiner ‚Spirituellen Bildung' hat er in dem Werk „Formative Spirituality", Vol.I–V (Kaam 1985ff) dargelegt. Eine knappe deutschsprachige Skizzierung seines Persönlichkeitsmodells liefert der Aufsatz von v. Kaam (1965), zur Darstellung seiner „Transzendenztherapie" vgl. v. Kaam (1983).

Neben der Erforschung der Personalen Transzendenz im religionspsychologischen Kontext wurde Transzendenz auch allgemeiner als Funktionsprinzip der Persönlichkeitsentwicklung herausgearbeitet.

4.3.2 Transzendenz als Funktionsprinzip der Persönlichkeitsentwicklung

Faßt man Transzendenz als „Überstieg" auf und sucht nach dieser Funktion – losgelöst von den philosophischen Implikationen – in der Psychologie, sind Entsprechungen schnell zu finden. Zentrale psychologische Prozesse wie Wachstum, Veränderung und Entwicklung sind ohne eine transzendierende Fähigkeit des Menschen nicht denkbar. Ausgiebig wurde in der Entwicklungspsychologie der Lebensspanne die Bedeutung von Krisensituationen, Übergangsphasen und Anpassungsvorgängen untersucht. Dabei kam zum Vorschein, daß zu jedem Lebensabschnitt besondere Entwicklungsaufgaben gehören, die nicht durch bisher angewendete Lösungsstrategien erfolgreich zu meistern waren, sondern oftmals nur durch ein neues, den bisherigen Handlungsspielraum transzendierendes Bewältigungsverhalten zufriedenstellend gelöst werden konnten. „Die Kapazität, eine gegebene Situation zu transzendieren, ist ein einzigartiges Merkmal der menschlichen Existenz" (Norcross 1987, 53). Bei der als „Transzendierung" bezeichneten Reaktionsform auf eine Belastungssituation nimmt das Ringen um einen Sinnbezug eine bedeutsame Position ein (vgl. Frankl 1984; Weenolsen 1988; Utsch 1992b).

Kruse kommt bei der Sichtung empirischer Studien über Formen der Auseinandersetzung mit Belastungen im Alter zu dem Ergebnis, daß eine Veränderung der inneren Einstellung eine Reaktionsform darstellte, mit denen ältere Menschen gerade chronische Belastungen zu verarbeiten versuchten. Diese Fähigkeit faßt Kruse in dem Begriff der „Transzendierung von Belastungen" zusammen und beschreibt sie als Kompetenz, „bestimmte Aspekte der Situation zu transzendieren" (Kruse 1989, 230).

In einer entwicklungspsychologischen Untersuchung über christliche Konversion hat Conn (1986) versucht, unterschiedliche, für diesen Prozeß des „Überstiegs" relevante Theorieansätze zu systematisieren. In einer Gegenüberstellung von Modellen, welche die entwicklungspsychologisch bedingten Veränderungsprozesse der Persönlichkeitsbildung in einzelnen Bereichen differenziert beschrieben haben, verglich Conn die drei Lebensalter Kindheit, Jugend und Erwachsenenalter hinsichtlich ihrer psychosozial-affektiven (Erikson), kognitiven (Piaget), moralischen (Kohlberg), Glaubens- (Fowler) und Selbst- (Kegan) Veränderungen. Dabei kam Conn zu dem Ergebnis, daß diese Dimensionen in gegenseitigen Wechselbeziehungen stehen und sich gegenseitig ergänzen. Der Fokus seiner Studie bestand darin, die verschiedenen Transformationsdimensionen als einheitliche Entwicklungssequenz der Persönlichkeit aufzufassen. Dabei arbeitete Conn als zentrale, übergreifende und einheitliche Erklärungskategorie die

„Selbst-Transzendenz“ als Grundprinzip der Persönlickkeitsentwicklung heraus (vgl. Conn 1986, 38ff). Das Entwicklungsprinzip der Selbsttranszendenz, das als übergreifendes Funktionsprinzip des Persönlichkeitswachstums und der Identitätsbildung aufgefaßt werden kann, stellt hiernach eine menschliche Urmotivation dar.

Dieser metatheoretische Entwurf des psychologisch gebildeten Religionswissenschaftlers Conn weist auf die psychologische Relevanz eines transzendierenden Erlebens und Verhaltens hin. Der „empiristisch verengten“ Psychologie hält Müller-Pozzi vor, sie lasse „zentrale anthropologische Sachverhalte außer acht. Der Mensch ... ist als das animal symbolicum (Cassirer) auf Transzendenz hin angelegt. Damit ist nicht primär eine Sphäre übersinnlicher Wirklichkeit gemeint. Der Mensch transzendiert je und je die Unmittelbarkeit der Situation, ist bezogen auf Vergangenes und Zukünftiges. ... Dieser transzendierenden Funktion des Menschen sind keine Grenzen gesetzt“ (Müller-Pozzi 1975,38). Faßt man die transzendierende Fähigkeit des Menschen als seine „spirituelle Anlage“ oder „religiöse Natur“ auf, ist die Brücke zur Religionspsychologie hergestellt.

4.3.3 Berührungspunkte von Immanenz und Transzendenz

Seit jeher spekuliert wird über den „Ort“, an dem der „Einbruch der Transzendenz“ in die Person erfolgt. Nach Steggink (1992, 907) „bricht ... eine andere als die standardisierte Alltagserfahrung in der Erfahrung durch“. Wie unterschiedlich der „Einbruch des Numinosen in die Existenz alltäglichen Daseins sichtbar“ werden kann, dafür hat Wyss (1991, 48ff) literarische Belege gesammelt. Die das rationale Bewußtsein übersteigende, unmittelbare Erfahrung der göttlichen oder transzendentalen Realität nannte James (1902/1979, 185ff) in seiner Religionspsychologie „Erleuchtungsbewußtsein“, Underhill in ihrem Klassiker „Mysticism“ (1910/1990, 176ff) „Erwachen des Selbst“.

Religionspsychologisch höchst relevant sind diese Beschreibungen, weil an dieser Nahtstelle als dem Berührungs- und Begegnungspunkt zwischen Metaphysik im Sinne von Überweltlichem und Psyche als Persönlichkeitsstruktur etwas Irrationales empirisch zugänglich wird. Dieser „tiefste Bereich im Menschen, in dem allein Glaube und Religion ihre adäquaten Wurzeln finden“ (Singer 1990, 83), wird bis heute mit den verschiedensten Termini bezeichnet. Große christlichen Mystiker sprachen vom „Seelengrund“ (Tauler), „Seelenfunken“ (Meister Eckhard) oder der „Seelenburg“ (Theresa von Avila). Bedeutende Theologen dieses Jahrhunderts verbanden Gottes- mit Selbsterfahrung in der „Dimension der Tiefe“ (Tillich 1962) oder einer allgemeinmenschlichen „transzendentalen Erfahrung“ (Rahner 1976, 31ff). Tillich ging von der Metapher der Tiefe im Menschen als seiner „religiösen Dimension” aus und formulierte: „Religiös sein bedeutet, leidenschaftlich nach dem Sinn unseres Lebens zu fragen und für Antworten offen zu sein, auch wenn sie uns tief erschüttern” (Tillich 1962, 8).

Eine solche Auffassung macht die Religion zu etwas universal Menschlichem, wenn sie auch von dem abweicht, was man gewöhnlich unter Religion versteht.

Durch diese Erweiterung des Religionsbegriffs zu der spirituellen Grunderfahrung des Menschen sind in seiner Theologie starke Bezüge zur Psychologie enthalten. Tillichs theologischer Ansatz wurde insbesondere in dem religionspsychologischen Entwurf von Müller-Pozzi (1975) verwendet. Der katholische Theologe Rahner geht davon aus, daß jedem Menschen „mit dieser transzendenten Erfahrung ein gleichsam anonymes und unthematisches Wissen von Gott gegeben ist“ (Rahner 1976, 32), das ihn auf Gott als das „absolute Geheimnis” hinweise.

Gemäß den systematischen Überlegungen Pannenbergs zur theologischen Anthropologie existiert „eine ursprüngliche, zumindest implizite Verwiesenheit des Menschen auf Gott.” Dabei handele es sich „um ein mit der Natur des Menschen gegebenes Bedürfnis, dem er sich so oder so nicht ohne weiteres entziehen kann – nämlich nicht ohne Ersatzgebilde zu erzeugen. Damit ist nicht schon die Wirklichkeit Gottes erwiesen, wohl aber der konstitutive Bezug des Menschseins auf die religiöse Thematik“ (Pannenberg 1983, 227). In dieser wie in anderen modernen Theologien werde „die Grundstruktur der Verwiesenheit auf Transzendenz … als implizites Element von Erfahrung herausgestellt“ (Schreiner 1992, 183).

Richtungsweisend für eine auf der menschlichen Erfahrung fußenden und dadurch psychologisch relevanten Beschreibung des Beziehungsverhältnisses zwischen Mensch und Gott ist die in der Mitte des 19. Jahrhunderts formulierte Auffassung Schleiermachers von der Religion als „Gefühl der schlechthinnigen Abhängigkeit“ (Schleiermacher 1958, 26ff) gewesen. Dabei ist zu beachten, wie Schleiermacher „Gefühl“ versteht: „Gefühl ist nicht ein Sentiment, sondern bedeutet das ‚unmittelbare Selbstbewußtsein‘ … Das Wort ‚Gefühl‘ können wir also als Innewerden verstehen, wobei der Mensch als Ganzer (Selbstbewußtsein), nicht bloß eine der seelischen Funktionen, beteiligt ist: der Mensch als Ganzer eben vom ‚Gefühl‘ her als Erlebender genommen. … Man hat solches von ‚Gefühl‘ inauguriertes Denken auch ‚existentielles‘ Denken und ‚ursprüngliches Existenzverhältnis‘“ genannt (Hermann 1961, 1429f). Schleiermachers anthropologische Konzeption hat weitreichende, disziplinübergreifende Auswirkungen gezeigt. Ein Jahrhundert später hat der protestantische Theologe und Religionswissenschaftler Otto (1917/1987, 26ff) in seiner berühmten religionspsychologischen Studie „Das Heilige“ Schleiermachers Gefühlstheorie aufgegriffen, stellte sie mystischen Zeugnissen aus der Literatur gegenüber und entwickelte daraus detailliert Beschreibungen über die Begleiterscheinungen der religiösen Erfahrung. In der Psychologie ist zuletzt dieses von Otto als „numinos“ beschriebene Erleben von Wyss phänomenologisch und anthropologisch untersucht worden, demnach sich „dem nach innen blickenden Menschen seit Augustin dieses Innen als Transzendenz Vermittelndes offenbart“ (Wyss 1991, 42). Als „Suche nach innen” hat Hillman (1981) den Weg bezeichnet, auf dem der Mensch die immanente Transzendenz seines Wesens entdecken kann und Psychologie und Religion sich berühren. Wie kann diese Begegnung aber wissenschaftlich untersucht werden?

4.3.4 Ausschluß der Transzendenz als Voraussetzung religionspsychologischer Forschung?

Die religionspsychologische Kardinalfrage, ob und wie nämlich die empirische Psychologie einen Beitrag zum Verständnis religiöser/spiritueller Erfahrungen trotz ihrer Transzendenzdimension leisten könne, ist seit Beginn der Religionspsychologie gegen Ende des letzten Jahrhunderts nach wie vor umstritten. Schon 1903 forderte Flournoy als 1. Prinzip der Religionspsychologie kategorisch den „Ausschluß (‚exclusion‘) der Transzendenz“ (Flournoy 1903, 38–40). Die verschiedenartigen Antworten auf die Frage, ob religionspsychologische Untersuchungen die faktische Realität transzendenten Erlebens überprüfen können und sollen, erwies sich damals als ein wesentlicher Diskussionspunkt und charakteristisches Unterscheidungskriterium für die unterschiedlichen Ansätze.

Dieses klassische religionspsychologische Axiom war Grundstein der weiteren empirischen Religionspsychologie und jahrzehntelang forschungsleitend. Die Diskussion über die Bedeutung dieses religionspsychologischen Grundsatzes ist bis heute nicht erloschen (vgl. Keilbach 1973, 38ff; Müller-Pozzi 1975, 33ff; Zinser 1988, 104; Fraas 1990, 27ff; Wulff 1991, 24–30; Pollack 1995, 171ff). Das „Basispostulat” der Religionspsychologie fordert, daß Religionspsychologen über die Existenz oder Nicht-Existenz eines „religiösen Objektes“ nichts aussagen können und sollen, weil es ihre Kompetenz überschreite. Thouless (1960, 385) betrachtete dieses Prinzip als den Grundstein der bereits von James eingeführten phänomenologisch-deskriptiven Betrachtungsweise religiöser Sachverhalte, die er als Standardmethode für das Studium der Religion ansah.

Die religionspsychologische Prämisse des Ausschlusses der Transzendenz hat als ein Grundsatzpostulat „unter den Religionspsychologen kaum eigentlichen Widerspruch gefunden“ (Müller-Pozzi 1975, 33) und wird deshalb beispielsweise im Glossar des führenden Lehrbuchs von Wulff (Wulff 1991, G-22) als terminus technicus aufgeführt und erklärt. Gemeint ist damit, daß der Psychologe religiöse Einstellungen und Verhaltensweisen erforscht, ohne dabei die faktische Existenz des als „Absoluten“, „Kosmos“, „Göttlichen“ oder ähnlich beschriebenen Phänomens zu berücksichtigen. Damit klammert die Psychologie die Frage nach der objektiven Tatsachen-Wahrheit der Religion aus. Grundlegend hat sich dabei für die wissenschaftliche Etablierung der Religionspsychologie die Möglichkeit geboten, mit Hilfe von Flournoys Grundprinzip „erstmals eine Erforschung des Glaubens als ‚eines Stückes Welt‘“ (Müller-Pozzi 1975, 34) vorzunehmen. Auch nach Vergote (1970, 13ff) sollte die Religionspsychologie den „Objektpol“ der Beziehungstatsache Religion ausklammern. Zu ihrem Aufgabengebiet gehöre die Erforschung der gefühlsmäßigen Reaktion und ihrer Deutung auf ein als religiös beschriebenes Erlebnis, über den Wahrheitsgehalt desselben könne und dürfe die Religionspsychologie keine Aussage machen. Die Religionspsychologie müsse die Frage nach der objektiven Tatsachen-Wahrheit der Religion ausklammern. Im Mittelpunkt des Forschungsinteresses könne ausschließlich die subjektive religiöse Erfahrung stehen, durch ihre Beschreibung sei überhaupt erst ein wissenschaftlicher Zugang zur „Transzendenz“ möglich. Für das Beschreiben und Verstehen der Transzendenzerfahrung ist deshalb eine subjektbezogene Forschungsmethodologie nötig, die imstande ist, die persönliche Erlebenswelt einschließlich der Möglichkeit spiritueller Erlebnisse zu beschreiben und zu erfassen.

Neben diesen ohne Zweifel wichtigen Impulsen zieht das Prinzip des Ausschlusses der Transzendenz aber problematische wissenschaftstheoretische Konsequenzen nach sich. Nachdem die Grenzen der quantifizierenden, naturwissenschaftlich orientierten Forschung in der Psychologie besonders bei der Interpretation der gefundenen Ergebnisse deutlich geworden sind, gewinnt die Notwendigkeit des Dialogs der Psychologie mit Religionswissenschaft und Theologie zunehmend an Bedeutung (vgl. Kapitel 6.5). Ohne eine inhaltliche Begriffsbestimmung sind nur äußerliche, die Funktion der Religion betreffende Ergebnisse zu erzielen.

Neuere Definitionsversuche der Religion nehmen die dialektische Spannung zwischen funktionalem und substantiellem Religionsbegriff und den damit verbundenen Ein- oder Ausschluß der Transzendenz zum Anlaß, ein wissenschaftliches Modell in „Kombination von Innen- und Außenperspektive der Religion" (Pollack 1995, 183) zu entwerfen. Wulff (1991, 639) beendete seine fundamentale Religionspsychologie mit dem bemerkenswerten Vorschlag, neben Flournoys Prinzip des Ausschlusses der Transzendenz einen neuen, zweiten religionspsychologischen Grundsatz zu stellen: Das Prinzip des Einschließens der Erfahrung der Transzendenz, um den ersten Grundsatz auszugleichen. Neben die notwendige Zurückhaltung vor der bewertenden Deutung der religiösen Phänomene muß eine auch inhaltliche geführte Diskussion über das treten, was der einzelne als religiös oder spirituell beschreibt, und darüber, welche psychologischen Konsequenzen dadurch entstehen. Wird als Prämisse ausgeschlossen, daß eine spirituelle Wirklichkeit existiert und diese nur als subjektive Wunschvorstellung oder Phantasie konzeptualisiert, wird mit dem Ausschluß der Transzendenz auch die Möglichkeit einer faktischen Einflußnahme einer psychologisch nicht erfaßbaren Größe ausgeschlossen.

4.3.5 Historische Aspekte psychologischer Transzendenzerforschung

Von soziologischer Seite ist in den 60er und 70er Jahren öfters die „Entmachtung oder Abdankung der Transzendenz" (Berger 1970, 8) beobachtet und dabei eher begrüßt als beklagt worden. Berger führte die zunehmende Säkularisierung der Gesellschaft zurück auf die angewachsene Wissenschaftsgläubigkeit und eine „Anpassung an die Betonung des Diesseitigen, die für die Neuzeit charakteristisch ist" (Berger 1970, 18). Diese Entwicklung läßt sich auch in der Persönlichkeitspsychologie verfolgen, wobei hier für die Mißachtung der „Personalen Transzendenz" weniger gesellschaftliche als methodische und wissenschaftsgeschichtliche Gründe Einfluß genommen haben. Solange ein umfassend konzipierter psychologischer Personbegriff in Anlehnung an philosophische Gedankenmodelle und im Rückgriff auf anthropologische Basisannahmen im Zentrum des psychologischen Forschungsinteresses stand, enthielten diese Theorien Raum und Hinweise auf transzendente Bezüge der Person. Die Zusammenstellung von Binder (1974) unterschied in der als Einführung in die medizinische Anthropologie konzipierten Übersicht noch einen religiösen von einem organischen, psychischen, psychovitalen, triebhaften, geistigen, soziologischen, synthetischen und anthropologischen Personbegriff. In derartig komplexen Entwürfen war Platz für ein „religiöses Bewußtsein" oder „religiöses Erleben".

Psychologische Persönlichkeitstheorien, welche die menschliche Transzendenzbezogenheit explizit mit einbeziehen, wurden von Stern, Lersch, Wellek, Vetter, Spranger, Allport und von Jung, Fromm, Frankl, R.May, Maslow und Wyss entwickelt, also Entwürfe der geisteswissenschaftlichen und existentialontologischen Orientierung.

Eine deutlich reduzierte psychologische Beschäftigung mit religiösen Phänomenen und den transzendenten Fragestellungen ging mit psychologiegeschichtlichen Veränderungen einher. Waren in der klassischen Psychologie das „Bewußtsein" und das „Erleben" die verbindlichen wissenschaftlichen Grundbegriffe, „erklärte die objektive Psychologie diese Begriffe für unwissenschaftlich und ließ nur das beobachtbare Verhalten als Gegenstand der Psychologie gelten" (Pongratz 1984, 333). Sobald Religiosität aber auf das beobachtbare Verhalten reduziert wird, verliert sie das für sie charakteristische Element der subjektiven Bedeutung und des persönlichen Umgangs mit der Transzendenz und läuft Gefahr, sie auf eine statistische Hülse zu reduzieren, die zwar soziologische, aber wenige psychologische Erkenntnisse liefert.

Wundt, der Altmeister der experimentellen Psychologie und Nestor der ersten psychologischen Gegenstandsbestimmung als Erforschung des „Bewußtseins", bildet insofern eine Ausnahme der behavioristisch orientierten Psychologie, als er sich in Band 6 seiner zehnbändigen „Völkerpsychologie" (Wundt 1915) auch mit Fragen der Religionspsychologie beschäftigte. Während er mit Hilfe von Experimenten Zusammenhänge zwischen Wahrnehmung und Reizverarbeitung erklärte, hielt er im Gegensatz dazu „bei höheren psychischen Phänomenen wie Sprache, Religion und Mythos die Anwendung experimenteller Beobachtung zu ihrer Erforschung nicht für möglich, … statt dessen empfahl er die reine Beobachtung" (Zinser 1988, 93).

Eine Persönlichkeitstheorie, die sowohl subjektive als auch objektive Faktoren der Person berücksichtigt und dadurch auch wesentliche Impulse für die Religionspsychologie geliefert hat, wurde von Allport entwickelt. Sein Persönlichkeitsmodell zeichnet sich durch eine gleichgewichtige Thematisierung subjektiver wie objektiver Faktoren der Selbstwerdung aus und ermöglicht dadurch die Erforschung der transzendenten Dimension der Person.

Pongratz hat die „polare Struktur" des Bewußtseins unter Darstellung verschiedener Ich-Theorien systematisiert: „Das Kennmal der Reifestufe des Bewußtseins ist die Reflexivität. Auf ihr vermag sich das Ich, wie der Wortursprung besagt, auf sich selbst „zurückzubeugen"; es ist in ein Subjekt- und ein Objekt-Ich verdoppelt" (Pongratz 1984, 130). Diese Differenzierung der Persönlichkeit in ein empirisches, objektivierbares Ich und ein subjektives, „transzendentales

Ich" (Pongratz 1984, 131) ermöglicht den psychologischen Zugang zur spirituellen Dimension des Menschen, weil sie besonders bei einer Transzendenzerfahrung berührt und aktiviert ist. In der Psychologie hat Allport die „Doppelseitigkeit" des Ich in seiner Propriumstheorie behandelt und war damit der Wegbereiter für die religionspsychologische Persönlichkeitsforschung. Der transzendente Subjektpol wird von Allport „Wissender (knower)" bezeichnet und kann als „verborgene Größe" kein Gegenstand der empirischen Psychologie sein. Seine Existenz ist aber nach Pongratz „eine ursprüngliche und sichere Erfahrung. Insofern ist das Subjekt-Ich die wirklichste Wirklichkeit. Allport hat darauf mit Nachdruck den Finger gelegt" (Pongratz 1984, 132).

Allports dynamische Persönlichkeitstheorie nimmt bei der Beschreibung des inneren Entwicklungsprozesses der Selbstwerdung Rücksicht auf soziale und kulturelle Einflußfaktoren. Als „umfassende Einheiten" bezeichnet er die „intentionalen Dispositionen" (Allport 1983, 83), die als Leit-Charakteristika den Verlauf der Identitätsentwicklung maßgeblich prägen würden. Dabei bilde das Gewissen als „ein Erlebnis wertbezogener Verpflichtung" (ebd., 68) die entscheidende Instanz im Wachstum der Persönlichkeit. Ziel des Persönlichkeitswachstums ist der „Charakter": „Charakter ist für Allport die Persönlichkeit, sofern sie auf Werte bezogen ist" (Fisseni 1984, 88).

Zu den Charakter prägenden intentionalen Dispositionen zählt Allport auch die „religiöse Gesinnung" („religious sentiment"). Gesinnung versteht Allport als eine relative stabile Komponente der Persönlichkeit, die affektive und kognitive Faktoren kombiniere und sich wertbezogen bilde (Allport 1950, 55). Die religiöse Gesinnung definiert er als eine umfassende Haltung, „deren Funktion es ist, das Individuum sinnvoll in das Ganze des Seins einzufügen" (Allport 1983, 94). In Abgrenzung zur psychoanalytischen Theorie schätzt Allport die „religiöse Gesinnung" als Faktor der Persönlichkeitsentwicklung sehr positiv ein. Die entwickelte religiöse Gesinnung sei „eng verbunden mit den am weitesten ausholenden Seiten des Werdens, nicht zuletzt auch mit Eigenstreben, umfassendem Gewissen und Intentionalität" (ebd., 84). Einen Irrtum sieht er darin, daß „die Psychoanalyse den religiösen Glauben ausschließlich in die äußerlichen, defensiven Funktionen des Ich verlegt, statt in den Kern, den Mittelpunkt und die Substanz" (ebd., 86). Damit hat Allport eine Kritik ausgesprochen, die in der neueren religionspsychologischen Forschung aus psychoanalytischer Sicht insofern ernst genommen wurde, als die Religiosität mit Konzepten des Selbst, des Narzißmus und der Objektbeziehungen in Verbindung gebracht wurde (vgl. Meissner 1984, Finn & Gartner 1992). Für Allport stellt die religiöse Gesinnung eine strukturbildende Größe der Persönlichkeitsentwicklung dar, die „das Individuum in jedem Stadium des Werdens befähgt, sich sinnvoll zu der Totalität des Seins in Beziehung zu setzen" (ebd.).

Durch die zunehmende Pluralisierung und Spezialisierung der Psychologie mußte der ganzheitliche Person-Begriff, wie er noch von Allport entfaltet wurde, aufgegeben werden: „Die eine, substantielle, geistige Seele wurde atomisiert, aktualisiert und materialisiert" (Pongratz 1984, 83). Unter dem Einfluß des Behaviorismus' traten „nicht nur die Begriffe Psyche und Seele völlig in den Hintergrund, sondern es wurden sämtliche Termini, die auf Bewußtseinstatbestände verwiesen, aus dem fachlichen Wortschatz verbannt. ... Dabei geriet vor allem der Aspekt der Subjektivität, d.h. das Verständnis der Psyche als zentrales Prinzip der Selbstorganisation völlig aus dem Blickfeld der Gegenstandsbetrachtung. ... Indem die streng naturwissenschaftlich ausgerichtete Psychologie Objektivität mit Meßbarkeit gleichsetzt, ... kommt es zu einer Reduktion des Psychischen auf ein subjektloses System" (Jüttemann 1993, 253f). Für Graumann und Métraux (1977, 31) bedeutete „diese Verdrängung des Subjekts aus dem Blickfeld des Psychologen ... nichts anderes als die notwendige Folge der Übernahme naturwissenschaftlicher Forschungsstrategien".

Diese knappe psychologiegeschichtliche Skizze verdeutlicht anschaulich, warum die Transzendenzerfahrung kein Thema der deutschsprachigen Psychologie der letzten Jahrzehnte sein konnte. Nach Einschätzung von Jüttemann zeigen sich aber in den letzten Jahren deutliche Hinweise auf einen Trendwechsel hin zu einer wieder mehr ganzheitlichen, individuumszentrierten Betrachtungsweise durch eine zugenommene Anerkennung der „Wichtigkeit des Gegenstandsaspekts der Historizität", der auch einen „steigenden Bedarf an Psychologierezeption" der religionspsychologischen Phänomene mit sich bringe (Jüttemann 1993, 255).

Historisch betrachtet ist für die Transzendenzthematisierung in der Psychologie zunächst die geisteswissenschaftliche Persönlichkeitsforschung mit den daraus entstandenen Schichtentheorien der Person und Persönlichkeit anzuführen, weshalb auch das Modell von Allport hier referiert wurde. Dem religiösen Erleben wandten sich in der psychologiegeschichtlichen Epoche der verstehenden Psychologie mit der von ihr entwickelten Methodik etliche Forscher zu. In der klassischen Persönlichkeitstypologie der „Lebensformen" von Spranger wird als sechster Typus der religiöse Mensch beschrieben (Spranger 1921/1966, 236–276). Das spätere wissenschaftliche Lebenswerk dieses Pädagogen, Philosophen und Psychologen widmete sich aber mehr der Religionsphilosophie (vgl. Spranger 1974).

Mit ihrer ganzheitlichen Konzeption der Person konnte die geisteswissenschaftliche Persönlichkeitspsychologie Transzendenzbezüge thematisierten, was im folgenden am Strukturmodell von Vetter exemplarisch aufgewiesen wird (4.3.6). Sodann kommt die personalistisch-anthropologische Orientierung in der Persönlichkeitspsychologie durch ihren Vertreter Gebsattel zur Sprache (4.3.7). Einen expliziten Platz räumt Viktor Frankl der Transzendenz in seiner der Humanistischen Psychologie zuzuordnenden existenzanalytischen Persönlichkeitstheorie ein (4.3.8.). Von manchen Autoren wird Frankl auch der Transpersonalen Psychologie zugerechnet, so beispielsweise von Kelsey (1986, 33), Heinrichs (1993, 331) oder Fabry (1988, 89ff). Zuletzt werden Konzepte des individualpsychologischen Menschenbilds, wie es Alfred Adler entwickelt hat, auf ihre transzendente Dimension hin untersucht (4.3.9).

Weitere Theorieansätze, die transzendente Bezüge aufzuweisen haben, könnten untersucht werden: Eine zentrale Bedeutung kommt ihr im transpersonalen Persönlichkeitsmodell von Dürckheim zu (vgl. Wotruba 1984; Singer 1988,

1990). Auch die strukturgenetische Entwicklungstheorie von Erikson kann unter dem Aspekt der darin enthaltenden transzendierenden Funktionen untersucht werden (vgl. Schneider-Flume 1985; Zock 1991; Wulff 1991, 369–410). Weitere Hinweise und Implikationen einer Verbindung von Transzendenz und Psychologie bietet die psychoanalytische Objektbeziehungstheorie unter Einbeziehung der religionspsychologischen Weiterführungen von Jones (1991) und jüngst Henseler (1995). Aus pragmatischen und Gründen der Übersichtlichkeit wird hier auf ihre Darstellung und Würdigung verzichtet.

4.3.6 Transzendenzbezug in den Schichtentheorien

Revers (1960, 391 – 437) stellte den problemgeschichtlichen Zusammenhang der schichtentheoretischen Entwürfe in den Kontext zeitgenössischer philosophischer Strömungen. In seinem Handbuchartikel beschrieb Revers die Charakterkunde von Klages mit seinem metaphysischen Geist-Seele-Widerstreit, Sterns metaphysischen Personalismus neben den Strukturtheorien von Krüger, Lersch, Vetter und Wellek als philosophisch orientierten Persönlichkeitstheorien. Untersucht man die strukturpsychologischen Ansätze hinsichtlich ihrer „Offenheit“ für transzendente Bezüge, findet sich trotz ihrer Verschiedenheit eine ähnliche Berücksichtigung hinsichtlich dieser Thematik. Die für Klages und Stern angedeuteten metaphysischen Grundlagen erübrigen den Nachweis einer ausdrücklichen Berücksichtigung der Transzendenz. Kürzlich hat van Belzen (1994) den metaphysischen Personalismus von Stern aus religionspsychologischer Perspektive gewürdigt. Für Krüger, Wellek, Vetter und Lersch seien einige Belege ihres Transzendenzbezugs angeführt:

„Der Einheit unseres Wesens werden wir nämlich wahrhaft nur vor Gott inne, und nur im Hinblick auf seine Transzendenz läßt sich ernsthaft von … dem Menschen reden. … Als Bildzeichen für die Transzendenz, als ihr menschliches Signum und Monogramm, spiegelt die Person das Geheimnis der Gottheit, in deren entwickelter Bestimmung noch die urtümliche Dreifaltigkeit der intimsten Blutsgemeinschaft – nämlich die Verbundenheit der Eltern mit dem Kind – erkennbar ist und den eingeborenen Lebensbezug des Geistes bezeugt“ (Vetter 1949, 16 und 228f).

Wellek (1950, 266) beschreibt in seiner polar aufgebauten Charaktertheorie die Person als „existenzfähige Struktur“ im Sinne von Jaspers und Heidegger. Darunter ist „die Begegnung mit dem Transzendenten in der ‚Eigentlichkeit‘ gemeint … als derjenige Charakter, … der zur höchsten und gleichsam letzten möglichen Selbstverwirklichung gelangt“. Den Ort der Begegnung mit der Transzendenz postuliert Wellek im „Gemüt“ als „Wertgrund der Persönlichkeit“ (Wellek 1950, 249). „Gemüt ist eben nicht bloß der Ort der Bindung, sondern der Verbindung, der Religio, d.h. der Rückverbundenheit gleichviel ob in einem Gott oder ‚bloß‘ in dem Menschen“ (Wellek 1950, 247).

Die Bedeutung und das Verständnis der Transzendenz in dieser Forschungsrichtung soll an einem Übersichtsartikel zur „Person in strukturpsychologischer Sicht“ von Vetter (1979) verdeutlicht werden.

Vetter wendet sich als Strukturpsychologe gegen die dualistischen Ansichten von Klages' „Geist als Widersacher der Seele“ und Freuds Dialektik von Bewußtsein und Unbewußtem. Weil das von der Tiefenpsychologie in den Mittelpunkt gestellte individuelle Selbst ohne Gemeinschaftsbezug dem Narzißmus erliegen würde, bedarf „ die lediglich verinnerlichte Individuation noch der gleichzeitigen Bindung an die Transzendenz des Geistes, die ihr erst Halt in Existenzgewißheit geben kann. Erst in der personalen Gotteserfahrung wird das Du als unbedingte Seinsvoraussetzung der Selbstfindung ergriffen“ (Vetter 1979, 45). Ort der Gotteserfahrung ist in strukturpsychologischer Sicht das „Gemüt“, das zusammen mit dem Gewissen den „Personkern“ ausmache. Der grundsätzlich unerkennbare Personkern „erweist sich zuletzt als der Widerschein des verborgenen Gottes, der uns darin unmittelbar berührt. Aus keinem anderen Grunde ist nun das Inkognito unserer eigenen Wesensmitte die Vorbedingung für die numinose Erfahrbarkeit der Person überhaupt“ (56). Unaufgelöst bleibt ein Widerspruch Vetters: einerseits beschreibt er den umfassenden Strukturaufbau der Persönlichkeit, in dem „Gewissen und Gemüt ... einen Spannungsbezug im personalen Selbstsein bilden, worin sich die Haltungsachse oder bildlich gesprochen das ‚Rückgrat‘ des menschlichen Gesamtgefüges widerspiegelt; ihre vertikale Beziehung und Bindung ermöglicht allererst den Aufbau der Persönlichkeit“ (54), andererseits skizziert er den Personkern als „Inkognito“, das „jedes Eindringen des zergliedernden Bewußtseins verwehrt“ (56).

Vetter sieht nur in dem Gewissen und dem Gemüt „die wissenschaftlich allein faßbaren Zugänge zur Personalität“ (56). Der weitere Verlauf der Forschungsgeschichte in der Psychologie hat belegt, daß Vetter mit dieser Behauptung irrte. Zwar hat das Gewissen im Rahmen der sozialpsychologischen Moralforschung (vgl. zur Übersicht Garz 1989) inhaltlich eine gewisse Bedeutung behalten, kommt aber als psychologisches Konzept kaum noch vor. Auch das „Gemüt“ taucht in der Terminologie der heutigen Psychologie nicht mehr auf, sondern wird unter den Emotionsbegriff subsumiert (Drever & Fröhlich 1975, 102).

Die besonders für eine religionspsychologische Thematik unbedingt erforderliche klare Trennung zwischen ontologischen Begriffen, anthropologischen Modellen und empirisch überprüfbarem Verhalten wird bei Vetter und den anderen Schichttheoretikern nicht eingehalten. In dem oben zitierten Aufsatz skizziert Vetter in einem räumlichen Diagramm das Integrationszentrum als den „Ort“ der Transzendenzerfahrung zwischen der motivationalen „unbewußten Grundschicht“ des Menschen und der kognitiven, bewußtseinsnahen „geistigen Oberschicht“. Diese Mitte des Menschen, die Vetter als „Personkern“ ansieht und bezeichnet, setzt er aus Gewissen und Gemüt zusammen (Vetter 1979, 55; vgl. ein ähnliches Diagramm bei Wellek 1950, 249).

Der wissenschaftstheoretische Bruch erfolgt da, wo Vetter ein empirisch überprüfbares Erleben – die Transzendenzerfahrung – in Zusammenhang mit einem modelltheoretisch gewonnenen Teilbereich der Psyche – dem Gemüt – bringt. Durch hypothetische Verweise soll ein anthropologisches Persönlichkeitsmodell, wie die Schichtentheoretiker es größtenteils in Anlehnung an die philosophische Anthropologie Schelers entwickelt haben, empirisch erhärtet werden. Natürlich ist es legitim, Annahmen über die Struktur der Persönlichkeit „auf dem Umweg über den Entwurf anthropologischer Modelle zu entwickeln“ (Jüttemann 1993, 254) – ein Vorgehen, das beispielsweise auch in Theorien der Humanistischen Psychologie vorzufinden ist (vgl. Hall & Lindzey 1978, 335ff). Problematisch und wissenschaftlich nicht vertretbar ist aber der „Sprung“ von anthropologisch-philosophischen Spekulationen zur Behauptung psychologischer Evidenz. Mit demselben Argument hat Fisseni (1984, 85f) die geisteswissenschaftliche Persönlichkeitskonzeption Sprangers kritisiert, indem er eine vergleichbare, unaufgelöste Spannung zwischen philosophischer Reflexion und mangelnder empirischer Überprüfbarkeit aufgewiesen hat (vgl. zum ganzen Kapitel 4.4 über die „wechselseitige Abhängigkeit zwischen Ontologie und Empirie“).

Die religionspsychologische Bedeutung der Schichtentheoretiker und vor allem Schelers wurde von Potempa (1958) phänomenologisch-aufweisend herausgearbeitet, wobei diese Darstellung streng genommen religionsphilosophischer, nicht psychologischer Natur ist, weil die Argumentation völlig auf der ontologischen Ebene verläuft und keine empirischen Bezüge hergestellt werden. Ohne wissenschaftstheoretische Klärungen über die Zusammenhänge zwischen Ontologie, Anthropologie und Empirie läßt sich keine Psychologie der Religiosität aufbauen. Ohne Zweifel enthält die geisteswissenschaftliche Persönlichkeitsforschung wertvolle Gedanken besonders zur religiösen Thematik. Um dem Standard heutiger psychologischer Wissenschaft zu genügen, müßten diese Überlegungen aber zu empirisch überprüfbaren Hypothesen umgeformt werden, damit sie überprüfbar sind.

4.3.7 „Transzendenz“ in der personalistisch-anthropologischen Psychologie

Psychologiegeschichtlich führte die Schwerpunktverlagerung der akademischen Psychologie zu einer „Psychologie ohne Seele“ (Pongratz 1984, 74ff) dazu, daß einerseits die wissenschaftliche Religionspsychologie quasi stagnierte, es andererseits „außerhalb der universitären Hauptströmung der Psychologie zu einer als Anthropologismus zu kennzeichnenden Begründung vielfältiger Psychologiesysteme ... kam, die im wesentlichen auf fixierten Menschenbild-Konstruktionen beruhen“ (Jüttemann 1993, 253). Ein Beispiel dafür ist die sogenannte Personale Psychotherapie, in der ebenfalls der Transzendenzbezug eine zentrale Stelle einnimmt.

Der oben zitierte Übersichtsartikel von Vetter zur Strukturpsychologie entstammt einem Sammelband über „Personale Psychotherapie in anthropologischer Sicht“, (hrsg. von Sborowitz (1979) mit Beiträgen von Gebsattel, Bally, Buber, Dürckheim, Görres, Guardini, Schottlaender, Wyss, Wiesenhütter, Herzog-Dürck, Binswanger, Jores u.a.). Im Vorwort charakterisierte der Herausgeber das personale Verstehen der anthropologischen Sicht als „ein Verstehen des Menschen von seinem Bezogensein auf Transzendenz“ (Sborowitz 1979, IX). Eine führende Vertreterin dieser Richtung beschrieb die Personale Psychotherapie als eine psychologische Schule, die in Anlehnung an Jaspers „Existenz interpretiert als

Offenwerden für das Umgreifende der Transzendenz. ... Die Personale Psychotherapie versteht den Menschen von der grundsätzlichen Möglichkeit des Transzendierens her" (Herzog-Dürck in Sborowitz 1979, 121). Neben ihr werden Sborowitz, Trüb, von Gebsattel, Michel, Caruso, Goldbrunner u.a. zu dieser Richtung gezählt (vgl. Potempa 1958, 23ff; Binder 1974, 111ff). Bewußt ist Frankls Logotherapie und Existenzanalyse nicht mit in diese Reihe gestellt, obwohl die genannte Sekundärliteratur ihn zur personalen Psychotherapie zählt. Zwar ist Frankls Persönlichkeitsmodell auch durch den zentralen Stellenwert des Transzendenzbegriffs charakterisiert – hierin ähnelt sein Entwurf dem Modell von Dürckheim –, aber dieser wird von Frankl weltanschaulich neutral gefaßt, so daß eine Subsumierung Frankls oder auch Dürckheims zur Personalen Psychotherapie nicht der Intention ihrer Begründer entspricht. Die Personale Psychotherapie hat ihre Wurzeln in einer Verbindung aus Katholizismus und Psychotherapie, was zu einer bestimmten weltanschaulichen Prägung führte und wodurch sie in Gefahr steht, ihren Anspruch auf Wissenschaftlichkeit aufzugeben (vgl. Wyss 1977, 276ff; Lüssi 1979, 95ff).

Die Grundkonzeptionen der verschiedenen Vertreter dieser Richtung ähneln sich nach Wyss durch ihren Anspruch, „die seit Descartes die Naturwissenschaft auszeichnende Subjekt/Objekt-Spaltung" (Wyss 1977a, 935) zu überwinden. Anthropologische Aspekte des menschlichen Daseins, wie sie besonders in der Lebensphilosophie, der Phänomenologie und der Existenzphilosophie herausgearbeitet worden seien, führten zu einer erweiterten Konzeption der Person: „Der Mensch läßt sich nicht ... naturwissenschaftlich verdingen, ohne daß er als spezifischer Mensch verfälscht wird. Er ist Leib-Seele-Einheit, die in der existenzialen Personenhaftigkeit, auf eine Transzendenz letztlich bezogen, dort ihre Sinnerfüllung findet" (Wyss 1977a, 936).

Diese Auffassung der Person „ist durch von Gebsattel konsequent zu Ende gedacht worden" (Binder 1974, 113), und seine Verbindung von philosophischer „Imago-Dei-Anthropologie" (Kisker 1976, 299) und Psycho(patho)logie hat weite Kreise gezogen und „bis zum heutigen Tage nichts an Aktualität eingebüßt" (Wyss 1982, 528). In beeindruckender Weise beschreibt Wiesenhütter (1986) die biographischen Verflechtungen zwischen von Gebsattel und berühmten Wissenschaftlern und Künstlern, u.a. mit Heidegger: Nach einem Selbstmordversuch Heideggers „wendete von Gebsattel die einzig indizierte Psychotherapie an: Er philosophierte viele Monate hindurch täglich mehrere Stunden mit Heidegger" (Wiesenhütter 1986, 7).

Von Gebsattels Konzeption der Person erkennt die großen Entdeckungen Freuds und der Tiefenpsychologie an, hält diesen Entwürfen aber eine „Leugnung des Gewissens, der Freiheit, der Werthierarchie, des Transzendenten" (von Gebsattel 1964, 79) entgegen. Nach Gebsattel kann die Person nicht „ein Ganzes werden, niemals in vollausgereifter Selbstverwirklichung zum uneingeschränkten personalen Vollzug seiner eigenen Menschwerdung gelangen", wenn nicht ihre transzendenten Bezüge berücksichtigt werden: Ein umfassendes psychologisches Verständnis der Person, „das eigentliche, das volle und ganze Selbstverständnis des Menschen" gelinge erst durch „die Einbeziehung der Grenze, die gebildet wird durch die Wirklichkeit Gottes“ (von Gebsattel 1947, 12). Methodisch verlangt dies aber viel: „Das Auge des Psychologen benötigt, um wirklich zu sehen, eine Lichtquelle überpsychologischer Herkunft“ (ebd., 11).

An derartigen Zitaten, von denen schnell einige gesammelt wären, wird klar ersichtlich, daß von Gebsattel keine Trennung zwischen psychologisch-empirischer Wissenschaft, weltanschaulicher Überzeugung und metaphysischen Spekulationen vollzogen wird (zur notwendigen Grenzziehung zwischen Ontologie, Anthropologie und Empirie für eine wissenschaftliche Religionspsychologie vgl. Kapitel 4.4). Daß dieses Zitat einer Spätschrift von Gebsattels entstammt und mit seiner persönlichen Entwicklung vom Nervenarzt zum „Fundamentaltheologen“ (Kisker 1976, 294f) erklärt werden kann, rechtfertigt nicht die wissenschaftstheoretischen Sprünge zwischen Psychologie und Philosophie bzw. Theologie.

Die eigentlichen Ursprünge der neurotischen Störungen, die von Gebsattel differenziert beschreibt und durch zahlreiche psychopathologische Fallbeispiele belegt, faßt er zusammen unter den Begriff der „existentiellen Neurose“, die er als „Werdenshemmung“ charakterisiert und die „aus dem Verlust der transzendentalen Verankerung der Person“ (Tellenbach 1975, 165) entstünde (vgl. zur Übersicht Rattner 1980 und Wyss 1982, 500–528).

Mit Recht wurde der personalistischen Psychologie ihr dogmatischer Ausgangs- und „Standpunkt der thomistischen Philosophie“ (Wyss 1977, 277) vorgehalten, der das „weltanschauliche, in diesem Fall religiöse Apriori durchaus nicht verleugnet“ (Lüssi 1979, 96). Für Rattner (1980, 271) sucht die personalistische Richtung der Psychologie „allenthalben die Anlehnung an ein religiöses Weltbild“ Hierin liegt die Problematik dieser Ansätze begründet: weil beispielsweise dem Persönlichkeitsmodell von Gebsattel „eine eindeutig theologische Anthropologie zugrundeliegt, … wird ohne die übliche, der Psychologie angemessenen, wissenschaftlichen Reserve aus offensichtlichem christlichen Glauben heraus“ (Lüssi 1979, 96) argumentiert. Die Gefahr einer ideologischen Beeinflussung im angewandten, therapeutischen Umsetzen der personalen Psychotherapie ist vor allem dann gegeben, „wenn man wie Gebsattel … von der Psychoanalyse zur ‚Synthese der Existenz‘ weiterschreiten will: geistige Führung und Weltanschauungs-Oktoi sind einander oft zum Verwechseln ähnlich“ (Rattner 1980, 275). Kritisch würdigt Rattner den Verdienst von Gebsattel darin, daß er wie C.G.Jung „zwar so manche Enge und Einseitigkeit der Freudschen Psychoanalyse genau durchschaute, selbst aber in einem Mystizismus endete, der wissenschaftlich kaum noch haltbar ist“ (Rattner 1980, 278).

Die in Kapitel 4.1 getroffene Unterscheidung zwischen metaphysischer, wissenschaftlicher und subjektiver Theorie bedeutet in der Anwendung auf den Ansatz von Gebsattels und die Religionspsychologie im allgemeinen, Aussagen über transzendente Aspekte der Wirklichkeit oder über subjektives Erleben zunächst in eine wissenschaftliche Theorie zu überführen und überprüfbare Hypothesen daraus abzuleiten. Nur ein Vorgehen in dieser Reihenfolge kann zu wissenschaftlichen Ergebnissen führen.

4.3.8 „Transzendenz" in der Humanistischen Psychologie Frankls

Im Unterschied zu den Theoretikern der „Selbstaktualisierung" oder „Selbstverwirklichung", die „das ‚Selbst' biologisch fundieren" (Baumgartner 1985, 181, führte als Beispiele die Theorien von Goldstein, Horney und Maslow an), sind die Entwürfe der existentialistisch beeinflußten Vertreter zu sehen, die ihr Selbstkonzept transzendent aufbauen. „Das Selbst stellt eine potentielle Art des Seins dar, die vom Individuum als Ergebnis seiner Fähigkeit, sein Sein zu transzendieren, gewählt wird" (Bühler 1975, 57). In der Thematisierung einer humanistisch geprägten Selbsttranszendenz-Konzeption sind die Entwürfe von Allport, Fromm, Maslow und Frankl vergleichbar, die deshalb in der umfassenden Religionspsychologie Wulffs als letztes Kapitel unter der Überschrift „Die amerikanisch-humanistische Synthese" referiert werden (Wulff 1991, 578–628). Im folgenden soll wegen seiner besonderen Nähe zur Religionspsychologie Frankls Konzeption der Transzendenz zur Sprache kommen. Kolbe (1986) hat in seiner Dissertation tiefenpsychologische Schulen auf ihre Aussagen zur Religion hin untersucht. Dabei begründet er die Reihenfolge der Darstellung mit der „Korrelation zum Grad der Offenheit der tiefenpsychologischen Religionsaussagen für den Dialog mit der Theologie" (Kolbe 1986, 15) und erhält folgende Anordnung: Freud, Adler, Fromm, Jung, Frankl, weil Freud die meiste Distanz, Frankl die größte Nähe zur Religiosität eingenommen habe.

Ist die Aussage Frankls haltbar und überprüfbar, daß „die Existenzanalyse … innerhalb der unbewußten Geistigkeit des Menschen so etwas wie unbewußte Religiosität entdeckt (hat) – im Sinne einer unbewußten Gottbezogenheit als einer dem Menschen anscheinend immanenten, wenn auch noch so oft latent bleibenden Beziehung zum Transzendenten" (Frankl 1985, 55)?

Um die Bedeutung und den Stellenwert des Transzendenzkonzepts in der Existenzanalyse und Logotherapie Frankls – der sogenannten Dritten Wiener Richtung der Psychotherapie (nach Freuds Psychoanalyse und Adlers Individualpsychologie, deren Vereinigungen er jeweils kurz angehörte) – darzustellen, soll knapp sein Persönlichkeitsmodell umrissen werden.

Auf der Suche nach einem angemessenen Begriff für das, was Frankl nach seiner psychoanalytischen und individualpsychologischen Phase als Grundzug menschlichen Daseins erkannt hatte, daß nämlich das Menschsein nicht charakterisiert ist durch ein „Sein-Müssen" im Sinne triebgesteuerter Motivation, sondern durch den menschlichen Primärantrieb nach sinnvollem Verhalten, stieß Frankl auf den Begriff der Existenz. Diesen übernahm er aus einer zeitgenössischen philosophischen Schule, der Existenzphilosophie, in der Existenz kein Sein, sondern ein „Sein-Können" beschreibt. Es ist in den Worten von Jaspers „entscheidendes Sein", das sich ständig wählend verhält und frei ist. Daß der Mensch frei und verantwortlich sein und deshalb auch tun kann, was er soll, hat seinen Grund in der von Frankl postulierten Geistigkeit der Person. In Anlehnung an Schelers philosophische Anthropologie geht Frankl von einer geistigen Dimension im Menschen aus, die er nicht nur wissenschaftlich untersuchte, sondern auf beeindruckende Weise als „Trotzmacht des Geistes" hat einsetzen müssen, um dem Terror des nationalsozialistischen Regimes zu begegnen und die Gefangenschaft in verschiedenen Konzentrationslagern zu überleben (vgl. Frankl 1977).

Die als „einseitig" beschriebene, ausschließlich psychodynamisch und psychogenetisch orientierte Anthropologie der Tiefenpsychologie will Frankl erweitern. So hält er dem Lustprinzip eine Wertestrebigkeit des Menschen entgegen und wehrt sich gegen die „Verkennung menschlicher Sinnorientiertheit als scheinbarer Triebdeterminiertheit" (Frankl 1985, 105). Nur das Geistige ermögliche es dem Menschen, sich aus den Bedingtheiten seines psychophysischen Eingebundenseins zu lösen. Der Mensch beweist sein „Personsein" (Frankl 1985, 62f), wenn er frei und verantwortlich seinen Lebensbedingungen gegenübertrete und sein potentielles Sein-Können verwirkliche. Dieses „Können" bezeichnet Frankl als „existieren" und meint damit, sich aus der Ebene köperlich-seelischer „Faktizität" herauslösen und sich selbst – auch seinen charakterlichen Bedingungen – kraft der geistigen Dimension gegenüberzutreten, sich selbst zu transzendieren. Die menschliche Fähigkeit zur „Selbstdistanzierung" und „Selbsttranszendenz" gegenüber den situativen Bedingtheiten hat Frankl als die zwei „fundamentalanthropologischen Charakteristika menschlicher Existenz" bezeichnet (ebd., 10).

„Selbsttranszendenz" als Verhältnisbeschreibung der Person zur Welt soll zum Ausdruck bringen, daß „der Mensch eigentlich oder zumindest ursprünglich über sich hinaus nach etwas langt, das nicht wieder er selbst ist, nämlich entweder nach dem Sinn, den es zu erfüllen gilt, oder nach anderem menschlichen Sein, dem zu begegnen oder das zu lieben es gilt" (Frankl 1982, 220). Selbsttranszendentes Verhalten läßt sich gemäß Frankl also zweifach verwirklichen: einmal ist es auf den „Logos" konzentriert, wie Frankl Sinn auch bezeichnet und weshalb er seiner psychotherapeutische Richtung „Logotherapie" – sinnzentrierte Psychotherapie – nennt. Zum anderen zielt es in der Liebe auf eine andere Person. In der Liebe und in der Sinnfindung gelangt der Mensch zur Verwirklichung seiner letzen Möglichkeiten – und zu innerer Erfüllung und „Selbstverwirklichung". Nach Frankl läßt sich dies nur „per effectum, aber nicht per intentionem erreichen". Nur in dem Maß, in dem der Mensch sich hingibt an die Welt mit ihren Aufgaben und Forderungen, nur in dem Maß, in dem es dem Menschen um die Mitwelt und Umwelt, um Personen und Gegenstände geht, nicht aber um ihn selbst und um seine eigenen Bedürfnisse, nur in dem Maß, in dem wir „Sinn erfüllen und Werte verwirklichen, erfüllen und verwirklichen wir auch uns selbst" (Frankl 1985, 103).

In anderen Worten drückt Frankl diesen Sachverhalt so aus: „Existenz, die nicht den Logos, sondern sich intendiert, verfehlt sich; aber sie verfehlt sich nicht weniger, wenn sie nicht – den Logos intendierend – sich transzendiert – mit einem Wort: Intentionalität gehört zum Wesen menschlichen Daseins und Transzendentalität zum Wesen von so etwas wie Sinn und Werten" (ebd., 104).

Die anthropologischen Grundlagen des Persönlichkeitsmodells von Frankl weisen starke Affinitäten zur christlichen Anthropologie auf, obwohl Frankl in seinem wissenschaftlichen Werdegang eine Verschiebung von der christlichen zur existentialistischen Anthropologie nachgewiesen wurde (vgl. Röhlin 1986,

14ff). Der Transzendenzbegriff in den frühen Schriften Frankls enthält deutliche alttestamentlich-biblische Vorstellungen und theologische Implikationen, so daß sein „frühes“ Persönlichkeitsmodell zu Recht mit dem thomistischen Personbegriff des Katholizismus gleichgestellt wurde (vgl. Wyss 1977, 276). Dem entspricht zunächst der eben explizierte dreiteilige anthropologische Aufriß der Leib-Seele-Geist-Einheit. Dabei hebt Frankl ganz im Sinne der neutestamentlichen Anthropologie das Primat des Geistes hervor. Dies ist insofern verwunderlich, als Frankl jüdischer Tradition entstammt und das Alte Testament ein viel stärker ganzheitliches Menschenbild und positiveres Körperverständnis vermittelt als das Neue Testament (vgl. Wolff 1984).

In der 1950 erschienenen Schrift „Homo patiens“ (Wiederabdruck in Frankl 1984, 161ff) liefert Frankl Argumente für einen existenzanalytischen „Gottesbeweis“. Weil der Mensch seine Existenz nur im Bezug auf Sinn und Werte hin verwirklichen könne, müsse dieses die eigene Person Überragende „eine Überperson sein. Mit einem Wort: sofern ich existiere, existiere ich immer schon auf Gott hin“ (Frankl 1984, 232). Nach Frankl ist das Bezugssystem der Werte ein personal vorgestellter Gott. Er geht davon aus, daß „der Mensch letztlich erst von Gott her verstanden werden kann“ und im Grunde seines Wesens eine Sehnsucht bestehe, „die dermaßen unstillbar ist, daß sie gar nichts anderes meinen kann als Gott“ (ebd., 233).

Aus derselben Zeit stammt der in Buchform veröffentlichte Vortrag vom „unbewußten Gott“ (Frankl 19856), in dem laut Frankl die Weiterentwicklung dieser Forschungsrichtung zu der Entdeckung einer „unbewußten Religiosität“ des Menschen geführt habe. Das mit einem Zitat von Thomas von Aquin belegte Credo des frühen Frankl besagt, „daß Gott von uns unbewußt immer schon intendiert ist, daß wir eine, wenn auch unbewußte, so doch intentionale Beziehung zu Gott immer schon haben“, den er den „unbewußten Gott“ nennt (Frankl 1985, 55). Er bemüht sich im weiteren Verlauf seines Vortrags darum, den zu erwartenden Vorwurf einer „kurzschlüssigen Metaphysik“ zu entkräften. Es gehe ihm darum, „herkommend von schlichten Erfahrungstatsachen“ diese Phänomene mit den herkömmlichen Methoden wissenschaftlich auszuwerten und „den Boden der Empirie nicht unter den Füßen zu verlieren“ (ebd., 57).

Entgegen Frankls Vorgaben verbleiben seine religionspsychologischen Analysen aber nicht im empirisch-psychologischen Bereich, wie obige Zitate belegen. Der von Frankl beschriebene „transzendente Wesenszug“ des Menschen als Dimension des Geistigen ist eine anthropologische Kategorie, die er auf der ontologischen, nicht aber empirischen Ebene wissenschaftlich untersuchte. Er vermeidet den Begriff der Spiritualität oder der spirituellen Dimension und gebraucht nur den des Spiritualismus zur Beschreibung einer reduktionistisch-monistischen Überhöhung aller Phänomene auf Geistiges und den Spiritismus als Materialisierung des Geistigen (Frankl 1984, 78). Vermutlich legte die Affinität zu Schelers Prinzip des Geistes (vgl. Scheler 1928) Frankls Terminologie fest, obwohl dadurch eine mißverständliche Nähe zur Geistlichkeit im theologischen Sinn ausgedrückt wird, wovon sich insbesondere der „späte“ Frankl distanzierte.

Die zahlreich entwickelten quantitativen Meßinstrumente zur Ermittlung des

Sinnlosigkeitsgefühls oder des Nachweises eines unbedingten menschlichen „Willens zum Sinn“ verbleiben auf der Motivationsebene und haben primär den „Willen zum Sinn“ operationalisiert. Es wurden Zweifel daran gehegt, ob die von der Logotherapie her entwickelten psychometrischen „Verfahren alle Aspekte des Franklschen Konzepts, insbesondere den Gesichtspunkt der Selbsttranszendenz, hinreichend abdecken“ (Becker 1985, 196).

Inhaltlich bieten sich viele Assoziationen von Frankls Transzendenzkonzept zu einer empirischen Untersuchung der geistig-spirituellen Dimension des Menschen an. Frankls Überlegungen sind aber auf der ontologisch-anthropologischen Ebene stehengeblieben. Dies hat Frankl in einem poetischen Bild folgendermaßen ausgedrückt, in dem auch der früher verwendete personale Gottesbegriff durch den neutraleren der „Überwelt“ ersetzt wird: „Die Wesenslehre vom Menschen muß offen bleiben – offen auf Welt und auf Überwelt hin; sie muß die Tür zur Transzendenz offen halten. Durch die offene Tür aber fällt der Schatten des Absoluten“ (Frankl 1984, 222). Diese Enttheologisierung des Transzendenzbegriffs interpretiert Röhlin (1986, 16) nicht mit einer Veränderung der Grundauffassung Frankls, sondern mit der Absicht, seine Theorie als breite anthropologische Forschungsrichtung zu begründen, „die zwar auf den Glauben hin offen ist, aber in ihrem wissenschaftlichen Bemühen keine theologischen Voraussetzungen machen möchte“ (Röhlin ebd.).

Sowohl eine personale als auch eine apersonale, überweltliche Transzendenzdimension ließe sich bei entsprechender Beachtung wissenschaftstheoretischer Voraussetzungen empirisch überprüfen. Vielleicht ist auch in der mangelnden Kenntnis forschungsmethodologischer Fragen und Grundsätze die Ursache dafür zu sehen, daß offensichtlich eine Scheu und Zurückhaltung vor dem empirischen Erforschen der spirituell-geistigen Dimension des Menschen besteht.

Frankls Persönlichkeitsmodell zeichnet sich durch die einheitliche Konzeptualisierung der Person entlang der Sinnmotivation aus. Durch die starke Berücksichtigung der Wertedimension und der humanistisch-existentialistischen Grundaxiome wie Freiheit und Verantwortung ist es Frankl gelungen, über das psychodynamische Verständnis hinausgehende Zusammenhänge darzustellen und zu erläutern. Seine primäre Bedeutung besteht darin, daß er deutlicher als jeder andere der großen Psychotherapeuten auf die geistigen Fragen innerhalb der Psychotherapie hingewiesen hat, indem er die Sinnfrage gestellt und ihren Zusammenhang zur Gottesfrage aufgezeigt hat (vgl. Küng 1978, 360; Kolbe 1986, 246). Dabei ist sein Sinnbegriff aber „weitgehend in der Theologie verhaftet geblieben“ (Längle 1994, 19), was Küng zu der kritischen Frage veranlaßt hat, ob Frankl von dieser religiösen Position aus nicht allzu leichtfertig den „irreligiösen Menschen“ und seinen „Hochmut“ verurteile.

Diese Gefahr einer weltanschaulichen Ersatzbildung – existenzanalytische anstelle religiöser Sinnfindung – liegt besonders durch den weit greifenden Sinnbegriff auf der Hand, der ja auch den absoluten Sinn beinhaltet. Längle (1994) hat in einem weiterführenden Aufsatz eine Differenzierung von ontologischem und existentiellen Sinn in der Logotherapie vorgeschlagen, um diese Mißverständnisse und Unklarheiten in Zukunft zu vermeiden. Eine deutliche Trennung des ontologischen vom existentiellen Sinnverständnis könne „zu einer Bereinigung der anstoßerregenden Vermischung religiöser und psychotherapeutischer Ebenen führen“ (ebd., 15). Damit ist eine wissenschaftstheoretische Unterscheidung angesprochen, die sich auch in vorliegender Arbeit für die religionspsychologischen Fragestellungen als hilfreich erwiesen hat.

Längle weist darauf hin, daß Frankl die begriffliche Unterscheidung von existentiellem und ontologischem Sinn nicht getroffen hat. Bei dem von Frankl vertretenen, in der Ontologie verhaftete Sinnbegriff stehe Gott am Anfang, der sich durch Sinn und Werte vermittle. Demgegenüber propagiert Längle den existentiellen Sinnbegriff, der – anders als dem ontologischen Verständnis entsprechend – nicht aus einem vorgegebenen Sinn abgeleitet gesehen wird, sondern der primär emotional „erfühlt“ wird, indem „die Dinge ihren Wert aus der situativen Berührung des Subjekts mit seiner Welt erhalten“ (Längle 1994, 17). Ein solches Wertverständnis nimmt nicht Bezug auf eine Absolutheit außerhalb des unmittelbaren Lebensbezugs, sondern ist gebunden an die emotional vermittelte Wahrnehmung der Situation mit ihrer „wertvollsten Möglichkeit“. Damit kann Längle einen ontologischen „Sinn-Glauben“, den Frankl vertritt, von einem existentiellen „Sinn-Gespür“ differenzieren, wodurch der Fokus von einer weltanschaulich geprägten Theorie in Richtung einer psychotherapeutischen Methode verlagert wird. Diese Schwerpunktverschiebung ermöglicht ein weltanschaulich freies Transzendenzverständnis, das individuell und personal mit Inhalt zu füllen ist.

4.3.9 Die Dimension personaler Transzendenz in der Individualpsychologie Adlers

Das individualpsychologische Menschenbild wurde mit der zunehmenden Bedeutung dieses tiefenpsychologischen Ansatzes in den letzten Jahren intensiver untersucht und konnte dadurch deutlicher konturiert werden, zumal Adler selber in erster Linie am Praxisbezug interessiert und engagiert war. Die wissenschaftstheoretische Einordnung seines Theoriegebäudes erfolgte erst später (vgl. Schmidt 1989). Unter den tiefenpsychologischen Schulen erfuhr diese Richtung bisher zu wenig Aufmerksamkeit, was zum Teil daran liegt, daß nur selten „ein geistiges Gebilde dermaßen erfolgheischend um seine basalen Gedanken ‚beliehen‘ wurde, ohne von den entsprechenden ‚Schuldnern‘ zitiert zu werden, wie dies der Individualpsychologie widerfuhr“ (Danzer 1995, 193).

Bei der Analyse und der Weiterentwicklung der durch Alfred Adler begründeten Individualpsychologie konnte ein Theoriegebäude präzisiert werden, das durch seine ganzheitliche Konzeption und den dialektischen Aufbau die personale Transzendenz des Menschen – in Adlers Worten seine „Bezogenheit … zu den kosmischen Faktoren“ (Adler 1973, 23) mit einbezieht.

Die persönliche Haltung Adlers zur Religion war widersprüchlich: Aufgewachsen in einem jüdischen Elternhaus in einem Vorort Wiens, konvertierte er als 34jähriger zum protestantischen Glauben, ohne jedoch gläubig zu sein (vgl. Kolbe 1986, 76ff). Neuere Untersuchungen seines Menschenbildes weisen jedoch nach, daß zentrale Bausteine seiner Persönlichkeitstheorie der christlichen Anthropologie und Seelsorge entsprechen (vgl. Ellerbrock 1982, 1985; Günther 1996; Mansager 1987). Durch die Überprüfung grundlegender individualpsychologischer Konzepte wie „Ganzheit“, „Gemeinschaftsgefühl“, „Minderwertigkeitsgefühl“, „Ichgebundenheit“, „Kompensation“ oder „Vollkommenheitsstreben“ erweist sich diese psychotherapeutische Schule als eine Tiefenpsychologie, die „in ihrem Kern eine große Nähe zur spirituellen und transpersonalen Sichtweise des Menschen aufweist“ (Brunner 1996, 301). Die in individualpsychologischer Perspektive wichtige Dimension personaler Transzendenz wird im folgenden an einigen zentralen individualpsychologischen Konzepten dargestellt.

In einer langen Phase der religionswissenschaftlichen Forschung wurde wissenschaftlicher und religiöser Motivation „ein *gemeinsamer* ‚letzter‘ Gegenstand unterstellt: der Gott, das Unendliche, das Numinose, das Heilige, die Macht“ (Gladigow 1988, 26). Kulturvergleichende Untersuchungen haben in diesem Kontext festgestellt, daß durch religiöses Verhalten symbolhaft der Umgang mit übermächtigen Gewalten und schicksalhaften Ereignissen verarbeitet wird und dadurch ein als bedrohlich erlebtes Ohnmachtsgefühl kompensiert werden kann.

Betrachtet man eine derartige Deutung aus individualpsychologischer Perspektive, entsteht sofort eine große Nähe zum adlerianischen Grundverständnis der menschlichen Person. Nach Adler strebt jeder Mensch nach der Überwindung von Mangellagen, in denen er sich immer wieder vorfindet. Dabei entwickelt er aufgrund frühkindlicher Erfahrungen, in denen das Gefühl der Unterlegenheit besonders ausgeprägt ist, einen für ihn typischen „Lebensstil“, mit dessen Hilfe Sicherheit und Zugehörigkeit zu einer Gemeinschaft erworben werden kann. Um dem Gefühl der Isolation und einem grundsätzlichen „Minderwertigkeitsgefühl“ ein Ende zu machen, nimmt jeder mit Hilfe der für ihn typischen schöpferischen Kraft individuell Stellung zu seiner Lebensgeschichte und versucht, die erlebte Unvollkommenheit auszugleichen. In diesem Zusammenhang spricht Adler auch von einem überzogenen Gottähnlichkeitsstreben. In der dialektischen Spannung zwischen Unsicherheit und der schöpferisch-freien Kraft der Subjektivität liegt nach Hellgardt ein wesentlicher Ansatzpunkt für die individualpsychologische Krankheitslehre und Therapie: „Selbstgewißheit des subjektiv schöpferischen Selbstbewußtseins und Unsicherheit der Subjektivität (certitudo und insecuritas) sind im Menschen wesensmäßig miteinander dialektisch verbunden wie Licht und Schatten“ (Hellgardt 1989, 43).

Die wichtigsten Grundmotivationen sind nach Adler in dem Streben nach Sicherheit, Überlegenheit, nach Zugehörigkeit und nach Vervollkommnung zu sehen. Wenn „Adlers Individualpsychologie, in der er eine unteilbare Ganzheit des Menschen beschrieb, … vor allem eine Psychologie des steten Bezogenseins“ ist (Schmidt 1989, 9), eröffnet dieses Grundgerüst den Blick auf den Transzendenzbezug des Menschen. Für Adler ist es „dabei leicht einzusehen, daß der Kosmos in dieser Bezogenheit eine formende Kraft besitzt“ (Adler 1973, 162). Die individualpsychologische Leitidee des Gemeinschaftsbezugs ergibt konsequenterweise die Einbeziehung der Transzendenz. Von der Einheit des Individuums im „kosmischen Ganzen“, dem einheitlichen Selbstgefühl in sozialer und kosmischer Bezogenheit geht Adler letztlich aus (vgl. dazu auch die „Bezogenheit als anthropologisches Grundverhältnis" in Kapitel 2.3.3). Besonders seine Ausführungen zum Gemeinschaftsgefühl und dem menschlichen Streben nach Vollkommenheit beschreibt er durchaus im Sinne religiöser Verbundenheit: „Die Gemeinschaft, die von der Individualpsychologie angerufen ist, ist richtendes Ziel, ideale Gegebenheit, ewig unerreichbar, aber ewig anrufend und wegweisend. Diese Gemeinschaft, die Macht der Logik des menschlichen Zusammenlebens, segnet und begnadet, die ihr folgen" (Adler 1975, 72).

Die von Adler herausgestellte menschliche Grundmotivation der Bezogenheit enthält neben der sozialen eine deutliche transpersonale Komponente, wodurch die religiöse und transzendente Dimension der Individualpsychologie unterstrichen wird. Er räumt ein, daß „in der Individualpsychologie ein Stück Metaphysik" zu finden ist (Adler 1973, 166). Denn gerade aus der Erfahrung sozialer und kosmischer Zugehörigkeit erwächst für ihn der Respekt vor der transzendenten Dimension, und so bleibt das Menschenbild der Individualpsychologie dem Irrationalen gegenüber erkenntnistheoretisch offen, die Möglichkeiten des ganz Anderen (Horkheimer) werden gewahrt. „Es gibt leider viele Menschen, die eine irrige Anschauung von der Metaphysik haben, die alles, was sie nicht unmittelbar erfassen können, aus dem Leben der Menschheit ausgeschaltet wissen wollen. Damit würden wir die Entwicklungsmöglichkeiten verhindern, jeden neuen Gedanken. Jede neue Idee liegt jenseits der unmittelbaren Erfahrung. Unmittelbare Erfahrungen ergeben niemals etwas Neues, sondern erst die zusammenfassende Idee, die diese Tatsachen verbindet ... Es gibt keine Wissenschaft, die nicht in die Metaphysik münden müßte ... Wir sind nicht mit der absoluten Wahrheit gesegnet" (Adler 1973, 166f).

Fazit: Die vier zuletzt referierten persönlichkeitspsychologischen Ansätze sind so offen konzeptualisiert worden, daß in ihnen Raum für die Berücksichtigung der spirituellen Dimension bleibt. Damit konzeptualisieren diese Autoren den transpersonalen Erlebensbereich als eine faktische Einflußgröße auf das seelische Gesamtgeschehen, der auf seine psychologischen Konsequenzen hin untersucht werden kann. Einheitlich sind die verschiedenen Ansätze aber daran gescheitert, die notwendigen Unterscheidungen zwischen Ontologie und Empirie vorzunehmen, wodurch wissenschaftstheoretische Vermischungen stattgefunden und zu Unklarheiten geführt haben. Nur auf der Grundlage deutlicher und bewußter Trennungen zwischen ontologischem Modell und empirischer Theorie ist es möglich, derartige Bereichsüberschneidungen zu vermeiden und zu einer ihrer Grenzen bewußten psychologischen Beschreibung der Transzendenz zu gelangen.

4.4 Die wechselseitige Abhängigkeit von Ontologie und Empirie

Als ein Grundproblem der Religionspsychologie muß wegen der Komplexität des Forschungsgegenstandes „Religiosität" und seiner Verwurzelung in Philosophie, Theologie und Psychologie eine möglichst klare Trennung der Kompetenzbereiche, wissenschaftsspezifischen Vorgehensweisen und theoriestringenten Schlußfolgerungen vorgenommen werden. Müller-Pozzi betont, „wie wichtig es ist, daß die Religionspsychologie klare Kriterien zur Umgrenzung ihres Aspektes an den Phänomenen des Glaubens und der Religion entwickelt. Sonst passiert es ihr, daß sie ihren Zuständigkeitsbereich überschreitet oder ihre spezifische Sichtweise für das Ganze hält“ (Müller-Pozzi 1975, 170). Ebenfalls bezüglich des Verhältnisses von Religion und Psychologie führt Plaum aus: „So unabdingbar die möglichst genaue Trennung der verschiedenen Zuständigkeitsbereiche ist, so wichtig erscheint andererseits – wegen der Einheit und Ganzheitlichkeit menschlicher Individuen – eine ergänzende, vertrauensvolle Zusammenarbeit der beiden Disziplinen (Theologie und Psychologie, Vf.) … Dies setzt allerdings auf beiden Seiten voraus, daß Kompetenzüberschreitungen vermieden, die jeweiligen Zuständigkeiten anerkannt und ernstgenommen werden und daß keine grundsätzlichen Unterschiede in den Auffassungen zu gemeinsam interessierenden Gegenständen bestehen“ (Plaum 1992, 55f). In seiner kritischen Darstellung der Transpersonalen Psychologie hält Heinrichs (1993, 335) dieser Richtung einen „fundamentalen Kategorienfehler … nämlich die Kompetenzverwechselung von Denken und Erfahrung überhaupt“ vor.

Dabei erschwert besonders die gegenseitige Beeinflussung und wechselseitige Abhängigkeit von Ontologie und Empirie ein transparentes Vorgehen in der psychologischen Religiositätserforschung. Ontologie und Empirie werden hier – losgelöst von ihrem philosophiegeschichtlichen Hintergrund – pragmatisch und wörtlich im Sinne von „Seinslehre“ (= Ontologie) bzw. „objektiv meßbare Sachverhalte“ (= Empirie) benutzt (vgl. ausführlicher Kapitel 4.1).

Wie in den vorausgegangenen Abschnitten exemplarisch dargelegt wurde, ist es nicht zuletzt auf die oftmals zu beobachtende Vermischung der Relevanz- und Interpretationsebenen und die wissenschaftstheoretischen Differenzen der vier religionspsychologischen „Grundlagenwissenschaften“ Psychologie, Theologie, Philosophie und Religionswissenschaft (vgl. dazu Kapitel 4.6) zurückzuführen, daß die akademische Religionspsychologie „trotz aller Bemühungen der letzten Jahrzehnte … noch immer in vielfacher Hinsicht in den Anfängen steckt“ (Dunde 1993, 8). Eine konstruktive Weiterentwicklung dieses Wissenszweiges kann erst durch eine Klärung und Abgrenzung der Zuständigkeit von Ontologie und Empirie geschehen, weil „nur die Anerkennung der gegenseitigen Abhängigkeit von Philosophie und Psychologie deren jeweilige Autonomie garantiert“ (Herzog 1992, 102). Dabei könnte die modelltheoretische Generierung einer Psychologie der Religiosität dazu beitragen, sozialwissenschaftlich-empirische Kategorien zur Erfassung der spirituellen Phänomene zur Verfügung zu stellen.

In ontologisch-theologischer Hinsicht sind schon vielfältige Theorieansätze entwickelt worden. Berkel (1984, 199) bemerkt zur Zusammenarbeit zwischen Theologie und Psychologie, daß „auf Seiten der Theologie für eine solche Kooperation schon eine beachtliche Vorarbeit geleistet worden ist. Die Antwort der Psychologie steht noch aus”. Hier ist aber eine Veränderung in den letzten 10 Jahren zu konstatieren: In dem von Dunde 1993 herausgegebenen „Wörterbuch der Religionspsychologie“ ist es – für deutsche Verhältnisse – als beachtlich anzusehen, daß neben den meist theologischen Autoren der einzelnen Stichwörter fünf psychologische Lehrstuhlinhaber (H.Benesch, G.Jüttemann, H.Keupp, W.Mertens, H.Selg) als Referenten gewonnen werden konnten – auch ein Zeichen für die stärkere Beachtung und Beschäftigung mit der Religiosität seitens der akademischen Psychologie.

Der innere Zusammenhang zwischen Philosophie und Psychologie wird in der akademischen Psychologie zunehmend wieder thematisiert. Toulmin und Leary (1985) kritisierten einen „Kult des Empirismus in der Psychologie“ – so überschrieben diese Autoren einen vielzitierten Aufsatz in dem psychologiegeschichtlichen „Jubiläumswerk anläßlich eines Jahrhunderts wissenschaftlicher Psychologie” – und fordern „Raum für ernsthafte Gedanken über die fundamentalen (einschließlich metaphysischen) Themen, die dem Forschungsfeld der Psychologie zugrunde liegen“ (1985, 612). Im Rückblick auf die Aufsätze in diesem Sammelband faßt Koch zusammen: „ Unsere Probleme, Konzepte, die Terminologie und Fragen sind aus der Philosophiegeschichte erwachsen. Jegliche Aussage, jede Theorie und jedes Modell, jede Vorgehensweise und Forschungsstrategie, die wir behaupten, setzt philosophische Grundentscheidungen voraus“ (Koch in Toulmin & Leary 1985, 944).

Die Berücksichtigung und Klärung philosophisch-wissenschaftstheoretischer Grundsatzfragen ist besonders für die Religionspsychologie relevant, weil auf diesem Forschungsgebiet empirische (Psychologie) mit metaphysisch-ontologischen (Religion) Fragestellungen verknüpft sind. Über die schwierigen Transferleistungen zwischen diesen wissenschaftlichen ‚Welten‘ klagte auch Reich, der in der Religionspsychologie in gleicher Weise wie bei anderen Subdisziplinen der Psychologie von den „unglücklichen Versuchen der Vergangenheit, (unberechtigterweise) Folgerungen von der Ontologie auf die Psychologie zu übertragen“ (Reich 1992, 149) berichtete.

Ein Blick in die Geschichte der Religionspsychologie weist auf, wie kontrovers und gegensätzlich die Auffassungen einzelner Forscher hinsichtlich einer ontologischen oder einer empirischen Grundlegung der Religionspsychologie auseinanderliefen. Bei einer ontologischen Grundlegung war der Ausgangspunkt des (zumeist theologischen) Forschers eine theologisch geprägte Anthropologie, deren Zusammenhänge nun mit den Methoden der Psychologie wissenschaftlich „bewiesen“ werden sollten. Andererseits verlockte die empirische Methodik manchen Wissenschaftler dazu, die Religiosität „erklären“ oder sogar „wegrationalisieren“ zu wollen.

Müller-Pozzi hat diese beiden extremen Varianten der Religionspsychologie unter den Begriffen „Apologetik“ und „Psychologismus“ gegenübergestellt: „Allzu leicht verstrickt sie sich (die Religionspsychologie, Vf.) in eine psychologistisch geprägte Erklärung von Religion, wie dies z.B. bei Starbuck und Leuba der Fall war, oder gleitet, unter Anwendung einer falsch verstandenen phänomenologischen Methode, in eine bloße Deskription ab, die dann nicht selten einen apologetischen Unterton erhält (Trillhaas)“ (1975, 32). Im weiteren Verlauf seiner Arbeit stellt Müller-Pozzi die beiden Positionen – die ontologische „Apologetik“ des Theologen Trillhaas und den empirischen „Psychologismus“ des Religionswissenschaftlers Keilbach – als zwei Fehlvarianten einer reduktionistischen Religionspsychologie dar. Der „Apologetik" weist Müller-Pozzi nach daß sie „Psychologie, philosophische Anthropologie und Theologie in gefährlicher Weise" (35) vermenge und „die Psychologie zur philosophischen Anthropologie hinaufstilisiert" (36) werde. Demgegenüber mache es sich Keilbach zu einfach, wenn er unter empirischer Psychologie „reine Feststellung ohne Deutung" (37) fordere. Die Religionspsychologie werde kurzerhand in ihrer Reichweite beschnitten und ihr lediglich eine Hilfsfunktion für die Religionswissenschaft zugewiesen, indem sie die empirischen Grundlagen dafür liefere. Müller-Pozzi wird bei diesem Lösungsversuch den Verdacht nicht los, daß Keilbach von der Religionspsychologie deshalb „reine Tatsachenerhebung ohne jede Deutung fordert, um die Interpretation dem Religionswissenschaftler Keilbach vorzubehalten" (Müller-Pozzi 1975, 37).

Nach Müller-Pozzi kann weder den „Apologeten" noch den „Psychologisten" eine angemessene Beschreibung und Erforschung der „Psychologie des Glaubens" gelingen. Sobald Ontologie oder Empirie verabsolutiert werden, kann eine monopolar begründete Theoriebildung nur reduktionistisch erfolgen, die dem für die Religionspsychologie charakteristischen, spannungsvollen und letztlich nicht ergründbaren Zusammenhang zwischen Mensch und Gott, Person und Überweltlichem, ‚immanenter Transzendenz' nicht gerecht wird.

Geistesgeschichtlich ist in diesem Zusammenhang die Unterscheidung Bubers zwischen einem kosmologisch und einem anthropologisch begründeten Weltbild bedenkenswert. In seiner problemgeschichtlichen Erörterung über das Wesen des Menschen skizziert Buber eine frühere geistesgeschichtliche Zeitepoche, in der sich der Mensch in einem ontologisch fixierten Weltbild zu Hause gefühlt habe, sei es nun kosmologisch (Aristoteles), theologisch (Thomas von Aquin) oder logologisch (Hegel) ausgestaltet. Der Bruch dieser „Welt-sicherheit" (Buber 1982, 33) sei durch die von Scheler ausgesprochene anthropologische Frage entstanden. In der Tat wird von Scheler ein neues Zeitalter beschrieben, „in dem sich der Mensch völlig und restlos ‚problematisch' geworden ist; in dem er nicht mehr weiß, was er ist, zugleich aber auch weiß, daß er nicht weiß" (Scheler 1968, 62).

Boten nach Buber die verschiedenen Anthropologien und Weltbilder der maßgeblichen Philosophen bzw. Theologen vergangener Zeiten ein sicheres, als existent (ontologisch) verstandenes Weltbild, wurde dieses durch den Ansatz der philosophischen Anthropologie radikal in Frage gestellt. Schelers umwälzende Schrift „Die Stellung des Menschen im Kosmos" lehnt sich zwar mit ihrem Titel „bewußt an die kosmologischen Menschheitslehren an, soll aber zugleich anzeigen, daß es mit der Aufgehobenheit des Menschen in einem ‚Bild der Welt' vorbei ist" (Flitner 1963, 15). Durch Schelers grundsätzliche Infragestellung des Menschen scheint es fortan „dem Menschen nicht mehr möglich zu sein, sich in einer Ontologie zu beheimaten" (Flitner ebd.). Von einer übergreifenden theologischen oder philosophischen Weltdeutung und -ordnung her könne die gesuchte Einheit nicht mehr kommen, sondern nur aus „dem jeweils geschichtlichen Selbst- und Weltverständnis des Menschen. … In der anthropologischen Reduktion wird somit die Ontologie auf ihren Ursprung im menschlichen Deuten der Welt zurückgeführt" (ebd.).

Durch die Fragestellungen der philosophischen Anthropologie hat sich also das wissenschaftliche Interesse von der Ontologie hin zu einzelwissenschaftlichen, empirisch überprüfbaren Erkenntnissen entwickelt. Der Rückbezug und damit die Angewiesenheit auf die subjektive Wahrnehmung für die zuvor auf philosophischen und/oder theologischen Dogmen beruhende Erkenntnis macht die wissenschaftsgeschichtliche Entwicklung von der Ontologie zur Empirie plausibel. Nach Danzer (1995, 20) „huldigt die moderne Ontologie – im Gegensatz zur tradierten Ontologie – nur noch in Maßen einer anthropozentrischen Seinsordnung; der Mensch (als Ganzes, Vf.) bildet nicht mehr Ziel und Endpunkt allen Seins".

Unter Beachtung psychologiehistorischer Prozesse wurde in vorliegender Arbeit schon darauf hingewiesen (vgl. Kapitel 4.3), daß die Religiosität so lange als ein legitimes Forschungsthema der Psychologie gelten konnte, bis der Anspruch eines ganzheitlichen Erfassens der Person aufgegeben wurde und eine „Atomisierung" des Forschungsgegenstandes stattfand. Dadurch „entstand zugleich ein verändertes Erkenntnisinteresse, das sich verstärkt auf isolierte Phänomene richtete" (Jüttemann 1993, 252), und Verhaltensbeobachtungen und Spezialtheorien zu psychologischen Einzelfragen dominier(t)en die Forschung. Indem die Ganzheit der Psyche ein „vernachlässigter Gegenstand der wissenschaftlichen Psychologie" (Jüttemann 1993, 251) wurde, gerieten zwangsläufig auch ihre transzendenten Aspekte aus dem Blickfeld, weil diese nur als ein ganzheitliches seelisches Geschehen verstehbar sind. Schon Hillman (1981, 8) insistierte auf eine „Lebendigerhaltung der Seele in einem religiösen Sinn, um sie nicht völlig einer rationalen, säkularisierten und akademischen Psychologie preiszugeben, aus der selbst das Wort ‚Seele' verbannt wurde".

Weil das religiöse Erleben ein umfassendes, ganzheitliches Geschehen ist, besteht das Ziel des hier entwickelten Gedankengangs darin, möglichst viel dieser Ganzheit abzubilden. Den Ausgangspunkt der vorliegenden Bemühungen um eine wissenschaftstheoretische Begründung der Religionspsychologie bildet eine dreigliederige Wissenschaftskonzeption, die in der gegenwärtigen wissenschaftstheoretischen Diskussion wieder an Bedeutung gewonnen hat. Als ein Vorläufer dieses trialen Wissenschaftssystems ist Heinrich Rickerts Gliederung in die Natur, die Seele und in die Dimension des Sinns zu nennen. Ideen dieser Art hat heute wieder Popper aufgegriffen, der eine naturale und eine mentale Welt von der „Welt 3" des „objektiven Geistes" unterscheidet (vgl. dazu Diemer 1992, 393ff).

Gemäß der dreigliederigen Wissenschaftskonzeption kann man sich jedem Forschungsgegenstand prinzipiell auf drei verschiedenen Wegen nähern. Jeder Gegenstand oder jedes Ereignis, das in Erscheinung tritt, kann als ein natürliches, als ein kulturelles oder als ein bedeutungs- oder sinnhaltiges Phänomen betrachtet werden. Dabei können die drei Zugangsweisen hinsichtlich verschiedener Aspekte unterschieden werden (vgl. Abb. 9):

Abb. 9: Dreigliederige Wissenschaftskonzeption

	Natur	Kultur	Sinn
Anthropologie	Leib	Seele	Geist
Wissenschaft	Naturwissenschaft	Geisteswissenschaft	Parawissenschaft
Methode	Empirie	Hermeneutik	Initiation/Meditation
Denken	logisch	histor.-analytisch	ontologisch
Wissen	„objektives“	„subjektives“	„spirituelles“
Erkenntnisform	explizite Erkenntnis		implizite Erkenntnis

Entsprechungen dieser dreigliederigen Wissenschaftskonzeption sind in der für das westliche Denken prägenden anthropologischen Unterscheidung zwischen Leib, Seele und Geist zu finden. Literarisch werden als sich ergänzende Wirklichkeitsbereiche Wissenschaft, Kunst und die (persönliche) Religion genannt, die ebenfalls der oben skizzierten Dreiteilung entsprechen. Die klassische naturwissenschaftliche Erkenntnismethode ist die an logisches Denken gebundene empirische Forschung, die „objektive“ Meßergebnisse liefert. Demgegenüber fördert das historisch-analytische Denken der Geisteswissenschaften das „subjektive“ Wissen kultureller Phänomene. Die hier „spirituell“ bezeichnete Wissensform bemüht sich durch meditatives, intuitives Denken um die Erkenntnis der impliziten, weltanschaulichen Grundlagen (vgl. ausführlicher Utsch 1997).

Der Dualismus zwischen Natur und Kultur ist problematisch und dennoch für westliches Denken charakteristisch. Auch der Konsolidierungsprozeß der Psychologie als eigenständiger Wissenschaft hat nachhaltig unter dieser Spaltung gelitten (vgl. Pongratz 1984), und bis heute ist die Psychologie bei manchen Universitäten an die naturwissenschaftliche, bei anderen an die geisteswissenschaftliche Fakultät angegliedert. Forschungsprogramme wie das einer „verstehend-erklärenden Psychologie“ (Groeben 1986) stellen Versuche dar, durch eine Integration komplementärer Aspekte der Psyche diesen Dualismus zu überwinden (vgl. Kapitel 2.5). Beide klassischen Wissenschaftswege – sowohl die natur- als auch die kulturwissenschaftlichen Erkenntnisbemühungen – sind weltanschaulich gebunden und von daher begrenzt. Durch die Reflexion auf die jeweiligen Grundlagen wird es möglich, die weltanschaulichen Voraussetzungen mit in den Forschungsprozeß einzubeziehen.

An dieser problematischen Nahtstelle der Transferschwierigkeiten zwischen anthropologischen Voraussetzungen, einer der Religiosität entsprechenden Theoriekomplexität, von gegenstandsangemessenen Begriffsbildungen und der theoriekonsistenten Integration und Interpretation der empirischen Einzelbeobachtungen befindet sich die Religionspsychologie. Im folgenden wird anhand von drei exemplarischen Theorieentwürfen aufgewiesen, wie unterschiedlich die wechselseitige Abhängigkeit von Ontologie und Empirie, von impliziter und expliziter Erkenntnis im Hinblick auf eine religionspsychologische Modellbildung des menschlichen Transzendenzbezugs berücksichtigt wurde und welche Konsequenzen sich daraus ergeben.

4.4.1 Gemüt als Begegnungsort von Mensch und Gott: eine unzulässige „Vermischung"

In der heutigen Persönlichkeitspsychologie hat das Konstrukt des Gemüts keine Bedeutung mehr. Waren die Entwürfe der geisteswissenschaftlichen und strukturpsychologischen Persönlichkeitsforschung in Anlehnung an philosophische Modelle entstanden, dominierten spätesten seit den 60er Jahren empirisch, zumeist faktorenanalytisch überprüfbare Modelle. Weil ein wie auch immer definiertes „Gemüt" in seiner Komplexität nicht operationalisierbar ist, verstummte die Diskussion darüber, und auch die Schichten- und Strukturtheorien sind für die Psychologie nur noch historisch oder im Zusammenhang von Meditation und Mystik (vgl. Huth 1990, 105) interessant.

Trotzdem greift Schreiner in seiner 1992 erschienenen religionspädagogischen Dissertation „Gemütsbildung und Religiosität" auf diesen Begriff zurück, weil dieser „die Dimension der Transzendenz nicht außer acht läßt" (Schreiner 1992, 208). Aufgrund der Bedeutung dieser Arbeit für die hier behandelte Thematik soll auf sie ausführlicher eingegangen werden. Zunächst unterzieht Schreiner den Gemüts-Begriff einer ausführlichen historisch-kritischen Begriffsanalyse (26–156), in der er einen Überblick über das „Gemüt" aus theologischer, philosophischer, pädagogischer und psychologischer Perspektive gibt. Die Grundlegung des Begriffs „Gemüt" erfolgt nach Schreiner in der christlichen Mystik. Das Gemüt wird dort „als Einheit der oberen Seelenkräfte und als Bindeglied zwischen Gott und Mensch aufgefaßt. Im Gemüt ist die Gotteserkenntnis und die Gottesliebe grundlegend. Hier erfährt der Mensch seine Bestimmung als Gottes Ebenbild. Das Gemüt ist als Seelengrund psychischer Ort der unio mystica, der Gott-Mensch-Einheit" (57).

Nach Schreiners Auffassung spiegeln die Schriften der psychologischen Autoren in „teilweise verwirrender Vielfalt und undeutlichem Sprachgebrauch" (155) den Gemütsbegriff im 19. und 20. Jahrhundert wider, der außerdem einen schrittweisen Verlust des religiösen Bezugs aufweise. Ausführlich kommt dabei der Gemütsbegriff der Ganzheits- und Strukturtheorie zur Sprache (vgl. dazu 4.3.6). Weil „bis heute der Begriff verschwommen wirkt und die Sache nur schwer begrifflich faßbar scheint, ... läßt sich aber mit einem erneuerten Gemütsbegriff, der bestimmte positive Elemente der Tradition aufgreift, ein Phänomen erschließen, das sich bisher einer näheren Bestimmung entzog" (152). Schreiner formuliert zunächst vier Strukturelemente für ein neues Verständnis von „Gemüt": Gemüt als personale Mitte des Menschen, als Nahtstelle zwischen Innenwelt und Außenwelt, als „Quelle" von Empathie, als „Ort" der religiösen Erfahrung (157–163). Nach Schreiner liegt der besondere Gehalt des Gemütsbegriffs darin, daß er im Gegensatz zu Konstrukten wie „Bewußtsein", „Seele" oder „Identität" über „den psychologischen Selbstbegriff hinausgeht, indem er den Bezug des menschlichen Lebens zu dem transzendentalen Grund des Seins als Wurzelgrund aller Beziehungen erschließt" (191). Mit diesem Begriff sei es möglich, sowohl Personalität und Sozialität als auch die religiöse Dimension integrierend abzubilden. „Gemüt ist ein Verhältnisbegriff, der in den empirischen

Erfahrungen die transzendentale Dimension des menschlichen Lebens erschließt" (164). Im Rückgriff auf die von Knapp (1988) psychoanalytisch-anthropologisch begründeten vier emotionalen Grunderfahrungen des Menschen (Aufgehobenheit, Versorgtheit, Vertrauen und Anerkennung) findet Schreiner empirische Belege für die „strukturellen Wurzeln der Religiosität … Als empirisch nachweisbare Erfahrungen der transzendentalen Dimension begründen sie das Gemüt" (185). Schreiner verwehrt sich allerdings dagegen, das Gemüt „materialiter als religiöses Apriori des Menschen" aufzufassen: Gemüt sei kein „Substanzbegriff", sondern nur als „ein strukturelles Angelegtsein des Menschen auf die Fähigkeit zur religiösen Erfahrung … zu diskutieren, das in empirischen Phänomenen ausweisbar ist" (187).

Der von Schreiner erweiterte Gemütsbegriff erliegt dem gleichen Problem, der auch für die Schichtentheoretiker gilt. Ausgangspunkt für Schreiner ist eine „theologisch geprägte Persönlichkeitstheorie" (185), die er geschickt mit den von Knapp herausgearbeiteten vier affektiven Bereichen der Primärbeziehung verbindet, weil das Kind in der Primärbeziehung erstmals die religiöse Dimension „in dem Urerlebnis des Angenommen- und Geborgenseins durch die Bezugspersonen erfährt" (184). Durch die Verbindung von theologischer Anthropologie und den Forschungsergebnissen der neueren psychoanalytischen Entwicklungspsychologie folgert Schreiner: „Die empirischen Erfahrungen des Kindes entsprechen diesem christlich-theologischen Postulat (der menschlichen Grundstruktur der Verwiesenheit auf Transzendenz, Vf.), da jeder Mensch zunächst auf das prinzipielle Angenommensein angewiesen ist" (183f).

Wenn anthropologische Prämissen mit willkürlich ausgewählten empirischen Befunden belegt (und damit aufgewertet?) werden, kann dadurch keine empirische Religionspsychologie erwachsen. Als psychologische Wissenschaft ist sie an die Methodik der Hypothesenprüfung gebunden. Natürlich könnten aus einem theologischen Persönlichkeitsmodell empirisch überprüfbare Hypothesen abgeleitet werden, die meßbare Ergebnisse ermöglichen und mit den zuvor formulierten Annahmen verglichen werden könnten – aber nur in dieser Reihenfolge. Die von Schreiner durchgeführte, nachträgliche theologische Deutung empirischer Sachverhalte bleibt religionsphilosophische Spekulation. Sie fußt auf einer ontologischen, nicht aber empirischen Begründung. Durch eine falsche Vorgehensweise bei der Anwendung sozialwissenschaftlich-empirischer Methoden werden Ontologie und Empirie vermischt und können nur eine subjektive Ansicht der Problemstellung ergeben.

Die Vermischung von Ontologie und Empirie ist nach meiner Beobachtung leider häufig in theologischen Darstellungen vorzufinden. Um die oftmals „unmodernen", ontologisch-dogmatischen Aussagen ihrer theologischen Lehren zu beleben und zu aktualisieren, werden gerne neuere empirische Ergebnisse der Sozialwissenschaften zur Untermauerung ihrer Aussagen herangezogen. Keintzel (1991, 122) hinterfragt am Beispiel der theologischen Anthropologie eines führenden evangelischen systematischen Theologen kritisch, wieviele Ausführungen in diesem Werk (Pannenberg 1983) „im engeren Sinne theologische Aussagen machen und welche eigentlich Anleihen aus Philosophie, Psychologie, Biologie,

Physik, Medizin und anderen Gebieten sind. ... Damit bekommt die Frage aber auch weitaus größeres Gewicht als in früheren Zeiten, ob die Theologen über andere Forschungsgebiete wirklich informiert sind, oder ob sie damit laienhaft umgehen, allein schon deshalb, weil sie überfordert sind – wie man dies z.B. Eugen Drewermann nachgewiesen hat".

4.4.2 Das Existenz-Transzendenz-Verhältnis nach Jaspers: Das Modell der „Trennung"

Neben der philosophischen Anthropologie Schelers war es in ihrem Gefolge die Existenzphilosphie, deren Gedanken als Anregung für persönlichkeitspsychologische Modellbildungen dienten (vgl. zur Übersicht Wyss 1977 und 1982 und die geraffte Darstellung von Quitmann 1985, 40–69). Im folgenden soll der Zusammenhang von Existenz und Transzendenz nach dem Entwurf von Karl Jaspers referiert werden, weil dieses Modell eine deutliche Trennung zwischen Ontologie (Metaphysik) und Empirie (Psychologie) vornimmt. Bisher ist diese Verhältnisbestimmung nach meiner Kenntnis noch nicht auf religionspsychologische Fragestellungen angewendet worden, obwohl seine Ausführungen wertvolle Klarstellungen beinhalten und dazu dienen könnten, die verhängnisvolle Vermischung der Theorie- und Interpretationsebenen zu vermeiden.

Damit widerspreche ich den Ausführungen Keilbachs (1973, 44), der für eine deutliche Trennung zwischen der Sinnfrage und der Tatsachenfrage in der Religionspsychologie plädiert. Die philosophische Anthropologie von Jaspers zeigt nach Keilbach, „wie ausweglos das psychologische Forschen gerade dann wird, wenn es die Sinnfrage in die Tatsachenfrage so einbezieht, daß die Grenzen zwischen diesen beiden Fragen entweder nicht mehr klar gesehen oder zumindest nicht mehr peinlich respektiert werden". Nach meinem Verständnis grenzt gerade Jaspers seine Philosophie deutlich von den psychologischen Erkenntnismöglichkeiten ab. Zur Erhellung des bei Keilbach vorliegenden Mißverständnisses einer Universalisierung psychologischer Erkenntnisse mag folgendes Zitat von Jaspers dienen: „Werden Psychologie und Soziologie als Wissen vom eigentlichen Sein des Menschen aufgefaßt, so haben sie ihren Charakter als empirische Wissenschaften aufgegeben" (Jaspers 1973/I, 205). Jaspers sieht drin „ein Verkennen des wissenschaftlich Möglichen, wenn jetzt die endgültige Wahrheit über das Sein vermeintlich gefunden ist" (ebd.). Durch die klare Eingrenzung sowohl der psychologischen als auch der philosophischen Erkenntnisbereiche bietet dieser Ansatz eine gute Grundlage für religionspsychologische Theorieentwürfe.

Nach einer differenzierten und umfassenden Beschreibung der menschlichen Psycho(patho)logie problematisiert Jaspers im Rückblick auf sein medizinisches Hauptwerk „das Ganze des Menschseins" (1913/1959, 624–650). Nach Jaspers ist es „vergeblich, eine Auffassung des Menschen im Ganzen zu versuchen, in dem alle bisher ergriffenen Ganzheiten als Elemente und Glieder zu theoretischen Klarheiten kämen. Bei jedem Ergreifen des Ganzen weicht das Ganze selber zurück" (628). Nach Jaspers Auffassung gibt es deshalb keine psychologische Anthropologie als allgemeingültige Lehre vom Menschen, und auch „eine medizinische Anthropologie kann es nicht geben. Sie fällt zusammen mit der philosophischen Anthropologie schlechthin, und diese ist keine Lehre, welche einen Gegenstand angemessen vor Augen bringt, sondern ein unendlicher Erhellungsprozeß unser selbst" (ebd.).

Jaspers schränkt die Aussagekraft und Interpretationsmöglichkeiten empirischer Einzelerkenntnisse ein. Von einer Einheit des ganzen Menschen könne nur theoretisch, d.h. in der philosophischen Anthropologie, geredet werden. In den verschiedenen Kapiteln seiner systematisch aufgebauten Psychopathologie stieß Jaspers immer wieder auf „Rätsel", die bei der von ihm gewählten und sachlich angemessenen empirischen Erkenntnismethodik „grundsätzliche Geheimnisse" blieben. Die „Rätsel" begründet Jaspers mit „der Grenze einer Erkenntnisweise" (628). Von der Gesamtheit der konkreten Rätsel, die er anhand einiger Beispiele darstellt, schließt Jaspers auf das Rätsel der Grenze, die das Individuum von dem „Umgreifenden" trennt: „Das Rätsel ist die Grenze, die nie Gegenstand wird als das Umgreifende, in dem und aus dem ist, was als Gegenstand vor Augen tritt" (630). Was Jaspers hier als 30jähriger Psychiater andeutete, hat er in späteren, philosophischen Werken systematisch entfaltet.

Jaspers geht es um klare Grenzen der psychologischen Wissenschaft, um „die Grenzen fühlbar zu machen, die konkreten Rätsel zu sehen, damit wir einerseits den allseits freien Raum der wissenschaftlichen Forschung in jeder ihrer nur möglichen Methode sehen, und damit wir andererseits die Grenzen der Wissenschaft bei der Bewertung und Benutzung ihrer Ergebnisse nicht überschreiten. Dann vermögen wir durch Wissenschaft im Stoßen an die Grenzen das Umgreifende auf eine einzige, unersetzliche Weise zu spüren und vermeiden es, nun auch dieses Umgreifende wieder fälschlich rational zu entwerfen" (633).

Damit benennt Jaspers die Grenze der Erkenntnismöglichkeiten für empirische Wissenschaften in Abgrenzung zu methaphysischen Gedankengebäuden. Wyss hat den Personbegriff von Jaspers dahingehend zusammengefaßt, daß die Person „einerseits ein ursprüngliches, elementares, nicht weiter ableitbares Dasein (Transzendenz) verkörpert, andererseits aber durch Intelligenz, Willen, Gefühl, durch Handeln und Erleben sich ständig in der Welt verwirklicht. Nur in der Sphäre der Verwirklichung läßt sich die Person mit psychologischen Begriffen als jener „Zusammenhang im Ganzen" erforschen, in der Sphäre der Transzendenz jedoch muß die Psychologie der philosophischen Bestimmung der „Existenzphilosophie" weichen" (Wyss 1977, 274). Psychologisches Terrain umfaßt nach Jaspers die Erforschung der „verständlichen Zusammenhänge des Seelenlebens", was zu seinem Entwurf einer „verstehenden Psychologie" geführt hat (Jaspers ebd., 261–385), während der Transzendenzbezug als existentieller Bestandteil des Daseins nur der philosophischen Erhellung überlassen bleiben könne. Nach Jaspers hört das psychologische Verstehen auf „vor der Wirklichkeit der Existenz, dessen was der Mensch eigentlich als er selbst ist" (302). In seinem Entwurf der „Verstehenden Psychologie" weist er der damit verbundenen „verstehenden" Forschungsmethodik eine Zwischenstellung zwischen einem „psychologischen Verstehen" von Ausdruckserscheinungen als „verstehbaren Objektivitäten" und einem „existentiellen Verstehen ... an der Grenze des Unverständlichen" (ebd., 255ff), des Irrationalen zu. Methodisch wird dabei „das psychologische Verstehen ... zur empirischen Psychologie", das existentielle Verstehen zur „philosophischen Existenzerhellung" (ebd., 256).

Hinweise auf die Wirklichkeit des Überweltlichen liefern nach Jaspers sogenannte „Chiffren der Transzendenz", die als sprachlicher Ausdruck, in Symbolen und Zeichen eine „metaphysische Gegenständlichkeit" (Jaspers 1932/1973, Bd. III, 129) repräsentieren. Besonders das Symbol versteht Jaspers „als umgreifenden Bedeutungsträger immanenter Transzendenz" (Jaspers 1913/1959, 277). Daß Symbole aber auch „nur Hervorbringungen der menschlichen Seele (Vorstellungen)" sein können und nicht alle Symbole „eine helle Sprache des Seins, Objektivität der Transzendenz sein können" (ebd., 281), darauf weist Jaspers mit aller Deutlichkeit hin. Die zu deutenden Chiffren können aber nicht zu einem festen Wissenssystem über die Beschaffenheit der Transzendenz logisch-empirisch zusammengefügt werden: Das Erforschen der Transzendenz ist nach Jaspers ein „kontemplatives Sichversenken in unbeständige und vieldeutige Chiffreschrift" (ebd. 160), also keine psychologisch-empirische Tätigkeit, sondern eine philosophisch-hermeneutische.

Mit dieser strikten Trennung zwischen dem von Jaspers explizierten verstehenden Zugang zum Charakter, den er als „das Ganze der verständlichen Zusammenhänge" umschreibt (Jaspers 1913/1959, 250ff), und dem philosophischen „Lesen der Chiffreschrift der Transzendenz" (Jaspers 1932/1973, Bd. III, 33f und 128ff) ermöglicht das Jaspersche Modell eine klare, methodische und konzeptionelle Arbeitsaufteilung zwischen Psychologie und Philosophie/Theologie, die für religionspsychologische Forschung sinnvoll ist. Methodisch hat er dafür die Wichtigkeit einer Unterscheidung zwischen psychologischem und existentiellem Verstehen betont (Jaspers 1913/1959, 255ff).

Die in vorliegender Arbeit als ein Grundproblem der Religionspsychologie geschilderte unbedachte Vermischung von psychologisch-empirischen Aussagen mit philosophisch-anthropologischen Argumenten hat schon Jaspers beklagt: „Der Grundfehler unseres Erkennens ist die Verkehrung philosophischer Gedanken in vermeintlich gegenständliches Wissen von etwas. ... Eine von diesen Verkehrungen ist die vom existentiellen Erhellen in psychologisches Wissen, von Freiheit in einen Faktor empirischen Daseins, ist die falsche Thematisierung des Menschseins im Ganzen" (ebd., 644). Nach Jaspers bringt „die Überwältigung durch unbemerkte Philosophie ... Verwirrung in das wissenschaftliche Wissen" (ebd. 645). So könnten dann „die transzendierend gelesenen Seinschiffren zu sinnlich verfügbaren Objekten des Aberglaubens" (ebd.) werden. Werden psychologische Aussagen unter Hinzufügung philosophische Sätze zu einer psychologischen Strukturlehre zusammengefügt, ist daraus eine Ontologie entstanden. Nach Jaspers führt eine derartige Theorie die Psychologie irre, weil „die Meinung entsteht, in ihr ein Grundwissen für die Auffassung des Menschseins und aller psychologischen Tatbestände gewonnen zu haben" (ebd., 650). Deshalb plädiert Jaspers für eine strikte Trennung zwischen Ontologie und Empirie: „Die Forderung, solche Scheidungen zu machen, bedeutet, daß der Forscher in seinem

Kopfe die Methoden und Denkziele nicht durcheinandermischen sollte, damit er auf jedem Wege zu maximaler Klarheit und zu einwandfreier Erkenntnis dort gelange, wo sie möglich ist" (ebd.). Was bedeuten diese von Jaspers getroffenen „Scheidungen" für die wissenschaftliche Religionspsychologie?

Zunächst einmal liefern seine methodischen Überlegungen und Klarstellungen wertvolle Einsichten für die nur interdisziplinär zu lösenden Grundlagenfragen der Religionspsychologie. Es ist bedauerlich, daß seine zu Beginn dieses Jahrhunderts ausgeführten wissenschaftstheoretischen Differenzierungen so wenig von Religionspsychologen zur Kenntnis genommen oder aufgegriffen wurden. Dieses Versäumnis führt bis heute zu wissenschaftlichen Unstimmigkeiten, wie es beispielsweise einem führenden Vertreter der Transpersonalen Psychologie vorgeworfen wurde. Wilber, der z.Z. als ihr umfassendster Theoretiker gilt (vgl. Heinrichs 1993, 332) und der „enzyklopädisches Wissen ... mit ungewöhnlicher Zusammenschau und seltener Klarheit des Denkens" (Zundel 1991, 216) verbinde, hat ein Entwicklungsmodell des Bewußtseins entworfen, das von der Entwicklungsmöglichkeit einer präpersonalen über die personale zur transpersonalen Ebene ausgeht (vgl. Wilber 1987). Allerdings gehen in diesem Ansatz psychologische Beschreibung und philosophische Spekulation ungeordnet durcheinander: „Eine methodische Reflexion auf das spezifisch Psychologische im Unterschied zum Philosophischen bei K.Wilber und fast allen Repräsentanten der transpersonalen Psychologie wird man vergeblich suchen" (Heinrichs 1993, 333). Weiter führt er aus: „Noch vor hundert Jahren waren Psychologie und Soziologie Teile der Philosophie, und sie werden es – mit methodischer Differenzierung freilich – wieder werden müssen, um aus ihren Sackgassen herauszukommen". Sloterdijk (1993, 42) qualifizierte das Modell Wilbers als „ein Reflex seines evolutionaristischen Positivismus" ab.

Das Modell der Trennung zwischen Ontologie und Empirie bei Jaspers liefert wertvolle erkenntnistheoretische Ansätze zu einer Unterscheidung und Bezogenheit von Philosophie und Psychologie, die für die Religionspsychologie nutzbar gemacht werden können, um dieser Disziplin klarere Grundlagen zu verschaffen.

4.4.3 Transzendenz in der Psychologie Jungs: eine problematische „Gratwanderung"

Kann die Psychologie nachweisen, daß die Seele natürlicherweise eine transzendente Funktion beinhaltet, wie C.G. Jung meinte? In diesem psychologischen Entwurf sind die spirituelle und psychische Dimension eng aufeinander bezogen: „Auf alle Fälle muß die Seele eine Beziehungsmöglichkeit, d.h. eine Entsprechung zum Wesen Gottes, in sich haben, sonst könnte ein Zusammenhang nie zustandekommen" (Jung 1972, 24). Dabei legte dieser Forscher bei seinen Untersuchungen großen Wert darauf, streng im empirisch-psychologischen Bereich zu bleiben und die Grenze zur Ontologie nicht zu überschreiten.

Jungs „Analytische Psychologie" ist insofern hochrelevant für die Religionspsychologie, als er als Voraussetzung seiner Untersuchungen davon ausgeht, daß die Seele „naturaliter religiosa" ist, d.h. daß sie natürlicherweise eine religiöse Funktion besitze. Mit diesem Axiom, das sich durch sein gesamtes Lebenswerk zieht, ist Jung der prominenteste Protagonist einer Psychologie, die eine enge Verbindung zur spirituellen Dimension des Menschen herstellt. Dabei hat er nach dreißig Jahren psychotherapeutischer Praxis die Bilanz gezogen, unter seinen Patienten im Alter von über 35 Jahren sei „nicht ein einziger, dessen endgültiges Problem nicht das der religiösen Einstellung wäre" (Jung 1982, 138).

Es kann hier nicht darum gehen, das komplexe Persönlichkeitsmodell darzustellen, weil Jungs Theorie zu vielschichtig und widersprüchlich ist; außerdem liegen dazu gute Gesamtdarstellungen vor (vgl. z.B. Evers 1987 oder Samuels 1989). Auch seine Affinität zur Religionspsychologie wurde vielfach und kritisch thematisiert (vgl. Buber 1977; Spengler 1979; Kolbe 1986, 145–210; Erlenwein 1987; Keintzel 1991; Grom 1992, 398–405). Hauptkritikpunkte betreffen seine unklare Terminologie, die widersprüchlichen Definitionen der zentralen Bausteine seiner Theorie, die Vermischung von gnostischen und naturwissenschaftlichen Erkenntnismethoden, die Gleichstellung der Numinosität mit Religiosität, die Objektivierung subjektiver Tatbestände u.a.m.

Als für den Kontext der vorliegenden Arbeit relevant wurde Jungs Psychologie deshalb ausgewählt, weil er sich zu dem zentralen religionspsychologischen Problem, das dieses Kapitel behandelt, explizit geäußert hat. Wie wird hier also das Verhältnis von Empirie und Ontologie differenziert und – damit verbunden – die Wahrheitsfrage beantwortet?

Der Vermischung von wissenschaftstheoretischen Dimensionen, wie sie in Kapitel 4.3.8 Frankl vorgehalten wurden, wollte Jung von Anfang an entgegenwirken. Er hat an zahlreichen Stellen auf sein Selbstverständnis als „Empiriker" verwiesen und sich strikt dagegen verwehrt, seine Psychologie entspringe metaphysischer Spekulation. Seine Forschungen sind „überschattet von einer zuweilen beinahe phobisch anmutenden Abwehr: Immer wieder beteuert er, er sei weder Philosoph noch Theologe, sondern nur Empiriker" (Keintzel 1991, 9). Dabei ist es hilfreich, Jungs Verständnis von Empirie genauer zu hinterfragen, um zu verstehen, was damit gemeint ist. Bevor dies untersucht werden kann, müssen einige Grundlagen seines Denkens erläutert werden.

Die Seele wird in diesem tiefenpsychologischen Ansatz als komplexe Ganzheit, widersprüchlich, irrational und eben auch als religiös charakterisiert. Dabei geht er zunächst von seinen eigenen Erfahrungen, Träumen und Erlebnissen aus, die er retrospektiv in großer Offenheit dargelegt hat (vgl. Jung 1971). Daraus wird ersichtlich, daß er sich schon von frühester Kindheit an lebhaft mit geheimnisvollen übernatürlichen Kräften beschäftigte und mit ihnen wie mit anderen Lebenstatsachen umging. Schon damals wurde Jung klar, „daß Gott, für mich wenigstens, eine der allersichersten, unmittelbarsten Erfahrungen war" (Jung 1971, 67). In der einsamen Auseinandersetzung mit den intensiven inneren Erlebnissen wurde ihm schon als Jugendlicher die „Tragik" seines Vaters klar, der protestantischer Pfarrer war. Der Vater glaubte zwar streng an den Gott der Bibel, aber er habe nie den „lebendigen, unmittelbaren Gott" (Jung 1971, 67) erfahren. Im Laufe seiner Entwicklung bildete sich bei Jung aus dem dogmatischen ein psychologisches Gottesbild.

Sein ganzes Leben über beschäftigte er sich mit inneren Bildern aus dem Unbewußten mit oft spirituell-religiösem Inhalt. Mythologie und Gnosis waren ein bevorzugtes Studiengebiet von Jung, und in seiner Autobiographie erhielt der Begriff des Geheimnisses eine zentrale Rolle. Auf sein intensives spiritistisches Interesse weist auch die Wahl des Dissertationsthemas über okkulte Phänomene hin, in der er unter anderem die mediale Begabung eines 15jährigen Mädchens aus der Verwandtschaft untersuchte.

Erklärtes Entwicklungsziel für Jung ist die Selbstverwirklichung des Unbewußten, die er als „Individuation" bezeichnet. Weil nach Jungs Verständnis dazu wesentlich auch die spirituelle Natur des Menschen gehört, ist der zentrale Stellenwert der Religiosität in seiner Theorie nur folgerichtig. Dabei betont er, daß sein einziges Erkenntnismittel die Erfahrung sei, womit „vor allem die ‚innere' Erfahrung angesprochen ist, nämlich das Bewußtwerden von seelischen Inhalten" (Spengler 1979, 246). Im Rückgriff auf Jungs oben erwähnte Kindheitserlebnisse wird ersichtlich, daß auch das religiöse Erleben zur seelischen Wirklichkeit gehört. Auf dieser Grundlage kann auch der folgende, radikale Gottesbegriff entwickelt werden: „Religion ist eine Beziehung zu dem höchsten oder stärksten Wert ... Diejenige psychologische Tatsache, welche die größte Macht in einem Menschen besitzt, wirkt als ‚Gott', weil es immer der überwältigende psychische Faktor ist, der ‚Gott' genannt wird" (Jung 1982, 98). Damit hat er einen rein psychologischen Gottesbegriff entwickelt, der sich auf die Beschreibung einer psychischen Wirkung beschränkt, die empirisch festgestellt werden kann. Die Wirklichkeit dieses „Gottes" ergibt sich allein aus der Erfahrung. Allerdings hält Jung es für einen „bedauerlichen Irrtum", aus den numinosen Erfahrungen eine Art Beweis für die Existenz Gottes abzuleiten, da diese nur das Vorhandensein eines archetypischen Bildes der Gottheit" belegen, „und das ist alles, was wir, meines Erachtens, psychologisch über Gott aussagen können" (Jung 1982, 74).

Jung sah seine Psychologie als empirisch an, womit er meinte, daß sie „auf Beobachtungen und Versuchen beruhe, nicht auf Theorien. Empirie hielt er für das Gegenteil von Spekulation und Ideologie und schrieb ihr den Vorteil zu, Tatsachen möglichst genau zu beschreiben" (Keintzel 1991, 45). Nach Jungs Einschätzung sind seine Forschungsergebnisse „Vorschläge und Versuche zur Formulierung einer neuartigen naturwissenschaftlichen Psychologie, welche sich in erster Linie auf die unmittelbare Erfahrung am Menschen gründet" (Jung, zit. nach Kolbe 1986, 155).

Durch die Verabsolutierung der Psyche – nur die innere Erfahrung zählt – und dem Anspruch, dem Seelenleben in seiner Ganzheit gerecht werden zu wollen, kann „die Psychologie der Gegensätze und deren Überwindung ohne Übertreibung als jenes Gebiet bezeichnet werden, das Jung zeitlebens am intensivsten beschäftigte" (Spengler 1979, 251). Um den Antinomien der Seele – als die für Jung auffälligsten Polaritäten seien die Gegensatzpaare Bewußtsein und Unbewußtes/Träume, Anima und Animus, Persona und Schatten genannt – gerecht zu werden, ging Jung nicht wissenschaftlich, d.h. intersubjektiv überprüfbar, sondern intuitiv vor. Dabei verwendet er einen sehr eingegrenzten, phänomenorientierten Empirie-Begriff. Empirisch gehe er insofern vor, als er sich an die Phänomene halte, also an das, was sich einem darbietet. Diese Beobachtungen seien eben oftmals irrational und widersprüchlich. Empirie kann darum für Jung „identisch sein mit Irrationalität" (Keintzel 1991, 48), und er behauptet: „Eine psychologische Wahrheit ist nur dann gültig, wenn man sie auch umkehren kann" (Jung 1971, 137). Dabei gibt er vor, der inhaltliche Gehalt der Wahrheit interessiere ihn nicht, weil man psychologisch darüber nichts aussagen könne (Jung 1956, 15ff). Aber schon sein Zeitgenosse Buber (1977), der in seinem Buch „Gottesfinsternis" ein ganzes Kapitel dem „führenden Psychologen unserer Tage" gewidmet hat, weist mit einer Fülle von Zitaten nach, daß dieser sich an die phänomenologische Selbstbeschränkung nicht hält und deshalb an seinem eigenen Anspruch scheitert. Eine ähnliche Kritik äußert Keintzel (1991, 10) gegenüber dem populären Kirchenkritiker Drewermann.

Gegen hartnäckige Einwände gegenüber seinem Empirieverständnis als Verabsolutierung der Erfahrung schränkt Jung ein, er sei ein „naiver" oder „temperamentsmäßiger" Empiriker, obwohl er grundsätzlich dabei bleibt: „In meiner Psychologie gibt es keine einzige Feststellung, die nicht wesentlich durch echte Erfahrung unterbaut ist. Psychologisch kann man nur jenes verstehen, das man selber erfahren hat" (Jung, zit. nach Keintzel 1991, 46). Mit dieser Aussage wird aber nicht jede Art von Erfahrung bzw. Empirie zugelassen, sondern nur Erfahrung, die der Selbsterfahrung nicht widerspricht, wie Keintzel (ebd.) zutreffend kritisierte.

Aus heutiger wissenschaftstheoretischer Sicht ist Jung ein Selbstmißverständnis als Empiriker vorzuwerfen. Ohne Theoriebildung und intersubjektiv überprüfbare Hypothesen kann keine psychologische Wissenschaft aufgebaut werden. Zwar hat Jung selbst vom Modellcharakter seiner Archetypen- und psychischen Energielehre gesprochen (Jung 1956, 20), es allerdings nicht unternommen, davon empirische Aussagen abzuleiten, d.h. sie logisch konsistent, eindeutig und überprüfbar zu machen (vgl. zu den Merkmalen wissenschaftlicher Aussagen Breuer 1989, 125ff). Das war auch nicht die Intention Jungs, der „sehr mit Absicht" nicht systematisch sein wollte. „Für mich gibt es dem Individuum gegenüber nur das individuelle Verstehen" (Jung 1971, 137). Allerdings zeichnet sich eine wissenschaftliche Theorie eben dadurch aus, überindividuell gültig zu sein. Der Schritt von einem auf subjektiver Erfahrung fußenden Gedankengebäude mit zahlreichen zutreffenden Einsichten zu einer wissenschaftlich überprüfbaren Theorie fehlt in diesem Ansatz.

Einige der Grundkonzepte Jungs sind unüberprüfbare Behauptungen über ontologische Sachverhalte. Der weiter oben angeführte jungianische Zentralbegriff der „Ganzheit" wurde von Keintzel als ein „A-priori" bezeichnet, d.h. eine Einsicht, „deren Richtigkeit durch die Erfahrung weder bewiesen noch widerlegt werden kann, ohne deren Voraussetzung aber weitere Einsichten nicht möglich sind" (Keintzel 1991, 82). Aus ähnlichen Gründen hat Grom (1992, 405) deshalb Jungs Voraussetzung einer „kaum nachvollziehbaren Metaphysik des Unbewußten", die stark von seiner gnostischen Weltanschauung geprägt sei, als unwissenschaftlich disqualifiziert.

Jung hat in seinem große Kreise ziehenden publizistischen Werk die Gratwanderung unternommen, als Arzt wissenschaftliche Erkenntnisse über die seelische Wirklichkeit mit ihrer ganzen Widersprüchlichkeit zu erzielen. Diese Gratwanderung hatte zur Folge, daß „ihm Metaphysiker die Empirie, Empiriker die Metaphysik ankreiden" (Evers 1987, 177).

In der Kombination von genialer Intuition und großem Fleiß hinsichtlich seines mythologischen und religionsgeschichtlichen Wissenserwerbs gelang ihm ein psychotherapeutischer Ansatz, der eine Verbindung von Psychologie und Spiritualität mit vielfältigen praktischen Impulsen beinhaltet. Weil allerdings seinem Gedankenmodell eine empirische Grundlage nach dem heutigen Wissenschaftsverständnis fehlt und Ontologie und Empirie verschmelzen, ist es verständlich, daß die jungianische Therapie im Forschungsgutachten zum Psychotherapeutengesetz sehr schlecht abschneidet (vgl. Keintzel 1991, 189).

Jung hat es unterlassen, wissenschaftstheoretische Klärungen hinsichtlich der angemessenen Methoden zur Erforschung von Bewußtsein und Unbewußtem vorzunehmen. Natur- und geisteswissenschaftliche Vorgehensweisen müssen methodisch differenziert werden, um sachangemessene Aussagen zu ermöglichen. Jungs Ideal einer ganzheitlichen Erfassung der psychischen Realität wurde mit Recht als utopisch bewertet (vgl. Keintzel 1991, 82), weil wissenschaftlich nur perspektivisches Erkennen möglich ist (vgl. Kapitel 7.2).

Nach der exemplarischen Darstellung von drei unterschiedlichen Verhältnisbestimmungen zwischen Ontologie und Empirie ergeben sich aus den Überlegungen dieses Abschnitts zusammenfassend folgende Schlüsse:

Die schon zu Beginn dieses Jahrhunderts von Jaspers herausgearbeiteten Unterschiede zwischen metaphysisch-ontologischer und empirischer Erkenntnis wurden in der Psychologie – wenn auch nur vereinzelt – bedacht und in anderer Terminologie, aber mit gleicher Intention problematisiert. Als Quintessenz der Jaspersschen Erörterungen über „Sinn und Wert der Theorien in der Psychologie" sei folgende prägnante Formel zitiert: „Es gibt keine gültige (psychologische, Vf.) Theorie der Seele, sondern nur eine Philosophie des Menschseins" (Jaspers 1973, 462).

Der Persönlichkeitspsychologe Revers reflektierte im ersten Kapitel seines psychologiekritischen Werks „Ideologische Horizonte der Psychologie" über die „Voraussetzungen der Voraussetzungslosigkeit in der Psychologie" (Revers 1962, 12ff). Darin stellte er fest, daß die Psychologie „in einem Ausmaß wie nur wenige Disziplinen ... von philosophischen Voraussetzungen durchtränkt und auf ihnen fundiert" (Revers 1962, 12) sei. An verschiedenen Beispielen der psychologischen Forschungsgeschichte weist Revers nach, daß „empirische Hypothesen zu metaphysischen Postulaten" (ebd., 13) wurden. Revers unterschied im weiteren Gedankengang zwei Gruppen von psychologischen Theorien. Die erste Gruppe sei dadurch gekennzeichnet, daß sie „ihre metaphysischen Voraussetzungen bewußt, klar und systematisch herausstellt. Ist aber die ontologische Fundierung einer Theorie aufgewiesen, so wird sie dadurch nachprüfbar und auch angreifbar" (15). Der zweiten Gruppe von Theorien, die durch „das Postulat der Voraussetzungslosigkeit, d.h. der bewußten und systematischen Ausschließung irgendwelcher ontologischer Voraussetzungen" (ebd.) gekennzeichnet seien, legt er „den Verdacht ... einer Ontologie mit negativem Vorzeichen, nämlich einer Ideologie“ (16) nahe. In „kritischer Selbstbescheidung“ (67) fordert Revers zum Schluß seines Aufweises der Gefährdung wissenschaftlicher Theoriebildung durch ideologische Modellvorstellungen statt Voraussetzungslosigkeit eine „aporetische Redlichkeit“, für die eine „kritische Disziplinierung unserer letztlich unausschaltbaren Subjektivität“ (Revers 1960, 66) vorzunehmen sei.

1. Unmöglichkeit einer psychologischen Anthropologie

Ausgehend von den erkenntnistheoretischen Einsichten Jaspers' ist festzuhalten, daß das Ansinnen einer psychologischen Anthropologie eine Unmöglichkeit darstellt. Anthropologie, verstanden als „Human-Ontologie“, bleibt Aufgabe der Philosophie, wiewohl diese auf Fakten der sogenannten Humanwissenschaften angewiesen ist. Sicherlich werden in der Psychologie auch philosophische Aussagen getroffen, denn jeder Theorie-Entwurf und jede Modellbildung werden als hypothetische und potentielle „Ontologie“ behandelt und überprüft. Die Grundentscheidungen jeder Theoriebildung werden aber durch anthropologische Vorentscheidungen als empirisch nicht prüfbare Anschauungen über die Natur des Menschen gefällt. Diese „Vor-Urteile“ nehmen prägenden Einfluß auf die Theoriebildung.

Es beinhaltet eine Überschätzung und Verkennung der Möglichkeiten psychologischer Forschung, auf der Grundlage von Einzelergebnissen zu einem umfassenden Gesamtverständnis des menschlichen Seelenlebens zu gelangen. Empirisch-psychologische Forschung ist angewiesen auf die philosophisch-anthropologische Klärung ihrer Begriffe und ihrer theoretischen Zusammenhänge. Im Gegenzug ist die Anthropologie angewiesen auf die korrigierenden Ergebnisse empirischer Forschung, die anthropologische Hypothesen entweder bestätigen oder ihnen widersprechen können.

2. Voraussetzungen und Grenzen der psychologischen Erkenntnis

Damit ist die dringende Empfehlung angesprochen, sich über die Voraussetzungen und Grenzen der psychologischen Erkenntnis bewußt zu sein. Psychologische Forschung ohne gründliche wissenschaftstheoretische Vorarbeit steht in der Gefahr, durch weltanschaulich und ideologisch determinierte Einseitigkeit unwissenschaftlich zu werden, ob dies nun vorsätzlich oder unreflektiert geschieht. Besonders der religiöse-weltanschauliche Bereich ist gefährdet, nicht mehr wissenschaftlichen Interessen zu dienen, sondern als Ausgangsbasis und getarntes Betätigungsfeld ideologisch-missionarischer Aktivitäten mißbraucht zu werden. Deshalb ist die hier empfohlene Unterscheidung zwischen impliziter und expliziter Erkenntnis (vgl. Abb. 9 in Kapitel 4.4) hilfreich, sich über seine Erkenntnisgewinnung Rechenschaft abzulegen.

3. Annäherungsmöglichkeiten an die „Chiffren der Transzendenz“

Wie kann sich nun die Psychologie dem Phänomen der Religiosität annähern? In der Konzeption des Züricher Psychoanalytikers Müller-Pozzi wird der Glaube psychologisch aus einem System von Sinnbezügen und Bedeutungsgehalten verstanden, der als ein „intentionaler Akt“ (Müller-Pozzi 1975, 39f) aufzufassen sei. Unter dieser Voraussetzung könne Gott „als intendiertes Objekt, ... als Verweisungshorizont ... in die religionspsychologische Betrachtung mit eingeschlossen“ werden. Folgerichtig trennt Müller-Pozzi in seinem religionspsychologischen Entwurf die empirisch nicht überprüfbare Faktizität von der nur subjektiv verstehbaren Bedeutung einer Transzendenzerfahrung, seinem Sinn. Entsprechend dem theologischen Erkenntnisinteresse des Autors wird die Religionspsychologie zur Hermeneutik der religiösen Sprache und des religiösen Symbols weitergeführt, die letztlich als „Psychologie der Offenbarung“ (43ff) ihre adäquate „Grenzposition ... zwischen Theologie und Psychologie, ... Transzendenz und Immanenz“ findet (46).

In dieser auf der Theologie Tillichs fußenden, systematisch begründeten Religionspsychologie als „Psychologie des Glaubens“ von Müller-Pozzi wird der Konflikt zwischen Ontologie („Glaube“) und Empirie („Psychologie“) durch die Verwendung der Methode der „Korrelation“ aufgelöst, mit der Tillich „die Inhalte des christlichen Glaubens durch existentielles Fragen und theologisches Antworten in wechselseitiger Abhängigkeit“ (Tillich, zit. nach Müller-Pozzi 1975, 24) erklärt.

Für die Religionspsychologie ist der Dialog mit einer weltanschaulichen Disziplin – hier der Theologie – unverzichtbar. Weil bisher die geistesgeschichtlich-kulturelle Prägung des Europäers unter christlichen Werten erfolgt ist, sind die inhaltlichen Zusammenhänge der mit Religion verbundenen Symbole, Riten, Denk- und Verhaltensschemata m.E. nur im Dialog mit der Theologie zu klären. Wie groß der Einfluß des christlichen Gedanken- und Kulturguts in 50 oder 100 Jahren noch sein wird, bleibt abzuwarten. Vielleicht ist dann nicht mehr der Dialog mit der Theologie, sondern einer anderen weltanschaulichen Theorie, etwa der Astrologie zu einem besseren Verständnis des religiösen Erlebens und Verhaltens nötig.

4.5 Die Wahrheitsfrage in der Religionspsychologie

Besonders zu Beginn dieses Jahrhunderts erwiesen sich die verschiedenartigen Antworten auf die Frage, ob religionspsychologische Untersuchungen die faktische Realität transzendenten Erlebens überprüfen können und sollen, als ein wesentlicher Diskussionspunkt und charakteristisches Unterscheidungskriterium für die unterschiedlichen Ansätze. Schon vorher war über die Bedeutung von Religion viel gestritten worden, jedoch entweder in apologetischer Absicht – beispielsweise dem Nachweis eines allgemeinen religiösen Persönlichkeitsfaktors – oder mit dem „aufklärerischen“ Ziel unter Verwendung positivistischer Argumente, Religion als illusionäres Wunschdenken zu entlarven und durch eine „realistische Weltanschauung“ zu ersetzen.

In der Wahrheitsfrage, mit der sich jeder religionspsychologische Ansatz auseinandersetzen muß, bündeln sich zentrale Schwierigkeiten. Das Überraschtwerden von irrationalen und „zufälligen“ Ereignissen bringt viele Menschen dazu, Fragen nach dem Realitätsgehalt des Übersinnlichen zu stellen. „Wahrheit in der Wirklichkeit?“ so betitelte Heimbrock (1978) einen Literaturbericht zur Religionspsychologie und beschrieb damit den für die europäische Kultur prägenden Dualismus zwischen Glauben und Denken als „das zentrale wissenschaftstheoretische Problem ..., welches die Religionspsychologie bis heute mit sich herumträgt“ (Heimbrock 1978, 149).

Ein weiteres Basisproblem liegt in der Subjektivität der religiösen Erfahrung begründet. Der langersehnte Wunsch einer objektiven, wissenschaftlichen Erklärung und Begründung der Welt ist von den meisten Forschern aufgegeben worden, und es besteht ein weitgehender Konsens darüber, daß „nur“ eine subjektive, im weitesten Sinn religiöse Weltanschauung möglich ist. „Keine Religionswissenschaft (Religionsgeschichte, Religionspsychologie, Religionssoziologie) erfaßt, was die eigentliche Wirklichkeit der Religion ist, d.h. was in der Religion als Wahrheit erfahren und hervorgebracht wird. ... Der wirkliche Glaube ist nicht wißbar“ (Jaspers 1974, 19). Weil keine allgemeingültigen, objektiven Antworten auf die existentiellen Lebensfragen möglich sind, verschafft sich der einzelne individuell stimmige Erklärungen für die in der Regel als belastend empfundenen Unsicherheiten über Herkunft, Zukunft, Sinn, und Schicksalhaftigkeit des Lebens. In der Religionsphilosophie wird dieses Thema unter dem Begriff „Kontingenz” behandelt (vgl. Kapitel 3.1.8).

Grundsätzlich ist die Wahrheitsfrage eine philosophische Angelegenheit. Es kann hier nicht weiter über ihre Problematik nachgedacht werden (vgl. dazu Kühn 1984). Allerdings wurde schon in den terminologischen Erläuterungen in Kapitel 4.1 auf die wichtige Position der Wahrheit im Spannungsfeld zwischen Ontologie und Empirie, Wissenschaft und Weltanschauung hingewiesen. Der Wunsch nach der „einen“ Wahrheit scheint utopisch zu sein – dort wurden subjektive, objektive und absolute Wahrheit unterschieden. Auch der Wahrheitsbegriff stellt sich komplementär dar, wie Bollnow (1975) ausgeführt hat. Dem Wahrheitsbegriff einer (subjektiven) „Erkenntniswahrheit“ steht die (objektive) „Seinswahrheit“ gegenüber, wobei „beide Wahrheitsbegriffe untrennbar miteinander verbunden sind und wechselseitig einander bedingen“ (Bollnow 1975, 10). Aufgehoben werden kann diese Polarität nur durch die theoretische Vorstellung einer „absoluten“ Wahrheit. Auch Kühn kommt in seinem problemgeschichtlichen Überblick zu dem Resultat, daß nur eine „paradoxe Auflösung der Wahrheits-Frage unter Beibehaltung ihrer Spannung“ möglich sei (Kühn 1984, 224).

Trotz dieser Spannung und dem Wissen um die Relativität der Wahrheit steht der einzelne vor der Aufgabe, für sich ethische Entscheidungen zu treffen. „Weder Natur- noch Geisteswissenschaft und auch nicht die Ideologiekritik kennen per se die Antwort auf die Herausforderung, vor die jeder einzelne durch die Tatsache gestellt ist, daß er sich in der entwickelten Kultur einer Pluralität von

Wahrheiten gegenübersieht, die alle mit dem Anspruch auf Glaubwürdigkeit auftreten" (Rattner 1987, 262). Die Beantwortung der Wahrheitsfrage stellt nach Wulff für die Religionspsychologie eine Kardinalfrage dar, die viele Teilaspekte ihrer Forschung zentral beträfe – „wenn sie nicht der Quellgrund aller Fragen ist" (Wulff 1985, 44).

Als Beginn einer Religionspsychologie im eigentlichen Sinn markierte Thouless (1959, 385) das Jahr 1902, als William James die Vielfalt der religiösen Erfahrung als Gegenstand seiner berühmten „Gifford Lectures" in Edinburgh wählte. Hier unternahm er es, „die Erlebnisse religiösen Lebens auf psychologischer Basis und mit psychologischer Terminologie zu beschreiben, *ohne sie zu bewerten*" (ebd., kursiv im Original). James stellte in seinen Untersuchungen das Vorgehen der Religionspsychologie dem der dogmatischen Theologie gegenüber: während die „Theologie die Wahrheit des kosmologischen und theologischen Gehalts des religiösen Glaubens … voraussetzt, wird von der empirisch verfahrenden Religionspsychologie eben diese Wahrheit eingeklammert" (Herms 1979, 515) und dadurch ausgeschlossen. Mit der gleichen Intention formulierte Flournoy 1903 das „Prinzip vom Ausschluß der Transzendenz" als systematische Prämisse religionspsychologischer Forschung (vgl. 2.2.4).

Die unter dieser Prämisse entstandene Tradition der experimentellen Religionspsychologie vermied die Diskussion um den Wahrheitsanspruch der Religion und „rettet sich aus dem Dilemma, indem sie religiöse Phänomene lediglich feststellt und auf jede Theoriebildung verzichtet" (Müller-Pozzi, ebd.). Ein führender Vertreter dieser Forschungsrichtung gebrauchte zur Beschreibung ihrer Vorgehensweise das Bild der Fotografie, ein möglichst naturgetreues „Abbild" des religiösen Erlebens zu erstellen. Das so erhaltene Bild sei „von jeder theologischen, philosophischen und auch psychologischen Theorie scharf zu scheiden" (ebd., 35). In diesem Sinne schloß auch Trillhaas (1953, 17ff) die Wahrheitsfrage aus dem Zuständigkeitsbereich der Religionspsychologie aus und ordnete sie der Theologie sowie der individuellen Weltanschauung jedes Menschen zu.

Im einführenden Vorwort des ersten Bandes der Zeitschrift „Archiv für Religionspsychologie" wollten die Herausgeber die Wahrheitsfrage ebenso „streng und unbedingt aus der Religionspsychologie ausgeschlossen" sehen (Stählin & Koffka 1914, 7), um den Weg frei für eine Religionspsychologie als empirische Wissenschaft zu machen. Durch den von diesen Forschern vorgenommenen „Ausschluß der Frage der Wahrheit einer Religion …, die nicht durch die Psychologie zu entscheiden sei, waren auch die Bedenken der katholischen Theologie weitgehend aufgehoben und Forschungen möglich" (Zinser 1988, 92). Fraas bemerkt mit Recht, daß die Religionspsychologie in ihrem positivistischen Anfangsstadium ausdrücklich versucht habe, „jede theologische Einbindung abzustreifen und Religiosität als beschreibbare Form menschlichen Verhaltens von der Frage nach dem Glauben und seinen Inhalten zu trennen. … Die Transzendenz soll ausgeklammert, Religion als ausschließlich innerweltliches Phänomen beschrieben werden" (Fraas 1990, 27). Bei einer derartigen Vorgehensweise wird allerdings „die Methodik der Religionspsychologie lediglich negativ bestimmt. Es besagt, was Religionspsychologie nie sein darf, aber nicht, was sie positiv sein kann“ (Müller-Pozzi 1975, 37). Müller-Pozzi bemängelt an dem Ansatz der sog. „Dorpater Schule” der Religionspsychologie mit Recht, daß es ihm nicht gelungen sei, „die religionspsychologische Reduktion positiv zu fassen und für eine Verhältnisbestimmung von Theologie und Psychologie fruchtbar zu machen“ (ebd.). Mit der Dorpater Schule wird eine unter der Leitung von Girgensohn an der Dorpater Universität, später in Greifswald und Leipzig weitergeführte religionspsychologische Schule bezeichnet, die in Anlehnung an die Denkpsychologie der Würzburger Schule (Marbe, Külpe: „systematisch-experimentelle Introspektion“) und ein positivistisches Religionsverständnis arbeitete (vgl. Wulff 1985, 1991, 553–559; Fraas 1990, 17ff; Gins 1982, 1990).

Neben den Mangel einer positiven Charakterisierung der religionspsychologischen Verfahrensweise tritt die Schwierigkeit, etwas über einen Forschungsgegenstand – die Religiosität – herauszufinden, ohne Kenntnisse über dessen Realitätsgehalt oder seine Stellung zwischen Weltanschauung, Ideologie oder Utopie zu haben (vgl. dazu Huth 1988). „So plausibel sich diese Ausklammerung des Problems der Wahrheit metaphysischer Aussagen in der Arbeit der empirischen Psychologie auf den ersten Blick ausnimmt, so problematisch erweist es sich bei näherem Zusehen“ (Herms 1979, 515). In der Durchführung des religionspsychologischen Programms von James wies Herms diesem Forscher nach, daß er seinem eigenen Anspruch von der Ausklammerung der Wahrheitsfrage nicht gerecht geworden sei. Grundlegend für die Möglichkeit der psychologischen Erfassung religiöser Phänomene sei die theoretische Voraussetzung, daß solche existieren könnten. Insofern hat „die empirische Psychologie der Religion nur aufgrund des für sie selber maßgeblichen Wirklichkeitsverständnisses einen Gegenstand“ (Herms 1979, 517). Wird die Möglichkeit religiöser Erfahrung oder einer spirituellen Persönlichkeitsdimension nicht vorausgesetzt, und ist diese in dem zugrunde liegenden psychologischen Forschungsmodell nicht enthalten, wird sie schwerlich als empirische „Tatsache“ in Erscheinung treten.

Erst dann, wenn „die Abhängigkeit psychologischer Erkenntnis von ontologischen Leitbegriffen anerkannt ist“ (Herms 1979, 521), kann die für die Religionspsychologie so entscheidende Wahrheitsfrage gelöst werden. Auf den ersten Blick paradox erscheint das Ansinnen Wulffs, der in dem seine opulente Religionspsychologie abschließenden Epilog das „Prinzip des Einschließens der Erfahrung von Transzendenz“ skizziert und es „komplementär“ zu Flournoys Prinzip des Ausschlusses der Wahrheitsfrage/Transzendenz in der Religionspsychologie angewandt wissen will. Im Glossar erscheint nach dem Stichwort „Principle of the Exclusion of the Transcendent“ das Stichwort „Principle of the Inclusion of the Transcendent: The principle, suggested here as a complement to Flournoy's exclusionary principle, maintaining that the psychology of religion must take into account the experience of transcendent objects“ (Wulff 1991, G-22). Durch die Berücksichtigung der „Erfahrung transzendenter Objekte” bezieht Wulff in sein komplementär aufgebautes religionspsychologisches Integrationsmodell die Subjektivität mit ein. Damit entspricht er der in vorliegender Arbeit ausgedrückten Forderung, objektive und subjektive Faktoren der Religiosität gleichwertig zu berücksichtigen. Leider hat Wulff es bei dieser Andeutung der Komplementarität belassen und sein Integrationsprinzip nicht näher erläutert. Ein solches Anliegen kann nur dialogisch-komplementär gelöst werden, weshalb hier auf verschiedenen Ebenen Verbindungsmodelle erarbeitet werden (vgl. in wissenschaftstheoretischer Hinsicht Kapitel 2.5 und in integrationstheoretischer Hinsicht Kapitel 6.4, zusammenfassend Kapitel 9).

„Zusammengenommen können beide Prinzipien Religionspsychologen ermutigen, der Transzendenzerfahrung die Aufmerksamkeit zukommen zu lassen, die sie verdient. ... Konsequent angewandt könnten diese Prinzipien dazu verhelfen, neues Licht auf einige ungelöste Probleme zu werfen, um vielleicht der Religionspsychologie einen neuen Zusammenhalt und eine einheitlichere Forschungsrichtung zu geben“ (Wulff 1991, 639).

Hood, ein erfahrener Religionspsychologe mit dem Schwerpunkt empirischer Mystikforschung, hat als Vorgehensweise zur Berücksichtigung von „Wahrheit” (Theologie) und „Wirklichkeit” (Psychologie) gefordert, „den Wahrheitsanspruch der Religion ernst zu nehmen und Indikatoren zu operationalisieren, die theologisch sinnvoll sind“ (1986, 34). Hood geht nicht davon aus, daß man eine Religion „empirisch testen“ könne. Aber „Psychologen müßten die Möglichkeit der Realität Gottes als Wahrheitsanspruch ernster nehmen, damit ihre Forschungen sinnvoll und nicht willkürlich-empiristisch ausfallen“ (ebd., 36).

Vorliegende Arbeit bietet durch die Berücksichtigung und Reflexion der wissenschaftstheoretischen Zusammenhänge von Psychologie und Theologie und der Differenzierungen hinsichtlich einer dialogisch aufgebauten, komplementären Religionspsychologie einen konstruktiven Beitrag zur Konsolidierung einer Psychologie der Religiosität. Ohne die Klärung der wissenschaftstheoretischen Prolegomena steht jeder religionspsychologische Entwurf nämlich vor der Frage, welche Auswertungskriterien nach Anwendung des religionspsychologischen Grundprinzips des Ausschließens der Transzendenz zur Interpretation der gewonnenen Daten zur Anwendung gelangen sollen. Flournoy erhob die Forderung einer neurobiologischen Interpretation, Starbuck die einer positivistischen, James die einer pragmatischen, Wobbermin die einer „transzendental-psychologischen“, Trillhaas die einer phänomenologischen usw. Aber ohne eine theoriebezogene Eingrenzung und Bestimmung des Forschungsgegenstandes, wozu der Dialog mit Theologie und Religionswissenschaft unumgänglich ist, sowie ein fachspezifisch-psychologisches Vorgehen wird es der Religionspsychologie nicht gelingen, eine eigenständige Psychologie der Religiosität zu entwickeln. Ohne eine Klärung dieser grundlegenden Voraussetzungen sind Vorwürfe willkürlicher Deutung und einseitiger Fehlentwicklungen, die der Religionspsychologie immer wieder vorgehalten wurden, nicht von der Hand zu weisen.

So hat das als „religionspsychologische Reduktion“ (Müller-Pozzi 1975, 33) bezeichnete Ausschlußprinzip der Wahrheitsfrage schon bald die Erwartungen mancher frühen Religionspsychologen enttäuscht, die von der Psychologie vertiefte Erkenntnisse über das „Wesen“ und den „letzten Sinn“ der Religion erhofften. Thouless war sich „keineswegs sicher, daß diese Methode von irgend jemand buchstäblich übernommen worden ist. Es ist zweifellos schwierig, über Religion als eine reine ‚Tatsache der Psychologie‘ zu sprechen, ohne die Frage zu erheben, welchen Wert sie für die Lebenseinstellung oder die Realität des Glaubens hat" (Thouless 1959, 385).

Ganz im Gegensatz zur Tradition der „Dorpater Schule" stand die „Religionspsychologische Schule" von Wobbermin, die darum bemüht war, „theologische Probleme mit religionspsychologischen Mitteln zu lösen" (Fraas 1990, 17). Dabei ging es ihm um eine „religionspsychologische Durchdringung und Beleuchtung des theologischen Denkens" (Wobbermin, zit. nach Zinser 1988, 90), die konsequenterweise in einer „Systematischen Theologie nach religionspsychologischer Methode" endete – so der Titel von Wobbermins (1921) Hauptwerk. Wobbermin wollte psychologische Methoden dazu benutzen, den Wahrheitsanspruch des christlichen Glaubens zu beschreiben und wissenschaftlich zu begründen. Durch die Vermittlung der eigenen religiösen Erfahrung sollte „auf dem Weg schöpferischen Nacherlebens das Wesen der Religion aus der Religionsgeschichte erhoben werden" (Fraas 1990, 17). In den Vordergrund der Schriften Wobbermins rückte „die seitdem immer wieder aufgeworfene ‚Wahrheitsfrage' und das ‚Wahrheitsinteresse' in den Religionen" (Zinser 1988, 90).

Die von Wobbermin geforderte „transzendental-psychologische Methode" verwischt aber die methodische Grenze zwischen Ontologie und Empirie zugunsten einer eigenwilligen, theologisch dominierten Mischung, die keinen gleichberechtigten Dialog zwischen Theologie und Psychologie zuläßt (vgl. zu diesem Ansatz ausführlich Klünker 1985).

Die Wahrheitsfrage als ein religionspsychologisches Kardinalproblem wird neuerdings auch von Forschern der strukturgenetischen Entwicklungstheorien der Religiosität diskutiert, weil sich bei diesem Modellansatz die Frage des Verhältnisses von Struktur und Inhalt, Empirie und Ontologie, Verhaltensbeschreibung und Wahrheitserklärung als problematisch erwiesen hat. Deutlich unterschiedlich strukturieren die beiden konkurrierenden Modelle – Fowlers Theorie der Glaubensentwicklung (Fowler 1981/1991; vgl. Nipkow, Schweitzer, Fowler 1988) und Osers Ansatz des religiösen Urteils (Oser/Gmünder 1988; vgl. Bucher & Reich 1989) – ihre Stufenabfolge als „weiche" bzw. „harte" Stufen der Entwicklung. Während bei Fowlers weichen Entwicklungsstufen eine „Übergewichtung der Inhalte" (Oser & Reich 1992, 78f) konstatiert wurde, erhielt Osers Modell der harten Stufen den Vorwurf, die Struktur überzubetonen und damit der „Natur des Gegenstandes" (Power 1988, 122) nicht gerecht zu werden. Power sieht in einer gegenseitigen Ergänzung beider Ansätze die Lösung, weil „die Untersuchung des Glaubens nur in Form einer weichen Stufenanalyse geschehen kann. Zugleich bin ich aber doch der Meinung, daß die Strenge des harten Stufenansatzes wenigstens teilweise beibehalten werden kann und muß" (ebd.). Leider werden diese vagen Forderungen nicht weiter präzisiert und konkretisiert.

Auch der für die Religionspsychologie so fruchtbare Forschungsansatz von Allport mit seiner Unterscheidung von intrinsischer und extrinsischer religiöser Orientierung hat kürzlich Kritik bezüglich seines formalistischen Vorgehens erhalten. Kirkpatrick und Hood (1990, 457ff) haben auf die deutlichen „Grenzen der inhaltsfreien Annäherung an die Religion" hingewiesen und für eine stärker inhaltliche, theoriebezogene Forschung in der Religionspsychologie plädiert, die in Allports Persönlichkeitstheorie vorhanden sei, durch die Fragebogenmethodik jedoch verloren gegangen sei.

Welche Lösungsmöglichkeiten bieten sich für das polare Spannungsfeld zwischen wissenschaftlich erfaßbarer Wirklichkeit und nur existentiell erfahrbarer, „subjektiver" Wahrheit an? Das schwierige Unterfangen der empirisch-psychologischen Erforschung eines Forschungsgegenstandes, der übernatürlich-transzendent begründet wird, hat Vergote (1966, dt. 1970) in seinem religionspsychologischen Lehrbuch mit Hilfe des Prinzips der Intentionalität und „demjenigen des Ausschlusses der Wahrheitsfrage expliziert und konsequent durchgehalten" (Müller-Pozzi 1975, 39). Durch seinen Ausgangspunkt einer „Beziehung des Menschen zu etwas Übermenschlichem" (Vergote 1970, 30), die jeder individuell unterschiedlich erlebe und ausgestalte, will Vergote die Sackgasse der als „psychologistisch" charakterisierten bisherigen Ansätze religionspsychologischer Theoriebildung überwinden. Einer derart „dynamischen Psychologie" (Vergote 1970, 27) sei es möglich, „die religiöse Antwort des Menschen in seiner natürlichen und kulturellen Welt" (ebd., 32) adäquat zu erfassen und zu verstehen. An dieser Stelle wird die Übereinstimmung zu Thomaes Persönlichkeitstheorie vom „Individuum in seiner Welt" (Thomae 1968; 1988) besonders deutlich, dem in seinem Ansatz eine Synthese von idiographischer, subjektnaher Beschreibung und nomothetischer Erfassung mit Hilfe der biographischen Exploration gelungen ist.

Eine derartige Annäherung an das subjektive Erleben der Religiosität gelingt Vergote durch die strikte Trennung von Ontologie und Empirie und dem Ausschluß der Wahrheitsfrage. Vergote ist überzeugt, daß „man eine religiöse Einstellung und religiöses Verhalten erkennen kann, ohne den effektiven, ontischen Wert der religiösen Intention, welche diese Haltung und dieses Verhalten bestimmt, in Betracht ziehen zu müssen. Der Psychologe erforscht die spezifische Weise, in der sich der Mensch zu demjenigen in Beziehung setzt, was er als das Absolute ansieht (und kann dabei) … die Existenz Gottes außer Acht lassen" (Vergote 1970, 15). Allerdings übersieht Vergote dabei, daß der Psychologe dennoch Kategorien der Interpretation benötigt, weshalb Wagner diesen Ansatz in seiner religionspsychologischen Übersicht mit Recht unter dem Titel „Religionspsychologie ohne Psychologie" (Wagner 1986, 256) referiert. „Die Furcht vor dem Psychologismus führt bei Vergote zur umgekehrten Tendenz: Er erhebt die positiv vorausgesetzte Religion und ihre Inhalte in den Stand festgefügter Substantialität, so daß die psychischen Formen, Prozesse und Motive nur als sekundäre Bedingungen in Erscheinung treten" (Wagner 1986, 260). Für Wagner entpuppt sich die von Vergote vertretene Religionspsychologie als eine „theologisch motivierte Theorie des christlich-religiösen Bewußtseins ohne Psychologie" (ebd., 259).

In seinem Referat verschiedener religionspsychologischer Ansätze benutzt Wagner das schwierig zu tarierende Gleichgewicht zwischen Struktur (der Psyche) und Inhalt (der Religion) als Ordnungskriterium und stellte „Religionspsychologie ohne Religion" der „Religionspsychologie ohne Psychologie" gegenüber. Rückblickend folgert er zusammenfassend: „Das Problem der Vermittelbarkeit von psychischen Strukturen und religiösen Inhalten, von kognitiver, voluntativer und emotionaler Verfaßtheit des Bewußtseins und religiöser Bestimmtheit des individuellen Subjekts findet keine überzeugende Lösung. ... Der von der Religionspsychologie unterstellte Zusammenhang von Psyche und Religion bleibt demgemäß auf doppelte Weise unbegriffen: Entweder dominieren die psychologisch rubrizierten Bewußtseinsaktivitäten, die als religiös beanspruchten Inhalte, oder umgekehrt prägen die zur Substanz erklärten Inhalte einer religiösen Tradition das religiöse Bewußtsein bedingungslos"(Wagner 1986, 260f). Auf die Wahrheitsfrage bezogen bedeutet dies: wird der Wahrheits- und damit auch der Erkenntnisanspruch innerhalb eines Teilbereichs der Religionspsychologie verabsolutiert, entsteht entweder eine szientistische („Religionspsychologie ohne Religion") oder fundamentalistische („Religionspsychologie ohne Psychologie") Einseitigkeit. Die Lösung liegt in der Mitte bei einer komplementären, dialog- und kritikfähigen Integration von Theologie und Psychologie (vgl. Kapitel 6).

In den Religionswissenschaften wurde versucht, sich durch eine bestimmte Strategie der „lästigen" Wahrheitsfrage zu entledigen, indem postuliert wurde, die Religionswissenschaft habe ausschließlich die empirischen Aspekte eines religiösen Phänomens zu behandeln, während die Frage nach der Wahrheit zur Domäne der Religionsphilosophie zähle und dort gelöst werden müsse. Durch den Ausschluß der Wahrheitsfrage und ihre Delegation an eine Nachbarwissenschaft – z.B. an die Religionsphilosophie – ergeben sich grundlegende Schwierigkeiten für die Religionspsychologie. Die auf den ersten Blick plausibel anmutende Differenzierung von empirischer Forschung und hermeneutischer Lösung der Wahrheitsfrage verschiebt die Kommunikations- und Integrationsprobleme zwischen Empirie und Ontologie auf den interdisziplinären Bereich und setzt eine so enge Kooperationsarbeit zwischen den Grundlagenwissenschaften der Religionspsychologie voraus, die aufgrund wissenschaftstheoretischer Divergenzen nicht möglich ist. Es stellt für die Religionspsychologie eine hinreichend große Herausforderung dar, die polare Spannung zwischen Empirismus und Hermeneutik intradisziplinär aufzulösen, was nur vor dem Hintergrund einer „komplementär" aufgebauten Psychologie zu realisieren ist (vgl. dazu das Kapitel 2.5). Gleichwertige Kooperation zeichnet sich gerade dadurch aus, daß keine subjektiv geprägten Vorverständnisse und Symphatien einseitige Bevormundungen möglich machen und zu „szientistischen Mißverständnissen" durch psychologische Dominanz und „fundamentalistischen Mißverständnissen" durch theologische Dominanz führen.

Sicherlich ist den Begründungen vieler Religionspsychologen dahingehend zuzustimmen, daß das religionspsychologische Forschungsgebiet Gegenstandsbereiche berührt, die sich empirischer Überprüfung entziehen. Aber die hermeneutische Forschungstradition in der Psychologie vermag die hier angesprochene empirische Orientierung dahingehend zu ergänzen, daß sie die Feststellung „objektiver Wahrheit" (Faktum an sich) um die Beschreibung der „subjektiven Wahrheit" (Faktum für mich) ergänzen kann. Ausdrücklich hat kürzlich Henseler in seiner psychoanalytischen Deutung der Religion auf die Unterscheidung zwischen objektiver und subjektiver Wahrheit hingewiesen, indem er diese als (objektive) „Wahrheit“ und (subjektiven) „Sinn“ gegenüberstellt: „Der Mensch ist primär gar nicht unbedingt an der theoretischen Wahrheit … interessiert, noch an der formal-logischen im Sinne einer Genauigkeit oder Korrektheit … Dem Subjekt geht es vielmehr vorab um eine Wahrheit, die identisch ist mit Sinn, denn nur im Sinn findet das Subjekt sich selbst“ (Henseler 1995, 142). Weiter führt Henseler aus: „Sinn entsteht in der Wechselwirkung zwischen subjektivem Erleben und objektiven Gegebenheiten. Sinn wird vom Subjekt verliehen, meint Wahrheit für mich, nicht Wahrheit an sich“. Erst in der Integration von empirischer und hermeneutischer Forschungstradition kann die Religionspsychologie der Polarität von subjektiver und objektiver Wahrheit entsprechen.

Aus Sicht einer wissenschaftstheoretisch generierten Religionspsychologie hat diese Integrationsarbeit am Beginn eines Forschungsprozesses zu stehen. Die Wahrheitsfrage wird nicht erst auf der Ebene der empirischen Prüfung entschieden, sondern in dem viel früheren Stadium der anthropologischen Modellbildung. Schon bei der Festlegung der anthropologischen Voraussetzungen einer Untersuchung stellt sich die Frage, inwiefern irrationale und subjektive Momente ernst genommen werden und in die spätere wissenschaftliche Theoriekonstruktion mit einfließen.

4.6 Die fakultätsbezogene Zuordnung der Religionspsychologie

Die mangelnde Beachtung der Religionspsychologie in Deutschland läßt sich u.a. auch dadurch erklären, daß sie bisher keinen eindeutigen und anerkannten Platz im Wissenschaftsgefüge erhalten hat. Es ist „auffallend, daß in dem Sprachraum, in dem Wilhelm Wundt 1879 das erste psychologische Institut der Welt gründete, in dem die tiefenpsychologischen Richtungen entstanden und in dem eine weltweit hochgeachtete theologische Reflexion beheimatet ist, kein einziger Universitätslehrstuhl für Religionspsychologie existiert, während sich kleinere Nachbarländer wie Belgien, Holland und Schweden diesen „Luxus“ leisten“ (Grom 1992, 12).

Weil die deutschsprachige Religionspsychologie neben einer marginalen Berücksichtigung in religionswissenschaftlichen Seminaren „entweder ein oftmals beargwöhntes Randdasein an den theologischen Fakultäten oder dann ein „Mauerblümchendasein“ an psychologischen Instituten fristet“ (Bucher & Oser 1988, 483), haben die unterschiedlichen universitären Fakultäten mit ihrer spezifischen Methodologie und einer ihrem spezifischen Ausgangspunkt und Erkenntnisinteresse entsprechenden Wissenschaftstheorie die Weiterentwicklung der Religionspsychologie als eigenständiger Disziplin erschwert. Religionspsychologie wurde als Teil der *Religionswissenschaft* verstanden (so Gennrich 1982; Zinser 1988, 103; Rebell 1988, 152; Stolz 1988, 148ff), als *theologische* Disziplin aufgefaßt (so Källstad 1978; Berkel 1984; Wahl 1988; Fraas 1990, 24) oder aber als eigenständige *psychologische* Teildisziplin entworfen (Bucher & Oser 198, 483; Holm 1990). Gründe für die umstrittene Zuordnung „im akademischen Fächerkanon … sind verschiedene, gegensätzliche und z.T. unversöhnliche Auffassungen dessen, was Aufgabe, Gegenstand und Methode der Religionspsychologie sei" (Zinser 1988, 87). Auch nach Einschätzung dieses Religionswissenschaftlers bieten also die in vorliegender Arbeit entwickelten Ordnungsgesichtspunkte von Gegenstand, Theorie und Methode in der Religionspsychologie ein hilfreiches Raster zu einer besseren Einordnung der verschiedenen Theorien.

4.6.1 Die Zuordnung zur Religionswissenschaft

Welcher Fakultät die Religionspsychologie zuzuordnen sei, ist bei den Forschern der verschiedenen wissenschaftlichen Disziplinen seit jeher umstritten. Versteht man unter Religionspsychologie die Untersuchung derjenigen psychologischen Prozesse, die zu einer Religion gehören und für sie charakteristisch sind, ist die Zuordnung zu den Religionswissenschaften denkbar und statthaft. Wit hat eine „kontemplative Psychologie" als eine Psychologie, „die *zur* Religion gehört", von der akademischen Religionspsychologie als einer „Psychologie *über* Religion und religiöse Phänomene" unterschieden (Wit 1993, 36, kursiv im Original).

Weil in jeder Religion Beziehungsaussagen über den Menschen zu einem höheren Wesen oder Prinzip im Mittelpunkt stehen, können viele psychologisch relevante Aspekte dieser Beziehung wissenschaftlich untersucht werden, wenn auch nur aus der humanwissenschaftlich erforschbaren menschlichen Perspektive. Natürlich ist es ein Unterschied, ob beispielsweise der Gott der Bibel existiert oder dieser „Glaube" eine projektive Wunschvorstellung ist. Weil weder eine empirische Naturwissenschaft noch vergleichende Kultur- oder Sozialwissenschaft darüber eine Aussage machen können, ergibt sich als einziger Ausgangspunkt nur das Erleben und die individuelle Vorstellung über etwas der Person „Heiliges", die ihren Niederschlag in schriftlichen und mündlichen Berichten, Riten und Traditionen, Formen der Anbetung und Verehrung usw. findet. Die wissenschaftlichen Probleme, die durch die Erkenntnisgrenze und Bewußtseinsabhängigkeit der Wahrnehmung gegeben sind, betreffen alle empirischen Wissenschaften, die religiöses Erleben und Verhalten erforschen.

Damit rückt die religiöse Erfahrung in das Zentrum der religionspsychologischen Aufmerksamkeit. Da Religion eine Beziehungstatsache ist, die „gerade als Beziehung in ihrem Wesen nur dann voll erkannt werden kann, wenn ich beide Beziehungsträger kenne, d.h. sowohl den Menschen als auch Gott (den Transzendenten), wie soll hier strenge Wesenserkenntnis erreicht werden? Es kann nur ‚Wesen' des Erfahrbaren sein, und zwar insofern es Erfahrbares ist ... So bleibt der Blick bei allem Beschreiben auf das ‚Erfahrbare' ausgerichtet" (Keilbach 1973, 38f). Mit ähnlicher Intention stellt der Religionsphänomenologe van der Leeuw heraus: „Die Wissenschaft weiß nur vom Tun des Menschen in der Beziehung zu Gott, nichts vom Tun Gottes zu erzählen" (zit. nach Pannenberg 1977, 366).

Mit dieser Fokussierung auf psychische Prozesse, auf das „religiöse Bewußtsein" und das subjektive Erleben beim wissenschaftlichen Zugang zur Religiosität wird der Religionspsychologie ein hoher Stellenwert im Kanon der Religionswissenschaften zugemessen. Aus der Sicht mancher Religionswissenschaftler könne deshalb die Religionspsychologie einen wichtigen Beitrag zur Konstituierung einer Rahmenwissenschaft zur Erforschung der Religionen liefern (vgl. Wagner 1986, 305, bes. Anm. 591; Zinser 1988, 103). Manche Religionswissenschaftler erläutern ausführlich, daß die Religionspsychologie eine zentrale Bedeutung im Gefüge ihrer Wissenschaft habe. Prägnant unterscheidet beispielsweise Keilbach (1973, 22) die verschiedenen religionswissenschaftlichen Teildisziplinen gemäß ihrer Aufgabenstellungen: „Religionsgeschichte und Religionspsychologie ... bilden die empirische Grundlage der Religionswissenschaft. Die Religionsphänomenologie stellt dann die Sinnfrage und überläßt es der Religionsphilosophie, über die Wahrheitsfrage zu befinden". Im Verlauf der Forschungsgeschichte hat sich jedoch eine derartig schematische Zuordnung als wenig hilfreich erwiesen.

Die Probleme eines integralen religionswissenschaftlichen Gesamtentwurfs liegen auf der Hand: jede Einzelwissenschaft operiert mit unterschiedlichen Fragestellungen, Methoden, Vorverständnissen und unterschiedlich geeigneten Theorieansätzen. Zudem eröffnet jede Einzeldisziplin eine Vielfalt von internen Erklärungsmustern, so daß „für die Religionswissenschaft als ganze ein verbindlicher Kanon von Fragestellungen und Verfahrensweisen erst recht nicht vorhanden ist" (Stolz 1988, 8).

Mit Recht weisen Bucher und Oser bei der von ihnen geforderten intensiveren Zusammenarbeit beider Disziplinen darauf hin, daß „vermieden werden müßte, daß sie (die Religionspsychologie, Vf.) zum bloßen Appendix derselben (der Religionswissenschaft, Vf.) verkümmert. Interdisziplinär kann Religionspsychologie vielmehr nur dann betrieben werden, wenn sie als eine eigenständige Disziplin anerkannt wird" (Bucher & Oser 1988, 483). Ob und wie allerdings die unterschiedlichen wissenschaftlichen Methoden und Vorverständnisse der als Hilfs- oder Unterwissenschaften konzipierten Disziplinen im Rahmen eines allgemeinen Faches „Religionswissenschaft(-en)" zusammengeführt werden können, ist umstritten (vgl. Wagner 1986, 305f). In seiner umfassenden Studie zur wissenschaftlichen Begründung von Religion bemerkt Wagner kritisch, daß die als Unterdisziplinen der Religionswissenschaft verstandenen Wissenschaften mittlerweile eine durch eigene Methodik und ihr spezifisches Gegenstandsvorverständnis geprägte „Eigenständigkeit in der Beschäftigung mit Religion erhalten haben, angesichts derer es zumindest faktisch unmöglich ist, sie von vornherein einem allgemeinen Fach ‚Religionswissenschaft(-en)' zuzuschlagen. ... Die gegenwärtige Religionswissenschaft scheint nicht über die Kompetenz zu verfügen, um die sozialen, psychischen, historischen und phänomenalen Aspekte der Religion als eine zwar in sich differenzierte, aber doch zugleich einheitliche Totalität zu erfassen. ... Von einem einheitlichen Verständnis der Religionswissenschaft kann kaum die Rede sein. ... Demgegenüber scheint es der Religionssoziologie und, wenn auch in geringerem Maße, der Religionspsychologie eher gelungen zu sein, die Soziologie bzw. Psychologie der Person so aufzubauen, daß beispielsweise die Religionssoziologie den Status einer integralen Religionswissenschaft tendenziell erreicht" (Wagner 1986, 305).

Damit wurde der Religionswissenschaft die integrierende Kompetenz abgesprochen, die sie als Anspruch vertritt. Für die Religionspsychologie kann sie aber eigenständige Impulse in Form methodischer Anregungen durch ihre Subdisziplin der Religionsphänomenologie und durch den historisch-kulturvergleichenden Fundus der Religionsgeschichte liefern. Darüber hinaus weisen neuere Entwicklungen in dieser Disziplin auf differenzierte Ansätze zu eigenständiger Methodik und Forschungsstrategie hin, wo die bisher hauptsächlich historisch orientierte Religionswissenschaft mit der Hilfe sozialwissenschaftlicher Methodologie religiöse Gegenwartsfragen untersucht (vgl. Greschat 1994). Dadurch wird sie zu einem wichtigen Dialogpartner der Religionspsychologie.

4.6.2 Religionspsychologie als theologische Disziplin

Historisch betrachtet entspringt die Religionspsychologie der Theologie. Natürlich beschäftigt sich auch philosophisches Denken seit seinen Anfängen mit Mythos und Religion. Aber von „Religionsphilosophie als Bezeichnung einer eigenständigen Disziplin der Philosophie kann erst seit dem Zeitpunkt gesprochen werden, seitdem sich Begriff und Thema der Religion gegenüber der Tradition der positiv-christlichen Religion verselbständigen“ (Wagner 1986, 334). Nicht umsonst beginnen deshalb auch manche Übersichtsartikel zur Religionspsychologie mit biblischen Autoren und den Kirchenvätern (vgl. Stollberg 1980, 1881f). Stellenweise wortgleich weisen auch Deusinger & Deusinger (1981, 756f) auf diese Kirchenlehrer hin, ohne allerdings Stollberg als Quelle anzugeben. Seitdem sich aber bei zunehmender Spezialisierung der einzelnen theologischen Teildisziplinen in dem Fachbereich der Praktischen Theologie die Pastoralpsychologie als ein eigenständiger Wissenszweig herausgebildet hat, in der die für Geistliche psychologisch relevanten Themen behandelt werden, können dort die anwendungsbezogenen Fragen thematisiert werden. Einen knappen Überblick der historischen Entwicklungen der Religions- bzw. Pastoralpsychologie im deutschen Sprachraum zwischen 1914 und 1980 liefert Gennrich (1982). In kurzer Folge erschienen 1990 drei umfassende, deutschsprachige Werke zur Pastoralpsychologie: Baumgartners über 700 Seiten starke Monographie „Pastoralpsychologie“; ein ebenso von ihm herausgegebenes „Handbuch der Pastoralpsychologie“, und das von Baumgartner und Müller herausgegebene Handbuch „Beraten und Begleiten“ (vgl. dazu den sachlich fundierten und humorvoll verfaßten Überblick von Stollberg 1992). Dadurch hat die Bedeutung der Religionspsychologie für die Theologie abgenommen – abgesehen von den oben genannten, gewichtigen Einschränkungen der Abklärung religionspsychologischer Grundsatzfragen, die nur im Forschungskontext der Psychologie erfolgen kann.

Zu Beginn des 20. Jahrhunderts fand sich in der Theologie eine völlig andere Interessenlage vor, in der sogar „von einer psychologischen Unterströmung in der deutschen Theologie“ (Källstad 1978, 180) ausgegangen wurde. Denn es waren (evangelische) Theologen, die die Ende des 19. Jahrhunderts in den USA entstandenen religionspsychologischen Ansätze in Deutschland einführten, weiterentwickelten und die deutsche religionspsychologische Forschung in eine weltweit führende Position leiteten (vgl. zur Übersicht Wulff 1985). Das abrupte Ende des deutschsprachigen religionspsychologischen Forschungsinteresses ist neben den Folgen des Zweiten Weltkrieges und dem Erstarken des Behaviorismus' in der Psychologie (vgl. Popp-Baier 1993) hauptsächlich auf den Einfluß der dialektischen Theologie Barths mit ihrer Betonung der Jenseitigkeit Gottes und „die Souveränität seiner Offenbarung gegenüber all dem, was der Mensch in seinem Denken und Erleben, in seiner Kultur, Philosophie und Religion als geistigen Besitz haben kann“ (Pannenberg 1958, 167), zurückzuführen.

Erst in neuerer Zeit ist das theologische Interesse an sozialwissenschaftlichen Erkenntnissen deutlich gestiegen. Als aktueller Beleg kann die von Rebell (1988) verfaßte Darstellung über „Psychologisches Grundwissen für Theologen“ oder die kürzlich von Bucher (1994) erschienene Einführung in die Methodik empirischer Sozialwissenschaft für TheologInnen dienen. Dennoch: Ob eine „wertneutrale“ Sozialwissenschaft nützliche Beiträge für Aussagen über Zusammenhänge zwischen Mensch, Gesellschaft und Religion leisten kann, scheint aus theologischer Sicht immer noch umstritten zu sein. Nur so wird verständlich, warum von theologischen Fakultäten kein Bedarf an religionspsychologischen Studien an psychologische Forscher gerichtet wird. Wenn das Ergebnis der umfassenden Studien Wagners zur Religion zutrifft, das besagt, daß der moderne theologische Religionsbegriff „primär an Einstellungs-, Aussage- und Handlungsweisen des menschlichen Bewußtseins gebunden“ ist (Wagner 1986, 446), dann böte sich gerade die Psychologie als geeigneter Gesprächspartner an. Bisher herrschen leider immer noch Abgrenzungsbemühungen und Terrainstreitigkeiten zwischen beiden Disziplinen vor. Ansätze einer konstruktiven Zusammenarbeit sind in den USA entwickelt worden (vgl. Kapitel 6).

Andererseits wollen immer weniger Theologen auf eine erfahrungswissenschaftliche Absicherung ihrer theologischen Aussagen verzichten und führen deshalb eigene empirische Untersuchungen mit theologischen Deutungen durch, ohne allerdings zuvor die religionspsychologischen Grundlagen geklärt zu haben (vgl. z.B. Engels 1990, Daiber & Lukatis 1991, Schöll 1992, u.a.m.). Besonders in der Religionspädagogik ist dieser Trend unübersehbar; exemplarisch sei auf die empirischen Arbeiten von Nipkow (vgl. z.B. Nipkow 1987) hingewiesen, der kürzlich auch einen Übersichtsartikel zur empirischen Forschung in der Praktischen Theologie veröffentlicht hat (Nipkow 1993).

Das Ausmaß der Trendwende zur empirischen Forschung in der Theologie kann daran abgelesen werden, daß seit 1988 die Zeitschrift „Journal of Empirical Theology“ erscheint. Diese Zeitschrift publiziert Arbeiten, die „direkt oder indirekt auf empirischer Forschung oder empirischer Methodologie basieren“ (van der Ven 1988, 5). Der Ansatz einer „empirischen Theologie“ wurde schon 1936 von Gruehn in einem Aufsatz im „Archiv für Religionspsychologie” beschrieben. Die Theologie soll sich nach Gruehns Meinung nicht länger mit sekundären Quellen wie literarischen Offenbarungszeugnissen zufriedengeben, sondern „authentische Untersuchungen der eigentlichen Quellen lebendiger Erfahrung, d.h. der Menschen selbst, durchführen" (zitiert nach Stollberg 1970, 173). In dieser Konzeption wird von einer theologisch verankerten Religionspsychologie ausgegangen, in der theologische Aussagen erfahrungswissenschaftlich mit Hilfe empirischer Methodik überprüft werden. In diesem Zusammenhang sei auf die programmatische Arbeit „Theologie als Erfahrungswissenschaft" von Herms (1978) oder den Anstoß von Werbick (1983) mit seinem Entwurf einer „Erfahrungstheologie" verwiesen, der darin im Kontext wichtiger Phasen der Identitätsentwicklung eine psychologische Rekonstruktion zentraler theologischer Begriffe wie Vorsehung, Gnade oder Schuld vornimmt. Seit etwa zwei Jahrzehnten hat sich eine Neuorientierung in der Theologie durchgesetzt, in der in enger Zusammenarbeit mit den Sozialwissenschaften „die historischen und hermeneutischen Methoden ... durch empirisch-analytische Verfahren ergänzt werden" (Wegenast 1987, 222). Zur theologischen Rezeption und Anwendung sozialwissenschaftlich-empirischer Forschungsmethoden sind zum Thema ‚Theologie und Empirie' einige Werke verfaßt worden (vgl. Herms 1978; Frey 1979; Mette & Steinkamp 1983; Hübner 1985 u.a.).

Seitens der Theologie wurden einige Entwürfe publiziert, die einen an den Erfahrungswissenschaften angelehnten Begriff von ihrer Wissenschaft zu entwickeln versuchen. Aber „selbst dort, wo dieser Ansatz bis an die äußeren Grenzen getrieben wurde, zeigten sich die Grundprobleme sehr schnell" (Kehrer 1988, 6; vgl. auch Pannenberg 1977, 299–348, bes. 302). Die in Kapitel 4.4 ausgeführte grundsätzliche Spannung zwischen Empirie und Ontologie kommt bei einer erfahrungswissenschaftlich aufgebauten Theologie ebenso deutlich zum Vorschein wie in der Religionspsychologie und behindert den wissenschaftstheoretisch stringenten Entwurf einer „Empirischen Theologie". Wenn „Gott" als Thema der Theologie gilt, wie soll dieser Forschungsgegenstand erfahrungswissenschaftlich überprüfbar sein?

Eine Vermischung von empirischen und ontologischen Aussagen macht die einheitliche Wissenschaftskonzeption einer Disziplin unmöglich. Die Gefahr einer derartigen Vermischung besteht in allen Entwürfen einer *„empirischen Theologie"*, vice versa aber auch bei Konzeptionen einer *„theologischen Psychologie"* (Berkel 1984, 199), *„theologischen Religionspsychologie"* (vgl. Fraas 1990, 24ff) , einer *„christlichen Psychologie"* (vgl. die Entwürfe von Hübner 1991 oder Ouweneel 1993) oder einer *„buddhistischen Psychologie"* (vgl. etwa Epstein 1996, Varela, Thomson & Rosch 1994; Machemer 1991, Störmer-Labonté 1991 oder Scharfetter 1993). Die Anfang dieses Jahrhunderts in der deutschsprachigen Theologie entwickelte sogenannte „Religionspsychologische Schule" (vgl. Kapitel 1) kann als ein Musterbeispiel für den Entwurf einer „Theologischen Psychologie" gelten und ist dadurch gekennzeichnet, daß sie „Systematische Theologie nach religionspsychologischer Methode" betreibt. Die dort explizierte „transzendental-psychologische Analyse" der religiösen Erfahrung „integriert die Psychologie in die Theologie" (Müller-Pozzi 1975, 176) und wurde als ein „ernsthafter Selbstmordversuch der Theologie" bezeichnet (Scharfenberg, zit. nach Fraas 1990, 17).

Nicht biblizistisch, sondern philosophisch begründet Evans (1989) seine Argumente für eine in den USA populäre „Christliche Psychologie". Evans versucht aufzuweisen, daß die herkömmliche, empiristische Forschung in der Psychologie die Sinn-, Werte- und Freiheitsdimension menschlichen Erlebens und Verhaltens vernachlässigt hat und beschreibt Charakteristika einer genuin Christlichen Psychologie vor dem Hintergrund amerikanischer Integrationskultur zwischen Psychologie und Theologie. Auf der Grundlage einer christlich-philosophischen Anthropologie hat Ouweneel (1993) ‚seine' christliche Psychologie entwickelt. Diese drei Entwürfe „Christlicher Psychologie" fallen deswegen so unterschiedlich aus, weil das Integrationsverständnis zwischen Psychologie und Theologie und der wissenschaftstheoretische Standort der drei Autoren deutlich differieren: Hübner konstruiert eine „radikal empirische Christliche Psychologie", bei der „alles, was Gegenstand unseres Bewußtseins ist, auch faktische Basis für eine empirische Wissenschaft sein kann" (Hübner 1991, 189; vgl. auch den radikalen Empirismus von W.James; dazu Herms 1977). Ouweneel (1993, 53–106) hat eine „christliche Fachphilosophie der Psychologie" skizziert, wodurch die Erkenntnisse der ‚säkularen' Psychologie interpretiert werden sollen. Offener und entspannter präsentiert sich das Dialogmodell von Evans, der eine hermeneutische Vorgehensweise propagiert (Evans 1989, 109–130). Zu einer „biblischen Psychologie" aus theologischer Sicht hat Bohren (1991) historischen und futurologischen Anmerkungen gemacht. Systematisch-theologischen Überlegungen dazu hat Eberhardt (1991, bes. 15–65) angestellt, und neuerdings erfolgte der Brückenschlag aus der Perspektive einer „historischen Psychologie des Neuen Testaments" (Berger 1991). Aus kognitionspsychologischer Perspektive hat Bucher (1992) seine „Bibelpsychologie" entworfen. Eine eigenwillige Synthese aus Psychosomatik und Seelsorge stellt die psychosomatische „Basistherapie" von Staehelin (1983, 1990) dar; auf weitere Modelle einer „christlichen Psychotherapie" wurde schon in Kapitel 4.3.2 hingewiesen.

4.6.3 Religionspsychologie als psychologische Teildisziplin

Neben die Erforschung der Religion hinsichtlich ihrer psychologischen Funktion, was im Kontext der Religionswissenschaft zu leisten ist, besteht in der entgegengesetzten Fragerichtung die Aufgabe, die Psyche hinsichtlich ihrer religiösen Funktion zu erforschen, was die wissenschaftliche Zuordnung zur Psychologie zur Folge hat (vgl. Mann 1973, 60). Der für eine empirisch-psychologische Erforschung der Religion geforderte „Ausschluß der Transzendenz", d.h. die Berücksichtigung der Erkenntnisgrenzen bei der wissenschaftlichen Annäherung an das Phänomen der Religiosität, macht sich besonders hier bemerkbar.

Weil sich das religiöse Geschehen primär als die persönliche Deutung eines seelischen Erlebens äußert, ist die Grenzziehung zwischen personaler Erfahrung und „transpersonalem Ereignis" psychologisch nicht nachprüfbar oder dokumentierbar. Sehr deutlich beschreibt Wyss zu Beginn seiner Religionspsychologie aus anthropologisch-existentialontologischer Perspektive: „Religiöse Erfahrung ist nicht ‚endopsychisch' auflösbar, sondern entscheidend durch die Begegnung mit dem ‚Überweltlichen' bestimmt, d.h. stets ‚exopsychisch'. ... Eine ‚Psychologie der Religion' muß sich im vorhinein darüber im Klaren sein, ob sie die mit dieser Erfahrung – Glauben – verbundenen Erlebnisse als nur psychisch und immanent/subjektiv bedingt ansieht – wie z.B. überwiegend die sog. Religionspsychologie –, oder ob sie sie als durch ‚höhere' Mächte ausgelöst deutet" (Wyss 1991, 13). Mit diesem Seitenhieb gegen die empirische Religionspsychologie grenzt Wyss sich auch gegen die Vorherrschaft naturwissenschaftlich orientierter, nomothetischer Forschungsstrategien im Gegensatz zu der von ihm bevorzugten geisteswissenschaftlichen, deskriptiv-verstehenden Methodik ab.

Die für die Religionspsychologie charakteristische Spannung zwischen Religion als einem sich der wissenschaftlichen Erfassung entziehenden Phänomen und dem Erklärungsanspruch einer empirischen Wissenschaft bedeutet methodisch (nicht nur) für die Psychologie die Notwendigkeit für ein integratives Vorgehen in der Verbindung von qualitativer und quantitativer Forschung unter Verwendung geistes- und naturwissenschaftlicher Arbeitsweisen (vgl. Kapitel 2.5).

Für die Psychologie weist die schon erwähnte Vielfalt von 48 Definitionsversuchen von Leuba (1912) auf die Schwierigkeiten einer psychologischen Erfassung der Religion hin. Die unterschiedliche Bandbreite spiegelt sich auch noch im aktuellen Forschungsstand der psychologischen Dimensionen der Religion wider, der von 2 bis zu 13 Dimensionen variiert (vgl. die Übersicht bei Hyde 1990, Appendix C, 342–350). Mit dieser uneinheitlichen Ausgangslage kann kaum die konzeptuelle Basis für eine wissenschaftlich überprüfbare psychologische Theorie erreicht werden. Ohne die Berücksichtigung der nur wissenschaftstheoretisch zu klärenden Grundfragen über Gegenstand, Ziel, Theorie und Methode der Forschung sowie die anthropologische Perspektive des Forschers werden weiterführende Erkenntnisfortschritte kaum zu erzielen sein.

4.6.4 Korrespondenzdisziplinen der Religionspsychologie

Wie kann nun der wissenschaftliche Standort der Religionspsychologie am besten im Gefüge der Wissenschaften positioniert werden? Wenn einem Zeitschriftenartikel zur „neueren Religionspsychologie" die Definition vorangestellt wird, daß Religionspsychologie das „Dialogfeld" bezeichne, „auf dem Forschungsrichtungen, methodische Zugänge und Inhalte von Psychologie, Religionswissenschaften und Theologie ins Gespräch miteinander kommen" (Martin 1991, 280), hilft diese oberflächliche Zuordnung nicht weiter, denn es herrscht – für jeden Interessierten leicht zu erkunden – zwischen diesen drei relevanten ‚Korrespondenzdisziplinen' der Religionspsychologie wenig Übereinstimmung über den Begriff und die Bedeutung von Religion und der ihr angemessenen wissenschaftlichen Erforschung.

Für eine deutlichere Transparenz des komplexen und vielschichtigen Wissensgebiets der Religionspsychologie ist eine Unterscheidung in religionspsychologische Grundlagenwissenschaften und Anwendungswissenschaften hilfreich und sinnvoll, weil diese Trennung in der Wissenschaftspraxis längst stattgefunden hat. Erst nach diesem Einteilungsversuch wurde mir die gleichlautende Unterscheidung in „Grundlagenwissenschaftliche und Anwendungswissenschaftliche Psychologie" von Herrmann (zit. nach Jüttemann 1992, 73) bekannt.

Als die religionspsychologischen Grundlagenwissenschaften im weiteren Sinne werden die Religionswissenschaft und die Religionsphilosophie, im engeren Sinne die Psychologie und die Theologie angesehen; als die religionspsychologischen Anwendungswissenschaften sind die Religionspädagogik, die Religionssoziologie und die Pastoralpsychologie zu nennen. Die Begründung für diese zunächst eigenwillig anmutende Einteilung ist folgende :

Mit Wagner sollen unter der Religionswissenschaft die „Religionsgeschichte und die Religionsphänomenologie als die im engeren Sinne religionswissenschaftlichen Disziplinen" (Wagner 1986, 306) subsumiert werden, weil dies der geläufigen Einteilung entspricht. Wagner begründet „die Eigenständigkeit der als vergleichende Religionsforschung und Religionsphänomenologie betriebenen Religionswissenschaft" mit „der Basis eines allgemeinen Religionsbegriffs" (Wagner 1986, 307ff, hier 307). Nicht zur Religionswissenschaft zählt Wagner, entgegen den meisten anderen Entwürfen (vgl. z.B. Stolz 1988), die Religionssoziologie und Religionspsychologie. Stolz referiert eine „zwar übliche, aber sehr problematische Dreiteilung der allgemeinen Religionsgeschichte im Hinblick auf Gegenstand und Methodik" (Stolz 1988, 186ff): a) Religionsphänomenologie (schriftlose Kulturen); b) Religionsgeschichte (Hochreligionen); c) Religionssoziologie/Religionspsychologie (Gegenwart). Stolz betont, daß „vom Standpunkt einer umfassenden und systematischen Religionswissenschaft aus … diese Aufsplitterung in drei Typen von Religion mit drei je ganz verschiedenen methodischen Zugängen zum untersuchten Phänomen außerordentlich unbefriedigend" sei (Stolz 1988 , 189).

Auch aus interner, d.h. religionswissenschaftlicher Sicht wurde konstatiert, daß „die Zuordnung des Faches im akademischen Fächerkanon entweder zu den Kultur- oder Sozialwissenschaften oder zur Theologie … nach wie vor umstritten ist. … Umstritten ist aber nicht nur die akademische Zuordnung des Faches Religionswissenschaft, sondern sogar ihr Gegenstand" (Zinser 1988a, 1). Deshalb folgt die vorliegende Einteilung den schlüssigen Folgerungen Wagners.

Manche Religionswissenschaftler wünschten ihrer Disziplin die Kompetenz, die unterschiedlichen mit der Religiosität befaßten Teildisziplinen koordinieren zu können, und erläutern ausführlich, daß die Religionspsychologie einen hohen Stellenwert im Gefüge ihrer Wissenschaft habe. Prägnant unterscheidet beispielsweise Keilbach (1973, 22) die verschiedenen religionswissenschaftlichen Teildisziplinen gemäß ihrer Aufgabenstellungen: „Religionsgeschichte und Religionspsychologie … bilden die empirische Grundlage der Religionswissenschaft. Die Religionsphänomenologie stellt dann die Sinnfrage und überläßt es der Religionsphilosophie, über die Wahrheitsfrage zu befinden". Allerdings können die gegenwärtigen religionswissenschaftlichen Institute und Forschungsansätze diese integrative Potenz nicht vorweisen, und im Verlauf der Forschungsgeschichte hat sich eine derartig schematische Zuordnung wie die von Keilbach als wenig praktikabel und hilfreich erwiesen.

Die Religionsgeschichte als vergleichende Religionswissenschaft fremder Religionen hat zur Aufgabe, die „sprachlichen Äußerungen einer Religion sowie ihre bildhaften Darstellungen in einen Zusammenhang zu bringen und das Normen- und Wertsystem der Religion zu rekonstruieren“ (Stolz 1988, 187f)), wobei die sogenannten Hochreligionen das klassische Betätigungsfeld dieser Forschungsrichtung darstellen. Es fällt bei dieser mit den Methoden der Geschichtswissenschaften operierenden Disziplin allerdings auf, daß sie die Religion der Gegenwart ausklammert. So findet „die christliche Religiosität, wie sie sich in den letzten etwa 150 Jahren entwickelt hat und sich erheblich vom traditionellen Christentum unterscheidet, ... in der Regel gar keine Beachtung. ... Die differenzierte Wirklichkeit gegenwärtiger Religion wird durch ganz andere Disziplinen beobachtet als die Religionsgeschichte: Religionssoziologie und Religionspsychologie sind hier zu nennen“ (Stolz 1988, 186f), die nach Stolz durch ihre empirischen, fachspezifischen Methoden und Zugänge den zeitgenössischen „religionsinternen Pluralismus zu messen“ (192) besser in der Lage sind.

Für die Religionsphänomenologie wurde nachgewiesen, daß sie – in starker Einschränkung zu dem im Titel geführten Anspruch – primär Beiträge zur Anthropologie des religiösen Verhaltens in archaischen Gesellschaften erarbeitet hat (vgl. Wagner (1986, 323ff und Colpe 1988). Als ihr Hauptarbeitsgebiet kann die (frühe) Religionsgeschichte der schriftlosen Kulturen verstanden werden (so Stolz 1988, 187 u. 222ff). Weil die Religionsphänomenologie um ein grundlegendes, wesenhaftes Verstehen der Bedeutung von Religion in der Tradition der phänomenologischen Forschung bemüht ist, will man diese „unverfälscht" bei archaischen Kulturen aufweisen. Der bedeutende Religionsphänomenologe van der Leeuw führte weitreichende gesellschaftliche Konsequenzen auf den Einfluß der Religion bei den schriftlosen Völkern zurück: „Also war die früheste Kultur der Kult, er steht am Anfang aller Kultur. Kunst, Sprache, Ackerbau usw., alles geht aus der Begegnung des Menschen mit Gott hervor. Was wir Kultur oder Zivilisation nennen, ist nur säkularisierter Kult“ (zit. nach Wagner, ebd. 328). Diesem globalen Anspruch hält Wagner polemisierend entgegen, daß die Religionsphänomenologie „mit der Registrierung und Klassifizierung von Phänomenen“ beschäftigt sei, „die historisch, und d.h. zeitlich und räumlich, so entspezifiziert werden, daß sie den Eindruck erwecken, den Urlauten anderer oder doch weit entfernter Welten nachempfunden zu sein“ (ebd., 306). Kritisch wurde bezüglich der Religionsphänomenologie zusammengefaßt, daß sie „viel Arbeit an das phainomenon, dafür umso weniger an den logos gewendet“ habe, so daß „der Religionsphänomenologie in jüngster Zeit ein zunehmendes Mißtrauen entgegengebracht worden ist“ (Stolz 1988, 229).

Die Religionsphilosophie ist geprägt durch eine lange und wechselvolle Geschichte, in der innerhalb systematisch abgeschlossener Entwürfe der Religion ein eigenständiger Platz eingerichtet wurde. Eine erste, prägende Einteilung der Religionen aus philosophischer Sicht ist durch Hegel vorgelegt worden, welcher eine Art von Religionsgeschichte unter dem Gesichtspunkt der Entfaltung des Geistes erarbeitet hat (vgl. zusammenfassend Stolz 1988, 224f). Die Ausbildung einer eigenständigen Religionsphilosophie erfolgte erst Ende des 18. Jahrhunderts, „seitdem sich Begriff und Thema der Religion gegenüber der Tradition der positiv-christlichen Religion verselbständigt haben“ (Wagner 1986, 334).

Zentrales Thema der Religionsphilosophie ist nach Wagner der Disput um die Selbständigkeit der Religion und die Frage nach ihrer wesensmäßigen Einheit und Einzigkeit. In dieser seit Schleiermacher währenden Debatte geht es um das Wesen und den Wahrheitsanspruch der Religion. Durch Schleiermacher, der die Religion auf besondere Bewußtseinstätigkeiten gründete, die als solche den Zugang zur autonomen religiösen „Anlage“ innerhalb des menschlichen Geistes eröffnen sollten, wurde eine neue theologische Ära eingeleitet, weil seit ihm die moderne evangelische Theologie „in allen ihren Spielarten als Theorie des christlich-religiösen Bewußtseins ausgearbeitet wird“ (Wagner 1986, 336). Wagner weist den bisher entwickelten religionsphilosophischen Entwürfen nach, an der religionsphilosophischen „Grundaporie des religiösen Bewußtseins“ gescheitert zu sein (ebd., 396). In seinen Untersuchungen der religionsphilosophischen Systeme findet Wagner einen „durchgehenden Zug", der auch die Religionspsychologie weitgehend verpflichtet sei, nämlich die inhaltlich-begriffliche Leitung durch unreflektierte Voraussetzungen. „Eine Religionstheorie, die glaubt, auf die Behandlung des kognitiven Gehalts religiöser Aussagen verzichten zu können, verfehlt das Selbstverständnis und die Selbstaussagen jeder Religion" (Wagner 1986, 439).

Nach der Skizzierung aller Disziplinen ergibt sich eine komplementär aufgebaute Konstitution der religionspsychologischen Grundlagenwissenschaften aus den beiden Gegensatzpaaren Religionswissenschaft (als Religionsgeschichte und Religionsphänomenologie) und Religionsphilosophie als Grundlagenwissenschaften im *weiteren* Sinne und um Psychologie und Theologie als Grundlagenwissenschaften im *engeren* Sinne (vgl. Abb. 10).

Abb. 10: Korrespondenzwissenschaften der Religionspsychologie

Grundlagenwissenschaften der Religionspsychologie	
Religionswissenschaft (-geschichte u. -phänomenologie)	Religionsphilosophie
Psychologie	Theologie

Anwendungswissenschaften der Religionspsychologie		
Religionssoziologie	Religionspädagogik	Pastoralpsychologie

Dieser Einteilungsvorschlag geschieht aus der hier eigenommenen persönlichkeitspsychologischen Perspektive, in der die subjektive Transzendenzerfahrung im Mittelpunkt des Interesses steht – deshalb die Zuordnung der Religionssoziologie zu den Anwendungswissenschaften. Die Position der Theologie als direkte Korrespondenzdisziplin zur Psychologie könnte auch durch eine andere weltanschauliche Theoriebildung belegt werden – aus den genannten Gründen erfolgt hier das Gespräch mit der Theologie.

4.6.5 Probleme der Grundlagen- und Anwendungswissenschaften

Weil die religionspsychologischen Grundlagenwissenschaften bestenfalls in Grundsatzdebatten verstrickt sind und deshalb bisher eine konstruktive Zusammenarbeit hinsichtlich der Entwicklung einer integrationsfähigen Religionspsychologie im Keim erstickt wurde, haben sich andere, eher anwendungsbezogene Nachbardisziplinen mit eigenen empirischen Arbeiten beholfen: neben der Religionspädagogik sind die Religionssoziologie und die Pastoralpsychologie als religionspsychologische Anwendungswissenschaften zu nennen.

Wahl beschreibt die Pastoralpsychologie in ihrem historischen „Charakter einer ‚Anwendungswissenschaft'" (Wahl 1988, 23), will diese aber als eine „Grunddimension Praktischer Theologie" verstanden wissen (vgl. auch die weiterführende Diskussion von Scharfenberg 1990 und Wahl 1990). Ähnliche Belege lassen sich auch für die Religionssoziologie und die Religionspädagogik finden.

Ohne die Thematisierung und Abklärung von religionspsychologischen Grundsatzfragen wurden oftmals Studien durchgeführt, die aufgrund einer losen Theorieanbindung nur einen geringen Erklärungswert besitzen. Die differenzierte Stellungnahme von Stollberg (1992) zu verschiedenen pastoralpsychologischen Ansätzen weist deshalb auf ein Defizit an Theoriebezügen hin. Nach über 20jähriger Rezensionstätigkeit drückt der Autor seinen Ärger unverhohlen darüber aus, wieviel in diesem Bereich abgeschrieben und wie wenig Neues entwikkelt würde. Die vernichtende Kritik von Stoodt (1993) bezieht sich auf die Religionssoziologie und argumentiert mit dem gleichen Tenor wie vorliegende Arbeit: aufgrund eines mangelnden theoretischen Rahmens könnten der umfangreichen religionssoziologischen Studie von Barz (1992) eigentlich keine verallgemeinernden Schlüsse entnommen werden (Stoodt 1993, 137 u. 139).

In einem gründlichen und kritischen Kommentar über ein religionssoziologisches Forschungsprojekt zum Thema „Dogmatismus" hat Herms (1992) deutlich und exemplarisch aufgezeigt, woran es insbesondere den religionspsychologischen Anwendungswissenschaften mangelt – wenngleich diese Kritik genau so auf wenig fundierte religionspsychologische Studien übertragen werden kann. Herms macht auf die Schwierigkeiten aufmerksam, die bei dem Versuch entstehen, religiöse Phänomene durch einfache „Heranziehung", Anwendung und Benutzung von Methoden empirischer Forschung zu erreichen. Weil jede Anwendung einer solchen Methode „abhängig von deren konzeptionellen und theoretischen Voraussetzungen" sei (Herms 1992, 325), müßten diese vorab durch eine Klärung ihrer kategorialen Zusammenhänge berücksichtigt werden. Damit ist der Dialog mit der Theologie angesprochen, wo in systematischer Reflexion die Grundlage für weiterführende wissenschaftstheoretische Entscheidungen wie beispielsweise die Wahl eines geeigneten Forschungsansatzes gelegt werden könne. Wer mit den Mitteln einer empirischen sozialwissenschaftlichen Studie etwas über religiöses Erleben und Verhalten erforschen will, muß in einem ersten Schritt konzeptuelle und theoretische Vorentscheidungen treffen, um die verwendeten Konstrukte inhaltlich zu füllen.

Den Anwendungswissenschaften fehlen religionspsychologische Grundlagenarbeiten zum Gegenstandsverständnis, zu gegenstandsangemessener Forschungsstrategie, zu Entwicklungsmodellen der Religiosität u.a.m., auf deren Einsichten anwendungsbezogene Untersuchungen arbeiten könnten. Aber solange diese nicht vorliegen, bleibt der Erkenntnisgewinn anwendungsbezogener Forschung gering, weil die für die theoretische Interpretation benötigten Kategorien fehlen.

Als ein grundlegendes Problem innerhalb der vier religionspsychologischen Grundlagenwissenschaften soll in Anlehnung an die Überlegungen des Religionswissenschaftlers Kehrer (1988) ihre Position zwischen religiöser Bindung und wissenschaftlicher Neutralität hervorgehoben werden: während die Theologie eine religiöse Bindung an den vorgegebenen Forschungsgegenstand (Gott, Offenbarung, Glaube, Wort Gottes) aufweist, versuchen die Religionswissenschaft, die Religionsphilosophie und die Religionspsychologie ihrem Forschungsgegenstand wissenschaftlich distanziert und neutral gegenüberzutreten. Kehrer weist im weiteren Verlauf seiner Darstellung auf die „gegenseitige Fremdheit" von Theologie und den Wissenschaften hin, die ein neutrales Verhältnis zu Religion als ihrem Gegenstand haben, weil „die Theologie als einzige im Bereich der Universität vertretene Disziplin mit der Wirklichkeit eines Gegenstandes rechnet, der sich – vorsichtig ausgedrückt – jedem menschlichen Zugriff entzieht" (Kehrer 1988, 6). Auch Stolz unterscheidet in seiner Darstellung der „Grundzüge der Religionswissenschaft" zwischen einem Durchdenken der Religion „von innen" durch die Theologie und einem Durchdenken der Religion „von außen" durch die Religionswissenschaft in ihrer Differenzierung als Religionssoziologie, Religionsgeschichte, Religionspsychologie und Religionsphänomenologie (Stolz 1988, 34ff). Durch die Voraus-Setzung der religiösen Bindung an die christliche Tradition enthält die Theologie eine Prämisse, welche die anderen Korrespondenzdisziplinen der Religionspsychologie nicht teilen. Für eine inhaltlich orientierte Gegenstandsbeschreibung liefert die Theologie aber unverzichtbare Informationen, weshalb die Ungleichheit in Kauf genommen, aber auch reflektiert werden muß.

Als weiteres Problem treten die verschiedenen methodologischen Vorgehensweisen der religionspsychologischen Grundlagenwissenschaften hinzu: während die Theologie primär geisteswissenschaftlich und die Psychologie sozialwissenschaftlich arbeitet, ist über ein einheitliches Methodeninstrumentarium der Religionswissenschaften noch keine Einigkeit erzielt worden, weil die einzelnen Unterdisziplinen sehr verschieden vorgehen (vgl. Stolz 1988, 186ff; Wagner 1986,305f; Pannenberg 1977, 303ff).

Diese unterschiedlichen wissenschaftstheoretischen Voraussetzungen von Philosophie, Theologie, Religionswissenschaften und Psychologie erschweren verständlicherweise das Erarbeiten einer Gesprächsgrundlage für die Religionspsychologie. Durch die Subsumierung der Religionspsychologie unter eine Hauptdisziplin – beispielsweise die Theologie – kann die schwierige Problemlösung einer wissenschaftstheoretischen Verständigung zwischen empirisch-naturwissenschaftlicher und ontologisch-hermeneutischer Disziplin vermieden werden, allerdings auf Kosten der wissenschaftlichen Klarheit. Nach Müller-Pozzi ist die Religionspsychologie eine „Wissenschaft auf der Grenze". Zu der

Schwierigkeit, „etwas, das primär nur subjektiv gegeben ist, objektiv erfassen zu müssen, kommt in der Religionspsychologie die andere hinzu, daß es ihr um etwas zu tun ist, das zwar auch psychischen Charakter hat und insofern Gegenstand der psychologischen Forschung werden kann, zugleich aber die Subjekt-Objekt-Struktur transzendiert und auf das hinweist, was den Menschen unbedingt angeht und deshalb eine Sache des Glaubens ist. ... Polarität erzeugt Spannung. Spannung bedeutet Energie, potentielle Dynamik. Religionspsychologie kann Psychologie des Glaubens nur sein, wenn sie die Spannung zwischen diesen beiden Polen aushält" (Müller-Pozzi 1975, 44f). Mit dieser positiven und optimistischen Charakterisierung weist Müller-Pozzi auf die Polaritätenspannung der Religionspsychologie hin, die in vorliegender Untersuchung als „komplementäre" Psychologie (vgl. Kapitel 2.5) im Dialog mit der Theologie (vgl. Kapitel 6) entwickelt wird.

Fazit: Jeder der mit Religion befaßten wissenschaftlichen Ansätze „vermengt Psychologie, philosophische Anthropologie und Theologie in gefährlicher Weise" (Müller-Pozzi 1975, 35). Um nicht den Gefahren einer wissenschaftstheoretischen Vieldeutigkeit und damit subjektiver Willkür zu erliegen, die das Ende jeder Wissenschaft bedeutet, ist eine wissenschaftstheoretische Grundlegung für alle diejenigen Disziplinen notwendig, die sich mit derart komplexen Forschungsgegenständen wie der Religiosität befassen. Ihre Komplexität umfaßt den objektiven, aber nicht objektivierbaren Tatbestand der Religion, des Numinosen oder des Irrationalen – gleichgültig, wie man „das Geheimnis" des Menschen bezeichnet (eine Umschreibung, die Kierkegaard prägte und die zu einem Schlüsselbegriff der Anthropologie K. Rahners wurde), und die subjektive Deutung und den Umgang damit. Für die Theologie fordert Pannenberg deshalb die „Selbstbescheidung auf ein problematisches anstelle eines dogmatischen Redens von Gott in tiefer Entsprechung zu dem Wissen altisraelitischer Weisheit um das Geheimnis der göttlichen Wirklichkeit, an der alle menschliche Weisheit ihre Grenze findet" (Pannenberg 1977, 301). Auf die Religionspsychologie angewendet bedeutet dies, sich der spirituellen Dimension unter strikter Respektierung der wissenschaftstheoretischen Grenzen psychologisch anzunähern.

4.6.6 Konsequenzen für die Religionspsychologie als psychologischer Disziplin

Vom Anliegen, ihrer Wissenschaftsgeschichte, ihrem Begriff und ihren Methoden ist die Religionspsychologie als eine psychologische Teildisziplin zu identifizieren. Das psychologische Forschungsgebiet hat sich durch die zunehmende Pluralisierung der Gesellschaft enorm vergrößert. Welchen Stellenwert hatte vor 50 Jahren die Gerontologie, Werbepsychologie, Sportpsychologie, empirische Säuglingsforschung, Wirtschaftspsychologie, Ökologische Psychologie, Psychologie der Migration, Verkehrspsychologie oder die Psychologie der Freizeit? Besonders im Bereich der Angewandten und Praktischen Psychologie läßt sich eine deutliche Ausweitung der theoretischen und praktischen psychologischen Forschung konstatieren. Dazu zählt auch die Religion als ein kulturbildendes Element, die trotz der „Entkirchlichung" der Gesellschaft weiterhin wichtige Funktionen übernimmt.

Vorstellbar und sinnvoll wäre es deshalb, an einem psychologischen Institut einen Lehrstuhl für Religionspsychologie einzurichten, wie es in anderen europäischen Ländern der Fall ist. So existieren in Dänemark, Großbritannien, Schweden, Belgien, den Niederlanden und Italien religionspsychologische Universitätslehrstühle, die dort theologischen oder religionswissenschaftlichen Instituten angegliedert sind. In ähnlicher Weise wurden für andere, früher randständige, dann aber in die öffentliche Aufmerksamkeit gerückten Teilgebieten der Psychologie eigene Lehrstühle geschaffen. Die Gerontologie z.B. war bis vor kurzem ein wenig bekanntes und allgemein wenig beachtetes Teilgebiet der Entwicklungspsychologie. Durch gesundheitliche, gesellschaftliche und kulturelle Veränderungen hat sich die Einstellung und die Erwartungshaltung gegenüber dem Älterwerden grundlegend verändert, was das öffentliche Interesse und den Bedarf nach genaueren psychologischen Erkenntnissen über diesen Lebensabschnitt enorm vergrößert hat und sich mittlerweile in eigenen Diplomstudiengängen, aufwendigen Forschungsprojekten und besseren Einsichten über günstige Einflußfaktoren für ein zufriedenes Altwerden niedergeschlagen hat (vgl. Lehr 1991).

Wie kirchensoziologische Untersuchungen (vgl. zur Übersicht Feige 1990) und aktuelle empirische Befragungen zur Religiosität von Jugendlichen (vgl. Barz 1992) belegen, ist eine neue Suche nach spirituell-religiösen Erfahrungen in dem Maße angewachsen, wie sich traditionelle Bindungen und Werte (Kirchgang, Tagesgebete, an christlichen Normen orientierte Lebensführung und Erziehung) aufgelöst haben. Längerfristige Konsequenz dieser gesellschaftlichen Umbrüche könnte es sein, genauere Erkenntnisse über die gemeinschaftsstiftende und familienfördernde, aber auch repressive Funktion der Religion zu gewinnen (vgl. Klosinski 1994), ihren Einfluß auf die Persönlichkeitsentwicklung zu untersuchen, um die Grenzen zu pathologischen Entwicklungen deutlicher markieren zu können, und vieles mehr. Erst wenn ein derartiger öffentlicher Gesinnungswandel stattgefunden hat und sich die Fragen einer „postmaterialistischen Generation" um „neue" Werte, Sinnfindung und spirituelle Bewußtseinserweiterung drehen, wird das öffentliches Interesse die Weiterentwicklung der Religionspsychologie fördern. Kürzlich geschehene Tragödien wie rituelle Massen(selbst)morde oder dubios-kriminelle Machenschaften religiöser Sekten weisen auf einen hohen Bedarf an religionspsychologischen Erkenntnissen hin. Auf große religionspsychologische Wissenslücken stieß auch die von Bundestag eingesetzte Enquete-Kommission „Sogenannte Sekten und Psychogruppen", selbst nachdem zahlreiche Expertenanhörungen durchgeführt worden waren (vgl. Deutscher Bundestag 1997).

Wenn der Religionspsychologie die Anbindung an die Psychologie als eine ihrer Teildisziplinen gelingt, können sich Forschungsschwerpunkte auf viele psychologische Fragestellungen erstrecken, worauf schon Pruyser (1972) hingewiesen hat, der die psychologischen „Wurzeln des Glaubens" aufzeigte und die Wahrnehmungs-, Denk- und Sprachprozesse sowie die emotionalen, motorischen und personalen Abläufe in der Religion systematisch untersuchte.

In der *Allgemeinen Psychologie* wurden insbesondere die speziellen Wahrnehmungsformen der religiösen Erfahrung erforscht. Besonders Albrecht (1951/1976) hat sich intensiv mit der Erforschung des „mystischen Bewußtseins" beschäftigt (vgl. dazu weiterhin Hood 1991, Caird 1987, Kass et al.1991, Mallory 1977, Wöhrer 1983, Wit 1993, Wyss 1991, Spilka, Brown & Cassidy 1992).

Die Fragen hinsichtlich einer religiösen *Motivation* untersuchen primär tiefenpsychologisch orientierte Ansätze (vgl. Rizzutto 1979; Heimbrock 1991; Jones 1991). Neben diesen englischsprachigen Veröffentlichungen hat jetzt Henseler (1995) eine *psychoanalytische* Deutung der Religiosität vorgelegt. Aber auch *entwicklungspsychologische* Theorien sind einer religiösen Grundmotivation nachgegangen (vgl. Meadow & Kahoe 1984, deren Lehrbuch eine religionspsychologische Motivationstheorie zugrunde liegt; dazu auch Worthington 1989; Kwilecki 1988; Gorsuch 1994).

Im Rahmen der *Kognitionspsychologie* hat die theoriegeleitete Beschreibung der kognitiven Prozesse beim religiösen Erleben und Verhalten in den letzten Jahren einige weiterführende Erkenntnisse ergeben (vgl. Bucher und Reich 1989; Oser und Reich 1992). Im Rahmen *sozialpsychologischer* Modellbildung nahm die Erforschung des Einflusses der Religiosität schon immer einen hohen Stellenwert ein (vgl. die Rollentheorie von Sundén 1982, dazu Holm 1990, 1987). Die religiöse Attributionstheorie, die dem Lehrbuch von Spilka, Hood und Gorsuch (1985) zugrunde liegt, fand ebenfalls große Aufmerksamkeit. Empirische Untersuchungen zur Religiosität als Form der sozialen Unterstützung wurden von Johnson und Mullins 1989 publiziert. Eine in Hamburg durchgeführte Studie mit sozialpsychologischem Theoriehintergrund wurde von Schwab und Petersen 1990 in englischer Sprache veröffentlicht.

Die *Persönlichkeitsforschung* hat nicht zuletzt durch die Pioniertätigkeit von Allport als religionspsychologisches Betätigungsfeld gedient (zu Allports I-E-Orientierung vgl. Donahue 1985, Kirkpatrick und Hood 1990, Gorsuch 1994 und die deutschsprachige Diplomarbeit von Zwingmann 1991). Erweitert wurde Allports bipolare Aufteilung in intrinsische und extrinsische religiöse Orientierung durch Batson und Ventis (1982), die eine dritte Dimension – „Quest – Religion als Suche und Frage" – beschrieben (vgl. dazu Derk und Lans 1988). Ein weiterer Forschungsschwerpunkt im persönlichkeitspsychologischen Forschungsparadigma besteht in der Auffassung von Religiosität als einer Form von Bewältigungsverhalten („coping", vgl. Pargament et. al. 1988, 1990, 1992). Die geisteswissenschaftlich orientierte Persönlichkeitsforschung hat hinsichtlich der Religiosität Potempa (1958) untersucht; eine phänomenologische Untersuchung dazu liegt von Kaam (1964) vor. Der Jesuit Gilen (1977) hat eine Studie zum religionspsychologischen Verständnis der Demut und ihrer persönlichkeitsbildenden Funktion verfaßt. Tiefenpsychologische Konzeptionen haben seit jeher eine große Nähe zu religiösem Erleben, die Literatur dazu ist unübersehbar (vgl. zu Freud Scharfenberg 1968; zu Adler Brunner 1996; zu Jung Keintzel 1991; zur Übersicht vgl. Bitter 1965, Kolbe 1986, Jones & Butman 1991).

Auch in der *Entwicklungspsychologie* ist gegenwärtig eine stärkere religionspsychologische Forschungsaktivität zu verzeichnen. Konkurrierend stehen sich die Theorie der Glaubensentwicklung von James Fowler (1981, dt. 1991) und Fritz Oser (3. Aufl. 1992) gegenüber. Einblick in die amerikanische Forschungslage vermittelt der Aufsatz von Butman (1990). Die Entwicklungsstufen des Selbst, die Kegan (1986) beschrieben hat, bieten ebenfalls Raum für die Erforschung der spirituellen Dimension der Persönlichkeit (vgl. dazu Conn 1986, Fowler 1989b).

Auf religionspsychologische Ansätze innerhalb der *Klinischen Psychologie* wurde schon in Kapitel 4.2.1 hingewiesen.

4.7 Folgerung: Interdisziplinär fundierte Religionspsychologie

Der vorausgegangene Abschnitt hat die verschiedenen Bezüge der Religionspsychologie zu ihren Grundlagenwissenschaften Religionswissenschaft, Religionsphilosophie, Theologie und Psychologie dargestellt. Um den vielfältigen Aspekten religiösen Erlebens und Verhaltens gerecht werden zu können, ist eine interdisziplinäre Fundierung in diesem Wissensbereich unumgänglich. Neuere religionspsychologische Entwürfe scheuen nicht mehr den Diskurs über Grundlagenfragen mit ihren Korrespondenzwissenschaften. So ist der Kongreßbericht von Bucher & Reich (1989) geprägt durch den breit angelegten Fragehorizont der philosophischen, theologischen und religionswissenschaftlichen Diskussionsbeiträge zur Theorie des religiösen Urteils. Dabei zeigen „diese Debatten exemplarisch, daß religionspsychologische Forschung immer schon mit religionsphilosophischen, theologischen und religionswissenschaftlichen Vorgaben und Implikationen verbunden ist, die auch nur interdisziplinär geklärt werden können" (Popp-Baier 1993, 259).

Die Religionspsychologie hat(te) in besonderer Weise unter der folgenreichen Spaltung in eine empirisch und eine hermeneutisch orientierte Psychologie zu leiden. Eine zukunftsträchtige, aussagefähige und gegenstandsadäquate Psychologiekonzeption als ein „allgemein zustimmungsfähig erscheinendes anthropologisches Gesamtmodell" (Jüttemann 1992, 92; vgl. die gleiche Argumentation mit Bezugnahme auf die Religionspsychologie bei Fraas 1990, 81ff) unter Einschluß der spirituellen Dimension des Menschen kann m.E. nur eine wie auch immer ausgeführte „Theorie des Subjekts" (vgl. Jüttemann 1992, 93ff) sein. Nur auf der Grundlage einer anthropologisch fundierten Persönlichkeitslehre läßt sich das religiöse Erleben mit seinen vielfältigen Bezüge als ein ganzheitliches Geschehen begreifen.

Von den bisher entwickelten religionspsychologischen Ansätzen konnten sich viele nur kurze Zeit behaupten, bevor eine andere, aktuellere Theorie das Forschungsinteresse bestimmte. Solange ein religionspsychologischer Theorieentwurf auf dem Hintergrund einer reduktionistischen, einseitigen Psychologiekonzeption entworfen wird, sei er nun rein hermeneutisch oder rein empirisch begründet, kann dieser die Religiosität wegen ihrer Komplexität und ihrer Verwurzelung im personalen und spirituellen Bereich nicht angemessen beschreiben und erfassen. Benötigt wird dazu eine „komplementär" aufgebaute Psychologie, die mit ihren Möglichkeiten einer objektiven Annäherung an das Subjektive die Religiosität annähernd unverkürzt wiedergeben kann. Einen Übersichtsartikel zur wissenschaftlichen Erforschung der religiösen Entwicklung beendet Kwilecki (1988, 323) mit der Feststellung, daß für die religionspsychologische Theoriebildung „ein Kompromiß zwischen idiographischen und nomothetischen Haltungen“ geschlossen werden müsse, und dieser Kompromiß sollte meines Erachtens methodisch präzisiert und auf alle die Religionspsychologie betreffenden Dichotomien (vgl. dazu das Kapitel 2.5) ausgeweitet werden. Bestandteil dieses „Kompromisses“ bildet das verwendete Integrationsmodell zwischen Psychologie und Theologie (vgl. dazu das Kapitel 6), weil neuere wissenschaftstheoretische Überlegungen auf die Notwendigkeit eines modellbezogenen Gegenstandsvorverständnisses hinweisen.

In einem jüngst erschienenen Aufsatz über gegenwärtige Themen und Modelle der Integration benennt Ingram als den größten Bedarf der Religionspsychologie „das Beenden vielfältiger Reduktionismen und die Transformation der vorherrschenden Dichotomien in ganzheitliche, integrative Modelle, die mehr als eine Denkform und Handlungsdimension zu akkommodieren vermögen“ (Ingram 1995, 4). Für diese Herausforderung der Religionspsychologie erweiterte Ingram das Komplementaritätsmodell von Rychlak (Rychlak 1993; vgl. dazu Kapitel 7.3.), das von den vier komplementären Menschseins-Dimensionen „Physikos, Bios, Socius und Logos“ ausgeht, um die Dimension „Theos“. Damit will Ingram dem „postmodernen Zeitgeist einer Perspektivenvielfalt“ (Ingram 1995, 6) Rechnung tragen und faßt darunter das menschliche Verhältnis zu einem höheren Wesen und religiösen Überzeugungssystemen.

Von der in vorliegendem Kapitel dargestellten Dichotomie von Empirismus und Hermeneutik ist die Religionspsychologie in besonderem Maße betroffen, weil ihr Gegenstandsbereich sowohl empirisch Meßbares als ebenso ausschließlich hermeneutisch Verstehbares umfaßt. Dabei ist die Grundsatzfrage des Verhältnisses von psychologischer und/oder theologischer Interpretation oft übergangen worden, weil es sich dabei um eine heikle ‚Gratwanderung‘ zwischen zwei gegensätzlichen Polen handelt, die idealerweise gleichgewichtig zu tarieren sind. Viel Verständnis für das „etwas unklare und unscharfe Bild“ der Religionspsychologie bringt der Theologe Mann auf. Auch dieser Forscher problematisiert das in der Religiosität enthaltene Spannungsgefälle zwischen Empirie und Transzendenz. Aber „da Religion auf jeden Fall eine ‚ganzheitliche Beziehung zum Ganzen‘ vermitteln will, da sie also, und zwar als empirisch beobachtbares innerweltliches Phänomen, eine Größe ist, die alles Weltliche grundsätzlich transzendiert, können Schwierigkeiten niemals ausbleiben. ... Das hängt einfach an der begrifflichen und fundamentalen Schwierigkeit, das Wesen der Religion zu bestimmen“ (Mann 1973, 39). Auch in der Zukunft sieht Mann für die Religionspsychologie keine Lösung dieser Polarität. Aufgrund der dem Forschungsgegenstand entsprechenden Gegensätzlichkeit „ist es verständlich, daß die Krisensituation der Religionspsychologie, die seit ihrer Frühphase manifest wurde, permanent bleiben wird. Sie gehört einfach zu ihr“ (Mann 1973, 39).

Durch derartig plausibel anmutende Erklärungen hat die Religionspsychologie zentrale Grundsatzfragen aus dem Blick verloren und vernachlässigt. Ohne eine wissenschaftstheoretisch reflektierte, die Dichotomie von Empirismus und Hermeneutik erfassende dialogische Methodik kann eine unverkürzte Psychologie der Religiosität nicht begründet werden. Bei der Übergewichtung des einen Pols weitet sich „die Psychologie zur philosophischen Anthropologie, der andere verengt sie zu einem deskriptiven Empirismus" (Müller-Pozzi 1975, 38). Dabei ist es „auffallend und erstaunlich, wie lange die Religionspsychologie sowohl theologisch-religionswissenschaftlicher wie psychologischer Provenienz dieser Thematik ausgewichen ist und damit eine systematische Grundlegung der Religionspsychologie sowie eine klare Verhältnisbestimmung von Theologie und Psychologie verhindert hat" (Müller-Pozzi 1975, 39).

Erst in den letzten Jahren sind einige hoffnungsvolle Aufsätze zu einer wissenschaftstheoretisch fundierten, dialogischen Modellbildung der Religionspsychologie publiziert worden (Hill 1989; O'Donohue 1989; Jones 1994), die – hoffentlich – eine vierte Phase der ‚Integrationswissenschaft' Religionspsychologie einleiten. Worthington (1994) hat kürzlich in einem Rückblick über 20 Jahre intradisziplinäre Integrationsarbeit in der Religionspsychologie drei Phasen unterschieden und festgestellt, daß der Höhepunkt der Entwicklung von Verbindungsmodellen zwischen Psychologie und Theologie in den Jahren zwischen 1975 bis 1982 gelegen habe. Seit 1982 „ist die Modellbildung bis auf tröpfchenweise publizierte Neuansätze versiegt" („Since 1982, model development has slowed to a trickle" , Worthington 1994, 79). Durch die jüngst verstärkte Berücksichtigung der wissenschaftstheoretischen Grundlagen der Psychologie und ihre Übertragung auf die Religionspsychologie sind eine neue Transparenz, eingegrenzte Fragestellung, klare Methodologie und somit neue Kompetenz für die Religionspsychologie möglich, wodurch diese ein deutlicheres Profil und die dringend notwendigen schärferen Konturen erhalten könnte.

In einem prägnanten Übersichtsartikel hat Timpe schon 1983 die epistemologischen und metaphysischen Unterschiede zwischen Psychologie und Theologie aufgezeigt und auf Grenzen der Integration beider Disziplinen hingewiesen. Dabei mißt Timpe der Wahrheit eine entscheidende Bedeutung zu. Beide Disziplinen „betrachten sich selber im Besitz der Wahrheit, während sie jeweils die andere außerhalb der Wahrheitsgrenze ansiedeln" (Timpe 1983, 23). Erst durch die Besinnung auf das jeweilige Erkenntnisinteresse und die Anerkennung der methodologisch bedingten Erkenntnisgrenzen jeder Disziplin sei eine konstruktive Zusammenarbeit zwischen diesen beiden Fächern möglich.

Bei der Integration von wissenschaftlicher Psychologie mit religiösen Grundgedanken sei bisher nach Auffassung von Hill (1989) meist von einer einseitigen wissenschaftstheoretischen Sicht ausgegangen. Im Rückblick auf die Psychologiegeschichte unterscheidet Hill drei verschiedene Sichtweisen der Psychologie als Wissenschaft: den positivistischen Zugang als die „historisch dominante Sichtweise" (Hill 1989, 64), den „paradigmatischen" Zugang im Gefolge von Kuhns Ausführungen über den Verlauf wissenschaftlicher Revolutionen (vgl. Kuhn 1976) und den „realistischen" Zugang im Sinne von Polanyis (vgl. Polanyi 1985) Einwand, daß „Wissen per definitionem durch ein individuelles Überzeugungssystem entsteht“ (Hill 1989, 66). Nach der Darstellung dieser für die Psychologie wissenschaftstheoretischen Hauptströmungen führt Hill Implikationen für die religionspsychologische Modellbildung aus. Zunächst stellt er fest, daß sich zwar einige Integrationsansätze auf neuere Wissenschaftstheoretiker bezögen. Allerdings seien die meisten Modelle nicht „im Bezug auf eine bestimmte Wissenschaftstheorie entstanden“, sondern nur in der „primären Gemeinsamkeit einer anti-positivistischen Orientierung“ (Hill 1989, 70). Hill weist auf die Notwendigkeit einer wissenschaftstheoretisch generierten Religionspsychologie hin, wobei er für einen Zugang plädiert. Für Hill sind „die Untersuchung der Intentionalität, die einzigartige Struktur der Erfahrung des Individuums, die Bedeutung des Werts oder des ‚Sinns‘ einer Erfahrung, und die existentielle Validierung (in Ergänzung der statistischen Validierung) ... potentielle Hilfen zum tieferen Verständnis kausaler Strukturen” (Hill 1989, 71).

Ähnlich wie Hill unterscheidet Jones (Jones 1994, 185) den „naturalistischen“ Zugang zur Erforschung der Psyche von „interpretativen“ Ansätzen in der Tradition phänomenologischer und qualitativer Forschung und „kritischen“ Ansätzen, die ungewöhnliche methodische Wege und Modellansätze wie den Feminismus, Marxismus oder die Psychoanalyse wählen würden. Er faßt die wesentlichen Trends der neueren Entwicklungen in der Wissenschaftstheorie unter vier Aspekten zusammen: Zunächst „hat die postpositivistische Wissenschaftstheorie uns gelehrt, daß Daten theoriegeladen sind. Ein simplifizierender empirischer Fundamentalismus oder ein naiver Realismus ... ist nicht länger haltbar“ (Jones 1994, 186). Zweitens beeinflussen nach Jones außerempirische Determinanten wie persönliche Überzeugungen und Absichten – beispielsweise der primäre Wunsch eines Autors, daß sein Aufsatz publiziert werde – die wissenschaftliche Modellbildung. Drittens enthalten nach Ansicht neuerer Wissenschaftstheoretiker auch wissenschaftliche Aussagen Werturteile und lassen sich von ideologisch geprägten Weltanschauungen nicht völlig trennen. Schließlich führt Jones als vierten Trend postpositivistischer Wissenschaftstheorie aus, daß der wissenschaftliche Fortschritt nicht von neuen Befunden, sondern gesellschaftlich geprägten Denkmodellen abhänge. Auf Grundlage dieser Zusammenstellung kommt er zu dem Schluß: „Wissenschaft und Religion sind – ganz allgemein – unterschiedlich, aber nicht unbedingt unvereinbar“ (Jones 1994, 193). Jones hält eine „dialektische Beziehung“ (ebd., 195) zwischen Psychologie und Religion für möglich. Einen Nutzen sieht er in der „kritisch-evaluativen Funktion“ dieser Interaktion, wobei „sozialwissenschaftliche Theorien und Paradigmen vom einzelnen Wissenschaftler daraufhin geprüft werden können, ob sie zu den persönlichen religiösen Voraussetzungen passen“ (ebd., 194). Als eine zweite Möglichkeit der Interaktion bezeichnet er als die „konstruktive“ Verknüpfung von religiösen Voraussetzungen mit wissenschaftlicher Forschung. Werden religiöse Überzeugungen ernst genommen, könnten sie zu einer Erweiterung des psychologischen Forschungsfeldes führen. Als Beispiel dafür nennt Jones den Beitrag östlicher Meditationsformen auf die Verbesserung psychotherapeutischer Entspannungstechniken.

Die oben referierten Aufsätze deuten potentielle Weiterentwicklungsmöglichkeiten an, die sich durch eine wissenschaftstheoretische Fundierung und dialogische Konzeption der Religionspsychologie ergeben. Im Spannungsgefälle zwischen Empirismus und Hermeneutik, zwischen Psychologie als empirischer Sozialwissenschaft und dem Phänomen der nur im Vollzug sich einstellenden und verstehbaren Religiosität bildet erst die Berücksichtigung der wissenschaftstheoretischen Grundlagen, wie sie in diesem Kapitel erfolgten, die Voraussetzung dafür, Möglichkeiten und Grenzen religionspsychologischer Erkenntnisgewinnung zu bestimmen. Auf die grundlegende Bedeutung eines passiven Geschehen-Lassens und des Prozeßhaften der Religiosität hat die frühe, phänomenologisch orientierte Religionspsychologie mit dem Konzept des „religiösen Akts" hingewiesen (vgl. Potempa 1958).

Eine vielzitiertes Kooperationsmodell der mit religionspsychologischen Fragestellungen befaßten Teildisziplinen hat der evangelische Theologe und Religionswissenschaftler U. Mann erarbeitet. Sein „synoptisches" Schema der interdisziplinären Zusammenarbeit für eine empirisch-wissenschaftliche Religionspsychologie gliedert er in drei Disziplinen: alle „spezielle" religionspsychologische Arbeit unter Verwendung psychologischer Methodik nennt Mann „Praktische Religionspsychologie". „Die Historische Religionspsychologie forscht geisteswissenschaftlich, ... ihr wissenschaftlicher Ort ist erstrangig die Religionswissenschaft" (Mann 1973, 66). Als Systematische Religionspsychologie bezeichnet Mann eine unter theologischen Prämissen arbeitende Disziplin, welche „die Ergebnisse dieser beiden Disziplinen zu einem stets wieder zu korrigierenden und neu zu entwerfenden Gesamtverständnis zusammenfügt".

Geschickt wird bei einer derartigen Arbeitsaufteilung ein Grundsatzproblem der Religionspsychologie eliminiert, das für viele Ansätze einen ständigen „Zankapfel" darstellt, nämlich der Streit um die ‚angemessenen' wissenschaftstheoretischen (Vor-) Verständnisse und Vorgehensweisen, die Auseinandersetzung um Gegenstand, Theorie und Methode der Religionspsychologie (vgl. Kapitel 2.2). Indem Mann den Gegenstand historisch definiert und religionswissenschaftlich erforscht, die Theorie systematisch-theologisch entwirft und untermauert und in praktischer Anwendung als empirische Forschung psychologisch-experimentell durchführt, ordnet er jedem Teilgebiet eine Methode und ein Kompetenzbereich zu.

Die von Mann entworfene Einteilung ähnelt der im vorigen Kapitel entwickelten Zusammenstellung der Grundlagenwissenschaften der Religionspsychologie, wobei er allerdings die Religionsphilosophie als eigenständige Disziplin nicht aufführt. Umstritten und schwierig bleibt allerdings die Festlegung derjenigen Disziplin, die zum Abschluß des religionspsychologischen Erkenntnisfindungsprozesses die Ergebnisse bewertet und interpretiert. Bei Keilbach kommt diese Aufgabe der Religionswissenschaft zu, wobei er die Religionspsychologie in ihrer Reichweite beschneidet, indem er „ihr lediglich eine Hilfsfunktion für die Religionswissenschaft zuweist" (Müller-Pozzi 1975, 37).

Nach Mann bietet die Systematische Theologie den angemessenen Deutungsrahmen religionspsychologischer Fakten. Mann begründet die theologische Interpretationskompetenz für die Religionspsychologie mit ihrem Gegenstand, der

„weit über den Bereich immanenter Gegebenheiten hinaus“ (Mann 1973 ,79) reiche. „Das Wesen der Religion ist Vermittlung von Immanenz und Transzendenz. ... Innerhalb dieses Bereichs hat die Religionspsychologie ihre auf Fakten bezogene, unter gewissen Voraussetzungen sogar experimentelle Arbeit zu leisten, und hier liegt auch die Rechtfertigung der Religionspsychologie als einer empirischen Wissenschaft. Doch muß die Religionspsychologie, will sie ihrem Sinn treu bleiben, sich auch immer dessen bewußt bleiben, daß sie die wesenhafte Transzendentalität ihrer Gegenstände zu respektieren hat. Sie respektiert sie so, daß sie zwar empirisch forscht, soweit immer das möglich ist, zugleich aber auch die umgreifende Gesamttheorie nicht scheut, welche, obwohl ständig von den Faktenbeobachtungen her zu korrigieren, dennoch unentwegt neu gewagt werden muß, um der empirischen Forschung ihre Richtung anzugeben“ (ebd.).

Sehr vorsichtig deutet Mann die theologische Konzeption der „umgreifenden Gesamttheorie“ nur an, indem er Theologie als „wissenschaftliche Selbstdarstellung der Religion“(ebd., 80) skizziert. Warum aber soll gerade eine theologische Gesamttheorie die religionspsychologischen Fakten ordnen und bewerten? Mit dieser willkürlichen Entscheidung wird streng genommen keine Religionspsychologie, sondern eine psychologisch fundierte Religionstheologie skizziert, die dem Anspruch einer ausgewogenen Verhältnisbestimmung zwischen Theologie und Psychologie nicht gerecht wird (vgl. Kapitel 6.1).

Auf Interdisziplinarität ist die Religionspsychologie dennoch angewiesen, weil wichtige Teilaspekte ihres Gegenstandes von Korrespondenzdisziplinen bearbeitet werden, worauf die Religionspsychologie zurückgreifen kann. Geht es beispielsweise um inhaltliche Begriffsbestimmungen, stellt der Wissensstand der Religionswissenschaft und der Theologie eine wertvolle ‚Fundgrube‘ dar. Aber: „Interdisziplinär kann Religionspsychologie nur dann betrieben werden, wenn sie selbst als eigenständige Disziplin anerkannt wird“ (Bucher & Oser 1988 ,483). Diese Anerkennung steht zumindest in Deutschland noch aus. Beide Forscher „erwarten viel von den Versuchen, die verschiedenen religionspsychologischen Ansätze zu integrieren, und zwar sowohl auf der theoretischen als auch auf der empirischen Ebene, was gerade für die Methodologie eine Herausforderung bedeuten müßte. Nur so ist es möglich, der Komplexität des religiösen Phänomens gerecht zu werden“ (ebd.).

Die Religionspsychologie – verstanden als eigenständige psychologische Disziplin – ist auf eine komplementäre Integration der empirischen und hermeneutischen Tradition sowie ihres wissenschaftlichen und weltanschaulichen Standpunktes angewiesen, will sie die objektive und die subjektive Wahrheit der Religion psychologisch erfassen und beschreiben. Neuere psychologische Forschungsansätze haben differenzierte Methodologien entwickelt, die sowohl den qualitativ-substantiellen als auch den quantitativ-funktionalen Aspekten des Forschungsgegenstandes gerecht werden.

5 Modelltheoretische Systematisierung der Religionspsychologie

Aufgrund der oft vernachlässigten theoretischen Fundierung religionspsychologischer Forschung wurden extrem divergente Modellvorstellungen über die Religiosität entwickelt, die zu einer weitläufigen Unübersichtlichkeit in diesem Wissenszweig beigetragen haben und bisher meistens nur eine ***historische*** *Darstellung und Systematik der Religionspsychologie ermöglichten (5.1).*

Nach den anthropologischen und wissenschaftstheoretischen Vorüberlegungen in den Kapiteln 2, 3 und 4 ist es jetzt möglich, modelltheoretische Differenzierungen vorzunehmen. Ausgehend von dem wissenschaftstheoretischen Grundgerüst der Psychologie können ***paradigmatische*** *– auf Grundlage einer Rahmentheorie oder Teildisziplin (5.2) –* ***thematische*** *– auf Grundlage des Forschungsgegenstandes (5.3) – und* ***methodologische*** *– auf Grundlage des Erhebungsinstruments (5.4) – Zugänge zur Religiosität beschrieben und gegenübergestellt werden. Damit sind Grundlagen für eine fachspezifische Religionspsychologie gelegt.*

Überleitend zum folgenden Kapitel 6 wird daraufhin begründet, warum die Verbindung von Gegenstand (Kapitel 3) und Methode (Kapitel 5.4) in einer zweidimensionalen Modellbildung (5.5) dem Anspruch einer Psychologie der Religiosität nicht gerecht wird. In diesem Forschungsbereich ist zusätzlich eine Reflexion nötig, die eine dialogische Verbindung zwischen wissenschaftlicher und weltanschaulicher Theorie – hier das ***Integrationsmodell*** *zwischen Psychologie und Theologie – berücksichtigt (Kapitel 6).*

5.1 Historisch: die einzig mögliche Zugangsweise?

Ein kenntnisreicher Handbuch-Artikel zur Religionspsychologie beginnt damit, daß wegen fehlender „Einigkeit über Gegenstand und Methode“ und in Ermangelung „einer anerkannten Systematik in der Religionspsychologie … nur eine historische Darstellung“ (Zinser 1988. 88) dieser Disziplin möglich sei. Demgegenüber vernachlässigt ein anderer Literaturbericht zur Religionspsychologie die historische Dimension bewußt, weil „aus ihm nicht unversehens eine mehrbändige Problemgeschichte werden soll“ (Heimbrock 1978, 148). Dennoch benutzen viele Übersichtsarbeiten die historische Genese als Orientierungshilfe bei der Darstellung. Erst neuere Arbeiten haben eigene Systematisierungsschemata entwickelt:

- Der Übersichtsartikel von Bucher und Oser (1988) unterscheidet tiefenpsychologisch orientierte, persönlichkeitsorientierte und entwicklungspsychologisch orientierte Ansätze.
- Der von dem Münchener Religionspädagogen Fraas (1990) verfaßte Grundriß der Religionspsychologie enthält neben einem ausführlichen historischen und lebensgeschichtlichen Abschnitt einen (knappen) systematischen Teil, der ausschnittweise die religiöse Persönlichkeit und Erscheinungsformen der Religiosität darstellt.

- Umfassender und klarer strukturiert stellt sich die Religionspsychologie des Münchener Jesuiten Grom (1992) dar, der die psychosozialen Bedingungen der „Religiosität in der Wir-Form“ in einem ersten, ihre innerpsychischen Bedingungen als „Religiosität in der Ich-Form“ in seinem zweiten Teil systematisiert hat.
- In kompakter Darstellungsweise hat Reich (1992) eine Übersicht der religiösen Entwicklung über die Lebensspanne vorgelegt, der theoriebezogen drei Persönlichkeitsdimensionen unterscheidet und die religionspsychologischen Theorieansätze dementsprechend zuordnet. Er referiert religiöse Entwicklungstheorien, deren paradigmatische Modellansätze entweder motivational („conation“), emotional („emotion“) oder kognitiv („cognition“) begründet sind.

Außer Reich stellte keiner der genannten Autoren Bezüge zum Menschenbild her oder schickte erkenntnistheoretische Vorüberlegungen voraus, obwohl die Religionspsychologie „es nötigt hat, genauer auf ihre anthropologischen und epistemologischen Voraussetzungen zu achten“ (Leeuven 1985, 61) – eine Feststellung, die exakt dem Ansinnen der vorliegenden Arbeit entspricht. Reich benutzte als Ordnungskriterium die klassische anthropologische Dreiteilung von Gefühl, Wille und Verstand. Leider hat er nicht dargelegt, wie diese Modellvorstellung zustande gekommen ist. Damit hat er zwar die Anthropologie berücksichtigt, aber erkenntnistheoretische Überlegungen zu den Gründen gerade dieser Kombination nicht angestellt bzw. diese zumindest nicht publiziert. Vorstellbar und sinnvoll wäre es ja auch gewesen, gemäß den psychologiegeschichtlichen Gegenstandsbestimmungen der Psychologie eine Systematik hinsichtlich des religiösen Bewußtseins, Erlebens, Verhaltens und Handelns zu erstellen. Um Willkür oder unreflektierte Beliebigkeit zu vermeiden, sollte jeder religionspsychologische Forschungsansatz Rechenschaft über die zugrunde liegende Anthropologie und die verwendete Epistemologie ablegen.

Nach den anthropologischen und wissenschaftstheoretischen Vorarbeiten ist es jetzt möglich, fachspezifische Systematisierungen vorzunehmen. Diese modelltheoretisch gewonnene Perspektive erleichtert die Berücksichtigung der für dieses Forschungsgebiet so wichtigen Abgrenzungen zur Philosophie, Theologie und Religionswissenschaft. Aus den wissenschaftstheoretischen Vorüberlegungen resultiert die klare Nachfrage nach einer theoretisch abgeleiteten Gegenstandsbestimmung, die nur im interdisziplinären Dialog geklärt werden kann. Die im vorangegangenen Kapitel dargestellten Begriffsbestimmungen haben ja die Notwendigkeit einer gegenstandsorientierten Religionspsychologie hinlänglich deutlich gemacht. In den Worten Popp-Baiers (1993, 259): „So bedürfen insbesondere die Fragen nach der Bestimmung des Religiösen immer schon interdisziplinärer gegenstandstheoretischer Erwägungen, da derartige konzeptionelle Vorentscheidungen bereits festlegen, was in der empirischen psychologischen Forschung überhaupt als empirisches Phänomen aufscheinen kann“.

In der Vergangenheit haben sich primär drei wissenschaftliche Zugangsweisen in der deutschsprachigen Religionspsychologie etabliert, um eine möglicherweise vorhandene religiös-spirituelle Dimension der Psyche zu untersuchen:

a) existentiell-hermeneutisch

Der Ordinarius für philosophische Grundfragen der Psychologie an der Universität Zürich, von Uslar (1978), hat in seiner kleinen Monographie zur Psychologie der Religion den anthropologischen Weg eingeschlagen, um sich der Religiosität psychologisch zu nähern. Darin fragt er allgemein nach den Quellen des Religiösen im Menschen, nach dem also, „was sich in der Fülle der verschiedenen und einander ablösenden Religionen immer wieder anders manifestiert, was seine Quelle aber in der Natur des Menschen und in seinem Sein selbst zu haben scheint" (v. Uslar 1978, 7). Solche „Quellen der Religion" findet von Uslar in der Begegnung, in der Libido, in der Aggression, in der Auseinandersetzung mit dem Tod, im Rätsel der Zeit, im Geheimnis des Ichs, im Traum sowie dem Unbewußten.

In existentiell-hermeneutischer Weise untersuchte v. Uslar die genannten Bereiche und kommt zusammengefaßt zu dem Ergebnis, daß in jeder dieser thematisierten Lebensäußerungen eine metaphysische, transzendente Bedeutung enthalten ist. Der Mensch hat nach Uslar in seinem Sein eine Beziehung zum Absoluten, die sich an vielen Stellen zeigen könne. So kann v. Uslar auf der letzten Seite seiner knappen Darlegung behaupten: „Das Wesen des Religiösen liegt im Vollzug des Seins, der Existenz, dem Jetzt und Hier. Das eigentlich Numinose ist das Sein. Es ist das Absolute, das jeden Rahmen sprengt und stets sich neu ereignet. Wir sind seine Zeugen, solange wir existieren" (v. Uslar 1978, 100).

Mit dieser sehr einseitigen Charakterisierung der Existenz erhöht v. Uslar das Sein zu einer transzendenten Größe und verbindet die metaphysische Theorie der Existenzphilosophie mit dem Anspruch wissenschaftlicher Psychologie, was wissenschaftstheoretische Unstimmigkeiten zur Folge hat. Im Gegensatz zu Otto, der das Heilige als das „Ganz Andere", d.h. das Fremde und Bedrohliche charakterisierte, erscheint das Numinose bei v. Uslar als eine existentialistisch verengte, „domestizierte" Form der ursprünglichen Begriffsfülle mit ihrer kosmisch-universalen Reichweite. Der wesentlich irrationale Charakter des Numinosen geht in v. Uslars Konzeption verloren, denn kein Mensch kann mit einem ihm fremden, furchterregenden und völlig unberechenbaren Ich-Kern leben.

b) deduktiv: auf Grundlage einer (theologischen) Anthropologie

Wenn die Religiosität als Forschungsgegenstand einer Untersuchung gewählt wird, ist für eine deduktive Vorgehensweise zunächst ein Persönlichkeits- oder Entwicklungsmodell erforderlich, das Raum für die transzendenten Bezüge des Menschen läßt. Von diesem ontologisch entworfenen Modell können dann je nach Erkenntnisinteresse Forschungshypothesen abgeleitet werden, woraufhin Überlegungen zu einer geeigneten Untersuchungsmethodik und einem adäquaten psychologischen Meßinstrument folgen. Nach Auswertungen der gefundenen Daten können diese wiederum nach Vorgabe des Ausgangsmodells interpretiert werden.

Auf der Grundlage einer metaphysischen oder theologischen Anthropologie bereitet der psychologische Nachweis der Religiosität keine Probleme (vgl. in Kapitel 4.3.6 die Ausführungen zur Schichtentheorie der Persönlichkeit (Vetter) und zur personalen Psychotherapie v.Gebsattels). Mit Recht kritisiert allerdings Jüttemann dieses bis heute existierende Vorgehen als „deduktiven Perspektivismus der verzerrten Menschenbilder" (Jüttemann 1993, 255). Die Gegenbewegung der wissenschaftlichen Psychologie gegen diese als „Anthropologismus" bezeichnete Richtung endete nach Jüttemann in einer „einseitigen operationalistischen Orientierung", die, wie oben gezeigte wurde, wenig Raum für eine Erforschung der Religiosität bietet.

c) induktiv: biographisch-alltagspsychologisch

Im Gegenzug zu deduktiv abgeleiteten Modellen entstanden auch „alternative Arbeitsrichtungen, um der Eigenart des Psychischen besser gerecht zu werden und gleichzeitig anthropologische Neukonstruktionen zu vermeiden" (Jüttemann 1993, 254). Jüttemann hebt davon besonders den alltagspsychologisch-biographischen Ansatz von H.Thomae (1952, 1968) und die Weiterführung der phänomenologischen Tradition (vgl. Herzog 1992) hervor, die in Kapitel 2.5.4 und in Kapitel 2.5.6 referiert wurden.

Fazit: Am ehesten wird es meines Erachtens einer induktiven Forschungsorientierung der Religionspsychologie gelingen können, Religiosität als ein ganzheitliches seelisches Geschehen psychologisch abzubilden und zu untersuchen. Als Beispiel kann die Theorie der Glaubensentwicklung von Fowler angeführt werden, die mit Hilfe eines halbstrukturierten Interviews an 450 Personen sechs unterscheidbare Stufen der Glaubensentwicklung herausfand (vgl. Fowler 1981/1991; dazu Utsch 1990).

Aber auch innerhalb der induktiven Forschungsorientierung gilt für empirisch-psychologische Untersuchungen, daß komplexe Phänomene operationalisiert werden müssen. Die alltagssprachlichen Begriffe müssen dazu in psychologische Konstrukte überführt werden, und eine Auswahl von psychologisch überprüfbaren Indikatoren ist notwendig, um wissenschaftliche Aussagen treffen zu können. Dazu müssen Hypothesen formuliert werden, die eindeutig, überprüfbar und logisch konsistent sind. Erst dann werden von einem empirisch meßbaren Einzelphänomen Rückschlüsse und Zusammenhänge auf die Gesamttheorie möglich (vgl. dazu Breuer 1989, besonders 111ff und 125ff). Empirische Untersuchungen können nur Einzelaspekte des Menschseins untersuchen, „deren Wesensmerkmale aber nur im Zusammenhang sinnvoll sind. ... Von der empirischen Forschung kann also keine Persönlichkeitstheorie erwartet werden, vielmehr setzt sie eine solche als Integrationsrahmen bereits voraus" (Fraas 1993, 72).

Die wissenschaftstheoretischen Überlegungen in Kapitel 3 haben die Verknüpfungen zwischen Forschungsgegenstand, dem modelltheoretischen Ansatz sowie der gewählten Erfassungsmethode erläutert. Bezogen auf die Religionspsychologie bedeutet diese Dreiteilung zunächst, daß psychologische Zugänge zur Religiosität aus der Methodenperspektive dreifach möglich sind: (1) auf Grundlage einer psychologischen Rahmentheorie oder Teildisziplin als paradigmatischem Zugang; (2) auf Grundlage des Forschungsgegenstands als thematischem Zugang; und (3) als der methodologische Zugang auf Grundlage des Erhebungsinstruments. Der in Kapitel 2.3 herausgestellten Bedeutung der anthropologischen Vorentscheidungen wird in Bezug auf die Religionspsychologie durch die Integrationsmodelle zwischen Theologie und Psychologie Rechnung getragen (vgl. Kapitel 6).

5.2 Paradigmatisch: auf Grundlage einer Rahmentheorie/Teildisziplin

Jeder psychologische Verstehens- und Erklärungsansatz des so vielfältigen Religiositäts-Konstrukts tut gut daran, sich an die Grenzen einer Rahmentheorie oder einer psychologischen Teildisziplin zu halten. Ohne die Fokussierung auf einen spezifischen, umschriebenen und eingegrenzten Aspekt der Religiosität wird es kaum gelingen, zu sinnvollen und aussagekräftigen Ergebnissen zu gelangen. Besonders wichtig ist die Berücksichtigung der Aspekthaftigkeit religionspsychologischer Forschung bei der Auswertung und Interpretation der Untersuchungsergebnisse. Als klassisches, oft zitiertes Beispiel der Überinterpretation eines religionspsychologischen Parameters gilt der in früheren Fragebogenuntersuchungen zumeist verwendete Meßwert „Häufigkeit des Kirchgangs" zur Operationalisierung der Religiosität. Schon bald wurde Kritik an dem eindimensionalen Erfassen des religiösen Verhaltens als unzureichende Information über die vieldimensionale, sich besonders im Erleben ausdrückende Religiosität laut. Besonders in den letzten Jahren ist die Religion entdogmatisiert und ‚privatisiert' worden – „meine Religion mach' ich mir selbst!", so überschreibt Barz die Titelgeschichte in „Psychologie-heute" (Bd. 22/7, 1995) und faßt zusammen: „Die Kirchen beklagen Mitgliederschwund – gleichzeitig boomen Mystik, Meditation und transpersonale Sinnsuche. Eine religionsfreundliche Gottlosigkeit breitet sich aus, und das Bedürfnis nach spiritueller Erfahrung ist eher gewachsen. Urlaub im Kloster, Beten als Autosuggestion, die Renaissance der Wallfahrten und die Suche nach „heiligen Orten" – das sind nur einige Formen postmoderner Gläubigkeit. Die neue Tendenz: Jeder bastelt sich eine postchristliche Privat-Religion" (Barz 1995, 4). Deshalb kann die Messung einer isolierten Verhaltensäußerung nur einen marginalen Anteil der Religiosität erfassen.

Die Berücksichtigung der „Perspektivität" (vgl. dazu ausführlich Kapitel 7.2.) (religions-) psychologischer Erkenntnis hat zur Folge, daß jedes Ergebnis im Rückbezug auf das vorgegebene Rahmenmodell – seit Kuhns (1970) weitreichenden wissenschaftstheoretischen Begründungen „Paradigma" genannt – gedeutet werden kann. So befaßte sich beispielsweise die Dorpater Schule in der Tradition der Würzburger Denkpsychologie mit religiösen Wahrnehmungs- und Denkprozessen. Das Paradigma dieser kognitionspsychologischen Schule verfolgt mit speziellen Methoden ein eingegrenztes Ziel, nämlich den religiösen Wahrnehmungsverlauf mit Hilfe der sogenannten Reizwortmethode nachzuzeichnen. Für das religionspsychologische Erkenntnisinteresse der Mystikforschung bot sich dieses Paradigma als ein Modell neben anderen (vgl. zur Übersicht Scharfetter 1992) an, um den Wahrnehmungs- und Denkprozeß bei außergewöhnlichen religiösen Erlebnissen zu verfolgen.

Als vielversprechendes Paradigma einer Entwicklungs- und Persönlichkeitspsychologie, das imstande sein könnte, die Spiritualität annäherungsweise angemessen abbilden zu können, soll hier auf Verbindungsansätze der strukturgenetischen und psychoanalytischen Modellvorstellungen hingewiesen werden. Zur Verbindung von Kognition und Emotion in grundsätzlicher Darstellung haben Ciompi (1982) und Furth (1990) integrative Arbeiten vorgelegt.

Insbesondere die Aufsätze von Noam und Mitarbeitern (vgl. Noam 1986, 1988, 1990; Noam & Kegan 1986; Noam, Kohlberg & Snarey 1983) sowie die Monographie von Kegan (1986) skizzieren ein weit umgreifendes Paradigma, das Raum für die spirituelle Dimension der Persönlichkeit bietet. Eine Matrix von Snarey, Kohlberg und Noam (1983, 310) stellt strukturelle Teilgebiete („subdomains") der Ich-Entwicklung unterschiedlichen Beurteilungsweisen („reasoning") gegenüber und ordnet die bisherigen Untersuchungen dieser Forschungsrichtung ein (vgl. Abb. 11, abgedruckt mit freundlicher Genehmigung der Academic Press):

Abb. 11: Teilgebiete der Ich-Entwicklung in der strukturellen Stufentheorie

Art der Sinngebung	Natürliche Umgebung	Soziale Umgebung	Ultimate Umgebung
Epistemologisch	Piaget (1983)	Selman (1984)	Perry (1968)
Moralisch	Snarey (1983)	Kohlberg (1958)	Oser (1992)
Metaphysisch	Broughton (1980)	Broughton(1980)	Fowler (1991)

Es ist die Hypothese dieser Forscher, daß „einige aufeinander bezogene, aber unterscheidbare Entwicklungslinien innerhalb eines vielschichtigen, aber einheitlichen Ichs existieren" (Snarey, Kohlberg & Noam 1983, 308). Dabei unterscheiden sie drei Entwicklungsgebiete des Ichs, nämlich die seiner natürlichen, sozialen und ultimaten Umgebung. Jedes dieser Gebiete („domains") wird weiterhin unter dem Aspekt spezifischer Beurteilungsweisen („type of reasoning") betrachtet. Mit Beurteilung („reasoning") beschreiben die Autoren die Art der Sinngebung („type of meaning making"), womit das Denken, Fühlen und Handeln einer Person einheitlich zusammengefaßt werden soll. Die aufgeführten drei Arten der Sinngebung „korrespondieren mit den drei Reichen der Philosophie: Erkenntnistheorie, Ethik, Metaphysik" (ebd, 309).

Ohne an dieser Stelle differenzierter auf diesen Forschungsansatz eingehen zu können, liefert die skizzierte Matrix weiterführende Perspektiven für eine paradigmatisch orientierte Religionspsychologie. Weil die spirituell-religiösen Fragestellungen im Rahmen eines bestehenden und bewährten Forschungsparadigmas – hier der strukturgenetischen Entwicklungspsychologie – untersucht werden, können die bereits bestehenden Erkenntnisse genutzt und weitergeführt werden. Notwendig ist allein die Ausweitung des Fragehorizonts auf den ultimaten, transzendenten Bereich. Dieses Gebiet haben die Autoren der vorgestellten Matrix durch das „Ichentwicklungsgebiet", der „ultimaten Umgebung" und der „metaphysischen Sinngebung", mit abgedeckt.

Als „Referenzpunkt" der „ultimaten Umgebung" weisen Snarey, Kohlberg und Noam darauf hin, daß dieses „nicht in einem physikalischen Sinn verstanden oder erfahren werden kann, sondern auf eine konstruierte Idee oder ein Verständnis hinweist, daß eine derartige Umgebung wie Gott, das Transzendente, der Grund des Seins, das Heilige existiert und eine Beziehung zu ihr möglich ist" (ebd.). Sobald dieser Bereich hypothetisch vorausgesetzt wird, können theoretische Überlegungen über die Verhältnisse zwischen den einzelnen Komponenten angestellt, die Korrespondenzdisziplinen diesbezüglich befragt und empirisch überprüfbare Hypothesen formuliert werden.

Ein zweiter paradigmatischer Zugang zur Religiosität bietet sich neben der Rahmentheorie durch die Zuordnung religionspsychologischer Forschungsansätze zu psychologischen Teildisziplinen. Durch die Orientierung an einer psychologischen Subdisziplin können die in diesem Teilforschungsbereich aktuell diskutierten Fragen hinsichtlich ihrer religionspsychologischen Relevanz befragt werden (vgl. die Literaturhinweise zu den einzelnen Subdisziplinen am Ende von Kapitel 4.6.6).

5.3 Thematisch: auf Grundlage des Forschungsgegenstandes

Aufgrund einer mangelhaften Theoriereflexion, oftmals unpräzisen Konzeptualisierungen und mißverständlichen, vagen Operationalisierungen hat sich das Forschungsgebiet der Religionspsychologie in sehr unterschiedliche Schwerpunkte verzweigt. Eine willkürliche Auswahl gegenwärtiger Forschungsparadigmen mag die Divergenz und Variabilität der thematischen Gegenstandsbestimmung bei der Erforschung von Religiosität dokumentieren:

Noch vor wenigen Jahrzehnten wurde Religiosität von vielen, besonders deutschsprachigen, Forschern als ein *Persönlichkeitsmerkmal* aufgefaßt und dementsprechend unter dem Aspekt der Personalisation erforscht (vgl. Spranger 1942, von Gebsattel 1954, Potempa 1958). Die meisten der personalistisch orientierten Religionspsychologen gründeten ihr Modell auf die Personlehre von Scheler, Guardini und Buber (vgl. Kapitel 2.1.1 und Kapitel 4.3.7). Lag der methodische Schwerpunkt dieser Forschungsrichtung in der ersten Hälfte dieses Jahrhunderts primär im deutschsprachigen Raum auf der phänomenologischen Beschreibung der Auswirkungen religiösen Erlebens, unterschied der Persönlichkeitspsychologe G. Allport in den 60er Jahren in den USA eine intrinsische von einer extrinsisch motivierten Religiosität und begründete damit die in der Psychologie bis heute am häufigsten eingesetzte religiöse Einstellungsforschung („religious orientation") (vgl. zur Übersicht und Kritik Allport 1950, Donahue 1985, Kirkpatrick & Hood 1990, Hyde 1990, 350–360).

Während die amerikanische Forschung Religiosität bevorzugt als intrinsisch/extrinsisch motiviertes Persönlichkeitsmerkmal auffaßte, nahm in der europäischen Forschung der Aspekt der *Sozialisation* den beherrschenden Raum ein, indem Religiosität primär als Gruppen- und Rollenphänomen untersucht wurde (vgl. Sundén 1982; Holm 1987, 1990, 1991.). Vorreiter dieser skandinavischen Tradition war der Schwede H. Sundén. Es entspricht dem aspektivischen Anliegen der vorliegenden Untersuchung, daß vorgeschlagen wurde, eine wechselseitige Ergänzung der dominierenden europäischen (Sundén) und amerikanischen (Allport) religionspsychologischen Forschungsparadigmen durchzuführen. Was Allports Ansatz entbehre, weil er von der „naiven Annahme ausging, daß eine ‚inhaltsfreie' intrinsische Religiosität ein plausibles Studienobjekt sein könne" (Hood 1991, 157), werde aus Sundéns Perspektive korrigiert, weil er seiner Theorie eine inhaltsbezogene Religiosität, verstanden als Rollenübernahme oder „Rollenvertauschung", zugrunde gelegt habe.

In dem psychoanalytisch geprägten Religiositätsverständnis erhält die *symbolische* Bedeutung von Gegenständen, Ereignissen und persönlichem Erleben einen zentralen Stellenwert (vgl. Meissner 1984, Heimbrock 1991, Jones 1991).

Eine ähnliche Systematisierung wie die vorgenommene nach der Funktionalität der Religiosität als *Personalisation, Sozialisation* und *Symbolisation* hat Reich (1991) durch die Kategorien *Emotion, Kognition* und *Konation* vorgenommen, und andere Ordnungsgesichtspunkte sind vorstellbar. Ein weiteres modelltheoretisches Systematisierungskriterium stellt der psychologische Forschungsgegenstand dar. Anders als in Kapitel 4.1, wo religionswissenschaftlich-inhaltliche Begriffe definiert worden sind, werden im folgenden die psychologischen Gegenstandsaspekte der religiösen Erfahrung (5.3.1), des religiösen Bewußtseins (5.3.2) und der religiösen Einstellung (5.3.3) darstellt.

5.3.1 Religiöse Erfahrung

Die religiöse Erfahrung gehört nach Greschat (1988, 18) neben der Gemeinschaft, dem Ritus und der Lehre als „Herzstück" zu jeder Religion. Zu Beginn der wissenschaftlichen Religionspsychologie wurde die „religiöse Erfahrung" als Gegenstand der Forschung aufgefaßt. Die psychologische Beschreibung und Erfassung von religiöser Erfahrung war schon zu Beginn der empirischen Religionspsychologie neben der Konversion (Bekehrung) ein Hauptthema der Forschung. In dem 1902 erschienenen religionspsychologischen Standardwerk „Die Vielfalt der religiösen Erfahrungen" analysierte James (1979) die außergewöhnlichen Erlebnisse religiöser „Genies" anhand von in der Literatur vorliegenden Selbstzeugnissen. Gegenstand seiner Untersuchungen war die „persönliche Religion". Die „institutionelle Religion" schloß er bewußt aus. Wie schon der Theologe Schleiermacher zu Beginn des 19. Jahrhunderts trat James für die Priorität der subjektiven religiösen Erfahrung ein.

Allgemeine Definitionen von Religion hielt James in diesem Zusammenhang für nutzlos, vielmehr benannte er auf der interpersonalen Ebene der religiösen

Erfahrung das Gegenüber des Menschen als „das Göttliche“. Um Kenntnis über Auswirkungen der Begegnung mit dem Göttlichen auf den Menschen zu erlangen, sei das Studium „extremer Fälle“ nötig, deren Erlebnisse in Tagebuchaufzeichnungen und anderen Beschreibungen vorlägen.

Den allgemeinen Charakter der religiösen Erfahrung beschrieb er als „Enthusiasmus bei feierlicher Bewegtheit“. Dieses persönliche religiöse Erleben ist nach James erklärbar durch besondere „mystische Zustände des Bewußtseins“. Die kognitive Voraussetzung von „mystischer Erfahrung“ vermutete James in einem besonderen Bewußtseinszustand, den ein „Rationalist“ nicht erreiche und der andere Wahrheitsbereiche eröffne, die auch hirnphysiologisch einer bestimmten Region zuzuordnen seien. Damit stimmte er Flournoys Zweitem Prinzip der Religionspsychologie zu, der neben dem „Ausschluß der Transzendenz“ – die Religionspsychologie könne keine Aussage über den Wahrheitsgehalt der religiösen Erfahrung machen – das der „biologischen Interpretation“ stellte, wonach religiöse Erfahrungen mit organischen Veränderungen in Zusammenhang stünden (vgl. Flournoy 1903). Die Anthropologin Goodman (1993), die seit 25 Jahren Zustände religiöser Ekstase erforscht, unterscheidet eine neurophysiologische und eine psychologische Komponente bei einem religiösen Erlebnis. Die Fähigkeit zu veränderten Wachbewußtseinszuständen ist nach Goodman (1993, 62) eine menschliche Erbanlage, wenngleich sie „bei der Christianisierung schon früh aus dem Blickfeld des Abendlandes verschwunden ist“ (ebd.). Jeder veränderte Bewußtseinszustand werde von einer Reihe von neurophysiologischen Veränderungen wie Absinken des Blutdrucks, Anstieg des Pulses, verlangsamter Hirnstromtätigkeit etc. gekennzeichnet (zu den biologischen Grundlagen der religiösen Erfahrung vgl. Wulff 1991, 41–110 und Engel 1995, 169–201).

Hood und Morris (1981) haben aufgezeigt, daß die meisten der bisher durchgeführten empirischen Studien zur religiösen Erfahrung sich in ihrer theoretischen Interpretation an die Kriterien des Philosophen Stace orientiert haben. Stace (1960) beschrieb einen introvertierten und extrovertierten Mystik-Typus (vgl. kritisch dazu Grom 1992, 340ff). Beide Ausprägungen wiesen jedoch auffällige Gemeinsamkeiten auf und waren gekennzeichnet durch Empfindung von Objektivität und Realität, durch Gefühle des Heiligen, von Glückseligkeit und Friede. Die religiöse Erfahrung sei unbeschreibbar, paradox und dabei sehr angenehm. Ähnlich wie schon zuvor W. James, R.M. Bucke, A. Huxley und andere betonte Stace das über beachtliche weltanschauliche Unterschiede Gemeinsame von mystischen Erfahrungen, was dann im Sinne einer mystischen Universalreligion gedeutet wurde. Wenn man die Erfahrungen verschiedener religiöser Traditionen vergleichen und integrieren würde, erhielte man die menschliche Ur-Religion (vgl. G. Schmid 1990).

Dieser Betonung der Gemeinsamkeiten von religiösen Erfahrungen wurde von anderen Forschern widersprochen, die das Spezifische einer spirituellen Tradition hervorhoben. Nach der Darstellung der bisherigen Forschungslage weist das religionspsychologische Lehrbuch von Spilka, Hood und Gorsuch (1985, 196) mit Nachdruck auf die Kritik Zaehners (1980) hin, der den in der bisherigen psychologischen Forschung hauptsächlich verwendeten Kriterien von Stace eine

Vernachlässigung der Unterscheidung zwischen theistischer und nontheistischer Mystik vorwarf. An dieser Stelle wird einmal mehr die Abhängigkeit der empirischen Forschung von inhaltlich-ontologischen ‚Setzungen' deutlich (vgl. Kapitel 4.4). Für eine angemessenere religionspsychologische Erforschung der unterschiedlichen Mystikformen schlagen sie eine Koordinaten-Typologie vor, die aus den beiden Polen theistisch vs. nontheistisch sowie bildhaft (extrovertiert) vs. vorstellungsfrei (introvertiert) besteht, in deren Koordinatensystem man jede Mystikform räumlich abbilden könne. Als Beispiele für die einzelnen Ausprägungen werden für die extrovertierte Form die jüdische (theistisch) und die Naturmystik (nontheistisch) aufgeführt, für die introvertierte Form die christliche (theistisch) und die buddhistische (nontheistisch) Mystik.

Das wissenschaftliche Interesse an Zustandsveränderungen durch religiöse Erfahrungen war zu Beginn des 20. Jahrhunderts besonders groß, und in den letzten Jahren erlebt es eine deutliche Renaissance (so Holm 1990, 60; vgl. auch Grom 1992, 292–366; Goodman 1993). Eine außergewöhnlich reichhaltige Zusammenstellung über die Bedeutung des Traums für die religiöse Erfahrung bietet Thomas (1995).

Im bisherigen Verlauf der Forschung konzentrierte sich das Erkenntnisinteresse vornehmlich auf das „mystische Bewußtsein", auf die Voraussetzungen, Wahrnehmungsinhalte und Begleiterscheinungen intensiver religiöser Erlebnisse. Erste Ergebnisse liegen für die neurophysiologischen Veränderungen vor, wobei es über „dieses dramatische Körpergeschehen … noch viel zu erforschen gibt" (Goodman 1993, 63). Eine detaillierte Darstellung der verschiedenen Untersuchungsdesigns und -ergebnisse bietet das Kapitel 9 in der Bibliographie von Hyde (1990, 164–193). Einen guten Überblick über die gebräuchlichsten psychologischen Meßinstrumente zur Erfassung der religiösen Erfahrung haben Todd, Tisdale und Brokaw (1994) erstellt. Das Erfahrungskonzept bietet trotz seiner nicht einfachen Operationalisierbarkeit wegen seiner Offenheit immer noch einen sehr ertragreichen religionspsychologischen Forschungsrahmen.

Die oben angedeutete Diskussion um die Interpretation der vorgefundenen religiösen Phänomene belegt einmal mehr die dringende Notwendigkeit einer differenzierteren theoretischen Fundierung der Religionspsychologie.

5.3.2 Das religiöse Bewußtsein

Das Bewußtsein wurde als der erste und grundsätzliche „Forschungsgegenstand" der wissenschaftlichen Psychologie beschrieben (vgl. Graumann 1984; Pongratz 1984). Ob dem menschlichen Selbst-Bewußtsein aber eine religiöse Dimension zukommt, darüber wird seitdem gestritten. Theologen versuchen in angestrengten Argumentationen, die religiöse Natur des Menschen aufzuweisen (vgl. z.B. Pannenberg 1983, 185–235). Die philosophisch entwickelte Bewußtseinstheorie von James, der als ein Pionier der Religionspsychologie gilt (vgl. James 1979), differenziert das Bewußtsein in ein „reines Ich" oder „I" als „das der Beobachtung entzogene Subjekt aller Bewußtseinsvorgänge" (Pongratz 1984, 139). Das „ontologische Selbst“ unterscheidet James von einem „Me“ als empirischem Selbst, das er nochmals hinsichtlich seiner drei Aspekte der materiellen, sozialen und spirituellen Dimension unterscheidet. Mit der spirituellen Dimension des empirischen Selbst ist von James ein Bereich angedeutet, der als religiöse Bewußtseinsdimension verstanden werden kann. Wegen der religionsphilosophischen Grundlegung der Bewußtseinstheorie durch James sind aber weiterführende religionspsychologische Forschungen unterblieben (vgl. zur Diskussion um das Verhältnis zwischen Ich und Selbst nach James Pannenberg 1983, 211ff und Herzog 1992, 124ff).

Einen weiteren, deskriptiven Aufriß des Ichbewußtseins hat Jaspers (1959, 101–109) entwickelt, der „in engere Beziehung zu religiösen Auslegungen und Erlebnissen gebracht werden“ kann (Pruyser 1972, 279). Die religionspsychologische (Um-)Interpretation der Bewußtseinstheorie von Jaspers durch Pruyser mag als ein Beispiel dafür gelten, wie einfach theoretische Entwürfe ohne empirische Prüfbarkeit verändert werden können und damit der Willkür überlassen werden. Besonders inhaltlich derart überfrachtete Begriffe wie der des Bewußtseins stehen in der Gefahr, nach eigenem Belieben verwendet zu werden.

Pruyser hat die von Jaspers aufgeführten Merkmale des Ichbewußtseins – das Ich als Aktivität, als einheitsstiftende Identität, als Gegensatz zum Außen und Anderen – mit Phänomenen der religionspsychologischen Forschung in Verbindung gebracht. So weise der „Gegensatz zum Anderen und zum Jenseitigen“ (Pruyser ebd.) auf das Numinose im Sinne Ottos hin. Vergleicht man diese Darstellung mit Jaspers Originaltext, ist hier nicht vom Anderen und Jenseitigen die Rede, sondern vom „Außen“ und der „Außenwelt“. Eine Trennung zur Außenwelt ist nach Jaspers Merkmal seelischer Gesundheit, nur das psychotische Erleben kenne sie nicht. Religiöse Bezüge stellt Jaspers an keiner Stelle her. Pruyser benutzt die Beschreibungsmerkmale des Ichbewußtseins von Jaspers dazu, sie mit religiösem Inhalt zu füllen.

Nach einer Zeit der Nichtbeachtung der psychologischen Bewußtseinsforschung erhielt die Idee eines spirituell-religiösen Bewußtseins in den letzten Jahren neue Impulse durch die Transpersonale Psychologie, die verschiedene Bewußtseinsbereiche beschrieben und Evolutionsmodelle postuliert hat (vgl. Grof 1978; Wilber 1987). In seiner Zusammenfassung dieser transpersonalen Ansätze überschreibt Scharfetter (1992, 26ff) diese bescheiden und selbstkritisch als „Spekulationen zur Entwicklung des Bewußtseins“, weshalb dieser Ansatz hier nicht weiter verfolgt werden soll. Als Hinweis soll genügen, daß auch der Transpersonalen Psychologie erkenntnistheoretische Eindeutigkeit und wissenschaftstheoretische Stringenz fehlen. Die gründliche Arbeit von Wit (1993) weist auf der Grundlage epistemologischer Vorüberlegungen in die gegenstandsangemessene zukünftige Forschungsrichtung.

5.3.3 Die religiöse Einstellung

Nach der Einschätzung von Deusinger (1981, 761) erfolgte „der wohl gewichtigste und die religionspsychologische Forschung am ehesten weiterführende

Versuch, das komplexe psychologische Konstrukt ‚Religiosität' näher zu bestimmen", über die Definition und Messung religiöser Einstellungen („attitude"). Die Einstellungsforschung entstammt der Sozialpsychologie (vgl. Thomae & Feger 1969, 111f). Einstellungen, Gesinnungen und Werthaltungen werden neben den Antrieben und Bedürfnissen „zu den dynamischen (motivierenden) Merkmalen des Menschen gezählt" (Herrmann 1972, 300).

Während der unspezifische Begriff der religiösen Erfahrung zwar „gut die Unmittelbarkeit einer heiligen Gegenwart" (Vergote 1970, 37) trifft, mangelt es ihm an begrifflicher Schärfe und Überprüfbarkeit. Um den Anforderungen einer empirischen Sozialwissenschaft nachzukommen, erlaubte die sozialpsychologische Einstellungsforschung mit ihren zahlreich entwickelten Fragebögen zur Erfassung innerer Überzeugungen und Haltungen nun die Operationalisierung der Religiosität. Der historische Verlauf in der Religionspsychologie entwickelte sich damit „vom Bewußtsein zur religösen Einstellung" (Vergote 1970, 35).

Die Struktur der religiösen Einstellung wurde von manchen Forschern als sehr weitreichend beschrieben. Nach Allport ist das reife religiöse Gefühl, das er später die intrinsische religiöse Orientierung nannte, wohl als einziger psychischer Faktor imstande, alle Komponenten der Persönlichkeit zu integrieren (Allport 1950, 73). Diese These kann mit der rigorosen und oft autoritären Struktur religiös-dogmatischer Glaubenslehren begründet werden. Die religiöse Einstellung des Gläubigen neige dazu, „alle Aspekte des Verhaltens zu gliedern und zusammenzufassen" (Vergote 1970, 269).

Während Autoren wie Vergote (1970) oder Deusinger (1981) den Vorzug der Einstellungsforschung für die Religionspsychologie betonen, wurden aber auch deutliche Grenzen dieses Paradigmas erkannt. Methodische Einwände kritisierten die mangelnde Überprüfbarkeit einer Tendenz der Untersuchungspersonen, erwartungsgemäße Antworten abzugeben (vgl. Thomae & Feger 1969, 112). Grundsätzliche Bedenken zur Verwendung von Fragebögen erhob Müller-Pozzi (1979, 82), weil diese Forschungsmethodik der Differenziertheit und individuellen Eigenart der spirituellen Dimension nicht angemessen sei. Die religiöse Einstellungsforschung gewann in kirchensoziologischen und religionssoziologischen Untersuchungen ihren Platz und findet dort nach wie vor Verwendung. Für ein inhaltliches Verstehen der psychologischen Determinanten religiösen Erlebens und Verhaltens bietet ihr methodologisch bedingter eingeschränkter Interpretationsrahmen aber nicht die notwendigen Voraussetzungen.

Neben diesen „klassischen" psychologischen Paradigmen wie *Bewußtsein*, *Erleben* und *Einstellung* haben sich zahlreiche andere Forschungsstränge in der Religionspsychologie etabliert bzw. sind im Begriff dazu; auf einige soll kurz verwiesen werden:

- Seit einigen Jahren wird Religiosität von einer amerikanischen Forschergruppe unter Leitung von K. Pargament unter der Modellvorstellung des (religiösen) *Bewältigungsverhaltens* („coping") erforscht (vgl. Pargament, 1990, 1992).
- Mehrere Arbeiten unter der Modellprämisse der *Bindungstheorie* hat L. Kirkpatrick (vgl. Kirkpatrick & Shaver 1990, Kirkpatrick 1992) vorgelegt.

- Der *kognitive* Aspekt der Religiosität steht im Mittelpunkt der Forschungsansatzes von McIntosh (1995), der Religiosität als kognitiv-strukturiertes Schema zu erfassen sucht.
- Einen weiteren Schwerpunkt in der Erforschung religiöser Kognitionen nimmt die *Attributionstheorie* von B. Spilka (vgl. Spilka, Hood & Kirkpatrick 1985) ein, die Religiosität als einen Denk- und Beurteilungsprozeß versteht.
- An die moderne sozialpsychologische *Einstellungs*forschung knüpft das Prozeßmodell religiöser Erfahrung von Hill (1994) an.
- Eine *motivationspsychologisch* begründete Forschungsrichtung hat Grom (1992, 212–229; 1993) eingeschlagen, in der er neben extrinsischen Motiven sozialer Nützlichkeit sechs verschiedene intinsische Motive unterscheidet.

5.4 Methodologisch: auf Grundlage des Erhebungsinstruments

Ist Religiosität meßbar? Experimentelle und korrelationsstatistische Studien der Religionspsychologie fußen auf der Annahme eines objektivierbaren Charakters der Religiosität. Zweifelsohne sind einige Aspekte religiösen Verhaltens objektiv meßbar, wobei eine Kirchenzugehörigkeit oder die Häufigkeit des Kirchgangs äußerliche, überprüfbare und eindeutige Kriterien der Religiosität darstellen. Religionssoziologische Untersuchungen der letzten Jahre (vgl. Barz 1992) belegen allerdings eine deutliche gesellschaftliche Trendwende, die die Abwendung von einer nur noch formalen Gruppenzugehörigkeit hin zu einer individualistisch geprägten ‚Religion des Selbst' beinhaltet habe. Von daher läßt sich auch die offensichtliche Diskrepanz einiger Forschungsergebnisse deuten, wonach mystische Erlebnisse besonders häufig bei „nichtreligiösen" Untersuchungspersonen auftraten (vgl. Wulff 1991, 247).

Mit „Meßbarkeits-Paradigma" (Gorsuch 1984) hat Gorsuch in einem Zeitschriftenartikel die Arbeitsphase der Religionspsychologie in den 70er Jahren beschrieben. Als großen Erfolg dieser Zeit verweist Gorsuch auf etliche valide und reliable Fragebögen (vgl. zur Übersicht Shaver 1978). Zahlreiche Studien wurden durchgeführt, in denen die Religiosität „fragebogen- und interviewgerecht" erfaßt wurde, und es „begann eine überaus fruchtbare, empiriebegeisterte, aber auch etwas theoriescheue Erarbeitung von Definitionen und Meßverfahren zum Studium von Religion und Religiosität" (Grom 1992, 374). Gorsuch sprach vom „Segen und Fluch der Meßbarkeit" im Titel des Aufsatzes („Measurement: the Boon and Bane of Investigation"). Historisch gesehen bedeutete dieser Aufsatz einen Durchbruch für die Religionspsychologie, weil dies seit vielen Jahren der erste religionspsychologische Aufsatz war, der im „American Psychologist", dem offiziellen Publikationsorgan der APA, publiziert wurde (Malony 1991, 266).

Aber schon in dem zitierten Aufsatz wies Gorsuch selbstkritisch neben den Vorzügen des Meßbarkeitsparadigmas auf seine Gefahren hin. Nicht die verfeinerte Meßbarkeit der Religiosität müsse das Ziel der Forschung sein, sondern „den Einfluß des Religiös-Seins zu untersuchen und Studien über seine Entwicklung durchzuführen“ (Gorsuch 1984, 235). In derselben Zeitschrift plädierte ein anderer Religionspsychologe für die Erweiterung des Meßbarkeits-Paradigmas, indem die Grenzen dieses Ansatzes durch ideographische Fallstudien und religionsvergleichende Arbeiten ergänzt werden müßten. Trotz der nützlichen Ergebnisse der Meßbarkeits-Epoche sei dieser Ansatz „beschränkt hinsichtlich seiner Anwendbarkeit und hilflos gegenüber vielen fundamentalen Fragen der Religionspsychologie“ (McFarland 1984, 322).

Die Grenzen des Meßbarkeits-Paradigmas können prägnant an dem populärsten religionspsychologischen Ansatz der letzten Jahrzehnte verdeutlicht werden, an Allports Unterscheidung zwischen intrinsischer und extrinsischer religiöser Orientierung (Allport & Ross 1967; zur Zusammenfassung und Forschungsgeschichte vgl. Donahue 1985). Eine deutschsprachige, methodenkritische Erweiterung dieses Ansatzes bietet die Diplomarbeit von Zwingmann (1991). Wie Kirkpatrick und Hood (1990) in ihrem kritischen Forschungsrückblick zu diesen Konstrukten monieren, mangelt es Allports Ansatz an konzeptueller Eindeutigkeit. Was Gorsuch in dem oben zitierten Aufsatz über die Meßbarkeit bezüglich der Religionspsychologie ausgeführt habe, gelte besonders für Allports Skalenansatz. Ohne eine inhaltliche Bestimmung könne das Konstrukt der Religiosität nicht beschrieben werden. Analog dem Titel des Gorsuch-Aufsatzes untersuchen Kirkpatrick und Hood Allports Typologie in dem ebenfalls renommierten „Journal for the Scientific Study of Religion“ als „Segen oder Fluch der gegenwärtigen Religionspsychologie“. Die Dichotomie von extrinsischer und intrinsischer religiöser Orientierung nehme wertbezogen Stellung und bevorzuge eindeutig die intrinsische Haltung. Damit ist ein Kritikpunkt geäußert worden, den ich andernorts ebenfalls angeführt habe (vgl. Utsch 1991, 115). Gravierende Interpretationsschwierigkeiten entstehen nach diesen Autoren, wenn die Religiosität unabhängig von ihrem inhaltlichen Gehalt untersucht werde – eine Problemstellung, die in vorliegender Arbeit ausführlich in Kapitel 2.2. behandelt wird.

Diese beiden religionspsychologischen Autoren empfehlen, alternative Modelle zur Weiterentwicklung der Religionspsychologie zu verwenden. Besonders persönlichkeitspsychologische Ansätze enthielten umfassende Theorieansätze, die je nach Erkenntnisinteresse einen angemessenen Rahmen bilden könnten, in dem religiöse Teilaspekte untersucht werden könnten: „Wenn wir an Persönlichhkeitsaspekten interessiert sind, sollten wir mit einer reichen Persönlichkeitstheorie beginnen und davon Ableitungen für eine Theorie der religiösen Überzeugung und des religiösen Verhaltens entwickeln. Ironischerweise könnten Allports Schriften ein guter Ausgangspunkt dafür sein“ (Kirkpatrick & Hood 1990, 459). Die von Allport und Ross entwickelte Polarisierung zwischen intrinsischer und extrinsischer religiöser Orientierung vermittele nur einen Bruchteil des Reichtums seines persönlichkeitstheoretischen Ansatzes.

In ähnlicher Weise betrachtet McFarland die Allportsche Persönlichkeitstheorie als höchst relevant für religionspsychologische Fragestellungen und begründet die Einschränkungen der I-/E-Typologie und den Verlust der religionspsychologischen Potenz mit dem schon oben erläuterten „Meßbarkeits-Paradigma“: „Religionspsychologen verehren Allport, aber haben sich nur eines Aspekts seiner

Individualpsychologie bedient – des nomothetischen, traitbezogenen Messens. … Dabei werden Kardinaleinsichten von ihm übersehen und folglich sein Paradigma zerstört. Zuallererst hat Allport die komplementäre Rolle von nomothetischer und ideographischer Forschung betont“ (McFarland 1984, 322). Diese Grundlage ginge bei der Anwendung des Meßbarkeits-Paradigmas verloren, und McFarland folgert: „Eine Wiederentdeckung von Allports Persönlichkeitspsychologie würde der Religionspsychologie weiterhelfen“ (ebd.).

Nach Wulff (1985, 47–76) haben sich in der Geschichte der religionspsychologischen Forschung alle in der Psychologie gängigen Forschungsmethoden etablieren können, wenn auch mit unterschiedlicher Häufigkeit der Verwendung. Im folgenden sind die Verfahren mit jeweils einer für diese Methodologie charakteristischen Untersuchung aufgelistet:

1. **Selbstbeobachtung**. Phänomenologische Beschreibungen des eigenen Erlebens seines „mystischen Bewusstseins“ hat Albrecht (1976) vorgelegt.
2. **Experimentelle Introspektion**. Das klassische Untersuchungsvorgehen der „Dorpater Schule“ mit ihrer „Reizwortmethode“ hat Gins (1990) zusammengefaßt.
3. **Biographische Untersuchungen**. Eine primär lebensgeschichtliche Orientierung liegt dem Forschungsmanual zur Theorie der Glaubensentwicklung von Fowler (1991) zugrunde.
4. **Fragebogen**. Zahllose Fragebögen zur Erfassung von unterschiedlichen Aspekten der Religiosität wurden entwickelt (vgl. Shaver 1978). Der Spiritualitäts-Fragebogen von Mallory (1977) stellt eine interessante Variante dar, die ihre Items aus den Schriften des Mystikers Johannes vom Kreuz abgeleitet hat.
5. **Projektive Techniken**. Jüngstes Beispiel für diese Methodologie ist das STARR-Inventar von Saur & Saur (1993) (STARR = „Spritual Themes and Religious Responses“), in dem die psychoanalytischen Einsichten von Jones (1991) testtheoretisch umgesetzt wurden.
6. **Teilnehmende Beobachtung**. Besonders das sozialpsychologische Interesse an psychologischen Effekten von religiösen Kultveranstaltungen gebietet dieses Forschungsvorgehen (vgl. Zinser 1988c oder Greschat 1994).
7. **Experiment**. Streng empirische Methoden, „Religionspsychologie im Labor“ (Wulff 1991,163ff), finden besonders in der Meditations- und Mystikforschung ihre Anwendung (vgl. Naranjo & Ornstein 1976 oder Engel 1995).
8. **Psychopathologische Untersuchungen**. Die Notwendigkeit der Abgrenzung des religiösen vom psychotischen Erleben hat klinische Untersuchungsmethoden hervorgebracht (vgl. Bradford 1984 oder Pfeifer 1993).

Fazit: Methodologisch stehen eine Vielzahl von Instrumenten zu Verfügung, um religiöse Phänomene differenziert zu erfassen. Die Meßinstrumente können aber keine strukturbildende Theorie ersetzen oder Anleitung zur Interpretation der Daten geben. Das Hauptproblem der Religionspsychologie besteht nicht in fehlenden Forschungsmethoden oder nicht-validen Instrumenten, sondern im theoriebezogenen Umgang damit. Der wissenschaftliche Gesamtzusammenhang eines mit Bedacht zugrunde gelegten Integrationsmodells, die Auswahl einer angemessenen psychologischen Rahmentheorie und die Formulierung eines eingegrenzten

Forschungsziels stellt höhere Anforderungen an den Wissenschaftler als die Festlegung des geeigneten Erhebungsinstruments.

5.5 Zwischenbilanz: Zweidimensionale Modellbildung?

Die Psychologie kann nach Groeben „als Musterbeispiel einer Objektwissenschaft zwischen Monismus und Dualismus, zwischen Verstehen und Erklären gelten, weil ihr ‚Gegenstand' sowohl der Natur- wie Kultur- bzw. Geistessphäre zugehört" (Groeben 1986, 80). Die historische Entwicklung der Psychologie zur Einzelwissenschaft sei allerdings so verlaufen, daß sie sich nach dem Vorbild der Naturwissenschaften zu konstituieren versuchte. Als Folge habe in den bisher hundert Jahren ihrer Geschichte die monistisch-naturwissenschaftliche Psychologie-Konzeption dominiert. Damit einher ging aber „eine Dauerkrise hinsichtlich der Gegenstandsangemessenheit dieser Konzeption" (ebd.). Als Zentrum der unabgeschlossenen Debatte in der grundlagenwissenschaftlichen Psychologie bestimmt Groeben daraufhin die adäquate Relation, das Zusammenpassen von Gegenstand und Methodik in der Psychologie. „Monistische und dualistische Position stehen sich dabei dichotomisierend gegenüber, weil die dualistische Argumentation zu ausschließlich die Gegenstandsperspektive akzentuiert, die monistische dagegen die Methodenperspektive" (ebd.).

Groeben geht es nun um eine Entzerrung dieser Dichotomie, wobei ihm die Entwicklung einer „post-dichotomistischen, integrativen Wissenschaftskonzeption" mit der Zielidee einer „adäquaten Gegenstands-Methodik-Interaktion" vorschwebte (Groeben 1986, 81). Dazu benötigt Groeben aber ein „Gegenstandsvorverständnis" in Form eines Menschenbildes, das er genauer als das „eines reflexions-, rationalitäts- und handlungsfähigen Subjekts" (ebd.) charakterisiert. Diese wissenschaftstheoretisch begründete Vorgehensweise zieht für die hier behandelte Fragestellung der Religionspsychologie folgende wichtige Konsequenz nach sich:

In den vorausgehenden Kapiteln habe ich bisher die psychologische Bedeutung der Religiosität aus zweierlei Perspektiven untersucht. Im Kapitel 3 näherte ich mich dem „Untersuchungsobjekt" aus der *Gegenstandsperspektive* an, indem ich begriffliche Klärungen vornahm, während ich in Kapitel 5 vor dem Hintergrund der Psychologie als sozialwissenschaftlicher Theorie die Bezüge zur Religiosität *modelltheoretisch* differenzierte. Die rhetorische Frage der aktuellen Kapitelüberschrift signalisiert, daß die zweidimensionale Modellbildung, bestehend aus der begrifflich-inhaltlichen Gegenstandsbeschreibung und der Wahl einer geeigneten psychologischen Theorie, keine hinreichenden Voraussetzungen für eine wissenschaftstheoretisch begründete Religionspsychologie bietet. Das Gegenstandsvorverständnis für Konzepte wie Religiosität oder Spiritualität kann nur im Dialog mit einer weltanschaulichen Theorie – hier der Theologie – erarbeitet werden. Für die Wahl der Theologie spricht, daß dort die meiste Vorarbeiten hinsichtlich inhaltlicher Implikationen der Religiosität geleistet wurden. Deshalb behandelt das folgende Kapitel die Kooperation zwischen Psychologie und Theologie.

6 Modelle der Integration

Um der wissenschaftstheoretischen Forderung nach einer theoriebezogenen Ableitung der Religionspsychologie gerecht zu werden, ist die Beschäftigung mit einem weltanschaulichen Modell unverzichtbar. Insbesondere die amerikanische religionspsychologische Forschungstradition hat sich intensiv mit der Erarbeitung von ***Verbindungsmodellen zwischen Psychologie und Theologie*** *befaßt, die hier vorgestellt werden (6.1).*

Dabei müssen verschiedene Verhältnisbestimmungen zwischen Psychologie und Theologie unterschieden werden: dominiert eine Disziplin die andere, kommt es entweder zur Auflösung der Psychologie in Religion („fundamentalistisches Mißverständnis") oder zu einer Verleugnung der Religion zugunsten einer rationalistischen Psychologie („szientistisches Mißverständnis") im Sinne ***einseitiger Fehlentwicklungen****. Gegen diese monistischen Verengungen wurden* ***„kompromißbereite Notlösungen"*** *durch Entwürfe einer „empirischen Theologie" oder einer „theologischen Psychologie" entwickelt, denen allerdings wissenschaftstheoretische Grenzüberschreitungen vorzuhalten sind (6.2).*

Der Vergleich der verschiedenen Ansätze läßt sich folgendermaßen fokussieren: soll die Integration zwischen Psychologie und Theologie ***synthetisch, komplementär oder dialogisch*** *vorgenommen werden (6.3)? Zusammenfassend werden abschließend in Kapitel 6.4* ***Ziele dialogischer Religionspsychologie*** *formuliert.*

6.1 Integrationsmodelle von Psychologie und Theologie

Die Religionspsychologie wird von den meisten Wissenschaftlern als „Dialogfeld" bezeichnet, „auf dem Forschungsrichtungen, methodische Zugänge und Inhalte von Psychologie, Religionswissenschaft und Theologie ins Gespräch kommen" (Martin 1991, 280). Abgesehen von der Tatsache, daß diese Definition die Religionsphilosophie unterschlägt (vgl. dazu die vier vorgeschlagenen Korrespondenzdisziplinen der Religionspsychologie in Kapitel 4.6.4, Abb. 10), resultiert ein grundsätzliches Problem daraus, daß nämlich diese Disziplinen nicht mit denselben Voraussetzungen arbeiten: während sich die Psychologie und die Religionswissenschaft ihrem Forschungsgegenstand möglichst wertneutral nähern, besteht seitens des theologischen Selbst- und Vorverständnisses eine religiöse Bindung zum Forschungsobjekt (Kehrer 1988, 5f). Die unterschiedlichen, wissenschaftsspezifischen Prämissen ermöglichen zwar vielseitige Zugangsweisen zum Phänomen der Religiosität, erschweren aber die notwendige Konsensbildung einer Gesprächsgrundlage zwischen den Dialogpartnern.

Weil es der Religionswissenschaft bisher nicht gelungen ist, Einigkeit über ihr Selbstverständnis, ihre Methoden, den Forschungsgegenstand sowie ihre wissenschaftliche Zugehörigkeit zu erzielen (vgl. Colpe 1988, 1f; Wagner 1986, 323ff; Stolz 1988, 8), kann sie das skizzierte Problemfeld nicht erhellen oder Ansätze einer Lösung bieten. Denn „die gegenwärtige Religionswissenschaft scheint nicht über die Kompetenz zu verfügen, um die sozialen, psychischen, historischen und phänomenalen Aspekte der Religion als eine zwar in sich differenzierte, aber doch zugleich einheitliche Totalität zu erfassen“ (Wagner 1986, 305).

Zu einer Erhellung der Zusammenhänge zwischen den seelischen Auswirkungen auf „numinose“ Erfahrungen – so die klassische Bezeichnung des Religionswissenschaftlers Heilers – oder den „Gottesumgang“ kann die Religionswissenschaft außer ihrem historischen Fundus wenig beitragen. In seinem Entwurf über eine „Vergleichende Religionswissenschaft“ spricht Mensching (1938, 85ff) in der von ihm entworfenen Typologie der gemeinsamen Auswirkungen der Religion von den „Erscheinungsformen des Gottesumgangs“. Weiterführende Erkenntnisse können nur durch ein Arbeitsbündnis in der Zusammenarbeit mit einer weltanschaulichen Theorie – hier der Theologie – entstehen, weil empirische Untersuchungen und Ergebnisse abhängig sind von den inhaltlich determinierten Prämissen (vgl. dazu Kapitel 2.2). Dabei ist darauf zu achten, daß jede Seite ihr spezifisches Erkenntnisinteresse strikt einhält, um die methodologisch bedingten Erkenntnisgrenzen ihrer Disziplin weiß und diese einhält. Im Verlauf des Forschungsprozesses mag es hilfreich sein, die eigenen Zwischenergebnisse mit der Sicht- und Vorgehensweise sowie den Befunden des Gegenüber zu vergleichen und eventuell zu ergänzen und damit zu einem integrativen, dialogischen Forschungsverfahren beizutragen (vgl. dazu Kapitel 6.5 und 6.6).

6.1.1 „Dialogische“ Integration

Mittlerweile ist häufiger von einer „integrativen“ oder „dialogischen“ Religionspsychologie die Rede, so beispielsweise in dem Entwurf einer – im Rückgriff auf Buber konzipierten – dialogischen Religionspädagogik (Esser 1991) oder dialogischen Religionspsychologie (Friedman 1992). Vielen dieser Absätze ist gemeinsam, daß die Form der Zusammenschau oder Weise der Zusammenarbeit merkwürdig nebulös bleibt. So verlockend klingende Attribute wie „integrativ“ oder „dialogisch“ haben sich mittlerweile abgenutzt und wenig Klärung in die komplexen Zusammenhänge gebracht. In vielen religionspsychologischen Entwürfen dient „als Scharnier … oft eine vage Analogievorstellung unter dem Segen einer mystifizierten Vokabel: dem Dialog-Begriff. Dieser täuscht meist mehr, als daß er aufklärt oder gar einen solchen Dialog wirklich konstruiert; zu willkürlich wird die andere Seite ausgebeutet, um die eigene Sprachlosigkeit zu kaschieren“ (Parisius-Schmincke 1983, 22). In diese vernichtende Kritik mündet ein umfangreicher Literaturbericht zur neueren deutschsprachigen Religionspsychologie. Leider kann man dem Autor nur beipflichten, daß zentrale kritische Grundsatzfragen der Religionspsychologie zwar zeitweise intensiv diskutiert wurden, mangels Lösung jedoch vergessen und bei Folgeuntersuchungen ignoriert wurden.

Als Beispiel sei die kontroverse Diskussion um den Stellenwert der Wahrheitsfrage bei religionspsychologischen Untersuchungen zwischen Trillhaas und

Keilbach (vgl. Trillhaas 1953, 20ff; Keilbach 1973, 29ff) genannt. Das Gespräch darüber brach nach dem Votum von Keilbach ab, und seither scheint eine gewisse Scheu vor derartigen konfliktgeladenen Grundsatzfragen zu bestehen (vgl. zur Bedeutung der Wahrheitsfrage für die Religionspsychologie das Kapitel 4.5). Erst in jüngerer Zeit sind gründlichere, wissenschaftstheoretisch fundierte Ansätze eines dialogischen Verhältnisses von Psychologie und Theologie skizziert worden (vgl. Friedman 1992). Im deutschsprachigen Bereich gehen diese Entwürfe allerdings nicht wissenschaftstheoretisch vor, sondern von einer „theologischen Religionspsychologie" aus (vgl. Wahl 1988; Scharfenberg 1990; Wahl 1990; weiter dazu unten, Kapitel 6.1.5).

6.1.2 „Integrative" Religionspsychologie

Auch das Integrations-Attribut steht im religionspsychologischen Umfeld hoch im Kurs. Aus stringent tiefenpsychologischer Betrachtungsweise hat Scharfenberg (1985, 220) für die Pastoralpsychologie ein typologisches Schema vorgelegt, in dem die psychoanalytische Religionspsychologie als „Integrationsprinzip" das Werden des Glaubens in Verbindung mit den menschlichen Entwicklungsphasen zu verstehen sucht. Immerhin weist Scharfenberg auf die Probleme einer von ihm geforderten, aber leider nicht weiter spezifizierten „integrativen Religionspsychologie" hin, welche imstande sein müsse, die verschiedenen Horizonte der Selbsterfahrung und der Theorieebenen zusammenzufassen, um „damit die Richtung für die Weiterarbeit anzudeuten" (Scharfenberg 1985, 212). Es folgen die bekannten Konfliktpunkte der wissenschaftstheoretischen Zuordnung der Religionspsychologie (empirische Natur- oder hermeneutische Geisteswissenschaft) und der theologischen Schwierigkeit einer Unterscheidung zwischen Religion und Glauben. Einzig mit dem dritten angeschnittenen Problem des Zusammenhangs von individuellen (religiösen) Verhaltensweisen mit kollektiven gesellschaftlichen Phänomenen und einer psychoanalytischen Deutung der persönlichen symbolisch-religiösen Wahrnehmung der Welt skizziert Scharfenberg einen Themenbereich, der erst in den letzten Jahren in das Blickfeld der (psychoanalytisch geprägten) religionspsychologischen Forschung gerückt ist (vgl. Güttgemanns 1993; Funke 1993; Finn & Gartner 1992; Jones 1991; Henseler 1995).

Aber ohne eine deutlichere Herausarbeitung des Procederes der Zusammenarbeit von Psychologie und Theologie bleibt die von Scharfenberg geforderte „integrative Religionspsychologie" ein zu entwickelndes Programm, dessen Effizienz erst bei der Durchführung erkennbar würde. Die fehlende Explikation der Zusammenarbeit zwischen Psychologie und Theologie bei Scharfenberg verwundert um so mehr, weil der Verfasser wenige Jahre zuvor häufig zitierte Thesen zum Verhältnis von Seelsorge und Psychologie geäußert hat, die eine umfassendere Begründung und grundlegendere Darstellung verdient hätten (vgl. die „Loccumer Thesen" von einer in der Evangelischen Akademie Loccum veranstalteten Tagung zum Thema „Seelsorge und Psychologie" (Schall, Scharfenberg, Stollberg, Seitz 1982, bes. 321f).

Die über 700 Seiten starke „Pastoralpsychologie" von I. Baumgartner kündigt vollmundig als Titelüberschrift des sechsten Kapitels ein „Integratives Modell diakonischer Psychotherapie" (Baumgartner 1990, 518–526) an, das die Zusammenfügung von kirchlicher Seelsorge und fachlicher Psychotherapie ermögliche. Beim interessierten Nachlesen wird leider nirgends ein methodischer Schlüssel für die Verbindung der willkürlich ausgewählten und referierten Therapieansätze und deren religionspsychologischer Relevanz angeboten.

Bei derartigen Entwürfen zur Integration von Psychologie und Theologie kann man den unverhohlenen Ärger eines Rezensenten – eines ausgewiesenen Kenners der Pastoralpsychologie – verstehen, der „im Laufe von 20 Jahren (so lange schreibe ich schon diese Berichte)" anfängt, „sich zu langweilen": Er nimmt es manchem Autor übel, „wie wenig oder wie ungenau er seine Vorgänger zur Kenntnis genommen hat (oder auch, wie viel er abschreibt) und auf diese Weise Erkenntnisfortschritte vortäuscht, die gar keine sind" (Stollberg 1992, 270).

Aber nicht nur in der Pastoralpsychologie ist eine grundsätzliche Klärung und Verhältnisbestimmung zwischen Psychologie und Theologie ausgeblieben. In allen „Anwendungswissenschaften" der Religionspsychologie (vgl. Kapitel 4.6.4, Abb. 10) – also neben der Pastoralpsychologie die Religionssoziologie und die Religionspädagogik – wurde ein vielfaches Mißachten der Integration von Psychologie und Theologie beklagt. Beispiele dafür folgen. Damit ist nicht ausgesagt, daß ich einen Überblick über die religionspsychologischen Anwendungswissenschaften habe. Sicher existieren mir nicht bekannte Ansätze einer grundlagenwissenschaftlichen Modellbildung der Integration zwischen Psychologie und Theologie. Diese haben sich jedoch bisher noch nicht durchgängig etablieren können, so daß die Forschungslage durch ein Defizit an integrationstheoretischer Arbeit zu charakterisieren ist.

Herms bemängelt anläßlich der Rezension eines religionssoziologischen Forschungsberichts das Auseinanderklaffen des hohen Anspruchs dieses Projekts – eine „sozialwissenschaftliche Analyse als Beitrag zu einer selbstreflexiven Theologie" (so der Titel des Aufsatzes von Herms (1992)) – und seines Resultats, das belege, „daß genau dieses methodische Programm problematisch, im Ergebnis unbefriedigend und vom Ansatz her irreführend ist" (ebd., 319). Primär weist Herms den Autoren der Studie „Pseudodiagnostik" (ebd., 321ff) nach, daß sie unkritisch und ohne Berücksichtigung theoriebezogener Reflexion „soziometrische Untersuchungen" durchgeführt hätten, was er als Musterbeispiel dafür ansieht, daß „auch in den Erfahrungswissenschaften der Aufwand zur Beschreibung einer empirischen Konstellation die Erklärungsleistung einer Theorie … weit übertreffen kann" (ebd., 321). Er beschreibt weiterhin markante Problemfelder, die bei einer „naiven" Übernahme seitens der Theologie durch unreflektierte, „einfache Heranziehung, Anwendung und Benutzung von Methoden empirischer Forschung" (ebd., 324) entstünden, hauptsächlich die Abhängigkeit der Methode von deren konzeptionell-anthropologischen und theoretischen Voraussetzungen (vgl. dazu dieselbe Argumentation in Kap. 3.1 und 3.3). Wenn diese Theorieabhängigkeit nicht erkannt und untersucht werde, würden irreführende Erwartungen erzeugt und kaum weiterführende Ergebnisse erzielt.

Mit ähnlich kategorialer Kritik hat sich Stoodt in einer Rezension gegenüber neueren religionspädagogischen Veröffentlichungen geäußert, die er daraufhin untersuchte, ob und wie diese dem vor einem Vierteljahrhundert geforderten „Aufbruch der Religionspädagogik in Richtung auf Empirie“ (Stoodt 1993, 137) Rechnung getragen haben. Dabei schneiden zunächst die beiden Ergebnisbände einer großangelegten Studie zu „Jugend und Religion“ (Barz 1992) wegen mangelnder Theoriebezogenheit sehr schlecht ab. Damit entspricht Stoodts Kritik dem Tenor der vorliegenden Arbeit. Stoodt unterstellt der Studie, die als empirische Untersuchung ihrem „Anspruch weder methodologisch noch begrifflich gerecht“ (ebd. 139) werde, sogar einen „nicht offengelegte(n) ideologische(n) Rahmen“ (Stoodt 1993, 138). Im Gegenzug dazu referiert er daraufhin eine amerikanische Untersuchung (Fowler 1981/1991), die mit 10 Jahren Abstand zum Ersterscheinungstermin in den USA in deutscher Übersetzung erschien und die er wegen der „transparenten Methodik“ und dem „Anschluß an große Theoriebildungen“ (ebd.) würdigt.

6.1.3 „Hermeneutische“ Integration

Neben den oben skizzierten Entwürfen einer „integrativen“ und „dialogischen“ Religionspsychologie hat Theißen eine „hermeneutisch“ (Theissen 1983, 49ff) orientierte Religionspsychologie entwickelt und auf die das Christentum prägende Theologie des Apostels Paulus angewandt. Um der Gefahr eines psychologisch einseitigen Zugangs zu begegnen, wählte Theißen drei verschiedene psychologische Erklärungsmodelle der Religion: das lerntheoretische, das psychodynamische, und das kognitive. Nachdem er relevante, religionsbezogene Aspekte dieser Theorien zusammengestellt hat, problematisiert er die „hermeneutische Integration der drei Ansätze“ (ebd., 49ff) insofern, als sich „eine hermeneutische Religionspsychologie … besonders auf kognitive Ansätze stützen und lerntheoretische und psychodynamische Ansätze in kognitiver Modifikation aufgreifen“ müsse (ebd.). Damit erhält die kognitive Theorie H. Thomaes eine zentrale Bedeutung in Theißens Ansatz, indem er versucht, „Religion erstens als Beitrag zum Aufbau einer ‚gedeuteten Welt‘ zu betrachten und zweitens einzelne Deutungstechniken als aktive Auseinandersetzungen mit der Umwelt zu beschreiben“ (ebd., 39). Dabei könne sie sich verschiedener psychologischer Erklärungsmodelle bedienen, ohne deren Prämissen in jeder Hinsicht zu übernehmen. Auch für mich stellt diese Persönlichkeitslehre einen für religionspsychologische Fragestellungen geeigneten Rahmen dar (vgl. Kapitel 2.5.4).

Mit Recht mußte sich Theißen aber auch vorwerfen lassen, „wie sich dieses etwas selektive Verfahren mit dem Erklärungsanspruch solcher Modelle verträgt, die einander ja meistens ausschließen – etwa das psychodynamische und das kognitive“ (Weder 1988, 59). Trotz eines vielversprechenden Ansatzes gelingt es Theißen nicht, Kriterien eines methodisch begründeten Integrationsverfahrens anstelle seiner stark biographisch gefärbten Vorgehensweise zu entwickeln und danach vorzugehen. Im Vorwort benennt Theißen einige Stationen seines bisherigen Lebensweges und beschreibt das Kennenlernen unterschiedlicher psychologischer Strömungen an verschiedenen Wohnorten und deren Einfluß auf seine Arbeit. Die größte Bedeutung hat darin die „von H.Thomae vertretene Synthese geisteswissenschaftlicher und moderner theoretischer Ansätze in der Psychologie, die für diese Arbeit Vorbild gewesen ist“ (Theißen 1983, 5), weil er ihm schon in seiner frühen Studienzeit begegnet sei. Der Grund für die Verwendung der Methodik Thomaes ist somit zufälliger und nicht systematischer Natur.

6.1.4 „Anthropologische“ Integration

Eine „anthropologische Lösung für die Spannung zwischen Psychologie und Theologie“ hat Vande Kemp vorgeschlagen. Zunächst referiert sie in ihrem Aufsatz einige psychologische Entwürfe, in der die Seele als Gegenstand der Psychologie rehabilitiert wurde. Dem klassischen Behaviorismus spricht sie ab, als Psychologie bezeichnet werden zu dürfen: „Betrachtet man den Verlust der Seele in der Psychologie, könnte es angemessen sein, mit Watson ... unsere Wissenschaft in ‚Thymotologie‘ umzubenennen, weil diese eher am Denken, der Emotion und dem Bewußtsein beteiligt ist als an der unsterblichen Seele“ (Vande Kemp 1982, 205). Insbesondere die Tiefenpsychologie und die transpersonale Psychologie haben dazu beigetragen, „einen spirituellen Bereich jenseits des Physikalisch-Materiellen zu behaupten, der in einer definitiven Anthropologie enthalten sein muß“ („affirm something beyond the physical, a realm of the spiritual, which must be included in a definitive anthropology“) (Vande Kemp 1982, 207). Aufbauend auf Einsichten dieser Forschungsrichtungen fordert Vande Kemp „eine neue Trichonomie“ von Körper, Seele und Geist. Die Verbindung zum Körper als ganzheitliche Erfahrung werde durch eine „spiritualisierte (‚spirited‘) Psychologie und beseelte (‚ensouled‘) Theologie“ ermöglicht (ebd., 207f). In einer pointierten Stellungnahme zur seit einigen Jahren populären Religionspsychologie Drewermanns hat sich Wachinger (1985) mit ähnlicher Aussageabsicht „gegen eine seelenlose Theologie und gegen eine gottlose Psychologie“ gewandt.

Die zentrale Aufgabe einer anthropologischen Religionspsychologie sieht Vande Kemp darin, „weder eine ‚christliche Psychologie‘ zu konstruieren, die vollständig auf biblischer Anthropologie gründet, weil diese die bereichernden Aspekte der Psyche ausläßt, noch eine psychologisch verfeinerte Theologie zu entwerfen, weil diese den einzigartigen Bereich der Seelsorge ignorieren würde ... Die Weisheit der Mystiker und die Einsichten der Tiefenpsychologen holen jede Seite zurück von einer reduktionistischen Perspektive, die dem anderen keinen Raum läßt, zu einer Beziehung in gegenseitigem Respekt und Kooperation“ zu gelangen (ebd., 210f). Diese ausgewogene Argumentation weist auf das auszutarierende Gleichgewicht zwischen den Gegensätzen von Psychologie und Theologie hin. Wie allerdings ein derartiges, wünschenswertes Beziehungsverhältnis von „gegenseitigem Respekt und Kooperation“ aufgebaut werden kann und Verständigungen über Gemeinsamkeiten, Unterschiede und Grenzen eines psychologischen bzw. theologischen Zugangs zur Religiosität erzielt werden können, thematisiert auch Vande Kemp nicht.

6.1.5 „Theologische" Religionspsychologie

Von verschiedenen Seiten wurde wiederholt eine „theologische Religionspsychologie" gefordert und entwickelt, in der zentrale theologische Konzepte im Zusammenhang psychologischer Theoriebildung betrachtet werden (vgl. z.B. Werbick 1983; Schneider-Flume 1985; Schreiner 1992, bes. 185–191; Berkel 1984, 198f; Wahl 1988, 42; Scharfenberg 1990, 143ff; Spilka & Bridges 1989). Neben der psychologischen Untersuchung theologischer Theorien ist auch eine theologische Untersuchung psychologischer Theorien möglich und sinnvoll, wovon die vieldiskutierte theologische Anthropologie von Pannenberg (1983) oder die Analyse der religiösen Dimensionen moderner psychologischer Paradigmen von Browning (1987) zeugen. Während die wissenschaftliche Einseitigkeit der Psychologie zu mangelnder Alltagsrelevanz, Realitätsferne und „Ohnmacht" geführt habe, findet Berkel „wesentliche Vorstellungen und Begriffe der christlichen Theologie für das Verstehen, die Erklärung und Beeinflussung menschlichen Erlebens und Verhaltens ... ebenso wichtig und wegweisend" (Berkel 1984, 199) wie Einsichten der Psychologie. Deshalb richtet er einen „Appell an die Psychologie, ihr begriffliches und methodisches Inventar unter dieser Hinsicht zu überdenken und auf theologische Fragestellungen hin aufzuschließen" (ebd., 198). Eine derartige Berücksichtigung spiritueller Themen hat in der humanistischen und insbesondere der Transpersonalen Psychologie in der Tat in den letzten Jahren vermehrt stattgefunden, womit keine theologische, wohl aber eine „spirituelle Psychologie" (vgl. Hardy 1979; Grof 1990; Scharfetter 1992; Wit 1993; zur Unterscheidung von Religiosität und Spiritualität vgl. Kapitel 3.2) Konturen gewinnt.

Eine „theologisch geprägte Persönlichkeitstheorie" versuchte Schreiner (1992, 185) zu entwerfen, indem er in Übernahme psychoanalytisch herausgearbeiteter „vier affektiver Bereiche der Primärbeziehung ... diese um die transzendentale Dimension" (ebd., 184) ergänzte. Die tiefenpsychologische Definition des Selbst habe „aus theologischer Perspektive ein entscheidendes Defizit: das Selbst in seinem Verhältnis zu Gott bleibt unberücksichtigt. Zu der personalen Ganzheit gehört (aber) nach christlich-theologischem Verständnis konstitutiv die Offenheit des Menschen für die religiöse Dimension" (ebd., 183). Schreiner verbindet empirisch erwiesene Sachverhalte mit einer theologischen Deutung, indem er die Einsichten der psychoanalytischen Entwicklungspsychologie für die theologische Anthropologie fruchtbar macht. Die für den Säugling lebensnotwendigen affektiven Grunderfahrungen von Aufgehobenheit, Versorgtsein, Vertrauen und Anerkennung stellen für Schreiner „strukturelle Wurzeln" der Religiosität dar. Schreiner bezieht sich bei dieser Terminologie auf den Entwurf von Knapp (1988). Als „empirisch nachweisbare Erfahrungen der transzendentalen Dimension begründen sie das Gemüt" (ebd., 185). Mit dieser Folgerung überschreitet Schreiner die Grenze von der Empirie zur Ontologie und vermischt damit wissenschaftstheoretische Ebenen und Vorgehensweisen (zu den Folgen einer derartigen Vermischung vgl. das Kapitel 4.2).

Anregungen für eine derartig einseitige Verknüpfung von Psychologie und Theologie erhielt Schreiner von seinem Lehrer Fraas, der in seiner Religionspsychologie eine „theologische Religionspsychologie" (Fraas 1990, 24 u. 26) fordert, welche die zahllosen psychologischen „Teiltheorien unter allgemeine anthropologische Leitgedanken stellt. ... Wenn die sozialwissenschaftliche Fragestellung sich auf die Entstehungszusammenhänge, die Verwirklichungsprozesse menschlichen Lebens bezieht, so fragt die Theologie nach dem Möglichkeitsgrund des menschlichen Lebens im transzendentalen Sinn" (ebd., 81). Nach Fraas stehen Theologie und empirische Sozialwissenschaften „in einem durch die Sachverhalte vorgegebenen unauflöslichen Zusammenhang, innerhalb dessen sie je einen anderen Aspekt des Sachverhalts betrachten: die Sozialwissenschaften betrachten die Aspekte des Sachverhalts als solchen, die Theologie die Dimension der Bedingungen, unter denen der Sachverhalt überhaupt ‚da' ist" (ebd., 82). Es müsse „eine Vermittlung zwischen theologischem Argumentationszusammenhang und empirisch-sozialwissenschaftlicher Erfahrungsebene möglich sein, es müssen beide Ebenen integrativ betrachtet werden" (ebd., 35). Der Denkansatz der christlichen Theologie schlägt für Fraas „mit dem Gedanken von der Menschwerdung Gottes selbst die Brücke zwischen beiden Bereichen und bietet damit die Grundlage einer integrativen Betrachtungsweise ... Beide Aspekte sind aufeinander bezogen als Ermöglichung (Wirken Gottes) und Verwirklichung (psychosoziale Lebensbedingungen) und vermögen sich gegenseitig zu kritisieren und zu befruchten" (ebd., 35f).

Fraas ist zuzustimmen, wenn er wiederholt auf die Abhängigkeit psychologischer Erkenntnisse von ontologischen Leitbegriffen hinweist (ebd., 27, 33, 66 u.ö.) und der Theorie des religiösen Urteils von Oser eine Vermischung von strukturellen und inhaltlichen Elementen vorwirft (ebd., 66). Daß ein empirisches Ergebnis von der Konstruktion des psychologischen Modells und der gewählten Untersuchungsmethode abhängt, ist in der psychologischen Wissenschaftstheorie eingehend erörtert worden (vgl. dazu das Kapitel 2.2). Allerdings unterläuft Fraas' „transzendentaler Persönlichkeitstheorie" (ebd., 33) eine andere Grenzüberschreitung, indem religionsphilosophische Hypothesen empirisch überprüft und belegt werden sollen. Der Gegenstandsbereich der empirischen Forschung wird weit überzogen, wenn eine „metapsychologische Theorie" (ebd., 85) entworfen wird, die versucht, „die empirisch-kausale Frage nach der Konstitution der Persönlichkeit auf die Frage nach deren Voraussetzungen zu sprengen (transzendentale Fragestellung)" und „nach dem Ermöglichungsgrund von Identität überhaupt" (ebd., 102) fragt. Diese Fragen gehören nicht zum Arbeitsbereich einer empirischen Sozialwissenschaft und können von dieser nur spekulativ beantwortet werden. Fraas' Ausführungen (ebd., 85–156) nehmen bei dieser Fragestellung deshalb besonders in dem systematischen Teil B seines Werks religionsphilosophischen Argumentationscharakter mit theologischem Standpunkt an, so daß zumindest dieser Teil nicht „Religionspsychologie", sondern „christliche Religionsphilosophie" benannt werden müßte.

Die von Fraas gewünschte Religionspsychologie mit theologischer Theoriebildung entspricht gerade nicht der Vorstellung einer gleichgewichtigen Partnerschaft bei gegenseitiger Korrektur, sondern einer Vorherrschaft der Theologie mit einer Hilfsfunktion der Psychologie. Wenn die Theologie „die psychologischen Meta-Theorien daraufhin zu befragen (hat), ob ihr Rahmen, in dem sie das empirische Material deutet, die theologisch-anthropologischen Prämissen nicht ausschließt“ (ebd., 37), ist dieses Verhältnis kaum als ein „Wechselgespräch“ (ebd.) vorstellbar, sondern eher als gegenseitige Kontrolle. Auf mögliche Gründe dafür weist Wahl (1988, 42) hin: „Eine verunsicherte Theologie, die dennoch von gleichberechtigter anthropologischer Kooperation mit der Tiefenpsychologie spricht, anerkennt zwar deren kritische Funktion; sie muß aber im defensiven Gegenzug sogleich auf ihre eigene, theologische Kritik gegenüber den Sinn- und Transzendenz-Defiziten und den Grenzüberschreitungen der Tiefenpsychologie pochen. Was nach dem Modell sich partiell überschneidender Kreise scheinklar abgegrenzt wird, um einer wechselseitigen ‚Ideologiekritik‘ Platz zu geben, erweist sich oft als unreflektiertes Abwehr- und Schutzmanöver“.

Mit dieser Kritik soll nicht die sinnvolle Möglichkeit der Konstituierung einer theologischen Religionspsychologie in Abrede gestellt werden, denn das Fehlen einer „theologisch konzipierten Religionspsychologie und Symboltheorie“ (Wahl 1988, 42; vgl. auch Scharfenberg 1990, 143ff und Wahl 1990) wurde mehrfach bemängelt und als Desiderat angesehen. Erhebt sie aber den Anspruch einer psychologischen Theorie, muß sie der Vorgehensweise der empirischen Wissenschaftstheorie folgen.

Ein gelungenes Beispiel einer wissenschaftstheoretisch differenzierenden Konzeption und Durchführung einer „theologischen Religionspsychologie“ hat Spilka (Spilka & Bridges 1989) vorgelegt, der einige moderne Theologien auf ihren psychologischen Gehalt hin untersucht hat. In einer empirischen Studie haben daraufhin Spilka und Mullin (1991) diese theologischen Aussagen in empirische Hypothesen übersetzt und getestet.

6.2 Die schwierige Kooperation zwischen Psychologie und Theologie

Schauplatz und Austragungsort einer Klärung der eminent wichtigen Grundsatzfrage des Verhältnisses zwischen Psychologie und Theologie sollte – wie von Spilka durchgeführt – der methodische Rahmen der (Religions-) Psychologie sein. In der religionspsychologischen Forschung wurde das Problem einer Zusammenschau von Psychologie und Theologie konzeptionell unterschiedlich gelöst, deren wichtigste Lösungsmodelle im folgenden referiert werden.

Übereinstimmend fassen die meisten (theologischen) Referenten zusammen, daß „die Kooperation der Theologie mit Humanwissenschaften … bislang selten gelungen“ (Frey 1979, 108) sei. Frey (1979, 95–109) fand „selektive Auswahl“, „Scheindialoge“ und „Ergänzungsstrategien“ als die vorrangig gewählten „Gesprächsformen“ zwischen diesen beiden Disziplinen. „Ein erst zu bewährendes Modell kritischer Solidarität“ (ebd., 102ff) fordert Frey, in dem „aspekthaft“

(ebd., 105) die unterschiedlichen Erkenntnisse zusammengetragen und ergänzt werden. Frey plädiert für einen fortzuführenden Dialog, der „beiden Seiten hilft, etwas zu geben und vom anderen zu nehmen" (ebd., 254), wobei als Voraussetzung beide Disziplinen im Wirklichkeitsbegriff korrespondieren müßten, bei dem sowohl in psychologischer als auch theologischer Hinsicht „der Mensch Antwort ist auf eine Frage, die wir noch nicht hinreichend kennen" (ebd.).

6.2.1 Das Integrationsmodell von Mette und Steinkamp

Ein im deutschsprachigen Bereich weitverbreitetes und oft angewandtes Integrationsmodell zwischen Psychologie und Theologie wurde 1983 von Mette und Steinkamp publiziert (vgl. als jüngstes Beispiel für seine Verwendung die Dissertationen von Plieth 1994 und Sons 1995). Es zeichnet sich dadurch aus, daß darin das Verhältnis zwischen (Praktischer) Theologie und Sozialwissenschaften „formalisiert … in ein analytisches Schema gebracht" (Mette & Steinkamp 1983, 164) wurde, währenddessen frühere Modelle sich Bildern und Analogien bedienten, deren „einzelnen Schemata unterschiedliche normative Vorstellungen zugrunde lagen" (ebd. ,165). Im Vorwort zu einer Aufsatzsammlung zu diesem Thema unterscheiden Läpple und Scharfenberg (1977) Zeitepochen des sich ändernden Beziehungsverhältnisses zwischen Psychotherapie und Seelsorge und stellen diesen als „einen Entwicklungsprozeß von einer ‚unreifen' (‚Streit') zu einer ‚reifen' Beziehung (‚Kooperation') dar" (Mette & Steinkamp 1983, 165). Fokussiert hat Scharfenberg (1982) diese Sichtweise mit seinen vielbeachteten „Loccumer Thesen" zum Verhältnis von Seelsorge und Psychologie, dessen Verhältnis er in den Modellen „Kampf", „Abgrenzung", „Kooperation", „philosophische Vermittlung" und „gegenseitige Kritik" zusammenfaßt. Formalisiert hat er diese Modelle insofern, als er auf die Vorteile und die Nachteile jedes Modells thesenartig hinweist.

In ihrem Modell unterscheiden Mette und Steinkamp vier verschiedene „Paradigmen". Das „Ancilla-Paradigma" – eine Diszplin dominiert über die andere – existiert gegenseitig: entweder filtert ein theologisches Vorverständnis die Psychologie (ganz gemäß der jahrhundertealten theologischen Tradition „auf die Beziehung zur scholastischen Philosophie hin formuliert: diese sei die Magd der Theologie" (ebd., 166).), wodurch „alle Erkenntnisse der Humanwissenschaften … aus der Interessens-Perspektive des Dogmas selektiert" (ebd.) werden; oder aber sozialwissenschaftliche Methoden werden „aus den Humanwissenschaften übernommen und für theologische bzw. kirchliche Zwecke nutzbar gemacht" (ebd., 167).

Während der oftmals faszinierten theologischen Rezeption humanwissenschaftlicher, speziell psychologischer Theorien ergab sich die paradoxe Situation, daß „die Theologie in den Werten des fremden Wissensbestandes, der fremden Methode vergessene Bestandteile ihrer eigenen jüdisch-christlichen Tradition wiederentdeckte" (ebd., 168), was Mette und Steinkamp das „Fremdprophetie-Paradigma" bezeichnen – bereichernde „Offenbarung" von „Fremden".

Das „Paradigma konvergierender Optionen“ bezeichnet eine von diesen Autoren favorisierte Weise gemeinschaftlicher Arbeit, bei der sich insbesondere „die Wissenschaftler bei der Konstruktion bzw. Kombination interdisziplinärer Wissensbestände der beiderseitigen erkenntnisleitenden Interessen vergewissern und die Selektion des ‚fremden‘ Wissensbestandes auf der Basis … kompatibler (= konvergierender) Optionen erfolgt“ (ebd., 170). Die hier ausgesprochene Forderung nach einer Verständigung über die Forschungsinteressen beider Zugangsweisen entspricht dem in Kapitel 4.2 dargestellten wissenschaftstheoretischen Grundsatz nach Eingrenzung und Bestimmung des Forschungsgegenstandes.

Mette und Steinkamp haben den gegenwärtig existierenden Forschungsdialog zwischen der deutschsprachigen Theologie und Psychologie formalisiert, nicht aber alle möglichen Paradigmen der Zusammenarbeit skizziert. Unter Umdrehung des „Ancilla-Paradigmas“ wäre es beispielsweise auch vorstellbar, daß mit einem psychologischen Vorverständnis an die Theologie herangetreten würde und diese Zusammenstellung in einer einseitigen, psychologisch-willkürlichen Weltanschauung endete. Ein Blick auf die amerikanische Integrationsforschung bietet weiterführende Ansätze.

6.2.2 Religionspsychologische Integrationsforschung in den USA

Umfassendere und systematischere Integrationsmodelle zwischen Psychologie und Theologie sind vor allem in der amerikanischen Forschung entstanden, weil dort weniger Berührungsängste zwischen Psychologen und Theologen existieren, zahlreiche psychologische Lehrstühle an theologischen Fakultäten angegliedert sind und sich seit fast 20 Jahren eine ständig wachsende Arbeitsgruppe als Sektion forschender Religionspsychologen im amerikanischen Psychologenverband APA etabliert hat. Diese Sektion 36 („Division 36“) in der APA geht auf eine schon 1948 gegründete Vereinigung von katholischen Psychologen in den USA zurück, der es um eine konstruktive Zusammenarbeit zwischen Fundamentaltheologie und Psychologie ging (vgl. Staudt Sexton 1991, 38). Diese Kerngruppierung beschloß, ihr Anliegen durch eine Ausweitung ihrer Gesellschaft in den ökumenischen Kontext zu stellen und zu vertiefen. Die sich nun unter dem Namen „PIRI“ formierte Forschergruppe – „Psychologists Interested in Religious Issues“ – wurde 1976 als eigenständige Sektion von der APA anerkannt und hat ihren Namen 1992 in „Psychology of Religion“ geändert. Als Ziele dieser Arbeitsgruppe wurden genannt: „to encourage and accelerate research, theory, and practice in the psychology of religion and related areas, and to facilitate the dissemination of data on religious and allied issues, and the integration of these data with current psychological research, theory and practice“ (aus dem Programmheft der Sektionstagung in New York vom 11.–14. August 1995). Der vierteljährlich erscheinende „Newsletter“ dient als Kommunikationsplattform dieser Sektion und berichtet über Forschungsprojekte, Kongresse, Workshops, Seminare etc. mit religionspsychologisch relevanten Themen.

Wie die Verteilung in dieser Gruppe zwischen konservativ-evangelikalen und liberal-religionspluralistischen Forschern verteilt ist, entzieht sich leider meiner Kenntnis. Zu beachten ist, daß die Bezeichnung „evangelikal" nicht wie im deutschsprachigen Bereich eine Zuordnung in Sektennähe bedeutet, sondern eine sachlich-theologische Standortbestimmung beinhaltet. Offenkundig herrschen in den USA zwischen diesen beiden Polen weniger Berührungsängste als in Europa, weil auch die evangelikalen Forscher wissenschaftliche Reputationen vorzuweisen haben und beispielsweise den Vorsitz der Sektion 36 übernommen haben. Besonders die Integration von Psychologie und Theologie ist ein Anliegen der evangelikalen Forscher. So versteht sich die von der evangelikal geprägten Biola-Universität herausgegebene Zeitschrift *Journal for Psychology and Theology* laut Untertitel als „An Evangelical Forum for the Integration of Psychology and Theology". In der von Malony (1991) herausgegebenen religionspsychologischen „Retroperspektive" (Klappentext) halten sich jedenfalls Forscher beider Provenienzen die Waage und vermitteln ein Bild friedlicher Koexistenz, wohingegen der deutschsprachige Bereich noch weithin von gegenseitiger Polemik und Ignoranz bestimmt ist; vgl. z.B. Scharfenbergs (1990, 146) rigorose Kritik an der evangelikalen Pastoralpsychologie (ähnlich Stollberg 1992, 267f). Im Gegenzug haben die beiden bekanntesten evangelikalen Integrationsansätze (Dieterich 1989: BTS – „biblisch-therapeutische Seelsorge"; Hübner 1990: „IGNIS" – „Christliche Psychologie"; vgl. dazu Plieth 1994 und Sons 1995) die jahrzehntelangen Bemühungen und Entwürfe einer Zusammenarbeit von Seelsorge und Psychotherapie durch die kirchliche Pastoralpsychologie bisher ignoriert, obwohl viele Überschneidungen mit ihnen vorliegen (vgl. Stollberg ebd.).

Worthington (1994) hat in einem Rückblick über 20 Jahre Integrationsbemühungen zwischen Psychologie und Theologie drei Phasen unterschieden. Die ersten Jahren seien durch unsystematisches und rudimentäres Arbeiten gekennzeichnet gewesen. Mit ähnlicher Beurteilung überschrieb Collins (1983/1991) einen Rückblick über „eine Dekade der Integration" mit „Moving through the Jungle", um die unstrukturierte Vielfalt der Integrationsansätze zu Beginn der Integrationsforschung zu kennzeichnen. In diesem Aufsatz fordert er eine deutlichere Klarstellung hinsichtlich der Ziele bei der Integration, des eigenen theologischen und wissenschaftstheoretischen Standpunkts sowie der praktischen Relevanz dieser Arbeit. Nach Worthington ist 1973 mit der Begründung des *Journal of Psychology and Theology* ein Publikationsforum entstanden, aus dem in der „zweiten Phase" von 1975 bis 1982 profilierte Integrationsmodelle hervorgegangen seien. Herausgegeben wird diese Zeitschrift von der „Rosemead School of Psychology" an der Biola-Universität, La Mirada, Kalifornien (USA) mit dem Ziel, „to communicate recent scholar thinking on the interrelationships of psychological and theological concepts" (Klappentext). Diese würden nun in der dritten Phase seit 1982 ausgeführt und vertieft.

In der Tat: Waren im 1980er Jahrgang dieser Zeitschrift 12% der Aufsätze empirische Untersuchungen, so betrug deren Anteil 1985 43% (laut dem Rückblick von Foster, Horn & Watson 1988, 5), was der empirischen Überprüfung der zuvor entwickelten Modelle diente. Neben der interdisziplinären Integration differenzierte Worthington mehrere Formen der intradisziplinären Integration durch theologische Bearbeitung psychologischer Problemstellungen. Zunächst nannte er eine „analytische Untersuchung von säkularen Theorien und Konzepten aus einer christlichen Perspektive“ (Worthington 1994, 80) als vielfach praktizierte Integrationsform und bezeichnete als eines der besten Beispiele die kürzlich erschienene, laut Untertitel „umfassende christliche Einschätzung“ „moderner Psychotherapien von Jones und Butman (1991). Eine weitere intradisziplinäre Integration beschäftige sich mit dem christlichen Standpunkt zu psychologischen Entwicklungsaufgaben – so zum Selbstwertgefühl oder zur Elternrolle. Weiterhin seien zahlreiche christlich orientierte Psychotherapien entwickelt worden.

6.2.3 Die Integrationsmodelle von Carter und Farnsworth

Die am häufigsten zitierten Integrationsmodelle in den USA stammen von Carter (Carter 1977; Carter & Narramore 1979) und Farnsworth (1982) und werden nun im folgenden referiert. Carter bestimmte das Verhältnis der Psychologie zur Religion vierfach (Carter 1977/1991, 436ff, Carter & Narramore 1979. Eine gute Zusammenfassung dieser Vier-Felder-Typologie bietet Ouweneel 1993, 25ff.):
1. Psychologie gegen Religion (*szientistisches* Modell),
2. Psychologie der Religion (*biblizistisches* Modell),
3. Psychologie ähnelt („parallels „) der Religion (*dualistisches* Modell),
4. Psychologie integriert die Religion (*integrationistisches* Modell).

Das *szientistische* Modell („Psychology against Religion“) geht davon aus, daß eine wissenschaftliche Methode das einzig angemessene Mittel zur Wahrheitsfindung darstellt und die wissenschaftliche Psychologie Lösungen für individuelle Probleme bietet; die Religion hingegen wird als einengend und entwicklungshemmend angesehen. Carter führt als Beispiele Ellis und Freud an.

Im *biblizistischen* Modell („Psychology of Religion“) wird der Mensch als ein spirituell-moralisches Wesen angesehen. Diejenige Religion, Technologie, Wissenschaft oder Gesellschaft, die die spirituelle Natur des Menschen leugnet, fördert hiernach pathologische Entwicklungen. „Gute“ Psychologie vermag die gültigen Einsichten der Religion in psychologische Terminologie zu übersetzen und zu nutzen. Beispiele: Fromm und Jung.

Das *dualistische* Modell („Psychology parallels Religion“) geht von zwei separaten Wirklichkeitsbereichen aus; der eine ist der wissenschaftlich-erforschbare des Seelischen, der andere der „nur“ erfahrbare des Spirituellen. In diesem Modell sind Religion und Psychologie nicht miteinander verbunden, sie existieren nebeneinander. Weil keine Interaktionen zwischen ihnen stattfinden, gibt es auch keine Konflikte.

Das *integrationistische* Modell („Psychology integrates Religion“) setzt einen umfassenden, einheitsstiftenden Wahrheitsbegriff voraus. Carter gebraucht dazu die prägnante Formel: „Jede Wahrheit ist Gottes Wahrheit ... Gott setzt sowohl die Offenbarung als auch die menschliche Vernunft ein, weil alle Wahrheiten in der einen Wahrheit Gottes zusammenlaufen und ein gemeinsames Ganzes bilden“ (Carter 1977/1991, 43). Die wahren und damit validen Prinzipien der Religion und der Psychologie harmonieren miteinander und bilden hier eine Einheit. Zwar könne die Religion in ihrer gesellschaftlichen Funktion pathologische Züge annehmen, in ihrer eigentlichen, „intrinsischen Natur" sei sie es aber nicht. Echte religiöse Erfahrungen könnten sich hilfreich auf die Bewältigung und Überwindung von Schmerzen und Lebenskrisen auswirken sowie den persönlichen Reifungsprozeß fördern. Die vier von Carter entwickelten Modelle können folgendermaßen veranschaulicht werden (vgl. Abb. 12, entnommen aus Ouweneel, abgedruckt mit freundlicher Genehmigung von Christliche Literatur-Verbreitung):

Abb. 12: Vier Modelle über das Verhältnis zwischen Psychologie (Ps) und Theologie (Th)
^{M}GP: Menschenkenntnis hinsichtlich des geistlichen (G) und psychischen (P) Lebens

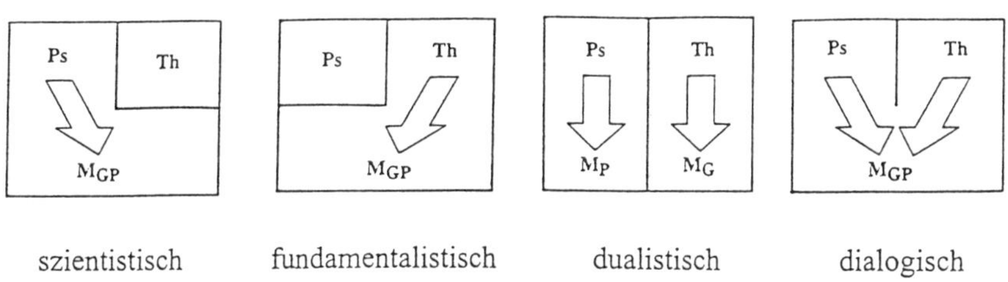

An diesen Skizzen wird deutlich, daß sowohl im szientistischen als auch biblizistischen Modell ein Wirklichkeitsbereich verabsolutiert wird und die komplementäre, antithetische Dimension isoliert und ignoriert wird. Wie im dualistischen Modell wird eine Spaltung der Wirklichkeit vorgenommen, wobei in den beiden erstgenannten die Separation noch erheblicher ist, weil im Modell überhaupt keine Berührungspunkte zwischen den beiden Wirklichkeitsbereichen der Theologie und Psychologie vorkommen. Nur das integrationistische Modell geht von einem „ontologischen Monismus" der „einen Wirklichkeit" aus. Eine Mittelposition nimmt das dualistische Modell ein, wo die beiden Wirklichkeitsbereiche zwar auch getrennt sind, aber eine gemeinsame Basis im Menschen besitzen, weil sich die geistlich-spirituelle und psychische Dimension des Menschen (MGP) nur in einzigartiger Lebensweise und Alltagsgestaltung verwirklichen läßt.

In einer profunden Kritik an diesem und anderen gängigen Integrationsmodellen weist Clinton (1990) ihnen die Abhängigkeit von dem dualistischen Weltbild des amerikanischen Theologen Richard Niebuhr (1951) nach, der fünf christliche Haltungen in ihrer Beziehung zur nicht-christlichen Kultur beschrieben hat. Dabei setze Niebuhr voraus, daß sich „die christliche und die säkulare Weltanschauung widersprechen und deshalb unterschiedliche metaphysische Bereiche umfassen. Eine Integration bedeutet also, entweder die eine oder die andere Weltsicht zu bevorzugen. Eigentlich ist es nicht nötig, der Psychologie und der

Theologie unterschiedliche metaphysische Grundlagen zuzuordnen" (Clinton 1990, 19). Als Alternative zu Niebuhrs dualistischem Modell skizziert Clinton ein „grundlegendes Integrationsmodell" („The foundational integration model") auf der Basis eines „theistischen Realismus'" (Clinton 1990a, 119). Die hier auftretende Grundsatzentscheidung zwischen einem metaphysisch-religiösen Dualismus oder einem ontologischen Monismus wird in Kapitel 4.5 dahingehend beantwortet, daß die anthropologisch aufzuweisende Trennung des Menschen eine Entwicklungsaufgabe für ihn darstellt. Im Gleichgewicht eines Aushaltens des „Getrenntseins in Bezogenheit" kann der Gegensatz von Dualismus und Monismus überschritten werden.

In einem vielbeachteten Aufsatz hat Farnsworth (1982) eine Methode erarbeitet, in der die Grundlagen einer „Durchführung der Integration" von psychologischen mit theologischen Fakten näher beleuchtet werden. Die fünf von Farnsworth erarbeiteten Kategorien wurden einer Metaanalyse über Integrationsmodelle in den USA zugrunde gelegt (vgl. Foster, Horn & Watson 1988). Ausgangspunkt von Farnsworth ist die schon oben erwähnte Formel des Wahrheitsprimats: „Alle Wahrheit ist Gottes Wahrheit – ganz gleich, ob sie aus wissenschaftlichen Daten oder Bibelversen besteht" (Farnsworth 1982, 310). Gottes Wahrheiten offenbaren sich nach Farnsworth dreifach: unter propositionaler Offenbarung versteht er die direkte Vermittlung einer göttlichen Wahrheit durch biblische Texte; die existentielle Offenbarung umfaßt subjektive Phänomene wie Gefühle, die psychologisch untersucht werden können und religiöse Erlebnisse, die theologisch gedeutet werden können; bei der natürlichen Offenbarung werde Gottes Wahrheit durch (zwischen)menschliches Verhalten und Situationen enthüllt (vgl. ebd., 311). Eine häufige Verwirrung entsteht nach Farnsworth deswegen, weil Untersuchungsebenen beim Integrationsprozeß verwechselt und vermischt würden. Er unterscheidet die Ebenen der Daten und die der Interpretation. Für Farnsworth ist die primäre Datenbasis der Theologie die Bibel, die der Psychologie die menschliche Person. Beide Bereiche müßten strikt getrennt werden: „Wir können weder die Bibel und die Person (Daten und Daten) noch die Bibel und die Psychologie (Daten und Interpretation) integrieren, sondern nur Psychologie und Theologie (Interpretation und Interpretation)" (ebd.). Erst eine Integration auf der Interpretationsebene erlaube eine sachangemessene und ausgewogene Zusammenarbeit, die ganzheitliche Ergebnisse ermögliche.

Unter Anwendung dieser Ebenen gelingt es Farnsworth, bei der Diskussion der vorhandenen Integrationsmodelle zwischen Psychologie und Theologie diese grundsätzlich auf zwei unterschiedliche Beziehungsverhältnisse zu reduzieren: auf Modelle der Manipulation oder der Korrelation. Manipulationsmodelle versuchen, psychologische oder theologische Fakten unter die eigene Sichtweise zu subsumieren, Korrelationsmodelle rücken die Ergänzung oder Komplementarität von psychologischen und theologischen Fakten in den Vordergrund. Im einzelnen differenziert Farnsworth fünf Modelle, drei der Manipulation (Glaubwürdigkeit, Umkehrbarkeit, Anpaßbarkeit) und zwei der Korrelation (Entsprechung und Ergänzung).

Das „Glaubwürdigkeitsmodell" („Credibility Model") filtert die säkularen Einsichten durch die Bibel. Umgedreht filtert das „Umkehrungsmodell" („Convertibility Model") die theologischen Fakten durch die seelische Erfahrung – was ihr nicht entspricht, wird zurückgewiesen. Bei dem „Anpaßbarkeitsmodell" („Compatibility Model") liegt der Schwerpunkt auf der gegenseitigen Reinterpretation der Fakten: psychologische Einsichten werden theologisch bearbeitet und gedeutet („Conformability A"), oder theologische Einsichten werden psychologisch untersucht und gedeutet („Conformability B").

Die beiden korrelationalen Integrationsmodelle umfassen das „Entsprechungsmodell" („Compatibility Model"), das den Schwerpunkt darauf legt, die konsistenten psychologischen und theologischen Fakten zu identifizieren, und das „Ergänzungsmodell" („Complementarity Model"), bei dem eine feindliche Gegenüberstellung der beiden Disziplinen dadurch vermieden wird, daß beide auf unterschiedlichen Niveaus angesiedelt werden. Die allgemeinere, grundsätzlichere Ebene umfaßt hierbei die Theologie, während die Psychologie anwendungsbezogene Themen behandelt.

6.2.4 Ausgewogene Kooperation?

Mit einer interessanten Fragestellung haben nun Foster, Horn und Watson (1988) in einer Metaanalyse die Integrationsaufsätze, die in der Zeitschrift *Journal of Psychology und Theology* von 1980 bis 1985 veröffentlicht wurden, daraufhin untersucht, welchen Typus der von Farnsworth erarbeiteten Verbindungsmodelle diese Forscher gewählt haben. Das Ergebnis fiel überraschend eindeutig aus: 36% der Arbeiten verfuhren nach dem „Anpaßbarkeitsmodell A" (theologische Überarbeitung und Interpretation psychologischer Befunde aus christlicher Perspektive), 26% entsprachen dem „Anpaßbarkeitsmodell B" (psychologische Bearbeitung theologischer Fragestellungen); 30% der Forscher wandten das „Entsprechungsmodell" an; die restlichen 8% fielen auf das „Glaubwürdigkeitsmodell. Damit haben nahezu zwei Drittel der in diesem Journal publizierten Forschungen die Integration von psychologischen und theologischen Sachverhalten nach dem „Anpaßbarkeitsmodell" vorgenommen.

Was bedeutet dieses Ergebnis? Aus europäischer Sicht überrascht die offensichtlich hohe Übereinstimmung zwischen psychologischen und theologischen Tatbeständen, die amerikanische Psychologen (die in dieser Zeitschrift publizieren) in ihren Untersuchungen fanden. Daraus kann man entnehmen, daß bei vielen eine persönliche Affinität zu und innere Übereinstimmung mit theologischen Themen besteht. Integration bedeutet in den USA hauptsächlich, theologische Wahrheit der psychologischen Wirklichkeit anzupassen und vice versa.

Das deutschsprachige Forschungsgebiet weist demgegenüber eine größere Offenheit seitens der Theologie hinsichtlich psychologischer Fragestellungen auf als umgekehrt. Bisher sind Psychologen, die von einer spirituell-transpersonalen Wirklichkeit ausgehen und sich dieser mit Hilfe von theologischen, esoterischen oder philosophischen Modellen annähern, in der Minderzahl. Während aus der Perspektive der Theologie dankbar auf die entwicklungs-, sozial- und persönlichkeitspsychologischen Einsichten und therapeutischen Erfahrungen der Psychologie zurückgegriffen wird, ignorierte die deutschsprachige Psychologie bislang theologische Zusammenhänge. Dabei könnte auch für sie eine ernsthafte Dialogbereitschaft bedenkenswerte Erkenntnisse ergeben, wenn man beispielsweise an das Forschungsgebiet der theologischen Anthropologie, der Ethik oder an die Seelsorge denkt. Einer an der Spiritualität interessierten Wissenschaft bietet die Theologiegeschichte einen überreichen psychologischen Fundus. Die Seelsorge kann als ein Vorläufer der Psychotherapie angesehen werden, und ihre zahlreich und weit entwickelten Ansätze enthalten profunde psychologische Einsichten. Das seit Beginn der Religionspsychologie zentrale Forschungsgebiet der Konversion bietet gleichfalls zahlreiche interessante psychologische Anknüpfungspunkte, und andere Themenbereiche wie die Sozialpsychologie religiöser Kultveranstaltungen oder die persönlichkeitspsychologische Bedeutung und Funktion des Gebets eröffnen einzigartige Erlebens- und Verhaltensaspekte, die psychologisch nicht vernachlässigt werden sollten.

Von einer ausgewogenen Kooperation zwischen Psychologie und Theologie kann deshalb nicht gesprochen werden, weil die Psychologie sich bisher distanziert zu metaphysischen Fragestellungen verhalten hat. Das Ungleichgewicht scheint aber die Tendenz zu einer Tarierung einzunehmen, wenn man der Krise der Theologie (Säkularisierung, Mitgliederschwund, religiöser Pluralismus) beispielsweise das Erstarken der Transpersonalen Psychologie und der Religionspsychologie gegenüberstellt.

Aus europäischer Sicht wurden die amerikanischen Integrationsansätze dahingehend kritisiert, daß es ihnen eher um pragmatische Beschreibungen als um eine wissenschaftstheoretische Grundlegung der Religionspsychologie ginge. Deshalb hätten es diese Ansätze „nicht weiter als bis zu dem Versuch einer ‚Integration' gebracht … Was ihnen mangelt, ist ein radikal-christliches philosophisches Denken" (Ouweneel 1993, 34). Zuzustimmen ist Ouweneel hinsichtlich der Bemängelung einer Beschäftigung mit Grundfragen durch religionspsychologische Forscher, was zutrifft und auch Anlaß für vorliegende Arbeit war. Und sicher ist nur ein „radikal-christliches philosophisches Denken" in der Lage, die Basis für eine „Christliche Psychologie" zu bilden. Ouweneel hat folgerichtig die Konsequenzen daraus gezogen, daß empirisch überprüfbare Zusammenhänge von inhaltlichen Vorentscheidungen abhängen. Weil es in der Religionspsychologie aber nicht nur um die seelischen Auswirkungen christlicher Glaubensvollzüge gehen kann, sondern besonders die postmoderne Gesellschaft durch einen Religionspluralismus charakterisiert wird, erfordert die religionspsychologische Forschung eine inhaltliche Differenzierung und kann angemessen nur als Psychologie der christlichen, atheistischen, buddistischen, esoterischen, materialistischen, leiblichen etc. Spiritualität betrieben werden (vgl. dazu die Ausführungen in Kapitel 3.2).

Die wissenschaftstheoretischen Defizite werden aber auch zunehmend in der amerikanischen Religionspsychologie wahrgenommen und als Arbeitsaufgabe angesehen. So hat Hill bemängelt, daß „Versuche, wissenschaftliche Psychologie mit christlichem Denken zu integrieren, oft auf einer fehlerhaften Sicht des Wesens von Wissenschaft beruhen" (Hill 1989, 61). Hill stellt dem positivistischen und paradigmatischen Ansatz in der Wissenschaftstheorie einen „ontologischen Realismus" im Rückgriff auf die wissenschaftstheoretische Entwürfe von Polanyi (1985) und anderen entgegen (vgl. ebd., 65ff), der eine angemessene Grundlage für die religionspsycholgische Forschung liefern könne, weil dieser psychologisch-empirische Forschungsstrategien mit christlich-ontologischen Einsichten verbinde. Insgesamt ist dabei herauszustellen, daß die neuere Wissenschaftstheorie die Grundlegung einer Psychologie der Religiosität leichter ermöglicht als frühere Entwürfe.

Fazit: Die Vorarbeiten zu einer Kooperation zwischen Psychologie und Theologie sind ungleich fortgeschritten. Während die Theologie auf einen Dialog eingestellt ist und zahlreiche Anknüpfungspunkte mit psychologischer Relevanz vorweisen kann, stellt sich die Bereitschaft hinsichtlich einer Zusammenarbeit mit der Theologie seitens der Psychologie zurückhaltender dar. Allerdings eröffnet die moderne Wissenschaftstheorie gute Möglichkeiten, die spirituell-transpersonale Wirklichkeit psychologisch zu erforschen, und auch das verstärkte Forschungsinteresse in der Transpersonalen und Religionspsychologie deuten auf eine Veränderung hin.

Am ehesten gelingt es dem integrationistischen Verbindungsmodell (vgl. Abb. 12), eine unverkürzte Zusammenarbeit der Psychologie und der Theologie zu ermöglichen. Jede der beiden Sichtweisen, Erkenntnisinteressen und methodischen Voraussetzungen können bestehen bleiben, und beide können (idealiter) die Einsichten der Gegenseite respektieren und ihre eigenen Ergebnisse dadurch hinterfragen lassen.

6.3 Integration: synthetisch, komplementär, oder dialogisch?

Nach dem Referat verschiedener Verbindungsmodelle von Psychologie und Theologie bleibt die Frage noch offen, wie das Verhältnis dieser beiden Disziplinen zueinander aufzufassen ist. Wie kann man unterschiedliche psychologische und theologische Verständnisse von und Zugänge zur Religiosität vergleichen, ohne daß man sie künstlich harmonisiert? Denn die Vielfalt der widersprüchlichen und unvereinbar erscheinenden Modelle macht es fast unmöglich, zu einer umfassenden Lösung zu gelangen. Zu disparat werden die Einzelfragen aus unterschiedlichen Perspektiven beantwortet. Ein derartiges Problem läßt nach Pongratz (1977, 54ff) drei Lösungen zu :

- **„monistisch":** „Nur eine Theorie, nur ein Modell, nur eine Gegenstandsbestimmung ist richtig."
- **„dualistisch":** Diese Lösungsmöglichkeit „nimmt abgrenzbare und abgegrenzte Wissenschaftsbereiche gegensätzlicher Struktur an, gesteht diesen aber Kompetenz und Souveränität innerhalb ihrer Grenzen zu."
- **„integrativ":** Die dritte und von Pongratz vertretene Lösung gründet auf den Kriterien der „Aspektivität" und „Komplementarität". Aspekt im subjektiven Sinne meint den Standort des Beobachters, von dem aus er auf einen Gegen-

stand blickt. Und „was er von diesem wahrnimmt, ist standortbestimmt und relativ“ (ebd.) und deshalb auf eine komplementäre Ergänzung angewiesen. Meine Präferenz liegt in einer integrativen Zusammenschau von Religion und Psychologie, die präziser als *„dialogisch“* im Sinne Bubers bestimmt wird. Wenn der Ausgangspunkt der Religionspsychologie die psychospirituelle Einheit des Menschen bildet, eröffnen sowohl die Psychologie als auch die Theologie eigenständige Perspektiven auf den Menschen hin, die einen bestimmten Aspekt der menschlichen Wirklichkeit – nämlich einerseits die psychische, andererseits die spirituelle Dimension – wissenschaftlich abzubilden versuchen. Weil die wissenschaftstheoretischen Grundlagen beider Disziplinen sehr unterschiedlich ausfallen, ist eine Grenzziehung hinsichtlich der jeweiligen Kompetenzen und Verständigung über die gegenseitige Ergänzung ein Themengebiet, das vordringlicher religionspsychologischer Aufmerksamkeit und Anstrengung bedarf (vgl. hierzu das Kapitel 6.4).

In seinen zusammenfassenden Schlußfolgerungen über die Beziehung von Theologie und Psychologie weist Müller-Pozzi (1975, 175–179) den Entwürfen von Wobbermin (1921) und Jung eine „synthetische und integrationistische Verhältnisbestimmung“ nach, die jeweils von demselben Gegenstandsbereich und der Identität von Psyche und Religion ausgingen. Weil die methodischen Ansätze und die Erkenntnisinteressen von Psychologie und Theologie sich aber unterscheiden, kann dieses Vorgehen keine unverkürzten, d.h. jeden Gegenstandsbereich gleichgewichtig und angemessen berücksichtigende Ergebnisse liefern.

Wird von einer synthetischen Integration ausgegangen und eine integrationistische Verhältnisbestimmung favorisiert, werden die Gegensätze zwischen Religion und Psychologie harmonisiert und möglicherweise verwischt. Vor dem Hintergrund der anthropologischen Überlegungen in Kapitel 4 geht vorliegende Arbeit von einer anderen Basis aus. Ausgangspunkt ist hier die Trennung (vgl. Kapitel 3.4.1), die als anthropologischer Grundtatbestand alle Bereiche des Menschen betrifft und auch das Verhältnis zwischen Psychologie und Theologie prägt. Der Zusammenhalt der psychospirituellen Einheit wird durch das anthropologische Grundprinzip der Bezogenheit (vgl. Kap. 2.3.3) gewährleistet, in der nicht eine Verschmelzung der gegensätzlichen Pole stattfindet, sondern durch eine kooperative Ergänzung der unterschiedliche Standpunkt der gegensätzlichen Perspektive respektiert und kritisch reflektiert wird. In dieser Sichtweise kann eine Integration zwischen Psychologie und Theologie deshalb nur *dialogisch* stattfinden.

In der Diskussion um das angemessene Integrationsmodell erweist sich dabei die Frage nach dem gemeinsamen Gegenstandsbereich von Theologie und Psychologie und des zugrunde liegenden Axioms eines „engen“ oder „weiten“ Seelenbegriffs als das anthropologische Kernproblem der Auseinandersetzung. Wenn Seele und Welt nicht polar und getrennt aufgefaßt werden, sondern sich letztlich das Universum in der „weiten“ Seele abbildet und wiederfinden läßt (vgl. v.Uslar 1978), bedeutet Integration das Zueinanderfügen ähnlicher Bausteine, wenn sie sich auch „komplementär“ zueinander verhalten.

Bei den ersten beiden angesprochenen Verbindungen, der *synthetischen* und *komplementären*, ist die Voraussetzung eines gleichen Gegenstandsbereichs von der psychischen und spirituellen Dimension menschlichen Erlebens eine Notwendigkeit. Das Bewußtseinskonstrukt, das in Untersuchungen über Spiritualität und Mystik meist den Ausgangspunkt der Überlegungen bildet, ist hierfür ein Beispiel. Durch die Differenzierung von unterschiedlichen Wahrnehmungsformen innerhalb des einen Bewußtseins wird versucht, die Einheit zwischen der psychischen und spirituellen Dimension aufrecht zu erhalten und trotzdem verschiedene Erlebensmodi zu bestimmen (vgl. Gruehn 1960, Albrecht 1976, Scharfetter 1992). Die Basis der sehr divergierenden Erlebensweisen bildet ein breit angelegtes Bewußtseinskonzept, das eine näher zu bestimmende synthetisch-komplementäre Verbindung der spirituellen und psychischen Dimension ermöglicht.

Kann aber wirklich von demselben Gegenstandsbereich bei der spirituellen und der psychischen Dimension des Menschen ausgegangen werden, was die Voraussetzung für eine komplementäre Integration zwischen Psychologie und Theologie bilden müßte? Vom Standpunkt des Christen aus betrachtet kann das Verhältnis von Gott und Mensch keinesfalls als komplementär, d.h. symmetrisch und umkehrbar verstanden werden. Die hier bestehende Dialektik ist im Sinne von Schröer (1960, 45) als „supplementär" zu bezeichnen, sie hat ein Gefälle, das theologisch gesehen von Gott zum Menschen hin verläuft – psychologisch betrachtet allerdings vom Menschen zu Gott. Die sich hieran anschließende Frage lautet, wie der Dialog der beiden sich suchenden Pole aussehen könnte – die Begegnung der sich psychologisch ausdrückenden spirituellen Sehnsucht des Menschen mit, theologisch gesprochen, Gott, der den Menschen (auf-)sucht.

6.4 Ziele dialogischer Religionspsychologie

Bei der *dialogischen* Integration wird die fundamentale Unterschiedlichkeit zwischen psychischem und spirituellen Erleben betont. Weil in vorliegender Untersuchung von dem anthropologischen Grundgedanken des „Getrenntseins in Bezogenheit" ausgegangen wird (vgl. Kapitel 3.4.4), wodurch eine „Psycho-Logik" der Religiosität aufgewiesen werden kann, darf der Tatbestand der dimensionalen Unterschiedlichkeit des psychologischen und spirituellen Bereichs nicht außer Acht gelassen werden. Die Entscheidung über das angemessene Integrationsmodell fällt im Vorfeld der Anthropologie und der Wissenschaftstheorie. Weil das Axiom der Trennung eine dualistische, biperspektivische Vorgehensweise impliziert, ist der Dialog zwischen Psychologie und Theologie für einen angemessenen wissenschaftlichen Umgang mit der psychospirituellen Wirklichkeit des Menschen unverzichtbar.

Vom Ausgangspunkt der Trennung kann in gegenseitigem Respekt und Offenheit für den Standpunkt der gegensätzlichen Perspektive das Gespräch darüber beginnen, worin die gemeinsamen Grundlagen und Interessen von Psychologie und Theologie bestehen und wie die Kompetenzbereiche bei der wissenschaftlichen Erforschung der psychospirituellen Einheit zu verteilen sind. Es stimmt, daß seitens der Theologie dazu eine Menge Vorarbeit geleistet wurde, wie Berkel (1984, 199) anmerkte. Aber erst der wissenschaftstheoretische Rahmen der Psychologie ermöglicht es durch seine neutraleren Voraussetzungen und der eindeutigeren Methodologie, die Spiritualität und Religiosität des Menschen in seiner Polarität von transpersonalem Geschehen und psychologischer Wirkung und Deutung wissenschaftlich abzubilden.

Untersucht man die in Abbildung 12 wiedergegebene Zusammenstellung der vier Modelle von verschiedenen Verhältnisbestimmungen von Psychologie und Theologie hinsichtlich ihrer impliziten Weltbilder, kann nur in dem dort als „integrationistisch" bezeichneten Modell eine echte Kooperation zwischen Psychologie und Theologie stattfinden. Das dazugehörige Schaubild geht als einziges von einer „offenen", dialogfähigen Weltanschauung aus, in der nicht – wie in den anderen Modellen – zwei getrennte Wirklichkeitsbereiche nebeneinander bestehen. Menschenkenntnis hinsichtlich des spirituellen und des psychischen Lebens kommt in diesem Modell zu gleichen Teilen von der Psychologie und der Theologie, wobei die psychospirituelle Einheit gewahrt bleibt und keine wissenschaftstheoretische Spaltung und eine daraus resultierende hierarchische Verhältnisbestimmung zwischen Psychologie und Theologie vorgenommen wird.

Die Trennung wurde in vorliegender Arbeit als ein anthropologischer Grundtatbestand herausgearbeitet (vgl. Kapitel 3.4.1), der aber gleichzeitig durch das Merkmal der Bezogenheit ergänzt wird (vgl. Kapitel 2.3.3). Auf der Basis wissenschaftstheoretischer Vorüberlegungen wird die Möglichkeit eröffnet, die für den Menschen charakteristische Grundspannung eines „Getrenntseins in Bezogenheit" wissenschaftlich abzubilden, ohne die Prämisse einer psycho-spirituellen Einheit aufzugeben und die humanspezifische Dimension der Spiritualität religionspsychologisch zu erforschen.

Der Dialog mit einer weltanschauungsbildenden Theorie, wie er hier exemplarisch mit der Theologie durchgeführt wurde, ist auch deshalb für die Religionspsychologie unverzichtbar, weil jede empirische Untersuchung ein inhaltliches Gegenstandsvorverständnis erfordert (vgl. Kapitel 2.2). Dieses Vorverständnis kann die Psychologie nicht aus sich selber entwickeln. In der entgegengesetzten Dialogrichtung kann die Psychologie als kritisches Korrektiv für die „Alltagstauglichkeit" theologischer Lehren dienen und der Theologie die für sie wichtigen praxisrelevanten Fragestellungen vermitteln.

Der „Dialog"-Begriff wird trotz der Einschränkungen in Kapitel 6.1.1 verwendet, weil im Kontext der Psychologie und unter der Voraussetzung einer Berücksichtigung der hier erarbeiteten wissenschaftstheoretischen Kategorien eine Grundlage wurde, auf der die unterschiedlichen wissenschaftstheoretischen Voraussetzungen, vorwissenschaftlichen Selbstverständnisse und verschiedenen Erkenntnisinteressen und Forschungsziele von Psychologie und Theologie auf eine gemeinsame Gesprächsgrundlage gebracht werden können und sich gegenseitig ergänzen.

Die Ausarbeitung eines derartigen, integrativen wissenschaftstheoretischen Rahmens steht noch aus, obwohl die Theologie dazu schon konstruktive Vorschläge entwickelt hat (vgl. z.B. Pannenberg 1977 oder Werbick 1983). Die neuere psychologische Wissenschaftstheorie bietet ebenfalls einige Anknüpfungspunkte für ein derartiges Projekt (vgl. Breuer 1989 oder Jones 1994). Diese Aufgabe muß als ein wichtiges zukünftiges Arbeitsgebiet der Religionspsychologie betrachtet werden.

Synoptischer Forschungsüberblick

7 Aspektivische Synopse

Der in vorliegender Arbeit angestrebte Forschungsüberblick in Form einer Synopse der Religionspsychologie kann nach Klärung von ***anthropologischen*** *(2),* ***gegenstandsbezogenen*** *(3),* ***wissenschaftstheoretischen*** *(4),* ***modelltheoretischen*** *(5) und* ***integrationstheoretischen*** *(6) Prolegomena durch zwei methodische Hilfen erarbeitet werden:*

Die Berücksichtigung der ***„aspektivischen Sichtweise“****, wonach von jeglichem wissenschaftlichen Ausgangs- und Betrachtungspunkt nur ein Aspekt des Gesamtphänomens erfaßt werden kann, ermöglicht eine vergleichende Zusammenschau aus unterschiedlicher* ***„Perspektivität“*** *der psychologischen Beschreibung und Erfassung von Religiosität (7.2).*

Durch eine ***„synoptische Vorgehensweise“*** *ist es möglich, die unterschiedlichen Perspektiven in ihrer* ***„Komplementarität“*** *darzustellen (7.3). Dabei geht es nicht um eine wunschbildgemäße Ergänzung von einseitigen Theorieansätzen, sondern um die Erstellung einer Übersicht, in der auch Lücken sichtbar werden.*

7.1 Nutzen und Grenzen einer Synopse der Religionspsychologie

Worin sind die Vorzüge einer Synopse der Religionspsychologie zu sehen? Zunächst bieten die modelltheoretisch generierten Kategorien zum ersten Mal Ordnungsgesichtspunkte für das disparate Forschungsfeld der Religionspsychologie, wodurch die weit verstreuten und sehr unterschiedlich aufgebauten Modellansätze systematisiert und verglichen werden können. Weil die Erarbeitung der Kategorien nicht nach willkürlichen, sondern nach wissenschaftstheoretisch begründeten Aspekten vorgenommen wurde, bietet das Raster der Synopse den wissenschaftlichen Beurteilungsrahmen, an dem sich jeder Entwurf messen lassen muß. Zugleich ergeben diese Kategorien die „Grundmerkmale wissenschaftlicher Religionspsychologie“, die in jedem religionspsychologischen Forschungsansatz reflektiert und offengelegt werden sollten (vgl. Kap. 3.5.2).

Wenn die Diagnosen zum Forschungsstand der Religionspsychologie, die in Kapitel 1.2 vorgenommen wurden, zutreffen, wird das Ergebnis der Synopse lückenhaft ausfallen müssen und fragmentarisch bleiben. Das allseits beklagte Theoriedefizit in der religionspsychologischen Forschung wird sich besonders bei einer wissenschaftstheoretisch begründeten Übersicht auswirken, in der die modelltheoretischen Kategorien der unterschiedlichen Ansätze kondensiert werden sollen. Wenn der Mangel an gegenstandsbezogener Theoriearbeit zutrifft, werden in vielen Ansätzen bestimmte Aspekte (noch) nicht dargelegt, reflektiert oder berücksichtigt sein. Die zu vermutenden Lücken können aber als Aufforderung verstanden werden, den jeweiligen Forschungsansatz hinsichtlich seiner modelltheoretischen Fundierung zu überprüfen und gegebenenfalls zu überarbeiten.

Die vorgestellte Synopse ist aber in verschiedener Hinsicht als ein Entwurf entwickelt worden. Die hier verwendeten Kategorien sind als vorläufig anzusehen, weil die wissenschaftstheoretischen Grundlagen der Psychologie noch weit davon entfernt sind, sich in einem definitiven, allgemein konsensfähigen Zustand zu befinden. So bedeutete es eine wichtige Vorarbeit für die Synopse, aus den verschiedenen wissenschaftstheoretischen Ansätzen zur Psychologie die für meine Fragestellung nützlichen Elemente zusammenzustellen. Als die wichtigsten Beiträge wurden die Arbeiten von Herzog (1984) und Overton (1992) angesehen und berücksichtigt.

Darüber hinaus ist die Auflistung der Forschungsansätze eingeschränkt durch die begrenzte Sichtweise des Verfassers und den ständig sich wandelnden Forschungsfluß. Obwohl versucht wurde, möglichst viele Ansätze einzubeziehen, war Vollständigkeit von vornherein als utopisches Ziel nicht beabsichtigt. Besonders neuere Entwürfe sind noch in einem vorläufigen Entwicklungsstadium, so daß auf deren Auflistung verzichtet wurde.

Eine weitere Einschränkung betrifft den Anspruch, durch die wissenschaftstheoretischen Kategorien die Grundstruktur des jeweiligen Ansatzes zu entschlüsseln. Besonders die Kategorie des Menschenbildes und der (verborgenen) anthropologischen Voraussetzungen des Forschers erwies sich als problematisch. Um diese zutreffend zu erfassen, bedarf es noch gründlicherer Kenntnis, Überprüfung und Interpretation jedes der Ansätze, um den anthropologischen Standpunkt einer Untersuchung umschreiben zu können. Diese Aufgabe überstieg das hier verfolgte Ziel, weshalb einige Kategorien nur stichwortartig beschrieben werden konnten.

Die Zusammenfassung unterschiedlicher Theoretiker in einem Vergleichsmodell läuft immer Gefahr, reduktionistisch vorzugehen. Am eindeutigsten wäre es, jeden Forschungsansatz einzeln zu untersuchen, auch wenn er in derselben Tradition steht, weil sonst subtile Einzelheiten in der Zusammenfassung verloren gehen. Diese Gefahr wurde bewußt in Kauf genommen, um eine annäherungsweise Übersicht der verschiedenen wissenschaftlichen Perspektiven der Religionspsychologie synoptisch zusammenstellen zu können, auch wenn dabei Feinheiten unbeachtet bleiben.

Eine vorrangige Intention der hier erarbeiteten Grundmerkmale wissenschaftlicher Religionspsychologie besteht darin, nicht im Rückblick von „außen“ nach den Grundmerkmalen einzelner Ansätze zu suchen, wie es in dem Entwurf der Synopse praktiziert wurde, sondern diese im Verlauf eines religionspsychologischen Forschungsprozesses durch den Wissenschaftler selber bestimmen zu lassen.

7.2 Aspektivische Synopse – „Perspektivität“

In Bezugnahme auf ein „gegenstandsangemessenes“ psychologisches Modell versuchen die verschiedenen Ansätze, die Religiosität aus der jeweiligen theoretischen Perspektive zu beschreiben und zu erklären. Dabei treten höchst unterschiedliche Befunde und Einsichten zutage, deren Vielfalt verwirrt und die sich oftmals widersprechen. Exemplarisch sei hierzu die Forschungslage über den Einfluß der Religiosität auf den Gesundheitszustand hingewiesen, wo bislang durch gegensätzliche Ergebnisse eine klare, empirisch abgesicherte Aussage nicht möglich ist.

In einer Meta-Analyse empirischer Arbeiten zu diesem Thema, wo ein Meßwert für Religiosität mit einer klinisch-pathologischen Variablen korreliert wurde, erhielt Bergin (1983) das Resultat, daß 47% der Untersuchungen positive Korrelationen aufwiesen, in 23% der Studien negative Korrelationen und in 30% kein Zusammenhang nachgewiesen wurde. Levin und Schiller (1987) haben in einem umfassenden Forschungsrückblick unter dem Titel „Gibt es einen religiösen Gesundheitsfaktor ?“ über 200 (!) empirische Studien untersucht und die widersprüchlichen Ergebnisse differenziert aufgeführt. Als markantestes Charakteristikum der Literaturübersicht prangern die Autoren die hauptsächlich benutzte Kategorie der Kirchenmitgliedschaft als Religiositätsvariable als ein unzulängliches Maß an (Levin & Schiller 1987, 20).

Weiterführend wiesen die Überlegungen einer kürzlich veröffentlichten Studie (Ferraro & Albrecht-Jensen 1991) sowohl positive als auch negative Einflüsse der Religiosität auf die Gesundheit nach, je nachdem, welcher spezielle Aspekt bzw. welche Dimension der Religiosität betrachtet wurde. Deshalb bietet eine Untersuchung mit Berücksichtigung nur einer oder zweier Religiositätsdimensionen – etwa Kirchenmitgliedschaft und/oder Häufigkeit des Kirchgangs – wenig Aussagekraft bezüglich des komplexen Phänomens der Religiosität. Erst bei der Berücksichtigung einer aspektivischen Sichtweise könnten differenziertere und zutreffendere Aussagen gemacht werden, die durch eine synoptische Vorgehensweise Beiträge zu einer Gesamttheorie leisten könnten. Mit derselben Intention fordern Schaefer und Gorsuch (1991, 448): „Ein sinnvoller theoretischer Rahmen ist notwendig, der die relevanten Bereiche (der Religiosität) integriert“.

Dieser Rahmen wird mit der hier vorgelegten aspektivischen Synopse abgesteckt, wobei die konkurrierenden religionspsychologischen Ansätze mit ihren unterschiedlichen Forschungsgegenständen und Erkenntniszielen „aspekthaft“ aufgefaßt werden: Jeder Ansatz bietet eine potentielle, perspektivische Teilansicht des Gesamtphänomens der Religiosität. Pruyser (1987, 176ff) beklagt in einem Übersichtsartikel die enorme Diversität der religionspsychologischen Ansätze und fordert und beschreibt Vorgehensweisen einer „perspektivischen Integrität“ bei einer psychologischen Untersuchung der Religion.

Herzog (1984) hat den vorläufigen Modellcharakter von konkurrierenden Theorien als fruchtbar für den Forschungsfortschritt herausgestellt. Nach dieser Sichtweise ermöglicht die Synopse der Religionspsychologie, Impulse zum Theorienvergleich und zur Entwicklung von besseren, zutreffenderen Modellen zu geben. Graumann (1960) hat mit seinem Konzept der „Perspektivität“ eindrücklich auf die Standpunktabhängigkeit der Wahrnehmung hingewiesen, und seine theoretischen Einsichten lassen sich auf die vorliegende Fragestellung insofern anwenden, als die standpunktabhängigen Erkenntnisgrenzen des einzelnen Forschungsansatzes berücksichtigt werden. In ihren wissenschaftstheoretischen

Vorüberlegungen zur Religionspsychologie hat van Leeuven (1985,90ff) die Stärken einer perspektivischen Vorgehensweise mit seiner wissenschaftstheoretischen Eindeutigkeit herausgestellt.

Strasser (1964) hat dem psychologischen Objektivitätsbegriff einer Revision unterzogen und ihn neu bestimmt. Um eine „objektivistische Reduktion“ (Strasser 1964) zu vermeiden, müsse der Psychologe eine einfühlende, personale Haltung einnehmen. Die auf diesem Wege gewonnene Erkenntnis habe „Aspektcharakter, ... das heißt, es wird nur das enthüllt, und nur das tritt ins Licht der Erkenntnis, was sich von einem bestimmten Standpunkt und auf eine bestimmte Weise enthüllen läßt“ (Hagehülsmann 1985, 73).

Durch die Konzentration auf einen bestimmten Aspekt des Gesamtphänomens, die entsprechende methodische Spezialisierung und die theoretische Einbettung in eine Forschungstradition weist die aspektivische Vorgehensweise besondere Vorzüge auf, die hier auf die Religionspsychologie angewendet werden.

Aspektivisch hat Meyer (1987) sich dem klassischen Streitpunkt der Psychosomatik zugewendet, dem Leib-Seele-Problem. Durch ein aspektbezogenes Vorgehen könnten die sich ergänzenden Lebensbereiche des Körperlichen und des Seelischen besser verstanden und aufeinander bezogen werden. Solange man von der „Identität“ von Psychischem und Somatischem ausgehe, entstünden unlösbare Probleme. „Alle diese Schwierigkeiten schwinden, wenn wir den ontologischen Begriff der Identität durch denjenigen des Aspekts, des Methodenprodukts ersetzen. Wappen und Zahl sind nicht identisch, aber sie sind zwei Seiten derselben Münze“ (Meyer 1987, 373).

Eine problemgeschichtlich orientierte Darstellung und Untersuchung einer psychologischen Teildisziplin, als die wir die Religionspsychologie ansehen, hat nach Pongratz (1984, 14), der selber eine umfangreiche und bislang konkurrenzlose Problemgeschichte der Psychologie verfaßte, drei Themenkreise zu behandeln: „Erstens das Problem des Gegenstandes oder der angemessenen Begriffe; zweitens das Problem der Theorie; drittens das Problem der Methode“. Alle drei Grundfragen sind eng miteinander verbunden und bieten eine gemeinsame Behandlung an, was jedoch durch das umfangreiche und besonders divergente Material der verschiedensten religionspsychologischen Ansätze erschwert wird. Ohne eine systematisierende Vorgehensweise könnte aus einem derartigen Bericht „unversehens eine mehrbändige Problemgeschichte werden“ (Heimbrock 1978, 148).

Pongratz wählte in seiner Problemgeschichte das erste und fundamentale Problem der Psychologie, das des Gegenstandes, zum Leitthema, um angesichts der Fülle geschichtlicher Daten ein Auswahlkriterium und eine höhere Einheitlichkeit und Prägnanz des Gedankengangs zu gewinnen. In einem seine Problemgeschichte abschließenden Rückblick veranschaulicht er die in seinem Gang durch die Psychologiegeschichte gefundenen sechs „Grundbegriffe“, die bislang den Gegenstand der Psychologie gebildet haben, anhand eines „Logogramms“ (Pongratz 1984, 332–337): Seele, Seelenleben, Bewußtsein, Unbewußtes, Erleben und Verhalten.

Auch für unsere problemgeschichtliche Skizze gebietet die widersprüchliche

Vielfalt der religionspsychologischen Erklärungsansätze und Deutungsmodelle, ein systematisches Raster zu entwerfen und zu benutzen, um sich nicht in Details zu verlieren. Mit Hilfe der wissenschaftstheoretisch gewonnenen Kategorien wird aus den Perspektiven der jeweiligen schulenabhängigen Theorie, des Titel- oder Grundbegriffs bzw. des Forschungsgegenstandes sowie der dort verwendeten Methode eine Systematik der Religionspsychologie skizziert und der Versuch unternommen, übersichtliche Synopsetafeln zu erarbeiten (vgl. Kap. 8).

Welchen Aspekt trägt beispielsweise die Theorie der „Dorpater Schule" mit ihren durch die Reizwort-Methode gewonnenen Erkenntnissen über ihren Forschungs-Gegenstand des „religiösen Bewußtseins" (ihr Titelbegriff) zu einer Synopse der Religionspsychologie bei?

Bei einer derartigen Vorgehensweise werden die divergierenden Schulen nicht konkurrierend und sich gegenseitig ausschließend, sondern aspektivisch dargestellt. Nach dieser Modellvorstellung bietet jede Theorie potentiell eine Teilansicht eines komplexen, multidimensionalen psychologischen Phänomens (wie das der Religiosität) und trägt dazu bei, eine Gesamtsicht des vielschichtigen „Gegenstands" zu gewinnen; die unterschiedlichen Aspekte bilden ergänzend ein Gesamtmodell.

Ebensowenig wie „Einigkeit über Gegenstand und Methode der Religionspsychologie festzustellen ist, kann bislang von einer anerkannten Systematik in der Religionspsychologie gesprochen werden, so daß nur eine historische Darstellung möglich ist" (Zinser 1988, 88). Ausgehend von historischen Entwicklungstendenzen trägt vorliegende Arbeit mit einer aspektivischen Sichtweise zu größerer Transparenz und theoretischer Weiterentwicklung der Religionspsychologie bei. Die permanente Krise der Religionspsychologie liegt m. E. darin begründet, daß bislang die Aspekthaftigkeit der Einzelerkenntnisse meistens mißachtet wurde und kein Bezug zu einem theoretischen Gesamtkonzeption – beispielsweise einer Persönlichkeits- oder Entwicklungstheorie – hergestellt wurde.

Was genau ist nun aber mit Aspektivität gemeint? Entlehnt wird dieses Konstrukt aus Pongratz' Lehre von der Aspekthaftigkeit psychologischer Erkenntnis, die er hinsichtlich der konkurrierenden Deutungsmuster tiefenpsychologischer Schulen entwickelte (vgl. Pongratz 1973, 1977, 1983). Pongratz weist darauf hin, daß „Aspekt" eine subjektive und eine objektive Bedeutung habe: „Aspekt im subjektiven Sinne meint den Standort des Beobachters ... Aspekt meint aber auch die angeblickte Seite, den wahrgenommenen Teil eines Gegenstandes" (Pongratz 1973, 375f). Demnach sind Erkenntnisse und Befunde aus einer Forschungsrichtung einerseits in Bezug zur Perspektivität des jeweiligen wissenschaftlichen Standpunkts zu bewerten. Andererseits ergibt der theoretisch eingeschränkte und methodisch dadurch geprägte Zugang nur eine Teilansicht, die der Ergänzung durch andere perspektivische Zugänge bedarf.

Zusammenfassend kann Pongratz' methodischer Leitgedanke der Aspektivität zu einer integrationsfähigen Synopse eines multidimensionalen Forschungsgegenstandes wie der Religiosität beitragen: „Unterschiedliche Begriffe, Theorien, Ergebnisse, Methoden lassen sich als standortbedingte Teilansichten eines gemeinsamen Gegenstandes auffassen" (ebd., 9). Der Interpretationsgesichtspunkt der Aspektivität verhilft dazu, die unterschiedlichen Dimensionen im Auge zu behalten und die Gesamtübersicht nicht zu verlieren.

Diese Sicht- und Vorgehensweise, die Pongratz erfolgreich bei der Zusammenschau der verschiedenen tiefenpsychologischen Schulen durchgeführt hat, wird hier auf die religionspsychologischen Ansätze bezogen und angewendet.

Bittner (1983) hat in der Festschrift für Pongratz wichtige, weiterführende wissenschaftstheoretische Überlegungen zu Pongratz' Theorie der „Aspektivität“ angestellt. Weil für Pongratz die subjektive und die objektive Seite des „Aspekts“ zusammengehören, gewinnt die Rolle des „Standpunkts“ eine grundlegende Bedeutung: „Ohne Standort gibt es keine Perspektive“ (Bittner 1983, 406). Für die jeweilige perspektivische Sicht bieten die verschiedenen Aspekte Teilansichten des Gesamtphänomens. Aber „erst wenn man von allen geeigneten Standorten her auf einen Gegenstand hinsieht, zeigt er sich von allen Seiten, entsteht ein einigermaßen komplettes Bild von ihm“ (Pongratz 1973, 376).

Mit Standort ist das anthropologische Vorverständnis angesprochen, das jeglichem Theorieansatz inhärent ist (vgl. Kapitel 2.3). Mit Recht bezeichnet van Leeuven die anthropologische Frage nach der menschlichen Natur als wesentlichen Einflußfaktor wissenschaftlicher Theoriebildung (v. Leeuven 1985, 99). Deshalb wird jeder religionspsychologische Forschungsansatz in der folgenden Synopse auch auf das darin enthaltene Menschenbild und die zugrunde liegenden anthropologischen Voraussetzungen hin untersucht.

Wie können nun die unterschiedlichen Einzelbefunde und theoretischen Zugänge mit ihren standpunktabhängigen Perspektiven in eine Gesamtschau überführt werden?

7.3 Synoptische Vorgehensweise – „Komplementarität“

Der oben geschilderte Tatbestand widersprüchlicher Detailerkenntnisse und der Mangel an einem integrativen, synopsefähigen Gesamtmodell läßt sich in vielen Teildisziplinen als auch für die Psychologie im allgemeinen feststellen.

Als Beispiel können die zerstrittenen Schulen innerhalb der Psychotherapie angeführt werden, wo sich eine synoptische Vorgehensweise konstruktiv auf eine einheitlichere Konzeption der Tiefenpsychologie ausgewirkt hat. Lagen noch bis vor wenigen Jahrzehnten die unterschiedlichen Richtungen in erbittertem Streit um die „richtige Lehre“, weicht dieser Dogmatismus inzwischen immer mehr einem kollegialen Miteinander und instruktivem Austausch. Durch die Annäherung an die empirische Forschung – beispielsweise die Säuglingsforschung oder die strukturgenetische Entwicklungspsychologie – ist ein Rahmen gesteckt, in dem sich frühere rivalisierende Theoretiker begegnen, unterschiedliche Terminologien klären und oft auf inhaltliche Gemeinsamkeiten stoßen (vgl. Pongratz 1983). Ein gutes Beispiel für eine integrative Sichtweise bietet der Übersichtsband von Klussmann (1988), der die Annäherung der verschiedenen Schulen an die aktuelle empirische Forschung deutlich dokumentiert.

Namentlich entstand und geprägt wurde eine „Synoptische Psychotherapie“

durch die „Stuttgarter Gemeinschaft Arzt und Seelsorger“ und ihren langjährigen Leiter W. Bitter. Nach seiner Definition bedeutet Synopse „nicht Synthese, auch nicht Addition der verschiedenen Hypothesen und Theorien, ebenso nicht ein Amalgam, zu dem etwa Schultz-Hencke seine Neoanalyse aus Freudschen und Adlerschen Theorien zusammenzuschmelzen versucht hat, schließlich auch kein Eklektizismus oder Synkretismus. Vielmehr versucht die Synopsis, wie das griechische Wort sagt, eine Zusammenschau aller bewährten wesentlichen Elemente bei Aufgeschlossenheit für neue Erkenntnisse und Fortschritte“ (Bitter 1965, 17). In diesem Sinne soll auch die hier erarbeitete Synopse der Religionspsychologie dazu dienen, eine Zusammenschau aller bewährten religionspsychologischen Forschungsansätze zu ermöglichen.

7.3.1 Beispiele anderer Synopsen

Mittlerweile wurden verschiedentlich synoptische Übersichten erarbeitet. Das weit gefächerte Gebiet der Psychotherapie kann der Religionspsychologie als Beispiel dienen, wie in Übersichtsdarstellungen die unterschiedlichen Schulen systematisch entfaltet und verglichen wurden. So betonen die beiden Herausgeber eines zweibändigen Handbuchs der Psychotherapie, in dem dreizehn besonders bekannte Therapieformen systematisch dargestellt werden, in ihrem Vorwort, daß „die unterschiedlichen Sichtweisen nicht als unversöhnbare Divergenzen eines unüberschaubaren Feldes, der Psychotherapie, dastehen, sondern daß sie einen Reichtum an Differenzierung ermöglichen und Wege zu einem Verständnis des Menschen als ganzem aufweisen“ (Petzold & Pongratz 1985, 8). Von den Herausgebern wurde ein einheitliches Strukturmodell erarbeitet, nach dem jede Therapieschule von einem ausgewiesenen Experten dieser Richtung unter 8 Gesichtspunkten systematisch vorgestellt wurde: 1. Definition, 2. Geschichte, 3. Menschen- und Weltbild, 4. Persönlichkeits- und Entwicklungstheorie, 5. Theorie der Psychotherapie, 6. Behandlungsmethodik 7. Anwendung, 8. Evaluation und Forschung. Obwohl die Darstellungsweise des jeweiligen profilierten Vertreters je Schule sehr differiert, ermöglicht die gemeinsame Grundstruktur der Aufsätze eine vergleichende Gegenüberstellung. Durch die vorgegebenen Kategorien ist es dem Leser möglich, Vergleiche anzustellen und eine Übersicht über ein ansonsten weitflächiges und vielschichtiges Forschungsfeld zu gewinnen, wie dies auch mit vorliegender Synopse für die Religionspsychologie beabsichtigt ist.

Eine gleichfalls synoptisch aufbereitete Übersicht zur Psychotherapie hat Fittkau (1982) erarbeitet. Seine Gegenüberstellung vergleicht 5 bedeutende Therapierichtungen, nämlich tiefen-, verhaltens-, und kommunikationstherapeutische Schulen sowie erlebnis- und transzendenzorientierte Ansätze. Diese 5 Richtungen hat Fittkau hinsichtlich 7 „bedeutsamer Aspekte“ verglichen und systematisiert: 1) menschlicher Grundkonflikt, 2) Bedeutung des „Ich“, 3) Persönlichkeitsmodell, 4) Entstehung psychischer Störungen, 5) Fokus therapeutischen Handelns, 6) Therapieziele und 7) Therapiemethoden. Mit Hilfe dieser Ordnungsgesichtspunkte wird es möglich, einen Vergleich sehr unterschiedlicher Therapieschulen durchzuführen.

In ähnlicher Weise ist die für die Religionspsychologie relevante Dissertation von Kolbe (1986) aufgebaut, die eine vergleichende Übersicht tiefenpsychologischer Aussagen zur Religion im Spektrum von „Heilung oder Hindernis?" bietet. Fünf tiefenpsychologische Ansätze, nämlich die von Freud, Adler, Fromm, Jung und Frankl, werden auf ihren Offenheitsgrad bezüglich eines Dialogs mit der Theologie untersucht, wobei nach Kolbe die Reihenfolge der Darstellung in Korrelation zur religionspsychologischen Relevanz stehe. Für diese Aufgabenstellung wurden von dem Verfasser Aussagen über die Religion von jedem der fünf Vertreter gesammelt und systematisch untersucht. Kolbes Synopse arbeitet die Auffassung der fünf Tiefenpsychologen zu folgenden Begriffen heraus: Gott, Christus, Heiliger Geist, Religion, religiöse Erfahrung – Glaube – Religiosität, Symbol, religiöse Riten, Bibel, Konfession, Menschenbild (vgl. Kolbe 1986, 266ff).

In der entwicklungspsychologisch orientierten Religionspsychologie wurden zahlreiche Tafeln und Tabellen erstellt, wobei die vertikale Dimension meist durch die verschiedenen altersbedingten Entwicklungsstadien eingeteilt wurde, die horizontal auf die einzelnen Dimensionen der Persönlichkeit bezogen wurden. Während sich die Tafel von Helminiak (1987, 72f) in ihren horizontalen Spalten an bewährte Entwicklungstheorien mit ihren unterschiedlichen Schwerpunkten orientiert (Erikson: psychosoziale –, Piaget: kognitive –, Kohlberg: moralische –, Fowler: Glaubens-, Loevinger: Ich-Entwicklung) und in der letzten Spalte Stufen „spiritueller Entwicklung" beschreibt, stellt Reich (1993, 46f) in einer Übersichtstafel den einzelnen Lebensalterstufen folgende Bereiche („domains") gegenüber: die kognitiven, die emotionalen und die psychosozialen Aspekte einerseits und die religiöse Einstellung mit ihrem sowohl positiven wie negativen Einfluß auf den Vollzug der Religiosität („religiousness") andererseits. Die Lebensaltersstufen stellen einen hilfreichen Systematisierungsrahmen dar, wohingegen die ihnen gegenübergestellten Kategorien besser modelltheoretisch abgeleitet werden sollten.

Allen Tabellen gemeinsam ist das Anliegen, anhand vorgegebener – beispielsweise der Lebensalter – oder frei gewählter Kategorien eine Systematik über ein Wissensgebiet zu erstellen. In vorliegender Synopse wurden die Kategorien modelltheoretisch generiert (vgl. Kapitel 5).

7.3.2 Aspektivität als komplementäres Grundprinzip einer Synopse

Unter „Komplementarität" faßt Pongratz „die einander ergänzende Funktion der Aspekte" (Pongratz 1977, 55), die in ihrer Eigenart bestehenbleiben und unterschiedliche Ausprägungen bilden, die als „konträre oder polare Gegensätze dimensional" zu erfassen seien (Pongratz ebd.). Die verschiedenen Aspekte gingen nicht in einer Synthese im Sinne Hegels auf, „denn nur die unterscheidbaren, die speziellen Aspekte vervollständigen unser Wissen von einem Gegenstand" (ebd.).

Dieser Grundgedanke einer aspektivischen Synopse zieht sich als strukturbildendes Merkmal durch unseren Versuch einer Systematik der Religionspsychologie. Vorliegende Arbeit stellt sich die Aufgabe, die gegenwärtig geläufigsten religionspsychologischen Ansätze anhand der wissenschaftstheoretisch ermittelten Kriterien zu systematisieren und die unterschiedlichen Aspekte der jeweiligen Ansätze herauszuarbeiten.

Das Konzept der Komplementarität entstammt der Physik und wurde von N. Bohr zuerst beschrieben. Mittlerweile hat dieses Prinzip eine hohe Popularität bekommen und wird auf die unterschiedlichsten Fragestellungen angewendet (vgl. dazu Fischer/Herzka/Reich 1992; zusammenfassend Danzer 1995, 201–206). Für die Psychologie wurde kürzlich auf die Modellfunktion der Komplementarität von Rychlak (1993) hingewiesen. Der Psychoanalytiker Wurmser (1989) hat das Komplementaritätsprinzip mit dem grundlegenden Konfliktbegriff der Tiefenpsychologie in Verbindung gebracht. Für die Psychosomatik hat Küppers (1992) eine komplementäre Lösung des Leib-Seele-Problems vorgeschlagen.

Für die Persönlichkeits- und Entwicklungspsychologie haben Snarey, Kohlberg und Noam (1983) drei verschiedene Bereiche der Ichentwicklung skizziert. Einer davon erstreckt sich auf den „ultimaten" Bereich (vgl. Abb. 11), wobei die Bereiche „sich nicht gegenseitig ausschließen, sondern sich komplementär ergänzen". In der Psychologie Jungs stellt die Komplementarität das Grundprinzip des Psychischen dar, weil die unbewußte Traumtätigkeit die Wahrnehmungen des Bewußtseins ergänzen würde (vgl. Keintzel 1991, 48 u. 65). Welchen Vorzug bietet aber das Komplementaritätskonzept für die Religionspsychologie?

7.3.3 Komplementarität in der Religionspsychologie

Zu der methodischen Herausforderung einer komplementär aufzubauenden, verstehend-erklärenden Religionspsychologie tritt als ihr Gegenstandsproblem das Ganzheitserleben der Religiosität, in dem sich – idealiter – Denken, Fühlen und Handeln entsprechen und ergänzen. Jones hat in einer wichtigen Gegenüberstellung über Gemeinsamkeiten und Unterschiede zwischen Religion und Wissenschaft für die Psychologie gefolgert, daß die facettenreiche Vielfalt der Religion ein Verständnis von unterschiedlichen Perspektiven erfordere (Jones 1994, 186). Auch aus Sicht der Religionswissenschaft kommen die Religionen auf verschiedenen Darstellungsebenen zum Ausdruck – „vor allem denen des Handelns, des Sehens und des Redens … Diese Ebenen verhalten sich komplementär (und nicht unbedingt parallel!) zueinander, sie sind in einer bestimmten Hierarchie angeordnet. Rekonstruiert die Religionswissenschaft das Symbolsystem, so setzt sie diese verschiedenen Darstellungsebenen alle auf die der diskursiven Sprache um. … Daraus ergibt sich … eine Reduktion" (Stolz 1988, 231). Damit weist der Religionswissenschaftler Stolz auf die Gefahren eines einseitig reduktionistischen Zugangs zur Religiosität hin und sieht in der Anwendung komplementärer Vorgehensweisen die adäquate wissenschaftliche Methodik.

Komplementarität als das „Konzept von einander ergänzenden Gegensätzen“ (Stolz 1988, 234ff, hier 235) hat nach Stolz „in vielen Religionen einen hohen Stellenwert“ (ebd.). Weil beispielsweise im alten China das Zusammenspiel der gegensätzlichen religiösen Elemente „ying und yang … mit zahllosen polaren Zuordnungen verbunden“ werde, sei dadurch „eine beachtliche Reflexion über das Wesen dieser Polarität und ihrer Harmonie entstanden“ (ebd., 235f). Komplementarität kann damit als ein Wesensmerkmal der Religiosität bezeichnet werden, das auch im Christentum und „von da aus in die abendländische Denktradition und schließlich in die Religionswissenschaft eingegangen ist“ (ebd., 234). Stolz spricht dabei nicht explizit von „Komplementarität“, sondern umschreibt diesen Sachverhalt öfter mit „Ergänzung“, „Ausgleich beider Aspekte“, „einander ergänzende Gegensätze“ (235). Als Beispiele führt Stolz Gesetz und Evangelium als den typologischen Gegensatz zwischen Gesetzesreligion und Evangelium an oder nennt die Verborgenheit und das Offenbarsein Gottes „Aspekte des Numinosen, die dem Menschen zugewandt sind, die ihn orientieren, und solche, die ihm verschlossen sind, die ihn desorientieren“ (ebd., 234).

Komplementarität ist in einigen wissenschaftstheoretischen Aufsätzen zur Religionspsychologie als das Verbindungsmodell zwischen Wissenschaft – hier Psychologie – und Weltanschauung – hier Theologie – vorgeschlagen worden. Schon 1972 hat Hummel eine „komplementäre Hermeneutik“ zur Verhältnisbeschreibung von theologischer Anthropologie und der Wirklichkeit der Psyche dargelegt, die allerdings nicht deutlich zwischen Anthropologie und Theologie unterscheidet und deshalb wissenschaftstheoretischen Vermischungen und folglich Mißverständnissen erliegt (zur Notwendigkeit einer Trennung zwischen Empirie und Anthropologie/Ontologie vgl. Kap. 2.2). Hummels „Begriff der Komplementarität bleibt verschwommen, zu viel deshalb unklar und in der Schwebe“ (Müller-Pozzi 1975, 177). Der Theologe Mann stößt bei seiner „Einführung in die Religionspsychologie“ auf das für diesen Wissenszweig charakteristische Phänomen der Dichotomie, in seinen Worten „Paradoxie“ (Mann 1973, 86): „Die Paradoxie liegt nun darin, daß die Religionspsychologie empirische Wissenschaft sein will und auch sein soll, dennoch aber von ihrem inneren Gesetz her genötigt ist, das bloß Empirische und also wesensmäßig nur Partielle in einem ganzheitlichen Aspekt zu transzendieren“ (ebd.) (zu theologischen Aspekten der Paradoxie vgl. Schröer 1960).

Um dem ganzheitlichen Aspekt mit seinen Paradoxien Rechnung zu tragen, verwendet Mann zur Kennzeichnung der „paradoxen Einheit“ zwischen Religion und Psyche das Konzept der Komplementarität, das „im Anschluß von Niels Bohr ausdrücken will, daß ein und derselbe Sachverhalt in zwei verschiedenen Kategorien erfaßt werden kann, die jeweils zur Erklärung vollkommen ausreichen, aber sich gegenseitig ausschließen“ (ebd., 87). In demselben Sinn wie Bohr, der das Licht komplementär sowohl als Welle als auch Korpuskel auffaßte, definiert Mann das Verhältnis von Religion und Psyche als „komplementär“. Mit

Recht hat Müller-Pozzi bei den Darlegungen Manns auf einen Widerspruch in der Entfaltung seiner Argumentation hingewiesen, wenn dieser das Verhältnis nicht nur als komplementär kennzeichnet, sondern sie auch als eine „polare" Verbundenheit beschreibt (Mann 1973, 87). Aber: „Polarität und Komplementarität sind nicht dasselbe" (Müller-Pozzi 1975, 178).

Für Mann bedeutet „der Begriff der Komplementarität ... das heuristische Prinzip der Religionspsychologie unserer Zeit, welches zweifellos zu weiterführenden Erkenntnissen führen wird" (Mann 1973, 88f). Diese Prophezeiung von Mann hat sich teilweise erfüllt, denn in den letzten Jahren sind Entwürfe publiziert worden, die einen komplementären Aufbau der Psychologie fordern (vgl. Rychlak 1993) oder aber Komplementarität als ein Integrationsprinzip zwischen Religion und Wissenschaft anwenden (vgl. Ingram 1995).

Reich hat die kognitive Basis eines „Denken in Komplementarität" untersucht (vgl. Reich 1990b, 1991) und auf das Verhältnis zwischen Religion und Wissenschaft angewendet (Reich 1990). Weil dieser Ansatz für die methodische Durchführung der Synopse Anregungen vermittelt hat, sei er hier zusammengefaßt.

Das „relationskritische Denken" dient nach Reich „als heuristischer, sinnvoll angewandter kognitiver Kunstgriff für ein tieferes Verständnis von Gegensätzen" (Reich 1990, 372) in theologischen und alltagspsychologischen Problemen. Während also Mann die Komplementarität als das heuristisches Prinzip für die Integrationsaufgabe innerhalb der Religionspsychologie betrachtet, beschränkt Reich dieselbe Funktion auf den kognitiven Bereich. Unter Denken in Komplementarität versteht Reich „eine Denkhandlung, die besonders für die Erklärung solcher komplexen ‚Sachverhalte' bzw. ‚Systeme' geeignet ist, die wegen ihrer funktionellen Konsistenz begrifflich als Einheit aufgefaßt werden – wie z.B. der Mensch –, für deren Verstehen aber (noch) keine vereinheitlichten, durchweg gültigen analytischen Verfahren oder Gesetze bekannt sind" (Reich 1992b, 131). Reich hat den Entstehungsprozeß für das „Denken in Komplementarität" differenziert und derart nachgezeichnet, daß mit Unterstützung von Intuition folgende Teilaufgaben zu lösen seien:

1. das Explanandum (Bezugsobjekt) – zumindest vorläufig – einzugrenzen und zu definieren;
2. alle bereits vorgeschlagenen Beschreibungen bzw. Erklärungen zu sichten;
3. festzustellen, was A unter welchen situativen Bedingungen beschreibt / erklärt;
4. etwaige Verschränkungen zu beschreiben, insbesondere (bis dahin unvermutete) gemeinsame Attribute;
5. zu untersuchen, inwieweit das anteilige Erklärungsvermögen von A von der ‚Stärke' von B abhängt (also nicht konstant ist);
6. eine allumfassende Synopse bzw. Theorie zu erstellen, die alle Aspekte des Explanandums unter diversen Umständen beschreibt (Reich 1992b, 131f).

Als Voraussetzung für die Lösung dieser Teilaufgaben sieht Reich ein dafür notwendiges kognitives Niveau an und beschreibt fünf Ebenen des Denkens in Komplementarität (Reich 1992b, 140), die er mit den 5 Denkniveaus sensu Piaget in Korrelation setzt (vgl. Reich 1990, 374f). Weiterhin hat Reich in verschiedenen Übersichtstafeln Zusammenhänge zwischen dem Denkniveau der Komplementarität und der Stufe des religiösen Urteils nach Oser/Gmünder (Reich 1990, 377f) sowie der Stufe der Glaubensentwicklung nach Fowler (Reich 1990, 376) aufgezeigt. Die Anwendung des Komplementaritätsprinzips zum Verständnis unterschiedlicher Denkformen und die Verbindungsmöglichkeiten zwischen streng (a-)logischen und komplementären kognitiven Prozessen interessieren für vorliegende Fragestellung nicht. Obwohl Reich zwei wichtige Aufsätze zur Systematik und Theorie-Integration in der Religionspsychologie veröffentlicht hat (Reich 1992 und 1993), hat er dort nicht das Komplementaritätsprinzip als methodische Hilfe zur Verbindung von unterschiedlichen Aspekten des Zusammenspiels zwischen Person und Religiosität oder zur Zusammenführung von Psychologie und Theologie angewandt.

Wird die Fragestellung auf das hier verfolgte Ziel bezogen, zeigen die von Reich erarbeiteten Gedanken zur Analyse der kognitiven Basis der Religiosität Parallelen zu dem Entwurf einer Synopse der Religionspsychologie. Die oben dargestellten Teilaufgaben entsprechen einzelnen Arbeitsschritten vorliegender Arbeit: Die von Reich unter 1) vorgeschlagene Eingrenzung und Definition des Bezugsobjekts wird durch die Gegenstandsbeschreibungen in Kapitel 4.1 vorgenommen. Unter 2) empfiehlt Reich die Sichtung bereits vorgeschlagener Beschreibungen und Erklärungen. Ausgeweitet auf die Religionspsychologie bedeutet dies die Sammlung und Systematisierung der religionspsychologischen Forschungsansätze, wie es in Kapitel 8.1 vorgenommen wird. Unter 3) wird untersucht, welche Bedingungen für diese Form der Beschreibung verantwortlich gemacht werden können. Bezogen auf die Religionspsychologie bedeutet dies, den jeweiligen perspektivischen Aspekt eines Modellansatzes zu beschreiben, wie es in Kapitel 7.2 geschieht. Unter 5) erarbeitet Reich die gegenseitige Abhängigkeit zweier ‚Größen‘, Für die Religionspsychologie wird in vorliegender Arbeit durch Kapitel 4.4 ausdrücklich auf die Gefahr einer Vermischung der gegenseitigen Abhängigkeiten von Empirie und Ontologie aufmerksam gemacht. In dem Kapitel 8 sind die Grundlagen für die Erarbeitung einer Synopse der Religionspsychologie schließlich gelegt, so daß der erwünschte Gesamtüberblick erstellt werden kann. Ebenso beendet Reich seine Teilaufgaben unter 6) mit dem Ziel, eine „allumfassende Synopse“ zu erarbeiten. Die hier unter besonderer Berücksichtigung der wissenschaftstheoretischen Zusammenhänge entwickelte Synopse enthält somit einige von Reichs Vorgehensweisen als Kategorien. Dieses parallele Vorgehen ist jedoch dem Verfasser erst später bewußt geworden. Dieselben Kategorien sind unabhängig von zwei verschiedenen Ausgangspunkten aus gefunden und ähnlich angewandt worden.

Fazit: Bei der Suche nach einer integrationsfähigen Rahmentheorie der Religionspsychologie können zwei Wege beschritten werden: Der *induktive* Weg bedeutet, bisher vorhandene Forschungsansätze, die sich für religionspsychologische Fragestellungen eignen und angewandt wurden, hinsichtlich relevanter Beurteilungskriterien zu untersuchen und ihren spezifischen Beitrag zur psychologischen Erfassung und Beschreibung der Religiosität herauszuarbeiten. Der *deduktive* Weg bedeutet, ein die Religiosität erfassendes und angemessenes psychologisches Entwicklungs- und Persönlichkeitsmodell zu beschreiben das in der Lage ist, die divergenten Einzelphänomene zu integrieren.

Für vorliegende Arbeit wurde die induktive Vorgehensweise gewählt, weil m. E. augenblicklich kein überzeugendes Modell existiert, das in der Lage wäre, derartig komplexe und komplementäre Sachverhalte wie die psychologische Erfassung der psychospirituellen Einheit des Menschen stimmig abzubilden. Aufgrund der in Kapitel 6.4. ausgeführten theologischen Bedenken und Einschränkungen bleibt das Ziel einer „allumfassenden“ Synopse allerdings unerreichbar.

8 Synopse der Religionspsychologie

*Um die vielfältigen religionspsychologischen Erklärungsmodelle systematisieren zu können, werden die in der gegenwärtigen Forschung diskutierten **Theorieansätze** zunächst mit Hilfe des Merkmals der ihr zugrunde liegenden psychologischen Theorie und Schulenzugehörigkeit geordnet und gesammelt (**8.1**).*

*Um die **synoptischen Übersichtstafeln** (**8.3**) der einzelnen religionspsychologischen Forschungsansätze anfertigen zu können, werden die in den vorangegangenen Kapiteln entwickelten Kategorien **als Ordnungsaspekte der Synopse** in **Kapitel 8.2** dargestellt, die zusammen die Grundmerkmale wissenschaftlicher Religionspsychologie bilden).*

*Die **Ergebnisse der Synopse im Rückblick** werden insbesondere hinsichtlich der wissenschaftstheoretischen Vorarbeiten dieser Arbeit in **Kapitel 8.4** zusammengefaßt und diskutiert.*

8.1 Systematisierung der Theorieansätze

In der knapp hundertjährigen Geschichte der empirischen Religionspsychologie können verschiedene Epochen ausgemacht werden, die nach unterschiedlichen Kriterien eingeteilt wurden. Pongratz (1984) und Graumann (1984) haben beispielsweise auch die wissenschaftshistorisch erkenntnisleitenden „Titelbegriffe" (Graumann) der jeweiligen Forschungsgeschichte in ihrer Relevanz für die Religiosität untersucht werden. Nach Graumann wären diese Bewußtsein, Erleben, Verhalten und Handeln, aber auch andere Systematisierungen sind denkbar.

Heimbrock (1978) unterteilt die Religionspsychologie nach dem jeweils verwendeten methodischen Ansatz in vier historische Phasen:

1. **streng naturwissenschaftlich** (Starbuck, James, Hall)
2. **philosophisch-phänomenologisch** (Spranger, Trillhaas, Bühler)
3. **experimentell-introspektiv** (Stählin, Girgensohn, Gruehn)
4. **tiefenpsychologisch** (Scharfenberg, Müller-Pozzi, Heimbrock)

Diese einleuchtende, aber sehr grobe Systematisierung muß unter Berücksichtigung weiterer und neuerer Übersichtsarbeiten (Müller-Pozzi 1979, Zinser 1988, Bucher & Oser 1988, Holm 1990, Fraas 1990, Hyde 1990, Wulff 1991, Malony 1991, Bucher & Reich 1991, Grom 1992, Schmitz 1992, Dunde 1993, Jones 1994) und eigener Überlegungen ergänzt und differenziert werden. Hier diente die jeweils vorausgesetzte Rahmentheorie oder psychologische Teildisziplin, innerhalb der die Theorie entwickelt wurde, als Ordnungskriterium. Die Theorien wurden durch intensive Literaturrecherchen gesammelt. Dies geschah zum Teil computerunterstützt – mit Hilfe des Suchbegriffs „religiousness" in der Datenbank PSYCLIT der American Psychological Association und unter Verwendung des Begriffs „Religiosität" in der Datenbank PSYNDEX der Zentralstelle für Psychologische Information in Trier. Ein besonderer Schwerpunkt bildeten die deutschsprachigen Veröffentlichungen, deren Anzahl in den letzen Jahren gestiegen ist und die in der englischsprachigen Literatur naturgemäß weniger beachtet werden.

1. **Streng naturwissenschaftlich** („*Clark-Schule*"):
   Starbuck (1909), Hall (1891)
2. **Pragmatisch-symbolisch:**
   James (1902/1979)
3. **Transzendentalpsychologisch-theologisch** *(„religionspsychologische Schule"):*
   Wobbermin (1913)
4. **Methodisch-experimentell** *(„Dorpater Schule"):*
   Girgensohn (1930), Gruehn (1960)
5. **Philosophisch-phänomenologisch**
   - 5.1 **„Religionsgeschichtliche Schule":**
     Wundt (1915), Otto (1917), Söderblom (1926), Heiler (1923)
   - 5.2 **Verstehend-geisteswissenschaftlich:**
     Guardini (1925), Spranger (1966)
   - 5.3 **Anthropologisch-existential:**
     Gebsattel (1947), Sborowitz (1979), v. Uslar (1978), Wyss (1991)
6. **Tiefenpsychologisch:**
   Rizzutto (1979), J.Jones (1991)
7. **Eigenschaftstheoretisch-persönlichkeitspsychologisch**
   - 7.1 **I-E-Orientierung:**
     Allport (1950)
   - 7.2 **„Quest"-Erweiterung:**
     Batson & Ventis (1982)
   - 7.3 **Bewältigungsverhalten (coping):**
     Pargament (1988), (1990), (1992a)
8. **Sozialpsychologisch**
   - 8.1 **Rollentheoretisch:**
     Sundén (1982)
   - 8.2 **Attributionstheoretisch:**
     Spilka, Hood & Kirkpatrick 1985
9. **Entwicklungspsychologisch**
   - 9.1 **Bedeutungsbildung:**
     Fowler (1981/1991)
   - 9.2 **Kognition:**
     Oser & Gmünder (1992)
   - 9.3 **Motivation:**
     Meadow & Kahoe (1984)
10. **Seelische Gesundheit/ Salutogenese:**
    Becker & Weißer (1988); Bergin (1991); Ellison & Smith (1991)

11. Transpersonal-parapsychologisch:
Grof (1989), Wilber (1987), Assagioli (1992)

12. Multivariante Ansätze

12.1. Überzeugungs-Motivation-Theorie:
Schaefer & Gorsuch (1991)

12.2. Bindung:
Kirkpatrick & Shaver (1990), Kirkpatrick (1992)

8.2 Ordnungsaspekte der Synopse

Um einen Vergleich der divergenten religionspsychologischen Ansätze zu ermöglichen, bedarf es einer wissenschaftstheoretisch fundierten Festlegung von einheitlichen Ordnungsaspekten und Beurteilungskriterien, nach denen die verschiedenen Modelle untersucht werden können.

Besonders in Kapitel 3 wurde die wissenschaftstheoretische Modellbildung dahingehend systematisiert, daß folgende sechs Grundmerkmale einer religionspsychologischen Theorie unverzichtbare Elemente darstellen (vgl. Kap. 3.5.2):

1. das anthropologisch-weltanschaulich geprägte *Menschenbild;*
2. eine integrativ-theologische *Gegenstand*sbestimmung,
3. ein umschriebenes Forschungs*ziel*,
4. die psychologische Rahmen*theorie*,
5. ein definitives *Integrations*modell zwischen Psychologie und Theologie,
6. eine angemessene Untersuchungs*methode*.

Diese Dimensionen sind aufeinander bezogen und bilden die Grundelemente einer modelltheoretischen, fachspezifischen Psychologie der Religiosität. Somit hat die Erarbeitung der Ordnungsaspekte der Synopse zwei Zielen gedient: Zum einen werden wissenschaftstheoretisch begründete Kategorien geliefert, um eine vergleichende, modelltheoretische Gegenüberstellung der disparaten religionspsychologischen Entwürfe möglich zu machen. Darüber hinaus ergeben diese Kategorien zusammen die Grundmerkmale wissenschaftlicher Religionspsychologie, an denen sich jeder Forschungsentwurf dieses Wissensgebiets auf seine theoretische Eindeutigkeit hin überprüfen läßt. Die in Kapitel 8.1 aufgelisteten Forschungsansätze werden also in der Synopse auf die folgenden neun Aspekte hin untersucht:

1. Schule / Theorie
2. Hauptvertreter
3. Sekundärliteratur
4. Grundbegriff / Gegenstand
5. Forschungsziel
6. Methode
7. Menschenbild
8. Modell der Integration
9. Ergebnisse, Grenzen des Ansatzes, Kritik.

8.3 Synoptische Übersichtstafeln

Tafel Nr. 1

Forschungsansatz	*„Clark-Schule"*
Schule/ **Theorie**	Vorläufer behavioristischer Psychologie
Hauptvertreter	Hall 1891 Starbuck 1909 Leuba 1912
Sekundärliteratur	Wulff 1991, 42–53; Bucher & Reich 1988, 488f; Popp-Baier 1993; Zinser 1988, 88–90.
Grundbegriff/ **Gegenstand**	„Religiöse Tatsachen"; Bekehrung; Religiöse Entwicklung.
Forschungs-**Ziel**	Kriterien reifer Religiosität; Entwicklungsstufen der Religiosität.
Forschungs-**Methode**	Quantitative Fragebögen
Menschenbild	Naturalistisch: Religion als biologisch-genetisches Produkt, das naturwissenschaftlich meßbar ist.
Modell der Integration	Keines
Ergebnisse, Grenzen, Kritik	Erster empirischer religionspsychologischer Ansatz mit positivistischem Standpunkt; lückenhafte Methodik; keine inhaltliche Beschreibung des Forschungsgegenstandes.

Tafel Nr. 2

Forschungsansatz	
Schule/ **Theorie**	Pragmatismus
Hauptvertreter	James 1902/1979
Sekundärliteratur	Herms 1977, 1979; Engels 1990, 21–26; Wulff 1991, 467–518; Fraas 1990, 87f.
Grundbegriff/ **Gegenstand**	Religiöse Erfahrung als Gefühl
Forschungs- **Ziel**	Beschreibung der Vielfalt religiöser Erfahrungen
Forschungs- **Methode**	Deskriptiv-phänomenologisch; lebenslauforientiert; Interpretation persönlicher Dokumente.
Menschenbild	Pragmatisch beschreibend, später explizit phänomenologisch (vgl. Herzog 1992, 101–172).
Modell der Integration	Ausschluß der Wahrheitsfrage; reine Deskription.
Ergebnisse, Grenzen, Kritik	Subjektnahe Differenzierung der mystischen Erfahrungen; Mangelnde Interpretationskategorien; Überbetonung des affektiven Pols.

Tafel Nr. 3

Forschungsansatz	*„Religionspsychologische Schule"*
Schule/ **Theorie**	Religionsphilosophischer Entwurf einer „transzendental-psychologischen" Theologie
Hauptvertreter	Wobbermin 1913
Sekundärliteratur	Klünker 1985; Wagner 1986, 367f; Fraas 1990, 17
Grundbegriff/ **Gegenstand**	Religiöses Bewußtsein
Forschungs- **Ziel**	Psychologische Begründung des Christentums
Forschungs- **Methode**	„Religionspsychologischer Zirkel": Lösung theologischer Probleme mit Hilfe der „produktiven Einfühlung".
Menschenbild	Apologetische Theologie
Modell der Integration	Keins; theologische Interpretation des Verhältnisses Psyche – Religion.
Ergebnisse, Grenzen, Kritik	Vermischung theologischer und psychologischer Methoden und Inhalte.

Tafel Nr. 4

Forschungsansatz	*„Dorpater Schule"*
Schule/ **Theorie**	Experimentelle Gedächtnispsychologie (O. Külpe: „Würzburger Schule", vgl. Thomae & Feger 1969, 15ff)
Hauptvertreter	Girgensohn 1930 Gruehn 1960[2]
Sekundärliteratur	Müller-Pozzi 1975, 49–68; Gins 1982, 1990; Engels 1990, 26–35; Wulff 1991, 553–563
Grundbegriff/ **Gegenstand**	Religiöses (Grund-) Erlebnis
Forschungs- **Ziel**	Darstellung der psychischen Natur des religiösen Erlebens
Forschungs- **Methode**	Experimentelle Introspektion; Reizwortmethode Religionspsychologie als „rein empirische Tatsachenwissenschaft"
Menschenbild	Keine Stellungnahme zur Wahrheitsfrage; positivistisch-naturalistisch;
Modell der Integration	Keine Integration, sondern strikte Trennung von Empirie und Ontologie
Ergebnisse, Grenzen, Kritik	Rein deskriptive Beschreibung mystischer Erlebnisse; Mangel einer Persönlichkeitstheorie; Ideologieverdacht.

Tafel Nr. 5.1

Forschungsansatz	*„Religionsgeschichtliche Schule"*
Schule/ **Theorie**	Religionswissenschaft
Hauptvertreter	Otto 1917 (mit psychologischem Erkenntnisinteresse: Wundt 1915) Heiler 1923 Söderblom 1926
Sekundärliteratur	Berner 1988; Akerberg 1988; Küng 1978, 660–664
Grundbegriff/ **Gegenstand**	Mystische Erfahrung; das Heilige; das Numinose
Forschungs- **Ziel**	Darstellung der seelischen Reaktionen auf transzendentes Erleben
Forschungs- **Methode**	Phänomenologische Beschreibung
Menschenbild	Interreligiöser Pluralismus
Modell der Integration	Keine Integration nötig, weil „neutraler" religionswissenschaftlicher Standpunkt
Ergebnisse, Grenzen, Kritik	Zwei Frömmigkeitstypen: monistische vs. dialogische Mystik; Keine psychologische Theoriegrundlage.

Tafel Nr. 5.2

Forschungsansatz	
Schule/ **Theorie**	Verstehende Psychologie; Geisteswissenschaftliche Persönlichkeitsforschung
Hauptvertreter	Spranger 1966, 1974; Potempa 1958
Sekundärliteratur	Trillhaas 1953; Pöll 1974; Binder 1974.
Grundbegriff/ **Gegenstand**	Religiöse Person/ Persönlichkeit
Forschungs-**Ziel**	Darstellung der Religiosität als eines konstituierenden Persönlichkeitsmerkmals.
Forschungs-**Methode**	Geisteswissenschaftlich-deskriptiv; Interpretationen hinsichtlich einer spirituell-religiösen Dimension im Menschen.
Menschenbild	Zumeist fußend auf einer theologischen/katholischen Dogmatik.
Modell der Integration	Psychologie wird benutzt, um ontologisch-theologische Thesen zu belegen.
Ergebnisse, Grenzen, Kritik	Darstellung persönlichkeits- und entwicklungsrelevanter Funktionen der Religiosität; Vermischung von Anthropologie, Theologie und Psychologie.

Tafel Nr. 5.3

Forschungsansatz	
Schule/ **Theorie**	anthropologisch-existentiale Psychologie
Hauptvertreter	Sborowitz 1979 v. Uslar 1978 Wyss 1991
Sekundärliteratur	Wyss 1977, 1982
Grundbegriff/ **Gegenstand**	Religiöses (Bewußt-) Sein
Forschungs- **Ziel**	v. Uslar: Darstellung der religiösen Natur des Seins Wyss: Bewußtsein als Hinweis auf transzendente Wirklichkeit
Forschungs- **Methode**	Phänomenologische Interpretation
Menschenbild	Existentialistisches oder christliches Menschenbild
Modell der Integration	v. Uslar: Psychologie enthält die Religion Wyss: Trennung zwischen psychischer und spiritueller Wirklichkeit
Ergebnisse, Grenzen, Kritik	Beschreibung transzendenten Erlebens; Wyss: Beschränkung auf Deskription; v. Uslar: Ausweitung des Seins auf den metaphysischen Bereich.

Tafel Nr. 6

Forschungsansatz	
Schule/ **Theorie**	Tiefenpsychologie
Hauptvertreter	Rizzutto 1979 J.Jones 1991
Sekundärliteratur	S.Jones & Butman 1991; Heimbrock 1991; Grom 1992, 96–104; Funke 1993; Güttgemanns 1993; Henseler 1995
Grundbegriff/ **Gegenstand**	Religiosität als Ichfunktion
Forschungs- **Ziel**	Beschreibung der psychodynamischen Funktion religiöser Symbole
Forschungs- **Methode**	Satzergänzung (Rizzutto); projektive Verfahren (Saur 1993)
Menschenbild	Respekt vor der Wirklichkeit spirituell-religiöser Wirkungen auf die Psyche
Modell der Integration	Abhängig von dem jeweiligen psychodynamischen Modell; unterschiedliche Offenheit gegenüber der Wahrheitsfrage.
Ergebnisse, Grenzen, Kritik	Besseres Verständnis für die ich-stabilisierende Funktion der Religiosität; eingeschränkte methodische Überprüfbarkeit; Starke Abhängigkeit vom psychodynamischen Modell.

Tafel Nr. 7.1

Forschungsansatz	Intrinsiche und extrinsische religiöse Orientierung
Schule/ **Theorie**	Eigenschaftstheoretische Persönlichkeitsforschung
Hauptvertreter	Allport 1950, 1983
Sekundärliteratur	Donahue 1985; Kirkpatrick & Hood 1991; Gorsuch 1994
Grundbegriff/ **Gegenstand**	Religiöse Orientierung/ Einstellung
Forschungs- **Ziel**	Differenzierung motivationaler Aspekte der Religiosität
Forschungs- **Methode**	Fragebogen
Menschenbild	Menschenbild des Theoriewerks: positive Wertschätzung des Glaubens als identitätsfördernde Größe
Modell der Integration	Keine explizite, sondern implizit-unreflektierte Zusammenschau
Ergebnisse, Grenzen, Kritik	Wesentliche Forschungsimpulse durch motivationales Grundverständnis Forschungsmethode reduziert den breiten theoretischen Entwurf; theoretischer Entwurf weltanschaulich-christlich geprägt;

Tafel Nr. 7.2

Forschungsansatz	Religiosität als Fragehaltung („Quest“)
Schule/ **Theorie**	Sozialpsychologie
Hauptvertreter	Batson & Ventis 1982; Batson, Schoenrade & Ventis 1993
Sekundärliteratur	Derks & Lans 1988; Pargament 1992
Grundbegriff/ **Gegenstand**	Fragende/ Suchende Dimension der Religiosität („Quest“)
Forschungs- **Ziel**	Ergänzung der bipolaren I-E-Orientierung
Forschungs- **Methode**	Fragebogen
Menschenbild	
Modell der Integration	Keine explizite Integration
Ergebnisse, Grenzen, Kritik	Dreidimensionale Konzeptualisierung besser als die zwidimensionale; Im Entwicklungsstadium

Tafel Nr. 7.3

Forschungsansatz	Religiöses Bewältigungsverhalten
Schule/ **Theorie**	Coping-Forschung
Hauptvertreter	Pargament et al. 1988, 1990, 1992a
Sekundärliteratur	
Grundbegriff/ **Gegenstand**	Religiosität als Krisenbewältigung
Forschungs- **Ziel**	Funktion der Religiosität in Krisen
Forschungs- **Methode**	Fragebögen
Menschenbild	
Modell der Integration	Positive Einstellung zur Religiosität wegen ihrer stützenden Funktion
Ergebnisse, Grenzen, Kritik	Stärke: theoretische Anbindung an ein aktuelles Forschungsparadigma; Schwäche: einseitige inhaltliche Fundierung des Religionsbegriffs.

Tafel Nr. 8.1

Forschungsansatz	Rollentheorie
Schule/ **Theorie**	Sozialpsychologie
Hauptvertreter	Sundén 1982
Sekundärliteratur	Holm 1987, 1990; Müller-Pozzi 1975, 69–72
Grundbegriff/ **Gegenstand**	Glaube als Rollenübernahme
Forschungs- **Ziel**	Beschreibung der Rolle eines gläubigen Menschen
Forschungs- **Methode**	Keine validierten Instrumente
Menschenbild	Aus christlicher Perspektive entwickeltes, sozialpsychologisches Verständnis des Glaubens.
Modell der Integration	Christlicher Glaube gibt Inhalte vor, Psychologie liefert Methoden
Ergebnisse, Grenzen, Kritik	Stärke: Erfassung des Glaubens als sozialpsychologische Rollenübernahme; Schwäche: intrapsychische Prozesse werden vernachlässigt.

Tafel Nr. 8.2

Forschungsansatz	
Schule/ **Theorie**	Attributionstheorie
Hauptvertreter	Spilka, Shaver & Kirkpatrick 1985 Spilka, Hood & Gorsuch 1985
Sekundärliteratur	Grom 1992, 105–109
Grundbegriff/ **Gegenstand**	Religiöse Zuschreibung (Attribuierung)
Forschungs- **Ziel**	Erklärung von Ereignissen durch religiöse Attribuierungen
Forschungs- **Methode**	Bislang kein explizites Forschungsdesign
Menschenbild	Sozialpsychologischer Standpunkt ohne eine inhaltliche Diskussion der Religiosität
Modell der Integration	Keins
Ergebnisse, Grenzen, Kritik	Stärke: In sich stimmige Abbildung der Funktion von Religiosität Schwäche: Überbetonung des Kontroll- und Vorhersagemotivs der Religiosität; fehlende inhaltliche Bestimmung der Religiosität.

Tafel Nr. 9.1

Forschungsansatz	Glaubensentwicklung
Schule/ **Theorie**	Vebindung von strukturgenetischer (Piaget und Kohlberg) und psychoanalytischer Entwicklungspsychologie (Erikson)
Hauptvertreter	Fowler 1981/1991
Sekundärliteratur	Nipkow, Schweitzer & Fowler 1988; Streib 1991
Grundbegriff/ **Gegenstand**	„Faith" = „Lebensglaube"
Forschungs- **Ziel**	Sinnstiftende Bedeutung des religiösen Glaubens im Alltag
Forschungs- **Methode**	Biographisches Interview
Menschenbild	Selbstkritisches, liberales Christentum
Modell der Integration	Gegenseitig kritische Funktion von Psychologie und Theologie
Ergebnisse, Grenzen, Kritik	Entwicklungsmodell reifer Religiosität; viele Forschungsimpulse

Tafel Nr. 9.2

Forschungsansatz	Religiöses Urteil
Schule/ **Theorie**	Strukturgenetische Entwicklungspsychologie
Hauptvertreter	Oser & Gemünder 1992
Sekundärliteratur	Bucher & Reich 1989; Oser & Reich 1992;
Grundbegriff/ **Gegenstand**	Religiöses Urteil
Forschungs- **Ziel**	Beschreibung der Denkstruktur des religiösen Urteilens
Forschungs- **Methode**	Dilemma-Methode; halbstrukturierte Interviews
Menschenbild	Christliches Weltbild
Modell der Integration	Komplementäre Integration
Ergebnisse, Grenzen, Kritik	Differenzierung von 5 Urteilsstufen der religiösen Entwicklung Vernachlässigung der affektiven und unbewußten Aspekte der Religiosität

Tafel Nr. 9.3

Forschungsansatz	
Schule/ **Theorie**	Motivationsorientierte Entwicklungspsychologie
Hauptvertreter	Meadow & Kahoe 1984
Sekundärliteratur	Kwilecki 1988; Worthington 1989; Plaum 1992
Grundbegriff/ **Gegenstand**	Religiosität als Entwicklungsdimension
Forschungs- **Ziel**	Kriterien einer reifen, gesunden, persönlichkeitsintegrierten Religiosität
Forschungs- **Methode**	Fragebögen in Verbindung phänomenologischer Interpretation
Menschenbild	Selbstkritisches Christsein
Modell der Integration	Gegenseitig kritische Funktion von Psychologie und Theologie
Ergebnisse, Grenzen, Kritik	Entwicklungsmodell reifer Religiosität; viele Forschungsimpulse

Tafel Nr. 10.1

Forschungsansatz	
Schule/ **Theorie**	Seelische Gesundheit; Salutogenese
Hauptvertreter	Becker & Weisser 1988; Bergin 1991; Ellison & Smith 1991
Sekundärliteratur	(Grün & Dufner 1989; kein empirischer Beitrag)
Grundbegriff/ **Gegenstand**	„Spiritual Well-Being“ (Ellison)
Forschungs- **Ziel**	Darstellung der Spiritualität/Religiosität als Beitrag zur seelischen Gesundheit
Forschungs- **Methode**	Fragebögen
Menschenbild	Christlich
Modell der Integration	
Ergebnisse, Grenzen, Kritik	Becker: Enge Anbindung an eine Theorie seelischer Gesundheit Bergin: Betonung der Werte und der Religion für die Psychotherapie Ellison: In den USA gebräuchliches Forschungsmodell

Tafel Nr. 11

Forschungsansatz	
Schule/ **Theorie**	Transpersonale Psychologie
Hauptvertreter	Grof 1989; Wilber 1987; Assagioli 1992
Sekundärliteratur	Tart 1975; Walsh & Vaughan 1985; Wotruba 1985; Boorstein 1988; Frager 1989; Walach 1990; Heinrichs 1993; Wit 1993, ilber, Ecker, Anthony 1995, Rowan 1193, Washburn 1995
Grundbegriff/ **Gegenstand**	Transpersonales Bewußtsein; „höheres Selbst"
Forschungs- **Ziel**	Beschreibung der spirituellen Wirklichkeit
Forschungs- **Methode**	Keine spezifisch validierten Instrumente (vgl. aber Lukoff & Lu 1988)
Menschenbild	Wurzeln in der Esoterik und Gnosis; vielfach intensive Beschäftigung mit östlichen Philosophien und Religionen
Modell der Integration	Vorsatz: weltanschaulich neutral
Ergebnisse, Grenzen, Kritik	Hypothetische Modelle, die schwer validiert werden können; fehlendes Forschungsinventar (vgl. aber Wit 1993); wechselnde, teilweise unklare Theorieanbindung; therapeutischer anstelle wissenschaftlicher Fokus.

Tafel Nr. 12.1

Forschungsansatz	
Schule/ **Theorie**	Überzeugungs-Motivations-Theorie
Hauptvertreter	Schaefer & Gorsuch 1991
Sekundärliteratur	
Grundbegriff/ **Gegenstand**	Religiosität als Hilfe bei der Anpassung an die Umwelt
Forschungs-**Ziel**	Klärung des Verhältnisses der drei Religiositätsdimensionen Motivation, Überzeugung, Problemlösen
Forschungs-**Methode**	Multivariate Faktorenanalyse
Menschenbild	
Modell der Integration	
Ergebnisse, Grenzen, Kritik	Vernachlässigung der inhaltlichen Aspekte der Dimensionen durch die konsequente Anwendung der Faktorenanalyse

Tafel Nr. 12.2

Forschungsansatz	
Schule/ **Theorie**	Bindung
Hauptvertreter	Kirkpatrick 1992; Kirkpatrick & Shaver 1990
Sekundärliteratur	Noller 1992
Grundbegriff/ **Gegenstand**	Religiosität als Bindungsprozeß
Forschungs- **Ziel**	Entwicklung der Bindungstheorie als geeignetes Paradigma der Religionspsychologie
Forschungs- **Methode**	Halboffene Fragebögen
Menschenbild	
Modell der Integration	
Ergebnisse, Grenzen, Kritik	Klare Anbindung an eine Theorie (Bindungstheorie von Bowly) Keine inhaltliche Erläuterung der Religiosität

8.4 Ergebnisse der Synopse im Rückblick

Nach der Durchführung des synoptischen Vergleichs ergeben sich folgende Resultate, die als eine Bestandsaufnahme des gegenwärtigen religionspsychologischen Forschungsstandes angesehen werden können:

1. Grundmerkmal **Theorie**:

Die theoretischen Anknüpfungspunkte und Rahmenmodelle, in denen die Religiosität konzeptualisiert wurde, zeigen eine große Bandbreite. Diese Variabilität weist darauf hin, daß sich religiöses Erleben und Verhalten auf sehr unterschiedliche Persönlichkeitsdimensionen erstrecken, sich in ihnen ausdrücken und dementsprechend vielschichtig erforscht werden können. Allerdings berücksichtigen nur wenige Ansätze ihren aspekthaften Anspruch und Erkenntnischarakter. Bei den vorliegenden Entwürfen wurden kaum Bemühungen sichtbar, die eigene Sichtweise in einen größeren Gesamtzusammenhang zu stellen. Vielmehr zielen die einzelnen Erklärungsmodelle darauf hin, möglichst viele der religiösen Phänomene in ihr Paradigma einzufügen und aus ihrer Perspektive zu deuten. Unter Vorgabe einer „aspektivischen Perspektivität" wäre eine stärkere Eingrenzung und Beschränkung auf ein spezifischeres Forschungsziel und einen umschriebenen Gegenstandsaspekt der Religiosität hilfreich, weil dadurch eindeutigere Ergebnisse erzielt werden könnten.

2. Grundmerkmal **Gegenstand**:

Nur wenige Forschungsansätze haben die Mühen auf sich und die daraus resultierenden Schwierigkeiten in Kauf genommen, eine inhaltliche Begriffsbestimmung der Religion bzw. der Religiosität vorzunehmen. Wo dies geschah – beispielsweise in der Theorie der Glaubensentwicklung von Fowler (Tafel Nr. 9.1) –, warfen Kritiker diesem Ansatz eine Überbetonung der Inhalte, eine zu breite, unspezifische Konzeptualisierung und mangelnde methodische Validierung vor. Solange aber kein integratives Gesamtmodell für die Religionspsychologie vorliegt, auf das sich die einzelnen Teiluntersuchungen beziehen könnten, sind nach meiner Auffassung die mühevolle Grundlagenarbeit und eine inhaltliche Gegenstandsbestimmung der Religiosität notwendig, was eine interdisziplinäre Zusammenarbeit erfordert. Insgesamt überwog bei den vorgestellten Ansätzen eine methodenorientierte, quantitative Gegenstandsbestimmung, die qualitativen Aspekte waren in der Minderheit. In einer spezifischeren Gegenstandsbestimmung liegt nach den Befunden der Synopse ein Nachholbedarf für die Religionspsychologie vor.

3. Grundmerkmal Forschungs**ziel**:

Diese Kategorie erwies sich als hilfreich bei der Differenzierung der verschiedenen Untersuchungsmotive. Im Vordergrund stand dabei das Interesse, die Bedeutung der Religiosität im Entwicklungsprozeß und der Identitätsbildung in ihrer sozialen und therapeutischen Funktion zu erforschen und Kriterien reifer Religiosität zu ermitteln. Bei den neueren Forschungsansätzen zeigte sich ein Trend, mit zunehmend spezifischeren und eingegrenzten Forschungszielen die Religiosität differenzierter zu erfassen.

4. Grundmerkmal Forschungs**methode**:

Die in der bisherigen religionspsychologischen Forschung beklagte Einseitigkeit durch die Begrenzung auf ein nomothetisches, naturwissenschaftlich orientiertes Selbstverständnis schlug sich auch in der Synopse der Religionspsychologie nieder. Obwohl auch qualitative Verfahren zur Anwendung gelangten, überwog deutlich das „härtere" Meßinstrument des Fragebogens. Hier besteht der primäre Forschungsbedarf darin, subjektnahe und qualitative Instrumente, wie sie in jüngster Vergangenheit vermehrt entwickelt wurden, für religionspsychologische Fragestellungen nutzbar zu machen.

5. Grundmerkmal **Menschenbild**:

Die Kategorie des vorwissenschaftlichen Selbst- und Weltverständnisses, die Frage nach den persönlichen Werten des Wissenschaftlers und seine anthropologischen Voraussetzungen bilden den eigentlichen Ausgangspunkt jedes Forschungsansatzes. Wie zu erwarten war, konnte dieser Aspekt bei vielen Entwürfen nicht eruiert, bei manchen nur vage erschlossen werden. Offensichtlich hat sich in der Psychologie die Einsicht moderner Wissenschaftstheorie noch nicht durchgesetzt, daß auch wissenschaftliche Aussagen abhängig von Werten sind (vgl. Laudan 1984, Overton 1992, Radnitzky 1992, 1992a). Besonders für das wertbezogene Untersuchungsgebiet der Religiosität ist deshalb jedem religionspsychologischen Forschungsansatz zu empfehlen, das grundlegende Merkmal des Menschenbildes zu reflektieren und zu dokumentieren.

6. Grundmerkmal **Integrationsmodell** :

Obwohl alle hier referierten religionspsychologischen Forschungsansätze aus dem Kontext einer christlichen Kultur und Gesellschaft – d.h. aus Europa und den USA – entstammen, hat bei nur wenigen ein expliziter Dialog mit der Theologie stattgefunden. Für die hier empfohlene Vorgehensweise einer wissenschaftstheoretisch begründeten Religionspsychologie ist aber eine theologische

Bestimmung des Religionsbegriffs, die Auswahl einer psychologischen Rahmentheorie sowie die im weiteren Erkenntnisprozeß dialogische Verständigung über die Kompatibilität vom theologischen und psychologischen Modell unverzichtbar. Der Forschungbedarf hinsichtlich der Integrationsmodelle liegt in der Erarbeitung der wissenschaftstheoretischen Voraussetzungen zur Abbildung der psychospirituellen Wirklichkeit des Menschen (vgl. Kapitel 6.4).

9 Zusammenfassung

Das Ziel der vorliegenden Untersuchung bestand darin, zunächst die anthropologischen ***Voraussetzungen*** *und wissenschaftstheoretischen* ***Grundlagen*** *einer Psychologie der Religiosität zu untersuchen, um daraufhin einen synoptischen* ***Forschungsüberblick*** *leisten zu können. Zu diesem Zweck wurden Grundmerkmale einer religionspsychologischen Theorie bestimmt, die einen Vergleich der sehr unterschiedlichen Modelle ermöglichten sollten. Die bekanntesten Ansätze wurden im Kapitel 8 auf diese Merkmale hin analysiert und verglichen.*

Das Schlußkapitel faßt die wesentlichen Ergebnisse der Arbeit zusammen (1. Psychospirituelle Einheit, 2. „Getrenntsein in Bezogenheit", 3. Explizite versus implizite Erkenntnis, 4. Abhängigkeit zwischen Empirie und Ontologie, 5. Entwurf einer dialektischen Religionspsychologie, 6. Grundmerkmale dialektischer Religionspsychologie, 7. Verbindungsmodelle zwischen Psychologie und Theologie, 8. Synoptischer Forschungsüberblick) und gibt einen Ausblick auf zukünftige Forschungsaufgaben.

Voraussetzung der psychospirituellen Einheit

Um die vielfältigen psychologischen Auswirkungen des Menschheitsphänomens „Religion" erfassen zu können, wird der Mensch als eine psychospirituelle Einheit angesehen, wonach sein Erleben und Verhalten sowohl von psychisch-personalen als auch von spirituell-transpersonalen Faktoren determiniert ist. Die vielfältigen Ausdrucksformen religiöser Erfahrung einschließlich ihrer übermenschlichen, transzendenten Einflüsse auf das seelische Erleben erfordern ein erweitertes Wissenschaftsverständnis, um nicht reduktionistisch vorzugehen. Einen vergleichbaren Ausgangspunkt bietet der religionssoziologische Entwurf von Nelson (1991). Die vorliegenden Überlegungen zielen darauf ab, die anthropologischen Prämissen, das metaphysische Vorverständnis und die subjektiven Wertvorstellungen des Wissenschaftlers mit in den Forschungsprozeß einzubeziehen.

„Getrenntsein in Bezogenheit"

Die Wurzeln des Postulats einer psychospirituellen Einheit sind in dem anthropologischen Grundtatbestand der Trennung zu finden. Jeder Mensch kennt Phasen der Isolation, wo er sich getrennt von seiner Umwelt, seinem Partner, seinem Körper, seiner Tätigkeit, seinen Gefühlen oder seiner „Bestimmung" erlebt. Die Motivation zur Überwindung dieses als Mangel empfundenen Zustands entstammt dem Grundgefühl einer Zugehörigkeit oder Bezogenheit, die oft als Sehnsucht nach Ganzheit oder Einheit empfunden wird. Ein Vergleich von acht psychologisch-anthropologischen Modellen ergab in Kapitel 2.3, daß „Bezogenheit“ eine zutreffende, zusammenfassende Beschreibung der anthropologischen Verfassung des Menschen bildet.

Ziel jeder religiösen Aktivität ist es, die oft als schmerzlich wahrgenommene Trennung zwischen Mensch und Gott zu überwinden. Religiosität als menschliche Aktivität zur Rück-Verbindung mit dem Absoluten hat sich kulturell verschiedenartig entwickelt. Trotz aller meditativen Anstrengungen kann aber die unüberbrückbare Kluft zum „Unverfügbaren“ nicht überwunden werden. Der Mensch bleibt getrennt, wenn auch phasenweise intensive mystische Einheitserlebnisse erreicht werden können. Diese Grundspannung kommt in der Formel „Getrenntsein in Bezogenheit“ zum Ausdruck.

Unterscheidung zwischen expliziter und impliziter Erkenntnis

Das methodische Instrumentarium der universitären Psychologie bevorzugt bis heute „explizite“ als äußerlich wahrnehm- und damit meßbare Erkenntnis. Diese klassische Methodik wird hier um die „implizite“ Erkenntnisgewinnung erweitert, in der es um die innere Wahrnehmung eines „verborgenen“ Wissens geht (vgl. Kapitel 4.4, Abb. 9). Das implizite Wissen setzt sich unter anderem aus der persönlichen Weltanschauung, der individuellen Sinndeutung und der subjektiven, meist unbewußt erstellten Wertehierarchie zusammen.

Neben der empirisch-analytischen Methodik der sogenannten „exakten“ Naturwissenschaften und des historisch-hermeneutischen Forschungskanons der Geistes- und Kulturwissenschaften als den beiden geläufigen Forschungsmethoden expliziter Erkenntnis wurde für die Religionspsychologie die Bedeutung impliziter Erkenntnis herausgearbeitet. Aus der Vielzahl impliziter Erkenntnistraditionen verwandte diese Arbeit die Perspektive der christlichen Theologie.

Die gegenseitige Abhängigkeit von Empirie und Ontologie

Neuere Ansätze psychologischer Wissenschaftstheorie weisen in unterschiedlicher Terminologie auf die Zusammengehörigkeit und Notwendigkeit der Integration von impliziter und expliziter Erkenntnis hin. Ob von der „impliziten Metaphysik“ (Benesch 1990, 256), dem „anthropologischen Vorverständnis“ (Jüttemann 1992) oder den „metaphysischen Werten“ (Overton 1992) gesprochen wird: einheitlich wird die „Voraussetzungsbewußtheit“ (Graumann 1988) expliziter Forschung gefordert, bei der die Abhängigkeit empirischer d.h. expliziter Methodik vom ontologischen d.h. impliziten Modell anerkannt und berücksichtigt wird.
Grundlegend für die psychologische Wissenschaftstheorie hat Herzog (1984) auf „implizite Menschenmodelle“ in den verschiedenen psychologischen Theorien hingewiesen. Danach ist eine sorgfältige Unterscheidung zwischen dem primär „implizitem“ Wissen entstammenden ontologischen Modell und der aus „explizi-

tem“ Wissen entstandenen Theorie vorzunehmen. Das ontologisch-anthropologische Modell ist offen darzulegen und zu reflektieren, seine Einflußnahme auf die psychologisch-empirische Theorie zu dokumentieren.

Entwurf einer dialektischen Religionspsychologie

An verschiedenen Punkten des Gedankengangs dieser Arbeit ergab sich als Resultat ein Gegensatzpaar, in dem sich der behandelte Sachverhalt – zum Beispiel die „psychospirituelle Einheit“ (Kapitel 2.1), die „bipolare Grundkonzeption der Psychologie“ (Kapitel 2.5.1) oder die wechselseitige Abhängigkeit von Ontologie und Empirie (Kapitel 4.4) in seiner „dialektischen Verflechtung“ (Schulz 1972, 125) herausstellte. Die bewußte Ausweitung auf anthropologische und religionswissenschaftliche Aspekte entspricht dem Versuch, die „Religion in der ontologischen Dialektik menschlicher Existenz“ (Weier 1991, 212) psychologisch abzubilden. Um einen reduktionistischen Dualismus zu vermeiden, könnte sich der hier skizzenhaft entworfenen „dialogischen Religionspsychologie“ die Chance bieten, die Polaritäten ihres Forschungsgegenstandes gleichgewichtig zu berücksichtigen und ihre Gegensätzlichkeit dialektisch zu überwinden. Der vielbeachtete Aufsatz von Jones (1994, 195) spricht von einer dialektischen Beziehung zwischen Psychologie und Religion. Die hier entfalteten Gedanken verstehen sich als eine Weiterführung.

Grundmerkmale dialektischer Religionspsychologie

Nach den anthropologischen und wissenschaftstheoretischen Überlegungen im ersten und zweiten Teil ergeben sich folgende sechs Grundmerkmale dialektischer Religionspsychologie:

1. Reflexion und Dokumentation des der Forschung zugrunde liegenden Menschenbilds;
2. Definition des Forschungsgegenstandes im Rückgriff auf eine implizite Erkenntnistradition (hier der Theologie);
3. Bestimmung des Integrationsmodells von impliziter und expliziter Forschung;
4. Eingrenzung eines Forschungsziels;
5. Wahl einer psychologischen Rahmentheorie;
6. Auswahl eines angemessenen Forschungsinstruments.

Verbindungsmodelle zwischen Psychologie und Theologie

Die Religionspsychologie steht in besonderer Weise im Spannungsfeld zwischen Weltanschauung und Wissenschaft. Um eine Vermischung zwischen dem expliziten und dem impliziten Forschungsvorgehen zu vermeiden, schlage ich vor, die Religionspsychologie als eine Dialogwissenschaft zwischen Weltanschauung und Wissenschaft, zwischen expliziter und impliziter Erkenntnis entstehen zu lassen. Anders als im szientistischen, fundamentalistischen oder dualistischen Integrationsmodell (vgl. Kapitel 6) können bei einer dialogischen Verbindung von Psychologie und Theologie von dem Grundgedanken des „Getrenntseins in Bezogenheit" (vgl. Punkt 2) her die Ergänzungsbedürftigkeit monopolarer Erkenntnis berücksichtigt und der komplementäre Aspekt der gegensätzlichen Perspektive wahrgenommen, kritisch reflektiert und integriert werden.

Synoptischer Forschungsüberblick

Den Abschluß bildet eine vergleichende Zusammenschau von 20 geläufigen religionspsychologischen Forschungsansätzen. Diese 20 Theorien wurden in historischer Reihenfolge auf die zuvor erarbeiteten sechs Grundmerkmale hin untersucht. Als Resultat der Synopse ergab sich bei den meisten derzeit vorliegenden Modellen eine mangelnde Transparenz und Reflexion ihrer anthropologischen Voraussetzungen und eine unbefriedigende Verhältnisbestimmung zwischen Psychologie und Theologie.

Nicht bei jedem Ansatz konnten alle Grundmerkmale genau bestimmt werden. Besonders das zugrunde gelegte Menschenbild sowie das gewählte Integrationsmodell konnte in vielen Fällen nur erschlossen werden oder blieb gänzlich offen. Es liegt ein dringender Forschungsbedarf für die Entwicklung stimmiger Verbindungsmodelle zwischen expliziter und impliziter Forschung vor, um die wissenschaftstheoretischen Voraussetzungen für eine unverkürzte Abbildung der psychospirituellen Wirklichkeit des Menschen zu schaffen.

Literaturverzeichnis

Englischsprachige Zitate im Text wurden vom Autor übersetzt.

Adler, A. (1973). Der Sinn des Lebens. Frankfurt: Fischer (Erstausgabe 1933).

Adler, A. (1975). Religion und Individualpsychologie. In ders. & E. Jahn (Hg.), Religion und Individualpsychologie (S. 68–98). Frankfurt: Fischer (Erstausgabe 1933).

Akerberg, H. (1988). Unendlichkeitsmystik und Persönlichkeitsmystik. *Archiv für Religionspsychologie,* 18, 77–113.

Albrecht, C. (1976). Psychologie des mystischen Bewußtseins. Mainz: Grünewald (1. Aufl. Bremen 1951).

Allport, G.W. (1950).The Individual and His Religion. A Psychological Interpretation. New York: MacMillan.

Allport, G.W. (1983). Werden der Persönlichkeit. Gedanken zur Grundlegung einer Psychologie der Persönlichkeit. Frankfurt: Fischer (amerikanisches Original New Haven 1955).

Andriessen, H. (1993). Der Sehnsucht einen Namen geben: Lebensweg und Spiritualität. Mainz: Grünewald (niederländische Erstausgabe 1984).

Angleitner, A. & Borkenau, P. (1985). Deutsche Charakterkunde. In T.Herrmann & F.Lantermann (Hg.), *Persönlichkeitspsychologie*: Ein Handbuch in Schlüsselbegriffen (S. 48–58). München: Urban & Schwarzenberg.

APA. (1992). Ethical Principles of Psychologists and Code of Conduct. *American Psychologist,* 47(12), 1597–1611.

Assagioli, R. (1992). Psychosynthese und transpersonale Entwicklung. Paderborn: Junfermann (italienische Erstausgabe 1988).

Barth, H.-M. (1993). Spiritualität. Göttingen: Vandenhoeck und Ruprecht.

Barz, H. (1992). Postmoderne Religion (Jugend und Religion, Bd. 1 und 2). Opladen: Leske & Budrich.

Barz, H. (1995). Meine Religion mach ich mir selbst! *Psychologie heute,* 22(7), 20–27.

Batson, C.D. (1991). An Agenda for Psychology of Religion: Getting Respect. In H. N. Malony (Ed.), *Psychology of Religion* (S. 325–333). Grand Rapids: Baker.

Batson, C.D. & Schoenrade, P. (1991). Measuring religion as quest: Validity concerns. *Journal of Personality and Social Psychology,* 30, 416–429.

Batson, C.D. & Ventis, W.L. (1982). The Religious Experience: A Social-Psychological Perspective. New York: Oxford University Press.

Batson, C.D., Schoenrade, P. & Ventis, W.L. (1993). The Religious Experience: Religion and the Individual. New York: Oxford University Press.

Baumgartner, E. (1985). Intentionalität. Begriffsgeschichte und Begriffsanwendung in der Psychologie. Würzburg: Königshausen & Neumann.

Baumgartner, H.M. (1991). Von der Notwendigkeit dualer Weltbetrachtung. In L. Scheffczyk (Hg.), *Dualismus versus Dualität.* Aspekte neuzeitlicher Weltbetrachtung (S. 185–206). Freiburg: Alber.

Baumgartner, I. (1990). Pastoralpsychologie. Einführung in die Praxis der heilenden Seelsorge. Düsseldorf: Patmos.

Baumgartner, I. (Hg.). (1990). Handbuch der Pastoralpsychologie. Regensburg: Pustet.

Baumgartner, I. & Müller, W. (Hg.). (1990). Beraten und Begleiten: Handbuch für das seelsorgerliche Gespräch. Freiburg: Herder.

Becker, P. (1985). Sinnfindung als zentrale Komponente seelischer Gesundheit. In A. Längle (Hg.), *Wege zum Sinn* (S. 186–207). München: Piper.

Becker, P. & Weisser, S. (1988). Religiosität, Wertvorstellungen und seelische Gesundheit. Trierer Psychologische Berichte 15(6).

Beierwaltes, W. (1992). Epekeina. Eine Anmerkung zu Heideggers Platon-Rezeption. In L. Honnefelder & W. Schüßler (Hg.), *Transzendenz*: Zu einem Grundwort der klassischen Metaphysik (S. 39–56). Paderborn: Schöningh.

Beit-Hallahmi, B. (1989). Prolegomena to the Psychological Study of Religion. Lewisburg: Bucknell University Press.

Belzen, J.A.van (1994). Personalismus, seelische Gesundheit und das Objekt der Religonspsychologie. *Archiv für Religionspsychologie*, 21, 153–168.

Belzen, J.A.van (1997). Spiritualität als Bemühen sinnvoll zu leben. Profil eines kulturpsychologischen Ansatzes. *Theologische Literaturzeitung,* 122(3), 209–225.

Benesch, H. (1990). Warum Weltanschauung. Eine psychologische Bestandsaufnahme. Frankfurt: Fischer.

Benner, D.G. (1988). Psychotherapy and the Spiritual Quest. Grand Rapids: Baker.

Benner, D.G. (1989). Toward a psychology of spirituality. *Journal of Psychology and Christianity,* 8(1), 19–33.

Berger, K. (1991). Historische Psychologie des Neuen Testaments. Stuttgart: Verlag katholisches Bibelwerk.

Berger, P.L. (1970). Auf den Spuren der Engel. Die moderne Gesellschaft und die Wiederentdeckung der Transzendenz. Frankfurt: Fischer (Originalausgabe New York 1969) .

Bergin, A.E. (1983). Religiosity and Mental Health: A Critical Re-Evaluation and Meta-Analysis. *Professional Psychology: Research and Practice*, 14, 170–184.

Bergin, A.E. (1991). Values and Religious Issues in Psychotherapy and Mental Health. *American Psychologist*, 46(4), 394–403.

Berkel, K. (1984). Theologie. In. H.E. Lück (Hg.), *Geschichte der Psychologie in Schlüsselbegriffen* (S. 195–201). München: Urban & Schwarzenberg.

Berner, U. (1988). Religionswissenschaft und Theologie. Das Programm der religionsgeschichtlichen Schule. In H. Zinser (Hg.), *Religionswissenschaft* (S. 216–238). Berlin: Reimer.

Beuchelt, E. (1974). Ideengeschichte der Völkerpsychologie. Meisenheim: Hain.

Bevan, W. 1991. Contemporary Psychology. A Tour Inside the Onion. *American Psychologist*, 46(5), 475–483.

Bierlein, K.H. (1994). Lebensbilanz. Krisen des Älterwerdens meistern, kreativ auf das Leben zurückblicken, Zukunftspotentiale ausschöpfen. München: Claudius.

Binder, H. (1974). Die menschliche Person. Ihr Wesen, ihre Gestalt und ihre Störungen. Eine Einführung in die medizinische Anthropologie. Zweite, veränderte und ergänzte Auflage. Bern: Huber.

Binswanger, L. (1947). Über die daseinsanalytische Forschungsrichtung in der Psychiatrie. In ders., *Ausgewählte Vorträge und Aufsätze.* Bd. I: Zur phänomenologischen Anthropologie (S. 190–217). Bern: Francke.

Binswanger, L. (1962). Grundformen und Erkenntnis menschlichen Daseins. 3. Auflage. München: Reinhardt.

Biser, E. (1994). Kann Glaube heilen? Zur Frage nach Sinn und Wesen einer therapeutischen Theologie. *Archiv für Religionspsychologie, 21, 19–36.*

Bitter, W. (Hg.) (1965). Psychotherapie und religiöse Erfahrung. Ein Tagungsbericht. Stuttgart: Klett.

Bittner, G. (1983). Die Rolle des „Standpunkts" in der Psychologie. Überlegungen zur Aspektivität tiefenpsychologischer Deutungsmuster. In ders. (Hg.), *Personale Psychologie* (Festschrift für L.J. Pongratz) (S. 403–414). Göttingen: Hogrefe.

Bleibtreu-Ehrenberg, G. (1993). Religiöser Dualismus. In S.R. Dunde (Hg.), *Wörterbuch der Religionspsychologie* (S. 54–61). Gütersloh: Gütersloher Verlagshaus.

Blumenberg, H. (1962). Transzendenz und Immanenz. In K. Galling (Hg.), Die Religion in Geschichte und Gegenwart (Sechster Band) (S. 989–997). Tübingen: Mohr.

Börsig-Hover, L. (1987). Das personale Antlitz des Menschen. Eine Untersuchung zum Person-Begriff bei R. Guardini. Mainz: Grünewald.

Bohren, R. (1991). Macht und Ohnmacht der Seelsorge. In S. Pfeifer (Hg.), *Seelsorge und Psychotherapie* – Chancen und Grenzen der Integration (S. 17–30). Moers: Brendow.

Bollnow, O.F. (1975). Das Doppelgesicht der Wahrheit. Stuttgart: Kohlhammer.

Boorstein, S. (Hg.). (1988). Transpersonale Psychotherapie. Neue Wege in der Psychotherapie. Bern: Scherz (amerikanisches Original 1980).

Bradford, D.T. (1984). The Experience of God. Portraits in the Phenomenological Psychopathology of Schizophrenia. New York: Peter Lang.

Breuer, F. (1989). Wissenschaftstheorie für Psychologen. Eine Einführung. 4., neubearbeitete Auflage. Münster: Aschendorff.

Broughton, J.M. (1980). Genetic metaphysics: The developmental psychology of mind/body concepts. In R.W.Rieber (Ed.), Mind and body. New York: Academic Press.

Brown, L.B. (1987). The psychology of religious belief. London: Academic Press.

Brown, L. B. (1988). The psychology of religion. London: SPCK.

Brown, L.B. & Malony, H.N. (1991). Editors' note. *The International Journal for the Psychology of Religion*, 1(1), 1–4.

Browning, D.S. (1987). Religious Thought and the Modern Psychologies. A Critical Conversation in the Theology of Culture. Philadelphia: Fortress Press.

Brunner, R. (1996). Spirituelle und transpersonale Aspekte der Individualpsychologie. *Zeitschrift für Individualpsychologie,* 21(4), 301–312.

Buber, M. (1973). Das dialogische Prinzip. 3., verb. und erg. Aufl.. Heidelberg: Schneider.

Buber, M. (1977). Gottesfinsternis. Betrachtungen zur Beziehung zwischen Religion und Philosophie. 3. Auflage. Heidelberg: Schneider (1. Auflage 1953).

Buber, M. (1982). Das Problem des Menschen. 5., verb. Aufl.. Heidelberg: Schneider (hebr. Erstauflage 1942, 1. deutschspr. Aufl. 1947).

Bucher, A. (1994a). Ist Okkultismus *die* neue Jugendreligion? Eine empirische Untersuchung an 650 Jugendlichen. *Archiv für Religionspsychologie*, 21, 248–266.

Bucher, A. & Oser, F. (1988). Hauptströmungen in der Religionspsychologie. In D. Frey, C. Hoyos, D. Stahlberg (Hg.), *Angewandte Psychologie* (S. 466–486). München: Psychologie-Verlags-Union.

Bucher, A.A. (1992). Bibelpsychologie. Stuttgart: Kohlhammer.

Bucher, A.A. (1994). Einführung in die empirische Sozialwissenschaft. Ein Arbeitsbuch für TheologInnen. Stuttgart: Kohlhammer.

Bucher, A. & Reich, K.H. (Hg.). (1989). Entwicklung und Religiosität. Grundlagen – Theorieprobleme – Anwendungen. Freiburg/Schweiz: Universitätsverlag.

Bucher, A. & Reich, K.H. (1991). Annotated Bibliography on Religious Development. In F. K. Oser & W.G. Scarlett (Eds.), Religious Development in Childhood and Adolescence (S. 107–119). San Francisco: Jossey-Bass.

Bühler, C. & Ekstein, R. (1973). Anthropologische Resultate aus biographischer Forschung. In H.-G. Gadamer & P. Vogler (Hg.), *Psychologische Anthropologie* (Neue Anthropologie, Bd. 5) (S. 349–385). Stuttgart: Thieme.

Bühler, K.-E. & Wolz-Gottwald, E. (Hg.). (1989). Therapie und Spiritualität. Autogenes Training – Meditation – Yoga. Gladenbach: Hinder & Deelmann.

Buggle, F. (1992). Denn sie wissen nicht, was sie glauben oder warum man redlicherweise nicht mehr Christ sein kann. Eine Streitschrift. Reinbek: Rowohlt.

Butman, R.E. (1990). The Assessment of Religious Development: Some Possible Options. *Journal of Psychology and Christianity,* 9(2), 14–26.

Caird, D. (1987). Religiosity and personality: are mystics introverted, neurotic or psychotic? *British Journal for Social Psychology,* 26, 345–346.

Carter, J.D. (1977). Secular and Sacred Models of Psychology and Religion. *Journal of Psychology and Theology*, 5,197–208.

Carter, J.D. & Narramore, S.B. (1979). The Integration of Psychology and Theology: An Introduction. Grand Rapids: Zondervan.

Ciompi, L. (1982). Affektlogik. Stuttgart: Klett.

Clinton, S.M. (1990). A Critique of Integration Models. *Journal of Psychology and Theology*, 18(1), 13–20.

Clinton, S.M. (1990a). The Foundational Integration Model. *Journal of Psychology and Theology,* 18(2), 115–122.

Canziani, W. (1959). Religionspsychologie als empirische Wissenschaft. *Der Psychologe*, 11, 409–420, 472–480.

Colpe, C. (1987). Die wissenschaftliche Beschäftigung mit „dem Heiligen" und „das Heilige" heute. In D. Kamper & C. Wulf (Hg.), *Das Heilige:* seine Spur in der Moderne (S. 33–61). Frankfurt: Athenäum.

Colpe, C. (1988). Zur Neubegründung eienr Phänomenologie der Religionen und der Religion. In H. Zinser (Hg.), *Religionswissenschaft:* eine Einführung (S. 131–154). Berlin: Reimer.

Condrau, G. (Hg.) (1979). Transzendenz, Imagination und Kreativität. „Psychologie des 20. Jahrhunderts", Band 15. Zürich: Kindler.

Conn, J.W. (1989). Spirituality and Personal Maturity. Mahwah, NJ: Paulist.

Conn, W. (1986). Christian Conversion. A Developmental Interpretation of Autonomy and Surrender. Mahwah, NJ: Paulist.

Daiber, K.-F. & Lukatis, I. (1991). Bibelfrömmigkeit als Gestalt gelebter Religion. Bielefeld: Luther.

Danzer, G. (1995). Psychosomatische Medizin. Konzepte und Modelle. Frankfurt: Fischer.

Dávila, N. G. (1994). Aufzeichnungen eines Besiegten. Fortgesetzte Scholien zu einem inbegriffenen Text. Wien: Karolinger (spanische Originalausgabe Bogotá 1992).

Day, J.M. (1993). Speaking of Belief: Language, Performance, and Narrative in the Psychology of Religion. *The International Journal for the Psychology of Religion,* 3(4), 213–229.

Deconchy, J.-P. (1991). Equipping the Psychology of Religion with a Theoretical Framework. In H.N. Malony (Ed.), *Psychology of Religion*: Personalities, Problems, Possibilities (S. 521–529). Grand Rapids: Baker.

Derks, F. & Lans, J.M.v.d. (1988). Die ‚Religious Life Inventory': Probleme bei der Modifikation zur Erweiterung des Anwendungsbereichs. *Archiv für Religionspsychologie,* 18, 267–279.

Deusinger, I.M. & Deusinger, F.L. (1981). Untersuchungen zur Religionspsychologie. In H. Haase & W. Molt (Hg.), *Handbuch der Angewandten Psychologie*, Bd. 3 (Markt und Umwelt) (S. 754–779). Landsberg: Verlag Moderne Industrie.

Deutscher Bundestag (Hg.). (1997). Zwischenbericht der Enquete-Kommission „Sogenannte Sekten und Psychogruppen". Bundestagsdrucksache 13/8170. Bonn: Bundesanzeiger Vertriebsgesellschaft.

Diemer, A. (1992). Wissenschaft. In H. Seiffert & G. Radnitzky (Hg.), *Handlexikon zur Wissenschaftstheorie* (S. 391–399). München: dtv.

Dieterich, M. (1989). Handbuch Psychologie & Seelsorge. Wuppertal: Brockhaus.

Dill, A. (1990). Selbstreferentialität und religiöse Sozialisation. Versuch einer Analyse der eigenen religiösen Biographie. In: W. Sparn (Hg.), *Wer schreibt meine Lebensgeschichte?* (S. 386–400). Gütersloh: Gütersloher Verlagshaus.

Dilthey, W. (1968). Ideen über eine beschreibende und zergliedernde Psychologie. In ders., Gesammelte Schriften, Bd. V (S. 139–240). Göttingen: Vandenhoeck & Ruprecht.

Dinzelbacher, P. (Hg.). (1989). Wörterbuch der Mystik. Stuttgart: Kröner.

Dittes, J.E. (1969). Psychology of Religion. In G. Lindzey & E. Aronson (Eds.), *The Handbook of Social Psychology,* Vol. 5 (S. 602–659). Reading: Addison-Wesley.

Dörnes, M. (1993). Der kompetente Säugling. Frankfurt: Fischer.

Dörr, A. (1987). Religiosität und Depression. Eine empirisch-psychologische Untersuchung. Weinheim: Deutscher Studien Verlag.

Donahue, M.J. (1985). Intrinsic and Extrinsic Religiousness: Review and Meta-Analysis. *Journal of Personality and Social Psychology,* 48(2), 400–419.

Donahue, M.J. (1989). Disregarding Theology in the Psychology of Religion: Some Examples. *Journal of Psychology and Theology,* 17, 329–335.

Drever, J. & Fröhlich, W.D. (1975). Wörterbuch zur Psychologie. (9., erweiterte Aufl.). München: dtv.

Drüe, H. (1963). E. Husserls System der phänomenologischen Psychologie. Berlin: de Gruyter.

Dürckheim, K.G. (1979). Transzendenz als Erfahrung. In G. Condrau (Hg.), *Transzendenz, Imagination und Kreativität.* Psychologie des 20. Jahrhunderts, Bd. 15 (340–348). Zürich: Kindler.

Dunde, S.R. (Hg.). (1993). Wörterbuch der Religionspsychologie. Gütersloh: Gütersloher Verlagshaus.

Eberhardt, H. (1990). Praktische Seel-Sorge-Theologie. Entwurf einer Seelsorge-Lehre im Horizont von Bibel und Erfahrung. Bielefeld: Luther-Verlag.

Eberlein, G. (Hg.). (1995). Kleines Lexikon der Parawissenschaften. München: Beck.

Einstein, A. (1966). Religion und Wissenschaft. In ders., *Mein Weltbild* (S. 16–19). Berlin: Ullstein.

Ellerbrock, J. (1985). Adamskomplex. Alfred Adlers Psychologie als Interpretament christlicher Überlieferung. Frankfurt: Lang.

Ellerbrock, J. (1990). Lebensexperimente des Glaubens: eine empirische Untersuchung zu Entwicklung und gegenwärtigem Erleben von Religiosität. Frankfurt: Lang.

Ellison, C.W. (1983). Spiritual well being: Conceptualisation and measurement. *Journal of Psychology and Theology,* 11(4), 330–340.

Ellison, C.W. & Smith, (1991). Toward an Integrative Measure of Health and Well-Being. *Journal of Psychology and Theology,* 19(1), 35–48.

Emondts, S. (1993). Menschwerden in Beziehung. Eine religionsphilosophische Untersuchung der medizinischen Anthropologie V.v.Weizsäckers. Stuttgart: Frommann-Holzboog.

Engel, K. (1995). Meditation. Geschichte, Systematik, Forschung, Theorie. Frankfurt: Lang.

Engels, D. (1990). Religiosität im Theologiestudium. Stuttgart: Kohlhammer.

Epstein, M. (1996). Gedanken ohne den Denker. Das Wechselspiel von Buddhismus und Psychotherapie. (amerikanische Originalausgabe New York 1995). Frankfurt: Krüger.

Erlenwein, P. (1987). Individuation und Begegnung. Überlegungen zum Verhältnis von Tiefenpsychologie und Religion an Hand der Werke C.G. Jungs und M. Bubers. *Zeitschrift für Religions- und Geistesgeschichte*, 39(1), 69–83.

Esser, W.G. (1991). Gott reift in uns. Lebensphasen und religiöse Entwicklung. München: Kösel.

Etzold, E. (1992). Schafft sich der Glaube die Wirklichkeit selbst? Religiöse Phänomene in konstruktivistischer Weltsicht. *Pastoraltheologie*, 81, 429–442.

Evans, C.S. (1989). Wisdom and Humanness in Psychology. Prospects for a Christian Approach. Grand Rapids: Baker.

Evers, T. (1987). Mythos und Emanzipation: eine kritische Annäherung an C.G. Jung. Hamburg: Junius.

Fabry, J.B. (1988). Die Rolle des Transpersonalen in der Logotherapie. In S. Boorstein, (Hg.), *Transpersonale Psychologie* (S. 89–107). Bern: Scherz.

Fahrenberg, J. (1992). Komplementarität in der psychophysiologischen Forschung. In: E.P. Fischer, H.S. Herzka, K.H. Reich (Hg.), *Widersprüchliche Wirklichkeit.*(S. 43–77). München: Piper.

Farnsworth, K.E. (1982). The conduct of integration. *Journal of Psychology and Theology,* 10, 308–319.

Farnsworth, K.E. (1990). Understanding religious experience and putting it to the test. *Journal of Psychology and Christianity,* 9(2), 56–64.

Fehr, T.G. (1996). Therapeutisch relevante Effekte durch transzendentale Meditation? *Psychotherapie, Psychosomatik, medizinische Psychologie,* 46, 178–188.

Feige, A. (1990). Kirchenmitgliedschaft in der Bundesrepublik Deutschland. Zentrale Perspektiven empirischer Forschungsarbeit im problemgeschichtlichen Kontext der deutschen Religions- und Kirchensoziologie nach 1945. Gütersloh: Mohn.

Feil, E. (1986). Religio. Die Geschichte eines neuzeitlichen Grundbegriffs vom Frühchristentum bis zur Reformation. Göttingen: Vandenhoeck & Ruprecht.

Ferraro, K.F. & Albrecht-Jensen, C.M. (1991). Does religion influence adult health? *Journal for the Scientific Study of Religion,* 30(2), 193–202.

Feyerabend, P. (1983). Wider den Methodenzwang. Skizzen einer anarchistischen Erkenntnistheorie. Frankfurt: Fischer.

Finn, M. & Gartner, J. (Eds.). (1992). Object Relations Theory and Religion. Clinical Applications. Westport: Praeger.

Fischer, E.P., Herzka, H.S., Reich, K.H. (Hg.). (1992). Widersprüchliche Wirklichkeit. Komplementarität und Dialogik in Wissenschaft und Alltag. München: Piper.

Fischer, K.P. (1986). Gotteserfahrung. Mystagogie in der Theologie Karl Rahners und in der Theologie der Befreiung. Mainz: Grünewald.

Fisseni, H.-J. (1976). Verhalten. In W. Brugger (Hg.), *Philosophisches Wörterbuch* (S. 432–433) (14., neubearbeitete Auflage). Freiburg: Herder.

Fisseni, H.-J. (1984). Persönlichkeitspsychologie. Auf der Suche nach einer Wissenschaft. Göttingen: Hogrefe.

Fisseni, H.-J. (1987). Erträgnisse biographischer Forschung in der Persönlichkeitspsychologie. In G. Jüttemann & H. Thomae (Hg.), Biographie und Psychologie (S. 249–265). Heidelberg: Springer.

Fittkau, B. (1982). Ein ganzheitliches Menschenbild als Kern einer integrativen Psychologie. In H. Petzold (Hg.), *Methodenintegration in der Psychotherapie* (S. 47–58). Paderborn: Junfermann.

Flammer, A. (1994). Mit Risiko und Ungewißheit leben. Zur psychologischen Funktionalität der Religiosität in der Entwicklung. In G. Klosinski (Hg.), *Religion als Chance oder Risiko* (S. 20–34). Bern: Huber.

Flick, U., Kardorff, E.v., Keupp, H., Rosenstiel, Lv. & Wolff, S. (Hg.). (1991). Handbuch Qualitative Sozialforschung. München: Psychologie Verlags Union.

Flitner, A. (1963). Einführung. In ders. (Hg.), *Wege zur pädagogischen Anthropologie.* Versuch einer Zusammenschau der Wissenschaften vom Menschen (S. 11–20). Heidelberg: Quelle & Meyer.

Flournoy, T. (1903). Les principes de la psychologie religieuse. *Archives de Psychologie*, 2, 33–57.

Foster, J.D. & Bolsinger, S.A. (1990). Prominent themes in evangelical integration literature. *Journal of Psychology and Theology*, 13, 3–12.

Foster, J.D., Horn, D.A. & Watson, S. (1988). The popularity of integration models. *Journal of Psychology and Theology*, 16, 3–14.

Foster, J.D. & Ledbetter, M.F. (1987). Christian Anti-Psychology and the Scientific Method. *Journal of Psychology and Theology,* 15, 10–18.

Fowler, J.W. (1989). Glaubensentwicklung. Perspektiven für Seelsorge und kirchliche Bildungsarbeit. München: Kaiser (amerik. Originalausgabe Philadelphia 1987).

Fowler, F.W. (1989b). Faith Development and Spirituality. In C.C. Kao (Ed.), *Maturity and the Quest for Spiritual Meaning* (S. 19–40). Lanham: University Press of America.

Fowler, F.W. (1991). Stufen des Glaubens. Die Psychologie der menschlichen Entwicklung und die Suche nach Sinn. Gütersloh: Gütersloher Verlagshaus (amerikanische Originalausgabe San Francisco 1981).

Fraas, H.-J. (1990). Die Religiosität des Menschen. Ein Grundriß der Religionspsychologie. Göttingen: Vandenhoeck & Ruprecht.

Frager, R. (1989). Transpersonal Psychology. In R.S. Valle & S. Halling (Eds.), *Existential-Phenomenological Perspectives in Psychology* (S. 289–309). New York: Plenum Press.

Frambach, L. (1994). Identität und Befreiung in Gestalttherapie, Zen und christlicher Spiritualität. Petersberg: Via Nova.

Frankl, V.E. (1977). Trotzdem Ja sagen zum Leben. Ein Psychologe erlebt das Konzentrationslager. München: dtv.

Frankl, V.E. (1983). Ärtzliche Seelsorge. Grundlagen der Logotherapie und Existenzanalyse. 10., verb. Auflage. Frankfurt: Fischer.

Frankl. V.E. (1984). Der leidende Mensch. Anthropologische Grundlagen der Psychotherapie. Bern: Huber.

Frankl, V.E. (1985). Der unbewußte Gott. Psychotherapie und Religion. München: Kösel.

Freud, S. (1930). Das Unbehagen in der Kultur. In ders., Gesammelte Werke, Bd. 14. Frankfurt: Fischer.

Frey, C. (1979). Arbeitsbuch Anthropologie. Christliche Lehre vom Menschen und humanwissenschaftliche Forschung. Stuttgart: Kreuz.

Frey, C. (1991). Zu diesem Heft (Thema „Spiritualität"). *Glaube und Lernen*, 6(2), 99–100.

Frick, E. & Fühles, M. (1990). Imagination in den Exerzitien. Beobachtungen aus der psychotherapeutischen Praxis im Blick auf Ignatius. In P. Imhof (Hg.), *Gottes Nähe* (S. 129–153). Würzburg: Echter.

Friedman, M. (1992). Religion and Psychology: A dialogical approach. New York: Paragon.

Funke, D. (1993). Der halbierte Gott. Die Folgen der Spaltung und die Sehnsucht nach Ganzheit. München: Kösel.

Furth, H.G. (1990). Wissen als Leidenschaft. Eine Untersuchung über Freud und Piaget. Frankfurt: Suhrkamp.

Gadamer, H.G. (1960). Wahrheit und Methode. Grundzüge einer philosophischen Hermeneutik. Tübingen: Mohr.

Ganje-Fling, M.A. & McCarthy, P.R. (1991). A comparative analysis of spiritual direction and psychotherapy. *Journal of Psychology and Theology,* 19(1), 103–127.

Garz, D. (1989). Sozialpsychologische Entwicklungstheorien: von Mead, Piaget und Kohlberg zur Gegenwart. Opladen: Westdeutscher Verlag.

Gascard, J.R. (1992). Zur Auflösung von Psychotherapie in Religion. *Archiv für Religionspsychologie,* 20, 100–113.

Gascard, J.R. (1994). Zur Renaissance des Exorzismus. *Archiv für Religionspsychologie*, 21, 107–125.

Gebsattel, V.E. (1947). Christentum und Humanismus. Stuttgart: Klett.

Gebsattel, V.E. (1964). Imago hominis. Beiträge zu einer personalen Anthropologie. Schweinfurt: Neues Forum.

Gennrich, A. (1978). Religionspsychologie und Pastoralpsychologie. Eine Verhältnisbestimmung. *Archiv für Religionspsychologie,* 13, 123–135.

Gennrich, A. (1982). Einige Entwicklungstendenzen der Religionspsychologie und der Pastoralpsychologie im deutschen Sprachraum (1914–1980). *Archiv für Religionspsychologie,* 15, 248–266.

Gigerenzer, G. (1981). Messung und Modellbildung in der Psychologie. München: Reinhardt.

Gilen, L. (1977). Zur Psychologie der religiösen Persönlichkeit: Selbstwertstreben und Demut. Regensburg: Pustet.

Gins, K. (1982). Analyse von Mystiker-Aussagen zur Unterscheidung christlicher und ekstatischer Erlebnisweise. *Archiv für Religionspsychologie*, 15, 155–194.

Gins, K. (1990). Werner Gruehn – ein Wegbereiter für experimentelle Forschung an Mystik und Ekstase. *Archiv für Religionspsychologie,* 19, 219–242.

Girgensohn, K. (1930). Der seelische Aufbau des religiösen Erlebens. Eine religionspsychologische Untersuchung auf experimenteller Grundlage. Gütersloh: Bertesmann (Erstauflage 1921).

Gladigow, B. (1988). Gegenstände und wissenschaftlicher Kontext von Religionswissenschaft. In H. Cancik, B. Gladigow, M. Laubscher (Hg.), *Handbuch religionswissenschaftlicher Grundbegriffe,* Bd. 1 (S. 26–40). Stuttgart: Kohlhammer.

Görres, A. (1983). Spiritualität des Arztes. *Wege zum Menschen* 35, 351–357.

Goodman, F.D. (1992). Rituelle Körperhaltungen und ekstatische Erlebnisse. Gütersloh: Gütersloher Verlagshaus.

Goodman, F.D. (1993). Ekstase. In S.R. Dunde (Hg.), *Wörterbuch der Religionspsychologie (S.* 62–67). Gütersloh: Gütersloher Verlagshaus.

Gorsuch, R,L. (1984). Measurement: The Boon and Bane of Investigationg Religion. *American Psychologist,* 39, 228–236.

Gorsuch, R.L. (1988). The psychology of religion. *Annual Review of Psychology,* 39, 201–221.

Gorsuch, R.L. (1994). Toward Motivational Theories of Intrinsic Religious Commitment. *Journal for the Scientific Study of Religion,* 33(4), 315–325.

Graumann, C.F. (1960). Grundlagen einer Phänomenologie und Psychologie der Perspektivität. Berlin: de Gruyter.

Graumann, C.F. (1975). Person und Situation. In U.M. Lehr & F.E. Weinert (Hg.), *Entwicklung und Persönlichkeit* (S. 15–24). Stuttgart: Kohlhammer.

Graumann, C.F. (1984). Bewußtsein und Verhalten. In H. Lenk (Hg.), *Handlungstheorien – interdisziplinär.* Band III,2 (S. 547–573). München: Fink.

Graumann, C.F. (1985). Phänomenologische Analytik und experimentelle Methodik in der Psychologie. In K.H. Braun & K. Holzkamp (Hg.), *Subjektivität als Problem psychologischer Methodik* (S. 38–59). Frankfurt: Campus.

Graumann, C.F. (1988). Phänomenologische Psychologie. In R. Asanger & G. Wenninger (Hg.), *Handwörterbuch Psychologie (S.* 538–543). München: Psychologie Verlags Union.

Graumann, C.F. & Métraux, A. (1977). Die phänomenologische Orientierung in der Psychologie. In K.A. Schneewind (Hg.), *Wissenschaftstheoretische Grundlagen der Psychologie (S.* 27–53). München: Reinhardt.

Greschat, H.-J. (1988). Was ist Religionswissenschaft? Stuttgart: Kohlhammer.

Greschat, H.-J. (1994). Mündliche Religionsforschung. Erfahrungen und Einsichten. Berlin: Reimer.

Groeben, N. (1986). Handeln, Tun, Verhalten als Einheiten einer verstehend-erklärenden Psychologie. Tübingen: Francke.

Groenbaek, V. (1970). Die heutige Lage der Religionspsychologie. *Theologische Literaturzeitung,* 95, 321–327.

Groeschel, B. (1983). Spiritual Passages. The Psychology of Spiritual Development. New York: Crossroad.

Grözinger, A. & Luther, H. (Hg.). (1987). Religion und Biographie. München: Kösel.

Grof, S. (1989). Auf der Schwelle zum Leben. Die Geburt – Tor zur Transpersonalität und Spiritualität. München: dtv.

Grom, B. (1991). Was ist Mystik? Versuch einer Psychologie ohne Psychologismus. *Stimmen der Zeit,* 209, 810–820.

Grom, B. (1992). Religionspsychologie. München: Kösel.

Grom, B. (1993). Multivariate enough? Remarks on Schaefer and Gorsuch's multivariate belief-motivation theory of religiousness. *Journal for the Scientific Study of Religion,* 32, 291–294.

Gruehn, W. (1960). Die Frömmigkeit der Gegenwart. Grundtatsachen der empirischen Psychologie (2. Aufl.). Konstanz: Bahn.

Grün, A. & Dufner, M. (1989). Gesundheit als geistliche Aufgabe. Münsterschwarzach: Vier-Türme-Verlag.

Guardini, R. (1925). Der Gegensatz. Versuche zu einer Philosophie des Lebendig-Konkreten. Mainz: Grünewald.

Günther, M. (1996). Ermutigung. Die Individualpsychologie Alfred Adlers und die christliche Seelsorge. Frankfurt: Lang.

Güttgemanns, E. (1993). Tiefenpsychologie/Psychoanalyse. In S.R. Dunde (Hg.), *Wörterbuch der Religionspschologie* (S. 330–338). Gütersloh: Mohn.

Haas, A. (1992). Typologie der Mystik. In L. Honnefelder & W. Schüßler (Hg.), *Transzendenz*: Zu einem Grundwort der klassischen Metaphysik (S. 279–295). Paderborn: Schöningh.

Hagehülsmann, H. (1985). Begriff und Funktion von Menschenbildern in Psychologie und Psychotherapie: Wissenschaftstheoretische Überlegungen am Beispiel der Humanistischen Psychologie. In H. Petzold (Hg.), *Wege zum Menschen.* Methoden und Persönlichkeiten moderner Psychotherapie. Bd. I (S. 9–44). Paderborn: Junfermann.

Halbfas, H. (1981). Lebensgeschichte und Religiosität. Prolegomena zu einer Mythobiographie. In F. Maurer (Hg.), *Lebensgeschichte und Identität* (S. 168–186). Frankfurt: Fischer.

Halbfas, H. (1976). Religion. Stuttgart: Kreuz.

Hall, C.S. & Lindzey, G. (1978/1979). Theorien der Persönlichkeit. Bd. I und II. München: Beck.

Hall, S. (1891). Untersuchungen des Phänomens der Bekehrung.

Hall, T.W., Tisdale, T.C., Brokaw, B.F. (1994). Assessment of Religious Dimensions in Christian Clients: A Review of Selected Instruments for Research and Clinical Use. *Journal of Psychology and Theology,* 22(4), 395–421.

Hanford, J.T. (1975). A Synoptic Approach: Resolving Problems in Empirical and Phenomenological Approaches to the Psychology of Religion. *Journal for the Scientific Study of Religion,* 14(3), 219–227.

Hardy. A. (1979). Der Mensch – das betende Tier. Religiosität als Faktor der Evolution. Stuttgart: Klett.

Hark, H. (1985). Neurose und Religion. Zur Korrelation zwischen Glaubensleben und seelischem Erleben. *Archiv für Religionspsychologie,* 17, 21–73.

Hartmann, G. (1992). Der therapeutische Beitrag der Theologie. *Wege zum Menschen,* 44(2), 65–72.

Haub, E. (1992). Die Messung der Religiosität: Empirische Grundlagen und Methoden. In E. Schmitz (Hg.), *Religionspsychologie* (S. 263–280). Göttingen: Hogrefe.

Heidegger, M. (1927). Sein und Zeit. Tübingen: Niemeyer.

Heiler, F. (1923). Das Gebet. Eine religionsgeschichtliche und religionspsychologische Untersuchung. (5. Aufl.). München: Reinhardt.

Heiler, F. (1979). Erscheinungsformen und Wesen der Religion. 2., verb. Aufl.. Stuttgart: Kohlhammer.

Heimbrock, H.-G. (1978). Wahrheit in der Wirklichkeit? Ein Literaturbericht zur Religionspsychologie. *theologica practica,* 13, 148–158.

Heimbrock, H-G. (1991). Psychoanalytic Understanding of Religion. *The International Journal for the Psychology of Religion,* 1(2), 71–89.

Heinrichs, J. (1993). Transpersonale Psychologie. In S.R. Dunde (Hg.), *Wörterbuch der Religionspsychologie* (S. 330–338). Gütersloh: Gütersloher Verlagshaus.

Held, K. (1985). Einleitung. In E. Husserl, *Die phänomenologische Methode.* Ausgewählte Texte, hrsg. von K. Held (S. 5–52). Stuttgart: Reclam.

Hellgardt, H. (1989). Grundbegriffe des individualpsychologischen Menschenbildes. In R. Schmidt (Hg.), *Die Individualpsychologie Alfred Adlers* (S. 59–110). Frankfurt: Fischer.

Hellmeister, G., Straube, E. & Wolfradt, U. (1996). Religiosität, magisches Denken und Affinität zu Sekten bei Jugendlichen in den neuen Bundesländern. In H. Moosbrugger, C. Zwingmann, D. Frank (Hg.), *Religiosität, Persönlichkeit und Verhalten* (S. 59–64). Münster: Waxmann.

Helminiak, D. (1987). Spiritual development. An interdisciplinary study. Chicago: Loyola University Press.

Helminiak, D. (1996). A Scientific Spirituality: The Interface of Psychology and Theology. *The International Journal for the Psychology of Religion,* 6(1), 1–19.

Helsper, W. & Streib, H. (1994). Okkultismus in der Adoleszenzkrise. Zur Durchdringung von Okkultismus, Religion und Selbstreflexivität. *Wege zum Menschen,* 46(4), 183–198.

Hemminger, H. (1995). Was ist eine Sekte? Erkennen – Verstehen – Kritik. Mainz: Grünewald.

Henning, C. (1997). Mauerblümchen bedroht sittliche Persönlichkeit. Zur Lage religionspsychologischer Forschung in Deutschland. *Lutherische Monatshefte,* 4/97, 30–31.

Henseler, H. (1995). Religion – Illusion? Eine psychoanalytische Deutung. Göttingen: Steidl.

Herms, E. (1977). Radical empiricism. Studien zu Psychologie, Metaphysik und Religionstheorie W. James'. München: Kaiser.

Herms, E. (1978). Theologie – eine Erfahrungswissenschaft. München: Kaiser

Herms, E. (1979). Nachwort des Herausgebers. In W. James, *Die Vielfalt religiöser Erfahrung*: eine Studie über die menschliche Natur (S. 481–521). Olten: Walter.

Herms, E. (1992). Sozialwissenschaftliche Analyse als Beitrag zu einer selbstreflexiven Theologie. *Theologische Rundschau,* 57(3), 318–330.
Hermann, R. (1961). Schleiermacher. In K. Galling (Hg.), Die *Religion in Geschichte und Gegenwart* (Fünfter Band) (1422–1435). Tübingen: Mohr.
Herrmann, T. (1972). Lehrbuch der empirischen Persönlichkeitsforschung. 2. Aufl.. Göttingen: Hogrefe.
Herzog, M. (1992). Phänomenologische Psychologie. Grundlagen und Entwicklungen. Heidelberg: Asanger.
Herzog, W. (1984). Modell und Theorie in der Psychologie. Göttingen: Hogrefe.
Hill, P.C. (1989). Implications for Integration from a New Philosophy of Psychology as Science. *Journal of Psychology and Christianity,* 8(1), 61–74.
Hill, P.C. (1991). The interface between psychology and Christianity: The role of a speciality journal. *Journal of Psychology and Christianity*, 10(1), 5–11.
Hill, P.C. (1994). Toward an Attitude Process Model of Religious Experience. *Journal for the Scientific Study of Religion,* 33, 303–314.
Hillman, J. (1981). Die Suche nach innen. Psychologie und Religion. Zürich: Daimon (amerikanische Erstausgabe New York 1967).
Hoffmann, D. (1982). Der Weg zur Reife. Eine religionspsychologische Untersuchung der religiösen Entwicklung Gerhard Tersteegens. Lund: Studentlitteratur.
Hole, G. (1992). Fundamentalismus – Dogmatismus – Fanatismus. Psychiatrische Perspektiven. *Concilium*, 28, 213–221.
Holm, N.G. (1987). Sundéns role theory and glossolalia. *Journal for the Scientific Study of Religion*, 26, 383–389.
Holm, N.G. (1990). Einführung in die Religionspsychologie. München: Reinhardt (schwedische Erstausgabe 1988).
Honnefelder, L. & Schüßler, W. (Hg.). (1992). Transzendenz: Zu einem Grundwort der klassischen Metaphysik. Paderborn: Schöningh.
Honnefelder, L. (Hg.). (1994). Die Einheit des Menschen. Zur Grundfrage der philosophischen Anthropologie. Paderborn: Schöningh.
Hood, R. (1986). Mysticism in the Psychology of Religion. *Journal for Psychology and Christianity,* 5(2), 32–37.
Hood, R. (1991). Holm's Use of Role Theory: Empirical and Hermeneutical Considerations of Sacred Text as a Source of Role Adaption. *The International Journal for the Psychology of Religion*, 1(3), 153–160.
Hood, R. (1992). Mysticism, Reality, Illusion, and the Freudian Critique of Religion. *The International Journal for the Psychology of Religion,* 2(3), 141–159.
Hood, R. (Ed.). (1995). Handbook of Religious Experience. Birmingham: Religious Education Press.
Horkheimer, M. (1970). Die Sehnsucht nach dem ganz Anderen. Hamburg: Furche.
Howard, G. (1985). The role of values in the science of psychology. *American Psychologist*, 40, 255–265.
Hübner, K. (1985). Theologie und Empirie. München: Kaiser
Hübner, P. (1990). Prolegomena zu einer Christlichen Psychologie. Lüdenscheid: G. Bernard.
Hummel, R. (1991). Neue Religiosität und christliche Spiritualität. *Glaube und Lernen,* 6(2), 133–143.
Husserl, E. (1901). Logische Untersuchungen. Bd. I u. II. (1968^5). Tübingen: Mohr.
Huth, W. (1984). Glaube, Ideologie und Wahn: Das Ich zwischen Realität und Illusion. München: Nymphenburger (1988 Frankfurt: Ullstein Bd. 34445).
Huth, A. & W. (1990). Handbuch der Meditation. München: Kösel.
Huth, W. (1995). Flucht in die Gewißheit. Fundamentalismus und Moderne. München: Kösel.
Hyde, K. (1990). Religion in Childhood and Adolescence. A Comprehensive Review of the Research. Birmingham: Religious Education Press.
Ingersoll, R.E. (1994). Spirituality, Religion, and Counseling: Dimensions and Relationships. *Counseling and Values,* 38, 98–111.

Ingram, J.A. (1995). Contemporary Issues and Christian Models of Integration: Into the Modern/Postmodern Age. *Journal of Psychology and Theology,* 23, 3–14.
James, W. (1979). Die Vielfalt religiöser Erfahrung: eine Studie über die menschliche Natur. Olten: Walter (amerikanische Erstauflage 1902).
Jaspers, K. (1919). Psychologie der Weltanschauungen. München: Piper 1985.
Jaspers, K. (1959). Allgemeine Psychopathologie. 7. Aufl.. Berlin: Springer.
Jaspers, K. (1974). Existenzphilosophie. Drei Vorlesungen. Berlin: de Gruyter.
Jaspers, K. (1932). Philosophie. Bd. I: Philosophische Weltorientierung. Bd. II: Existenzerhellung. Bd. III: Metaphysik. München: Piper 1994.
Johnson, D.P. & Mullins, L.C. (1989). Religiosity and loneliness anmong the elderly. *Journal of Applied Gerontology,* 16, 110–131.
Jones, J.W. (1991). Contemporary Psychoanalysis and Religion: Transference and Transcendence. New Haven: Yale University Press.
Jones, J.W. (1992). The Relational Self: Contemporary Psychoanalysis reconsiders Religion. *Journal of the American Academy of Religion,* 59, 119–135.
Jones, S.L. (1994). A Constructive Relationship for Religion With the Science and Profession of Psychology. *American Psychologist,* 49(3), 184–199.
Jones, S.L. & Butman, R.E. (1991). Modern Psychotherapies. A Comprehensive Christian Appraisal. Downers Grove: Intervarsity Press.
Jüttemann, G. (1992). Psyche und Subjekt. Für eine Psychologie jenseits von Dogma und Mythos. Reinbek: Rowohlt.
Jüttemann, G. (1993). Psyche. In S.R. Dunde (Hg.), *Wörterbuch der Religionspsychologie* (S. 251–257). Gütersloh: Gütersloher Verlagshaus.
Jüttemann, G. & Thomae, H. (Hg.). (1987). Biographie und Psychologie. Heidelberg: Springer.
Jung, C.G. (1957). Geleitwort. In V. Withe, Gott und das Unbewußte (S. 11–23).Zürich: Rascher.
Jung, C.G. (1963).Psychologie und Religion. Ges. Werke, Bd. 11. Olten: Walter.
Jung, C.G. (1971). Erinnerungen, Träume und Gedanken von C.G. Jung. Aufgezeichent und herausgeben von A. Jaffé. Olten: Walter.
Kaam, A.v. (1964). Die existentielle Psychologie als eine Theorie der Gesamtpersönlichkeit. *Jahrbuch für Psychologie, Psychotherapie und medizinische Anthropologie,* 12, 347–360.
Kaam, A.v. (1983). Transzendenztherapie. In R.J. Corsini (Hg.), *Handbuch der Psychotherapie*, Bd. II (S. 1357–1381). Weinheim: Beltz.
Kaam, A.v. (1982–1992). Formative Spirituality I–V. New York: Crossroad.
Kaam, A.v. (1987). Scientific Formation. Formative Spirituality, Vol. 4. New York: Crossroad.
Källstad, T. (1978). Die Religionspsychologie als theologische Disziplin. *Wege zum Menschen,* 30, 179–193.
Kao, C.L. (Ed.). (1989). Maturity and the Quest for Spiritual Meaning. Lanham: University Press of America.
Kass. J., Friedman, R., Leserman, J., Zuttermeister, P., Benson, H. (1991). Health outcomes and a New Index of Spiritual Experience. *Journal for the Scientific Study of Religion,* 30(2), 203–211.
Kaufmann, F.-X. (1989). Religion und Modernität: sozialwissenschaftliche Perspektiven. Tübingen: Mohr.
Kegan, R. (1986). Die Entwicklungsstufen des Selbst. Fortschritte und Krisen im menschlichen Leben. München: Kindt.
Kehrer, G. (1988). Einführung in die Religionssoziologie. Darmstadt: Wissenschaftliche Buchgesellschaft.
Keilbach, W. (1973). Religiöses Erleben. Erhellungsversuche in Religionspsychologie, Parapsychologie und Psychopharmakoloige. Paderborn: Schöningh.
Keintzel, R. (1979). Das sogenannte Unbewußte in der theologischen Diskussion. In G. Condrau (Hg.), *Transzendenz, Imagination und Kreativität.* Psychologie des 20. Jahrhunderts, Bd. 15 (S.144–157). Zürich: Kindler.

Keintzel, R. (1991). C.G. Jung. Retter der Religion? Auseinandersetzung mit Werk und Wirkung. Stuttgart: Quell.

Keller, W. (1974). Dasein und Freiheit. Abhandlungen und Vorträge zur philosophischen Anthropologie und Psychologie. Bern: Francke.

Kelsey, M. (1986). Christianity as Psychology. The Healing Power of the Christian Message. Minneapolis: Augsburg Publishing House.

Keupp, H. (1993). Fundamentalismus. In S.R. Dunde (Hg.), *Wörterbuch der Religionspsychologie* (S. 118–125). Gütersloh: Gütersloher Verlagshaus.

Kiel, A. (1991). Philosophische Seelenlehren als Leitfaden für die Psychologie. Ein Beitrag zur Anthropologie von K. Jaspers. Konstanz: Hartung-Gorre.

Kim, J.-K. (1988). Strukturelle Zusammenhänge zwischen Religiosität und Persönlichkeit. Theoretische und empirische Untersuchungen zu Zusammhängen zwischen Religiositäts- und Persönlichkeitsdimensionen im Rahmen einer psychologischen Diagnostik. Unveröf. Dissertation an der Universität Bonn.

King, M.B. & Hunt, R.A. (1969). Measuring the Religious Variable: Amended Findings. *Journal for the Scientific Study of Religion,* 8, 321–323.

King, M.B. & Hunt, R.A. (1990). Measuring the Religious Variable: Final Comment. *Journal for the Scientific Study of Religion,* 29(4), 531–535.

Kirkpatrick, L.A. & Hood, R.W. (1990). Intrinsic-Extrinsic Religious Orientation: The Boon or Bane of Contemporary Psychology of Religion? *Journal for the Scientific Study of Religion,* 29(4), 442–462.

Kirkpatrick, L.A. & Shaver, P.R. (1990). Attachment Theory and Religion: Childhood Attachments, Religious Beliefs, and Conversion. *Journal for the Scientific Study of Religion,* 29(3), 315–334.

Kirkpatrick, L.A. (1992). An Attachment-Theory Approach to the Psychology of Religion. *The International Journal for the Psychology of Religion,* 2(1), 3–28.

Kisker, K.P. (1976). „Gottähnliches Herz". Viktor von Gebsattels Wege zur Person. *Zeitschrift für Klinische Psychologie und Psychotherapie*, 24, 292–304.

Klein, S. (1994). Theologie und empirische Biographieforschung. Methodische Zugänge zur Lebens- und Glaubensgeschichte. Stuttgart: Kohlhammer.

Klosinski, G. (1985). Warum Bhagwan? München: Kösel.

Klosinski, G. (1986). Der „Rajneeshismus" oder die „Psychologie der Buddhas" als Psychotherapie-Alternative für akademische Aussteiger? *Psychotherapie, Psychosomatik, medizinische Psychologie,* 36, 205–211.

Klosinski, G. (Hg.). (1994). Religion als Chance oder Risiko. Entwicklungsfördernde und entwicklungshemmende Aspekte religiöser Erziehung. Bern: Huber.

Klosinski, G. (1996). Psychokulte. Was Sekten für Jugendliche so attraktiv macht. München: Beck.

Klünker, W.-U. (1985). Psychologische Analyse und theologische Wahrheit: Die religionspsychologische Methode Georg Wobbermins. Göttingen: Vandenhoeck & Ruprecht.

Klußmann, R. (1988). Psychoanalytische Entwicklungstheorie – Neurosenlehre – Psychotherapie. Eine Übersicht. Berlin: Springer.

Knapp, G. (1988) .Narzißmus und Primärbeziehung. Psychoanalytisch-anthropologische Grundlagen für ein neues Verständnis von Kindheit. Berlin: Springer.

Koch, S. (1981). The Nature and Limits of Psychological Knowledge. Lessons of a Century qua „Science". *American Psychologist,* 36(3), 257–269.

Koch, S. & Leary, D. (Eds.). (1985). A century of psychology as sience. New York: McGraw-Hill.

Kohlberg, L. (1974). Zur kognitiven Entwicklung des Kindes. Frankfurt: Suhrkamp.

Kohlberg, L. & Power, C. (1981). Moral development, religious thinking and the question of a 7th stage. In L. Kohlberg (Ed.), *Essays on moral development*, Vol. 1 (S. 311–372). San Francisco: Harper & Row.

Kolbe. C. (1986). Heilung oder Hindernis: Religion bei Freud, Adler, Fromm, Jung und Frankl. Stuttgart: Kreuz.

Krech, V. (1994). Religiöse Bekehrung aus soziologischer Perspektive. Zur gegenwärtigen Lage der Konversionsforschung. *Spirita,* 8, 24–41.

Kruse, A. (1989). Psychologie des Alters. In K.P. Kisker, H. Lauter, J.-E. Meyer, C. Müller, E. Strömgen (Hg.), *Alterspsychiatrie* (Psychiatrie der Gegenwart, Bd. 8) (S. 203–256). Berlin: Springer.

Küenzlen, G. (1996). Religiöser Fundamentalismus – Aufstand gegen die Moderne? In H.-J. Höhn (Hg.), *Krise der Immanenz* (S. 50–71). Frankfurt: Fischer.

Kühn, R. (1984). Wahrheit. Philosophiegeschichtlicher Überblick und Gegenwartsproblematik. *Wissenschaft und Weisheit,* 2/3, 210–224.

Kühn, R. (1992). Leiblichkeit als Lebendigkeit. Michel Henrys Lebensphänomenologie absoluter Subjektivität als Affektivität. Freiburg: Alber.

Küng, H. (1978). Existiert Gott? Antwort auf die Gottesfrage der Neuzeit. München: Piper.

Küng, H. (1987). Freud und die Zukunft der Religion. München: Piper.

Küppers, B. (1992). Komplementarität und Gestaltkreis – Viktor von Weizsäcker und die Bedeutung einer allgemeinen Krankheitstheorie. *Psychotherapie, Psychosomatik, medizinische Psychologie,* 42, 167–174.

Kuhn, T. (1970). Die Struktur wissenschaftlicher Revolutionen. Frankfurt: Fischer.

Kunz, H. (1975). Grundfragen der psychoanalytischen Anthropologie. Göttingen:Vandenhoeck & Ruprecht.

Kurzdörfer, K. (1991). Nicht Gott, nur diffuse Transzendenz. Eine Befragung zur Religiosität von Studierenden. *Lutherische Monatshefte,* 6, 257–260.

Kwilecki, S. (1988). A Scientific Approach to Religious Development: Proposals and a Case Illustration. *Journal for the Scientific Study of Religion,* 27(3), 307–325.

Längle, A. (1994). Sinn-Glaube oder Sinn-Gespür? Zur Differenzierung von ontologischem und existentiellem Sinn in der Logotherapie. *Bulletin der GLE,* 11(2), 15–20.

Läpple, V. & Scharfenberg, J. (1977). Psychotherapie und Seelsorge. Darmstadt: Wissenschaftliche Buchgesellschaft.

Laudan, L. (1984). Science and values: The aims of values and their role in scientific debate. Los Angeles: University of California Press.

Leeuwen, M.S.v. (1985). The Person in Psychology. A Contemporary Christian Appraisal. Grand Rapids: Eerdmans.

Lehr, E. & Spilka, B. (1989). Religion in the introductory textbook: A comparison of three decades. *Journal for the Scientific Study of Religion,* 28, 366–371.

Lehr, U. (1991). Psychologie des Alterns (7. Auflage). Heidelberg: Quelle & Meyer.

Lehr, U. & Thomae, H. (1991). Alltagspsychologie. Methoden, Aufgaben, Ergebnisse. Darmstadt: Wissenschaftliche Buchgesellschaft.

Lenz, H. (1981). Die Bedeutung des Irrationalen im Wahn. *Zeitschrift für Klinische Psychologie und Psychotherapie,* 29(2), 178–189.

Lersch, P. (1943). Seele und Welt. Zur Frage nach der Eigenart des Seelischen. Leipzig: Barth.

Leuba, J.H. (1912). A Psychological Study of Religion. Its Orgin, Function, and Future. New York: Macmillan.

Leuba, J.H. (1927). Die Psychologie der religiösen Mystik. München: Reinhardt (Originalausgabe New York 1925).

Leutner, D. (1990). Faktorenanalytische Artefakte aufgrund nichtmonotoner Itemcharakteristik aufgezeigt am Beispiel religiöser Einstellungsskalen. In H. Feger (Hg.), *Wissenschaft und Verantwortung.* Göttingen: Hogrefe.

Levin, D.M. (1989). The listening self: personal growth, social change and the closure of metaphysics. London: Routledge.

Levin, J.S. & Schiller, P. (1987). Is there a religious factor in health? *Journal of Religion and Health,* 26(1), 9–36.

Levinson, D.J. (1979). Das Leben des Mannes. Werdenskrisen, Wendepunkte, Entwicklungschancen. Köln: Kiepenhcuer & Witsch.

Liu, C. (1991). Becoming a Christian Consciously Versus Nonconsciously. *Journal of Psychology and Theology*, 19(4), 364–375.

Lonergan, B. (1991). Methode in der Theologie. Leipzig: St. Benno (engl. Originalausgabe London 1971).

Lotz, J.B. (1976). Metaphysik. In W. Brugger (Hg.), *Philosophisches Wörterbuch* (S. 242–244) (14., neubearb. Auflage). Freiburg: Herder.

Luckmann, T. (1991). Die unsichtbare Religion. Frankfurt: Fischer (Original New York 1967).

Luckmann, T. (1996). Religion – Gesellschaft – Transzendenz. In H.-J. Höhn (Hg.), *Krise der Immanenz* (S. 112–127). Frankfurt: Fischer.

Lübbe, H. (1986). Religion nach der Aufklärung. Graz: Styria.

Lüssi, P. (1979). Atheismus und Neurose. Das Phänomen Glaubenslosigkeit > Neurose. Göttingen: Vandenhoeck & Ruprecht.

Lukoff, D. & Lu, F. (1988). Research topic: mystical experience. *Journal of Transpersonal Psychology,* 20, 161–184.

Machemer, P. (1991). Psychotherapie und Meditation – Zur Verbindung von Gestalttherapie und Kum Nye. *Integrative Psychologie,* 17(3), 228–253.

Mahler, M., (1975). Symbiose und Individuation. Stuttgart: Klett.

Mallory, M.M. (1977). Christian Mysticism: Transcendending Techniques. Amsterdam: Van Gorcum.

Malony, H.N. (Ed.). (1991). Psychology of Religion: Personalities, Problems, Possibilities. Grand Rapids: Baker.

Malony, H.N. (1991b). Response/Reaction to „The Interface between Psychology and Christianity". *Journal of Psychology and Christianity,* 10(1), 16–18.

Malony, N.H. & Southard, S. (Eds.). (1992). Handbook of Religious Conversion. Birmingham: Religious Education Press.

Mann, U. (1973). Einführung in die Religionspsychologie. Darmstadt: Wissenschaftliche Buchgesellschaft.

Mansager, E. (1987). One Framing of the Issue: Adlerian Psychology within Pastoral Counseling *.Individual Psychology,* 43(4), 451–460.

Marquard, O. (1987). Transzendentaler Idealismus, romantische Naturphilosophie, Psychoanalyse. Köln: Dinter.

Martin, G.M. (1991). Zur neueren Religionspsychologie. *Theologische Rundschau,* 56, 280–295.

Matussek, P. (1950). Metaphysische Probleme der Medizin. Ein Beitrag zur Prinzipienlehre der Psychotherapie. 2., erw. Auflage. Berlin: Springer.

May, G. (1982). Care of Mind, Care of Spirit. A psychiatrist explores spiritual direction. San Francisco: Harper & Row.

May, G. (1993). Sehnsucht, Sucht und Gnade. Aus der Abhängigkeit zur Freiheit. München: Claudius (amerikanisches Original San Francisco: Harper Collins 1988).

McDargh, J. (1994). Group Psychotherapy as Spiritual Discipline: From Oz to the Kingdom of God. *Journal of Psychology and Theology,* 22(4), 290–299.

McFarland, S. (1984). Psychology of Religion: A Call for a Broader Paradigm. *American Psychologist,* 39, 321–324.

McGinn, B. (1994). Die Mystik im Abendland. 3 Bände (1994ff). Freiburg Herder (amerikanisches Original New York: Crossroad 1991).

McIntosh, D.N. (1995). Religion-as-Schema, With Implications for the Relation Between Religion and Coping. *The International Journal for the Psychology of Religion,* 5(1), 1–16.

McNamara, W. (1978). Die mystische Tradition des Christentums und die Psychologie. In C. Tart (Hg.), *Transpersonale Psychologie* (S. 487–540). Olten: Walter.

Meadow, M.J. (1984). The Dark Side of Mysticism: Depression and „The Dark Side". *Pastoral Psychology,* 33(2), 105–125.

Meadow, M.J. & Kahoe, R.D. (1984). Psychology of Religion. Religion in Individual Lives. New York: Harper & Row.

Meinberg, E. (1988). Das Menschenbild der modernen Erziehungswissenschaft. Darmstadt: Wissenschaftliche Buchgesellschaft.

Meissner, W.W. (1984). Psychoanalysis and Religious Experience. New Haven: Yale University Press.

Melzer, F. (1987). Versenkung oder Begegnung? Entscheidungshilfe zur Frage der Meditation. Stuttgart: Christliches Verlagshaus.

Mensching, G. (1938). Vergleichende Religionswissenschaft. Leipzig: Quelle & Meyer.

Mensching, G. (1958). Religion. In K. Galling (Hg.), *Die Religion in Geschichte und Gegenwart* (Fünfter Band) (S. 961–964). Tübingen: Mohr.

Métraux, A. (1975). Zur Erfahrung des Leibes. In ders. & C.F. Graumann (Hg.), *Versuche über Erfahrung* (S. 51–68). Bern: Huber.

Mette, N. & Steinkamp, H. (1983). Sozialwissenschaften und Praktische Theologie. Düsseldorf: Patmos.

Meyer, A.-E. (1987). Das Leib-Seele-Problem aus der Sicht eines Psychosomatikers. Modelle und ihre Widersprüche. *Psychotherapie, Psychosomatik, medizinische Psychologie,* 37, 367–375.

Meyers, D.G. (1991). Yin and Yang in Psychological Research and Christian Belief. In H.N. Malony (Ed.), *Psychology of Religion* (S. 413–432). Grand Rapids: Baker.

Miller, W.R. & Martin, J.E. (Eds.). (1988). Behavior Therapy and Religion: Integrating Spiritual and Behavioral Approaches to Change. Newbury Park: Sage.

Mischo, J. (1991). Okkultismus bei Jugendlichen. Ergebnisse einer empirischen Untersuchung. Mainz: Grünewad.

Moosbrugger, H., Zwingmann, C. & Frank, D. (Hg.). (1996). Religiosität, Persönlichkeit und Verhalten. Beiträge zur Religionspsychologie. Münster: Waxmann.

Moser, R. (1979). Gotteserfahrung bei Martin Buber. Eine theologische Untersuchung. Heidelberg: Lambert Schneider.

Müller, A. (1989). Überlegungen zum Verhältnis von Religion und Kontingenz. In A.A. Bucher & K.H. Reich (Hg.), Entwicklung von Religiosität (S. 35–50). Freiburg (Schweiz): Universitätsverlag.

Müller, J. (1989). Und heilt alle deine Gebrechen. Psychotherapie in christlicher Sicht. Stuttgart: Steinkopf.

Müller, W. (1992). Ekstase. Sexualität und Spiritualität. Mainz: Grünewald.

Müller-Pozzi, H. (1975). Psychologie des Glaubens. Versuch einer Verhältnisbestimmung von Theologie und Psychologie. München: Kaiser.

Müller-Pozzi, H. (1979). Die Religionspsychologie im 20. Jahrhundert. In: G. Condrau (Hg.), *Transzendenz, Imagination und Kreativität.* Die Psychologie des 20. Jahrhunderts, Bd. XV (S. 76–84). Zürich: Kindler.

Murken, S. (1994). Die Konzeptualisierung von Spiritualität und „Höherer Macht“ im Genesungsprogramm der Anonymen Alkoholiker. *Archiv für Religionspsychologie,* 21, 141–152.

Mynarek, H. (1991). Mystik und Vernunft: Zwei Pole einer Wirklichkeit. Olten: Walter.

Naranjo, C. & Ornstein, R.E. (1976). Psychologie der Meditation Frankfurt: Fischer (amerik. Originalausgabe New York 1971).

Nase, E. & Scharfenberg, J. (1977) (Hg.) Psychoanalyse und Religion. Darmstadt: Wissenschaftliche Buchgesellschaft.

Nelson, G.K. (1991). Der Drang zum Spirituellen. Über die Entstehung religiöser Bewegungen im 20. Jahrhundert. Olten: Walter (engl. Original London 1987).

Nestler, E. (1996). Biographie und Ekstase: Kognitive und emotionale Aspekte einer modernen Engelerscheinung. In F. Oser & H. Reich (Hg.), *Eingebettet ins Menschsein: Beispiel Religion* (S. 139–146). Lengerich: Pabst.

Niebuhr, H.R. (1951). Christ and Culture. New York: Harper & Row.

Niggemeyer, F. (1993). Das Heilige. In S.R. Dunde (Hg.), *Wörterbuch der Religionspsychologie* (S. 170–180). Gütersloh: Gütersloher Verlagshaus.

Nipkow, K.E. (1982). Grundfragen der Religionspädagogik. Bd. 1. Gütersloh: Gütersloher Verlagshaus.

Nipkow, K.E. (1987). Erwachsenwerden ohne Gott? Gotteserfahrung im Lebenslauf. München: Kaiser.

Nipkow, K.E. (1993). Empirical Research within Practical Theology. *Journal of Empirical Theology,* 6(1), 50–63.

Nipkow, K.E., Schweitzer, F. & Fowler, J.R. (Hg.). (1988). Glaubensentwicklung und Erziehung. Gütersloh: Gütersloher Verlagshaus.

Noam, G.G. (1986). Stufe, Phase und Stil: Die Entwicklungsynamik des Selbst. In F. Oser (Hg.), *Transformation und Entwicklung* (S. 151–191). Frankfurt: Suhrkamp.

Noam, G.G. (1988). The Self, Adult Development, and the Theory of Biography and Transformation. In D. Lapsley, & C. Power (Eds.), *Self, Ego, Identity* (S. 3–29). New York: Springer.

Noam, G.G. (1990). Beyond Freud and Piaget: Biographical Worlds – Interpersonal Self. In T. Wren (Ed.), *The moral domain* (S. 360–399). Cambridge: MIT-Press.

Noam, G.G. & Kegan, R. (1982). Soziale Kognition und Psychodynamik: Auf dem Weg zu einer klinischen Entwicklungspsychologie. In W. Edelstein & M. Keller (Hg.), *Perspektivität und Interpretation* (S. 422–460). Frankfurt: Suhrkamp.

Noam, G.G., Kohlberg, & Snarey, J. (1983). Steps towards a model of the self. In B. Lee & G. Noam (Eds.), *Developmental approaches to the self.* (S. 59–141). New York: Plenum.

Noam, G.G. & Wolf, M. (1993). Psychology and Spirituality: Forging a New Relationship. In M.L. Randour, (Ed.), Exploring sacred landscapes: Religious and spiritual experiences in psychotherapy (S. 199–212). New York: Columbia University Press.

Noller, P. (1992). Religion Conceptionalized as an Attachment Process: Another Deficiency Approach to the Psychology of Religion? *The International Journal for the Psychology of Religion,* 2(1), 29.36.

Norcross, J.C. (1987). A Rational and Empirical Analysis of Existential Psychotherapy. *Journal of Humanistic Psychology,* 27(1), 41–68.

Nüchtern, M. (1994). Was heilen kann. Therapeutische Einsichten aus biblischen Geschichten. Göttingen: Vandenhoeck & Ruprecht.

O'Donohue, W. (1989). The (Even) Bolder Model. The Clinical Psychologist as Metaphysician-Scientist-Practitioner. *American Psychologist,* 44, 1460–1468.

Oerter, R. (1996). Was ist Religiosität, und warum entwickelt sie sich? In F. Oser & H. Reich (Hg.), *Eingebettet ins Menschsein: Beispiel Religion* (S. 23–40). Lengerich: Pabst.

Oser, F. & Bucher, A. (1995). Religion – Entwicklung – Jugend. In R. Oerter & L. Montada (Hg.), *Entwicklungspsychologie. Ein Lehrbuch* (S. 1045–1055). 3., überarbeitete und erweiterte Auflage. Weinheim: Psychologie-Verlags-Union.

Oser, F. & Gmünder, P. (1992). Der Mensch – Stufen seiner religiösen Entwicklung. 3. Aufl.. Gütersloh: Gütersloher Verlagshaus (Erstauflage 1981).

Oser, F. & Reich, K.H. (1992). Entwicklung und Religiosität. In E. Schmitz (Hg.), *Religionspsychologie* (S. 65–100). Göttingen: Hogrefe.

Oser, F. & Reich, H. (Hg.). (1996). Eingebettet ins Menschsein: Beispiel Religion. Aktuelle psychologische Studien zur Entwicklung von Religiosität. Lengerich: Pabst.

Oser, F. & Scarlett, W.G. (Eds.). (1991). Religious Development in Childhood and Adolescence. (New Directions for Child Development, No. 52). San Francisco: Jossey-Bass.

Otto. R. (1987). Das Heilige. Über das Irrationale in der Idee des Göttlichen und sein Verhältnis zum Rationalen. München: Beck (Erstauflage 1917).

Ouweneel, W.J. (1993). Psychologie. Ein bibelorientiert-wissenschaftlicher Entwurf. Bielefeld: Christliche Literatur-Verbreitung (holl. Original 1984).

Overton, W.F. (1992). The Structure of Development Theory. In H.Reese (Ed.), *Advances in Child Development and Behavior*, Vol. 23 (S. 1–37). New York: Academic Press.

Paloutzian, R.F. (1983). Invitation to the Psychology of Religion. Glenview: Scott, Foresman and Company.

Pannenberg, W. (1958). Dialektische Theologie. In K. Galling (Hg.), Die Religion in Geschichte und Gegenwart, Bd. II (3. Aufl.) (S. 168–174). Tübingen: Mohr.

Pannenberg, W. (1977). Wissenschaftstheorie und Theologie. Frankfurt: Suhrkamp.

Pannenberg, W. (1983). Anthropologie in theologischer Perspektive. Göttingen: Vandenhoeck & Ruprecht.

Pannenberg, W. (1986). Christliche Spiritualität. Göttingen: Vandenhoeck & Ruprecht.

Pargament, K.I., Kennell, J., Hathaway, W., Grevengoed, N., Newman, J., Jones, W. (1988). Religion and the problem-solving process: Three styles of coping. *Journal for the Scientific Study of Religion,* 27, 90–104.

Pargament, K,I., Ensing, D.S., Falgout, K., Olsen, H., Reilly, B., Van Haitsma, K., Warren, R. (1990). God help me (I): Religious coping efforts as predictors of the outcomes to significant negative life events. *American Journal of Community Psychology*, 18(6), 793–824.

Pargament, K.I. (1992). Of Means and Ends: Religion and the Search for Significance. *The International Journal for the Psychology of Religion,* 2(4), 201–229.

Pargament, K.I., Olsen, H., Reilly, B., Falgout, K., Ensing, D.S., Van Haitsma, K. (1992a). God help me (II): The relationship of religious orientations to religious coping with negative life events. *Journal for the Scientific Study of Religion,* 31(4), 504–513.

Parisius-Schmincke, P. (1983). Ansätze zur Religionspsychologie. *Verkündigung und Forschung*, 28, 2–24.

Peck, M.S. (1986). Der wunderbare Weg. Eine neue Psychologie der Liebe und des spirituellen Wachstums. München: Goldmann Bd. 11842 (amerik. Original 1978).

Perry, W.G. (1968). Forms of intellectual and ethical development in the college years: a scheme. New York: Holt, Rinehard & Winston.

Petersen, K. (1993). Persönliche Gottesvorstellungen. Empirische Untersuchungen/ Entwicklung eines Klärungsverfahrens. Ammersbek/Hamburg: Verlag an der Lottbek/Jensen (zugl. Diss. Univ. Hamburg 1993).

Petterssen, O. & Akerberg, H. (1981). Interpreting Religious Phenomena. Studies with Reference to the Phenomenology of Religion. Stockholm: Almqvist & Wiksell.

Petzold, H. & Pongratz, L.J. (1985). Vorwort. In H. Petzold (Hg.), *Wege zum Menschen*. Modelle und Persönlichkeiten moderner Psychotherapie. Bd. 1 (S. 7–8). Paderborn: Junfermann.

Peursen, C.A. van (1959). Leib, Seele, Geist. Einführung in eine phänomenologische Anthropologie. Gütersloh: Gütersloher Verlagshaus.

Pfeifer, S. (1993). Glaubensvergiftung – ein Mythos? Analyse und Therapie religiöser Lebenskonflikte. Moers: Brendow.

Piaget, J. (1983). Meine Theorie der geistigen Entwicklung. Frankfurt: Fischer.

Pietzcker, C. (1996). Einheit, Trennung und Wiedervereinigung. Psychoanalytische Untersuchungen eines religiösen, philosophischen und literarischen Musters. Würzburg: Königshausen & Neumann.

Plaum, E. (1992). Religion aus persönlichkeitspsychologischer Sicht. In E. Schmitz (Hg.), *Religionspsychologie* (S 25–64). Göttingen: Hogrefe.

Plieth, M. (1994). Die Seele wahrnehmen: zur Geistesgeschichte von Seelsorge und Psychologie. Göttingen: Vandenhoeck & Ruprecht.

Pöll, W. (1974). Das religiöse Erlebnis und seine Strukturen. München: Kösel.

Polanyi, M. (1985). Implizites Wissen. Frankfurt: Suhrkamp (amerik. Erstausgabe New York 1966).

Pollack, D. (1995). Was ist Religion? Probleme der Definition. *Zeitschrift für Religionswissenschaft,* 3, 163–190.

Pongratz, L.J. (1977). Geschichte, Gegenstand, Grundlagen der Klinischen Psychologie. In ders. (Hg.), *Klinische Psychologie* (Handbuch der Psychologie, Bd. 8/1) (S. 1–59). Göttingen: Hogrefe.

Pongratz, L.J. (1983). Hauptströmungen der Tiefenpsychologie. Stuttgart: Kröner.

Pongratz, L.J. (1984). Problemgeschichte der Psychologie. 2., durchges. u. überarb. Aufl.. München: Francke (Erstauflage 1967).

Popp-Baier, U. (1993). Die Stellung der Religionspsychologie in der deutschsprachigen Psychologie: Positionen, Probleme, Perspektiven. In L. Montada (Hg.), *Bericht über den 38. Kongreß der Deutschen Gesellschaft für Psychologie in Trier 1992*. Bd. 2 (S. 255–265). Göttingen: Hogrefe.

Popper, R. (1984). Logik der Forschung (8., verb. Aufl.) Tübingen: Mohr (engl. Original London 1934).

Potempa, P.R. (1958). Persönlichkeit und Religiosität. Versuch einer psychologischen Schau. Göttingen: Hogrefe.

Pruyser, P.W. (1972). Die Wurzeln des Glaubens. Eine Psychologie des Glaubens. („A Dynamic Psychology of Religion", New York 1968). Bern: Scherz.

Pruyser, P.W. (1987). Where Do We Go from Here? Scenarios for the Psychology of Religion. *Journal for the Scientific Study of Religion,* 26(2), 173–181.

Quitmann, H. (1985). Humanistische Psychologie. Göttingen: Hogrefe.

Raab, P. (Hg.). (1990). Psychologie hilft glauben. Durch seelisches Reifen zum spirituellen Erwachen. Freiburg: Herder Bd. 1704.

Radnitzky, G. (1992). Wert. In H. Seiffert & ders. (Hg.), *Handlexikon zur Wissenschattstheorie* (S. 381–387). München: dtv.

Radnitzky, G. (1992a). Wissenschaftlichkeit. In H. Seiffert & ders. (Hg.), *Handlexikon zur Wissenschattstheorie* (S. 399–405). München: dtv.

Ragan, C.P., Malony, H.N., & Beit-Hallahmi, B. (1980). Psychologists and Religion: Professional Factors and Personal Belief. *Review of Religious Research,* 21, 208–217.

Rahner, K. (1976). Grundkurs des Glaubens. Einführung in den Begriff des Christentums. Freiburg: Herder.

Randour, M.L. (Ed.). (1993). Exploring sacred landscapes: Religious and spiritual experiences in psychotherapy. New York: Columbia University Press.

Rattner, J. (1980). Viktor Emil von Gebsattel. In ders. (Hg.), Wandlungen der Psychoanalyse (S. 257–279). Wien: Europaverlag.

Rattner, J. (1990). Tiefenpsychologie und Religion. Berlin: Ullstein.

Rebell, W. (1988). Psychologisches Grundwissen für Theologen. München: Kaiser.

Reich, K.H. (1990). The relation between science and theology: The case for complementarity revisited. *Zygon: Journal for Religion & Science*, 25(4), 365–385.

Reich, K.H. (1990b). The Chalcedonian Definition: An Example of the Difficulties and the Usefullness of Thinking in Terms of Complementarity. *Journal of Psychology and Theology,* 18(2), 148–157.

Reich, K.H. (1991). The role of complementarity reasoning in religious development. In F.K. Oser & W.G. Scarlett (Eds.), Rel*igious development in childhood and adolescence*. (S. 77–89). San Francisco: Jossey-Bass.

Reich, K.H. (1992). Religious development across the life span: Conventional and cognitive developmental approaches. In D.L. Featherman, R.M. Lerner & M. Perlmutter (Eds.), *Life span development and behaviour*, Vol. 11 (S. 145–188). Hillsdale: Lawrence Erlbaum.

Reich, K.H. (1992b). Kann Denken in Komplementarität die religiöse Entwicklung im Erwachsenenalter fördern? In M. Böhnke, ders., L. Ridez (Hg.), *Erwachsen im Glauben*. Beiträge zum Verhältnis von Entwicklungspsychologie und religiöser Erwachsenenbildung (S. 127–154). Stuttgart: Kohlhammer.

Reich, K.H. (1993). Integrating different theories: The case of religious development. *Journal of Empirical Theology,* 6, 39–49.

Reich, K.H. (1993b). Cognitive-Developmental Approaches to Religiousness: Which Version for Which Purpose? *The International Journal for the Psychology of Religion*, 3(3), 145–171.

Revers, W.J. (1960). Philosophisch orientierte Theorien der Person und Persönlichkeit. In P. Lersch & H. Thomae (Hg.), *Persönlichkeitsforschung und Persönlichkeitstheorie*. Handbuch der Psychologie, Bd. 4 (S. 391–436). Göttingen: Hogrefe.

Revers, W.J. (1962). Ideologische Horizonte der Psychologie. München: Pustet.
Revers, W.J. (1985). Psyche und Zeit. München: Pustet.
Rizzutto, A.M. (1979). The Birth of the Living God. Chicago: University of Chicago Press.
Röd, W. (1992). Erkenntnistheorie. In H. Seiffert & G. Radnitzky (Hg.), *Handlexikon zur Wissenschaftstheorie* (S. 52–58). München: dtv.
Röhlin, K.-H. (1986). Sinnorientierte Seelsorge. München: tuduv-Verlagsgesellschaft.
Rollett, B. & Kaminger, G. (1996). Religiöse Urteilsstufen, kognitive Komplexität und Sektenneigung bei Jugendlichen. In F. Oser & H. Reich (Hg.), *Eingebettet ins Menschsein: Beispiel Religion* (S. 88–124). Lengerich: Pabst.
Rose, S. (1989). Erweckungsbewegungen, Konversionen und Handlungsspielräume im Lebenslauf. In A. Weymann (Hg.), *Handlungsspielräume*. Untersuchungen zur Individualisierung und Institutionalisierung von Lebensläufen in der Moderne (S. 134–150). Stuttgart: Enke.
Rosina, H.-J. (1989). Faszination und Indoktrination. Beobachtungen zu psychischen Manipulationspraktiken in totalitären Kulten (Jugendreligionen). München: Arbeitsgemeinschaft für Religions- und Weltanschauungsfragen.
Rowan, J. (1993). The transpersonal. Psychotherapy and counselling. London: Routledge.
Roy, D.E. (1992). Spirituality and psychotherapy: A common ground across boundaries. *Journal of Pastoral Care*, 46, 153–161.
Ruhbach, G. (1987). Theologie und Spiritualität. Göttingen: Vandenhoeck & Ruprecht.
Ruhbach, G. (1988). Frömmigkeit und Religiosität im ausgehenden 20. Jahrhundert. *Verkündigung und Forschung,* 33(2), 43–71.
Rychlak, J.F. (1993). A Suggested Principle of Complementarity for Psychology. In Theory, Not Method. *American Psychologist*, 48(9), 933–942.
Samuels, A. (1989). Jung und seine Nachfolger. Stuttgart: Klett.
Saur, M.S. & Saur, W.G. (1993). Transitional phenomena as evidenced in prayer. *Journal of Religion and Health*, 32(1), 55–65.
Sborowitz, A. (Hg.). (1979). Der leidende Mensch. Personale Psychotherapie in anthropologischer Sicht (5. Aufl.). Darmstadt: Wissenschaftliche Buchgesellschaft.
Schaef, A. W. (1995). Mein Weg zur Heilung. Ganzheitliche Lebenshilfe in der Praxis. München: dtv (amerikanisches Original San Francisco 1992).
Schaefer, C.A. & Gorsuch, R.L. (1991). Psychological Adjustment and Religiousness: The multivariate Belief-Motivation Theory of Religiousness. *Journal for the Scientific Study of Religion,* 30(4), 448–461.
Schall, T.U., Scharfenberg, J., Stollberg, D., Seitz, M. (1982). Loccumer Thesen. *Pastoraltheologie,* 7, 317–328.
Scharfenberg, J. (1968). Sigmund Freud und seine Religionskritik als Herausforderung für den christlichen Glauben. Göttingen: Vandenhoeck & Ruprecht.
Scharfenberg, J. (1985). Einführung in die Pastoralpsychologie. Göttingen: Vandenhoeck & Ruprecht.
Scharfenberg, J. (1990). Pastoralpsychologische Kompetenz von Seelsorgern/-innen. In I. Baumgartner (Hg.), *Pastoralpsychologie* (S. 135–152). Regensburg: Pustet.
Scharfetter, C. (1992). Der spirituelle Weg und seine Gefahren. 2. Aufl.. Stuttgart: Enke.
Scharfetter, C. (1993). Eros therapeutikós. Liebe und Ethik in der Therapie. *Psychotherapie, Psychosomatik, medizinische Psychologie,* 43, 254–261.
Scheffczyk, L. (Hg.) (1990). Dualismus versus Dualität. Aspekte neuzeitlicher Weltbetrachtung. Freiburg: Alber.
Scheler, M. (1928). Die Stellung des Menschen im Kosmos. Bern: Francke.
Scheler, M. (1954). Der Formalismus in der Ethik und die materiale Wertethik. Bern: Francke.
Scheler, M. (1968). Mensch und Geschichte. In ders., *Philosophische Weltanschauung* (S. 62–88). Bern: Francke (Erstausgabe 1926).

Schlagheck, M. (Hg.). (1996). Theologie und Psychologie im Dialog über die Frage nach Gott. Paderborn: Bonifatius.

Schleiermacher, F. (1958). Über die Religion. Reden an die Gebildeten unter ihren Verächtern. Hamburg: Meiner (Erstausgabe 1799).

Schmid, G. (1990). Die Mystik der Weltreligionen. Stuttgart: Kreuz.

Schmidt, H. (1991). Leitfaden Religionspädagogik. Stuttgart: Kohlhammer.

Schmidt, R. (Hg.). (1989). Die Individualpsychologie Alfred Adlers. Ein Lehrbuch. Frankfurt: Fischer.

Schmitz, E. (Hg.). (1992). Religionspsychologie. Eine Bestandsaufnahme des gegenwärtigen Forschungsstandes. Göttingen: Hogrefe.

Schmitz, E. (1992a). Religion und Gesundheit. In ders. (Hg.), *Religionspsychologie* (S. 131–158). Göttingen: Hogrefe.

Schmitz, E. & Friebe, S. (1992). Die „Neuen Jugendreligionen" – öffentliche Akzeptanz und Konversionsmotive. In E. Schmitz (Hg.), *Religionspsychologie* (S. 235–262). Göttingen: Hogrefe.

Schneewind, K.A. (Hg). (1977). Wissenschaftstheoretische Grundlagen der Psychologie. München: Reinhardt.

Schneider, G. (1988). Religiöse Erfahrungen in Autobiographien. *Verkündigung und Forschung*, 33(2), 3–29.

Schneider, M. (1991). Entscheidend ist die Glaubenserfahrung. Was christliche Mystik ausmacht. *Herder-Korrespondenz,* 45(11), 519–524.

Schneider-Flume, G. (1985). Die Identität des Sünders. Eine Auseinandersetzung theologischer Anthropologie mit dem Konzept der psychosozialen Identität Eriksons. Göttingen: Vandenhoeck & Ruprecht.

Schöll, A. (1992). Zwischen religiöser Revolte und frommer Anpassung. Die Rolle der Religion in der Adoleszenzkrise. Gütersloh: Gütersloher Verlagshaus.

Schreiner, M. (1992). Gemütsbildung und Religiosität. Göttingen: Vandenhoeck und Ruprecht.

Schröer, H. (1960). Die Denkform der Paradoxalität als theologisches Problem. Göttingen: Vandenhoeck & Ruprecht.

Schütz. C. (Hg.). (1988). Praktisches Lexikon der Spiritualität. Freiburg: Herder.

Schütz, C. (1988a). Bindung. In ders. (Hg.), *Praktisches Lexikon der Spiritualität* (S. 150–160). Freiburg: Herder.

Schulz, W. (1972). Philosophie in der veränderten Welt. Pfullingen: Neske.

Schwab, R. & Petersen, K. (1990). Religiousness: Its Relation to Loneliness, Neuroticism and Subjective Well-Beeing. *Journal for the Scientific Study of Religion,* 29(3), 335–345.

Schweitzer, F. (1987). Lebensgeschichte und Religion. Religiöse Entwicklung und Erziehung im Kinder- und Jugendalter. München: Kaiser.

Schweitzer, F. (1990). Bekehrung und religiöse Entwicklung. Religionspsychologische Lebenslaufforschung zwischen autobiographischer und sozialwissenschaftlicher Konstruktion. In W. Span (Hg.), *Wer schreibt meine Lebensgeschichte*? (S. 296–314). Gütersloh: Gütersloher Verlagshaus.

Seidl, H. (1992). Zum Verständnis des Transzendenten bei Aristoteles und Thomas von Aquin. In L. Honnefelder & W. Schüßler (Hg.), *Transzendenz*: Zu einem Grundwort der klassischen Metaphysik (S. 65–74). Paderborn: Schöningh.

Seiffert, H. (1992). Einleitung: Das Verhältnis von Philosophie und Wissenschaftstheorie. In ders. & R. Radnitzky (Hg.), *Handlexikon zur Wissenschaftstheorie* (S. 1–4). München: dtv.

Seiß, R. (1985). Identität und Beziehung. Ein zentraler Aspekt verstehender Entwicklungspsychologie. Stuttgart: Hänssler.

Selman, R.L. (1984). Die Entwicklung des sozialen Verstehens. Entwicklungspsychologische und klinische Untersuchungen. Frankfurt: Suhrkamp.

Shafranske, E.P. (Ed.). (1995). Religion and the clinical practice of psychology. Washington: American Psychological Association.

Shafranske, E.P. & Gorsuch, R.L. (1984). Factors associated with the perception of spirituality in psychotherapy. *Journal of Transpersonal Psychology*, 16, 231–241.
Shaver, P.R. (1978). Religious Attitudes. In J.R. Robinson & P.R. Shaver (Eds.), *Measures of social psychological attitudes* (S. 629–721).Michigan: Institute for Social Research..
Silverstein, S.M. (1988). A Study of Religious Conversion in North America. *Genetic, Social, and General Psychology Monographs*, 114 (3), 261–305.
Sinetar, M. (1991). Die Sehnsucht, ganz zu sein. Menschen, die das neue Leben mit Gott suchen. Freiburg: Herder (amerikanische Originalausgabe Mahwah: Paulist 1986).
Singer, A. (1988). Östliche Seinserfahrung und christliche Gotteserfahrung. Leben und Werk Karlfried Graf Dürckheims im Dienst der Begegnung von Asien und Abendland. *Archiv für Religionspsychologie*, 18, 196–228.
Singer, A. (1990). Glaube-Religion-Erfahrung im Religionsunterricht. Anregungen aus der Initiatischen Therapie Graf Dürckheims. *Archiv für Religionspsychologie, 20*, 67–99.
Singer, M.T. & Lalich, J. (1997). Sekten. Wie Menschen ihre Freiheit verlieren und wieder finden können (amerikanische Originalausgabe San Francisco 1995). Heidelberg: Auer.
Sloterdijk, P. (1993). Der mystische Imperativ. Bemerkungen zum Formwandel des Religiösen in der Neuzeit. In ders. (Hg.), *Mystische Zeugnisse aller Zeiten und Völker* (S. 9–44). München: Diederichs (Erstausgabe hg. von M. Buber (1909) als „Ekstatische Konfessionen").
Snarey, J. (1983). The development of moral reasoning about animal life and the natural environment. Manuskript, Harvard-Universität, Center of Moral Education.
Snarey, J., Kohlberg, L. & Noam, G.G. (1983). Ego development in perspective: structural stage, functional phase and cultural age-period models. *Developmental Review*, 3, 303–338.
Söderblom, N. (1926). Das Werden des Gottesglauben. Leipzig: Hinrichs (schwedisches Original Stockholm 1908; Nachdruck der dt. Ausgabe Hildesheim: Olms 1979).
Sons, R. (1995). Seelsorge zwischen Bibel und Psychotherapie. Stuttgart: Calwer.
Sparn, W. (Hg.). (1990). Wer schreibt meine Lebensgeschichte? Biographie, Autobiographie, Hagiographie und ihre Entstehungszusammenhänge. Gütersloh: Mohn.
Spengler, E. (1979). C.G. Jungs Religionspsychologie. In G. Condrau (Hg.), *Transzendenz, Imagination und Kreativität* (S. 245–258). Zürich: Kindler.
Spengler, O. (1923). Der Untergang des Abendlandes. Umrisse einer Morphologie der Weltgeschichte. Erster Band. München: Beck.
Spero, M.H. (1990). Parallel Dimensions of Experience in Psychoanalytic Psychotherapy of the Religious Patient. *Psychotherapy*, 27, 55–71.
Sperry, R.W. (1988). Psychology's mentalist paradigma and the religion/science tension. *American Psychologist*, 43(8), 607–613.
Spilka, B. & Bridges, R.A. (1989). Theology and Psychological Theory: Psychological Implications of Some Modern Theologies. *Journal of Psychology and Theology*, 17(4), 343–351.
Spilka, B., Brown, G. & Cassidy, S. (1992). The Structure of Religious Mystical Experience in Relation to Pre- and Postexperience Lifestyles. *The International Journal for the Psychology of Religion*, 2(4), 241–257.
Spilka, B., Hood, R., & Gorsuch, R. (1985). The psychology of religion: An empirical approach. Englewood Cliffs: Prentice-Hall.
Spilka, B. & Mullins, M. (1991). Personal Religion and Psychological Schemata: A Research Approach to a Theological Psychology of Religion. In H.N. Malony (Hg.), *Psychology of Religion* (S. 143–159). Michigan: Grand Rapids.
Spilka, B., Shaver, P. & Kirkpatrick, L.A. (1985). A General Attribution Theory for the Psychology of Religion. *Journal for the Scientific Study of Religion*, 24(1), 1–20.
Spranger, E. (1927). Lebensformen. Halle: Niemeyer.

Spranger, E. (1974). Philosophie und Psychologie der Religion. Gesammelte Schriften, Bd. IX. Tübingen: Niemeyer.

Staats, A. (1991). Unified Positivism and Unification Psychology. Fad or New Field? *American Psychologist,* 46(9), 899–912.

Stace, W.T. (1960). Mysticism and Philosophy. Philadelphia: Lippincott.

Stadlmeier, A. (1989). Religiöser Glaube und Systemische Therapie. *Zeitschrift für Systemische Therapie*, 7(1), 41–47.

Staehelin, B. (1990). Heilwerden von Grund auf. Psychotherapie aus dem Glauben. Freiburg: Herder.

Starbuck, E.D. (1909). Religionspsychologie. Empirische Entwicklungsstudie religiösen Bewußtseins. Leipzig: Klinkhardt (amerik. Erstauflage 1899).

Staudt Sexton, V. (1991). Psychology of Religion: Some Accomplishments and Challenges. In H.N.Malony (Ed.), *Psychology of Religion* (S. 37–43). Grand Rapids: Baker.

Steggink, O. (1983). Mystik. Bd. I: Ihre Struktur und Dynamik. Düsseldorf: Patmos.

Steggink, O. (1992). Mystik. In C. Schütz (Hg.), *Praktisches Lexikon der Spiritualität* (S. 904–910). Freiburg: Herder.

Stephenson, G. (1995). Wege zur religiösen Wirklichkeit. Phänomene – Symbole – Werte. Darmstadt: Wissenschaftliche Buchgesellschaft.

Störmer-Labonte, M. (1991). Streß und Streßbewältigung in meditativer Sicht. Die implizite Streßtheorie der Nyingma Psychologie auf dem Hintergrund der transaktionalen Streßtheorie von Lazarus. Forschungsberichte aus dem Fachbereich Psychologie der Universität der Universität Osnabrück, Nr. 77.

Stollberg, D. (1970). Therapeutische Seelsorge. München: Kaiser.

Stollberg, D. (1980). Religionspsychologie. In W. Arnold, H.J. Eysenck, R. Meili (Hg.), *Lexikon der Psychologie*, Bd. III (S. 1881–1890). Freiburg: Herder.

Stollberg, D. (1992). Keine Angst vor Langeweile! *Pastoraltheologie,* 81(6), 252–271.

Stolz, F. (1988). Grundzüge der Religionswissenschaft. Göttingen: Vandenhoeck & Ruprecht.

Stoodt, D. (1993). Ex libris. *Pastoraltheologie,* 82(3), 137–142.

Strasser, S. (1964). Phänomenologie und Erfahrungswissenschaft vom Menschen. Berlin: de Gruyter.

Streib, H. (1991). Hermeneutics of metaphor, symbol and narrative in faith development theory. Frankfurt: Lang.

Streib, H. (1996). Entzauberung der Okkultfaszination. Magisches Denken und Handeln in der Adosleszenz als Herausforderung an die Praktische Theologie. Kampen/ NL: Pharos.

Sudbrack. J. (1988). Mystik. Selbsterfahrung – Kosmische Erfahrung – Gotteserfahrung. Mainz: Grünewald.

Sudbrack, J. (1990). Mystische Spuren. Auf der Suche nach der christlichen Lebensgestalt. Würzburg: Echter.

Süss, J. & Pitzer-Reyl, R. (Hg.). (1996). Religionswechsel. Hintergründe spiritueller Neuorientierung. München: Claudius.

Sundén, H. (1982). Religionspsychologie. Stuttgart: Kreuz.

Tan, S.-Y. (1987). Intrapersonal integration: the servants spirituality. *Journal of Psychology and Christianity,* 6(1), 34–39.

Tan, S.-Y. (1994). Ethical Considerations in Religious Psychotherapy: Potential Pitfalls and Unique Resources. *Journal of Psychology and Theology,* 22(4), 389–394.

Tart, C.T. (Hg.) (1978). Transpersonale Psychologie. Olten: Walter (amerikanisches Original 1975).

Tellenbach, H. (1975). Die Begründung psychiatrischer Erfahrung und psychiatrischer Methoden in philosophischen Konzeptionen vom Wesen des Menschen. In H.-G. Gadamer & P. Vogler (Hg.), *Philosophische Anthropologie*. (Erster Teil) (S. 138–181). München: dtv.

Theissen, G. (1983). Psychologische Aspekte paulinischer Theologie. Göttingen: Vandenhoeck & Ruprecht.

Theunissen, M. (1977). Der Andere. Studien zur Sozialontologie der Gegenwart. Berlin: de Gruyter.

Thilo, H.J. (1991). Frömmigkeit. Aus dem Reichtum der Traditionen schöpfen. München: Kösel.

Thomae, H. (1952). Die biographische Methode in den anthropologischen Wissenschaften. *studium generale,* 5, 163–177 (gekürzter Wiederabdruck in Thomae 1985, 13–32).

Thomae, H. (1959). Grenzprobleme zwischen philosophischer und psychologischer Anthropologie. *studium generale,* 9, 433–445.

Thomae, H. (1963). Psychologie und Anthropologie: Eine kritische Analyse. In A. Flitner (Hg.), *Wege zur pädagogischen Anthropologie.* Versuch einer Zusammenschau der Wissenschaften vom Menschen (S. 78–109). Heidelberg: Quelle & Meyer.

Thomae, H. (1967). Das Selbstverständnis des Menschen in psychologischer Sicht. Wiederabdruck in Thomae (1985), 61–74.

Thomae, H. (1968). Das Individuum und seine Welt. Eine Persönlichkeitstheorie. Göttingen: Hogrefe.

Thomae, H. (1981). Future time perspective and the problem of cognition/motivation interaction. In G.D. Ydewalle & W. Lens (Eds.), *Cognition in Human Motivation and Learning* (S. 261–274). Hillsdale: Lawrence Erlbaum.

Thomae, H. (1982). Konzepte des Psychischen in der modernen Psychologie. In Kindlers Enzyklopädie „Der Mensch" (S. 397–414). Zürich: Kindler.

Thomae, H. (1985). Dynamik des menschlichen Handelns. Ausgewählte Schriften zur Psychologie 1944–1984. Bonn: Bouvier.

Thomae, H. (1988). Das Individuum und seine Welt. 2., völlig neu bearbeitete Auflage. Göttingen: Hogrefe.

Thomae, H. (1991). Psychologische Anthropologie. Fünf Thesen zum „Menschenbild" der gegenwärtigen Psychologie. In L. Roth (Hg.), *Pädagogik*: Handbuch für Studium und Praxis (S. 109–121). München: Ehrenwirth.

Thomae, H. (1992). Psychologische Beiträge zu einer Anthropologie. Vortragsmanuskipt zur Vorlesungsreihe „Der Mensch im Spiegel der Wissenschaften", gehalten im Januar 1992 an der Universität Leipzig.

Thomae, H. & Feger, H. (1969). Hauptströmungen der neueren Psychologie. Frankfurt: Akademische Verlagsanstalt.

Thomas, K. (1995). Religiöse Träume und andere Bilderlebnisse. Stuttgart: Steinkopf.

Thouless, R.H. (1960). Psychologie und Religion. In D. Katz (Hg.), *Handbuch der Psychologie* (S. 385–397). Basel: Karger.

Tillich, P. (1961). Wesen und Wandel des Glaubens. Berlin: Ullstein.

Tillich, P. (1962). Der Mut zum Sein. Stuttgart: Steingrüben.

Timpe, R.L. (1983). Epistemological and Metaphysical Limits to Integration of Psychology and Theology. *Journal of Psychology and Christianity*, 2(3), 21–29.

Tjeltveit, A.C. (1989). The impossibility of a psychology of the Christian religion: A theological perspective. *Journal of Psychology and Theology,* 17(3), 205–212.

Trillhaas, W. (1953). Die innere Welt – Religionspsychologie (2. Aufl.). München: Kösel.

Uexküll, T.v. & Wesiack, W. (1990). Wissenschaftstheorie und Psychosomatische Medizin, ein bio-psycho-soziales Modell. In dies. (Hg.), Psychosomatische Medizin (S. 1–30). Berlin: Springer.

Ullman, C. (1989). The Transformed Self: The Psychology of Religious Conversion. New York: Plenum Press.

Ulmer, B. (1988). Konversionserzählungen als rekonstruktive Gattung. Erzählerische Mittel und Strategien bei der Rekonstruktion eines Bekehrungserlebnisses. *Zeitschrift für Soziologie*, 17(1), 19–33.

Ulmer, B. (1990). Die autobiographische Plausibilität von Konversionserzählungen. In W. Sparn (Hg.), *Wer schreibt meine Lebensgeschichte*? (S. 287–293). Gütersloh: Gütersloher Verlagshaus

Underhill, E. (1910). Mysticism. The Preeminent Study in the Nature and Development

of Spiritual Consciousness. New York: Image Book 1990 (deutsche Übersetzung erschienen im Turm-Verlag, Bietigheim).
Uslar, D.v. (1973). Ontologische Voraussetzungen der Psychologie. In H.G. Gadamer & P. Vogler (Hg.), *Psychologische Anthropologie* (Neue Anthropologie, Bd. 5) (386–413). Stuttgart: Thieme.
Uslar, D.v. (1978). Psychologie der Religion. Zürich: Classen.
Uslar, D.v. (1987–1989). Sein und Deutung. 3 Bände. Stuttgart: Hirzel.
Utsch, M. (1987). Der Sinn-Begriff in der Persönlichkeitsforschung. Die Logotherapie Viktor E. Frankls. Unveröffentlichte psychologische Diplomarbeit, Universität Bonn.
Utsch, M. (1990). Glaubensentwicklung als Thema der Psychologie. James Fowlers Stufen des Glaubens. *Wege zum Menschen* 42(6), 359–366.
Utsch, M. (1991). Zur psychologischen Beschreibung und Erfassung von Religiosität. *Wege zum Menschen,* 43(2), 110–120.
Utsch, M. & Fisseni, H.-J. (1991). Religiosität. In W.D. Oswald, W.M. Herrmann, S. Kanowski, U.M. Lehr, H. Thomae (Hg.), *Gerontologie.* Medizinische, psychologische und sozialwissenschaftliche Grundbegriffe (2. Auflage) (S. 480–493). Stuttgart: Kohlhammer.
Utsch, M. (1992). Religiosität im Alter. Forschungsschwerpunkte und methodische Probleme. *Zeitschrift für Gerontologie,* 25, 25–31.
Utsch, M. (1992b). Sinnfindung im Alter. Beiträge aus der Psychologie V. E. Frankls. In A. Niederfranke, U. Lehr, F. Oswald, G. Maier (Hg.), *Altern in unserer Zeit (S.* 69–80). Heidelberg: Quelle & Meyer.
Utsch, M. (1996). Über die spannungsreiche Verbindung zwischen personaler und gläubiger Existenz. *Existenzanalyse,* 13(1), 16–18.
Utsch, M. (1997). Religionspsychologie zwischen Wissenschaft und Weltanschauung. In C. Henning & E. Nestler (Hg.), *Religion und Religiosität zwischen Theologie und Psychologie.* Beiträge zur Religionspsychologie . Frankfurt: Lang.
Vande Kemp, H. (1982). The tension between psychology and theology: An anthropological solution. *Journal of Psychology and Theology,* 10, 205–211.
Vande Kemp. H. (1984). Psychology and Theology in Western Thought 1672 – 1965: A historical and annotated bibliography. Millwood: Kraus Intern.
Vande Kemp, H. (1986). Dangers of Psychologism: the Place of God in Psychology. *Journal of Psychology and Theology,* 14, 97–109.
Varela, F., Thomson, E. & Rosch, E. (1994). Der mittlere Weg der Erkenntnis. Der Brückenschlag zwischen wissenschaftlicher Theorie und menschlicher Erfahrung. München: Goldmann.
Ven, J. A. v. d. (1988). To the reader. *Journal of Empirical Theology* 1(1), 5–6.
Vergote, A. (1970). Religionspsychologie. Olten: Walter (franz. Original Brüssel 1966).
Vergote, A. (1992). Religion und Psychologie. In E. Schmitz (Hg.), *Religionspsychologie* (S. 2–24). Göttingen: Hogrefe.
Vetter, A. (1949). Natur und Person. Umriß einer Anthropognomik. Stuttgart: Klett.
Vetter, A. (1979). Die Person in strukturpsychologischer Sicht. In A. Sborowitz (Hg.), *Der leidende Mensch* (S. 42–61). Darmstadt: Wissenschaftliche Buchgesellschaft.
Waardenburg, J. (1986). Religionen und Religion. Systematische Einführung in die Religionswissenschaft. Berlin: de Gruyter.
Wachinger, L. (1985). Gegen eine seelenlose Theologie und gegen eine gottlose Psychologie. *Stimmen der Zeit,* 203, 783–785.
Wagner, F. (1986). Was ist Religion? Studien zu ihrem Begriff und Thema in Geschichte und Gegenwart. Gütersloh: Mohn.
Wahl, H. (1988). Pastoralpsychologie – eine Grunddimension Praktischer Theologie. *Münchener theologische Zeitschrift,* 39, 23–46.
Wahl, H. (1990). Pastoralpsychologie – Teilgebiet und Grunddimension Praktischer Theologie. In I. Baumgartner (Hg.), *Pastoralpsychologie* (S. 41–61). Regensburg: Pustet.

Walach, H. (1990). So wird Gott in dir geboren. Christliche Glaubenserfahrung und Transpersonale Psychologie. Freiburg: Herder Bd. 1710.

Waldenfels, B. (1980). Der Spielraum des Verhaltens. Frankfurt: Suhrkamp.

Walsh, R.N. & Vaughan, F. (Hg.). (1985). Psychologie in der Wende. Grundlagen, Methoden und Ziele der transpersonalen Psychologie. München: Kösel (Originalausgabe Los Angeles 1980).

Wangh, M. (1989). Freud, Romain Rolland und die Religiosität. *Psyche,* 43(1), 40–66.

Washburn, M. (1995). The ego and the dynamic ground. A transpersonal theory of human development. 2nd edition, revised. Albany: State University of New York Press.

Weder, H. (1988). Exegese und Psychologie. Zu Theißens Analyse paulinischer Theologie. *Verkündigung und Forschung*, 33(1), 57–63.

Weenolsen, P. (1988). Transcendence of loss over the life-span. New York: Hemisphere.

Wegenast, K. (1987). Theologie und humanwissenschaftliche Arbeit. Fünf Thesen zu einem nach wie vor spannenden Problem. *Theologische Zeitschrift*, 43, 219–229.

Weier, W. (1991). Religion als Selbstfindung. Grundlegung einer Existenzanalytischen Religionsphilosophie. Paderborn: Schöningh.

Weier, W. (1995). Das Phänomen Geist. Auseinandersetzung mit Psychoanalyse – Logistik – Verhaltensforschung. Darmstadt: Wissenschaftliche Buchgesellschaft.

Weiland, R. (Hg.). (1995). Philosophische Anthropologie der Moderne. Weinheim: Beltz.

Weissmahr, B. (1985). Ontologie (Grundkurs Philosophie, Band 3). Stutgart: Kohlhammer.

Wellek, A. (1950). Die Polarität im Aufbau des Charakters. Bern: Francke.

Werbick, J. (1983). Glaube im Kontext. Zürich: Theologische Verlagsanstalt.

Wiesberger, F. (1990). Bausteine zu einer soziologischen Theorie der Konversion. Soziokulturelle, interaktive und biographische Determinanten religiöser Konversionsprozesse. Berlin: Duncker & Humblot.

Wiesendanger, H. (1992). In Teufels Küche. Jugendokkultismus: Gründe, Folgen, Hilfen. Düsseldorf: Patmos.

Wiesenhütter, E. (1986). Vorwort. In K.E. Bühler (Hg.), *Zeitlichkeit als psychologisches Prinzip*: Über Grundfragen der Biographie-Forschung (S. 7–10). Köln: Janus-Presse.

Wilber, K. (1987). Das Spektrum des Bewußtseins. Ein metapsychologisches Modell des Bewußtseins und der Disziplinen, die es erforschen. Bern: Scherz.

Wilber, K., Ecker, B. & Anthony, D. (Hg.). (1995). Meister, Gurus, Menschenfänger. Über die Integrität spiritueller Wege (amerikanische Originalausgabe New York 1987). Frankfurt: Krüger.

Wit, H.F.de (1993). Kontemplative Psychologie: Neue Einsichten und Erfahrungen aus religiösen Quellen. Gütersloh: Gütersloher Verlagshaus (holländisches Original 1987; amerikanische Übersetzung 1991).

Wobbermin, G. (1913). Systematische Theologie nach religions-psychologischer Methode. Leipzig: Hirzel.

Wöhrer, F. (1983). Möglichkeiten und Grenzen der Bewußtseinpsychologie für die Erhellung des Phänomens ‚Mystik'. *Analecta Cartusiana,* 106(1), 56–69.

Wohlrab-Sahr, M. (Hg.). 1995). Biographie und Religion. Zwischen Ritual und Selbstsuche. Frankfurt: Campus.

Wohlrab-Sahr, M. (Hg.). (1996). Religiöse Konversion: Systematische und fallorientierte Studien in soziologischer Perspektive. Konstanz: Universitäts-Verlag.

Wolff, H.W. (1984). Anthropologie des Alten Testaments. München: Kaiser.

Worthington, E.L. (1989). Religious Faith Across the Life Span: Implications for Counseling and Research. *The Counseling Psychologist,* 17(4), 555–612.

Worthington, E.L. (1994). A Blueprint for Intradisciplinary Integration. *Journal of Psychology and Theology,* 22(2), 79–86.

Wotruba, A. & S. (1985). Existenzialpsychologisch-Meditative Therapie. Das Tor zum Insgeheimen öffnen. In H. Petzold (Hg.), *Wege zum Menschen.* Bd. I (S. 523–598). Paderborn: Junfermann.

Wulff, D. M. (1985). Psychological Approaches. In F. Whaling (Ed.), *Contemporary Approaches to the Study of Religion.* Vol. II: The Social Sciences (S. 21–87) New York: Mouton.

Wulff, D. M. (1991). Psychology of Religion. Classic and Contemporary Views. New York: Wiley.

Wundt, W. (1915). Völkerpsychologie. Sechster Band. Mythus und Religion. 2. neu bearb. Auflage. Leipzig: Kröner.

Wurmser, L. (1989). Die zerbrochene Wirklichkeit. Psychoanalyse als das Studium von Konflikt und Komplementarität. Berlin: Springer.

Wyss, D. (1973). Beziehung und Gestalt. Entwurf einer anthropologischen Psychologie und Psychopathologie. Göttingen: Vandenhoeck & Ruprecht.

Wyss, D. (1977). Die tiefenpsychologischen Schulen von den Anfängen bis zur Gegenwart. Entwicklung, Probleme, Krisen. 5. Auflage. Göttingen: Vandenhoeck & Ruprecht.

Wyss, D. (1977a). Weitere tiefenpsychologische Ansätze. In L.J. Pongratz (Hg.), *Klinische Psychologie* (Handbuch der Psychologie, Bd. 8/1) (S. 926–952). Göttingen: Hogrefe.

Wyss, D. (1982). Die anthropologisch-existenzialontologische Psychologie. In H. Balmer (Hg.), *Geschichte der Psychologie*, Bd. I (S. 437–569). Weinheim: Beltz.

Wyss, D. (1991). Psychologie und Religion. Untersuchungen zur Ursprünglichkeit religiösen Erlebens. Würzburg: Königshausen & Neumann.

Zaehner, R. C. (1980). Mystik – Harmonie und Dissonanz. Die östlichen und die westlichen Religionen. Olten: Walter.

Zahrnt, H. (1989). Gotteswende. Christsein zwischen Atheismus und Neuer Religiosität. München: Piper.

Zimmermann, M. (1995). Spiritualität und Positives Denken. Zwei Lebenskonzepte im Vergleich. Frankfurt: Lang.

Zinser, H. (1988). Religionspsychologie. In H. Cancik, B. Gladigow, M. Laubscher (Hg.), *Handbuch religionswissenschaftlicher Grundbegriffe*, Bd. 1 (S. 87–107). Stuttgart: Kohlhammer.

Zinser, H. (1988b). Einführung. In ders. (Hg.), *Religionswissenschaft*: eine Einführung (S.1–5). Berlin: Reimer.

Zinser, H. (1988c). Ekstase und Entfremdung. Zur Analyse neuerer ekstatischer Kultveranstaltungen. In ders. (Hg), *Religionswissenschaft* (S. 274–286). Berlin: Reimer.

Zinser, H. (1993). Jugendokkultismus in Ost und West. Vier quantitative Untersuchungen 1989–1991. Ergebnisse – Tabellen – Analysen. München: Arbeitsgemeinschaft für Religions- und Weltanschauungsfragen.

Zock, H. (1990). A Psychology of Ultimate Concern. Erik H. Erikson's contribution to the psychology of religion. Amsterdam – Atlanta: Rodopi.

Zundel, E. & P. (1991). Leitfiguren der neueren Psychotherapie. München: dtv.

Zundel, E. & Loomans, F. (Hg.). (1994). Psychotherapie und religiöse Erfahrung. Konzepte und Methoden transpersonaler Psychotherapie. Freiburg:Herder.

Zwingmann, C. (1991). Religiosität und Lebenszufriedenheit: Empirische Untersuchungen unter besonderer Berücksichtigung der religiösen Orientierung. Regensburg: Roderer.

Personenregister

Kohlhammer